中国人民大学出版社

·北京·

追求卓越

——缅怀著名法学家、教育家曾宪义先生

义宪法林

中国人民大学法学院编写组

（以下图片按时间顺序排列）

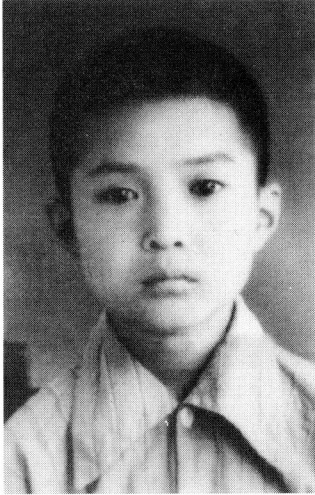

先生童年时代（11岁时）留影

先生大学时代留影

中国人民大学法律系

先生家居读书照，大约摄影于 1985 年

1997 年 1 月先生当选教育部全国高校法学教育指导委员会首届主任委员后主持第一次工作会议

1998 年 6 月 19 日先生主持首届中美著名法学院院长联席会议暨中美法学教育的
未来学术研讨会并致辞

1998 年 10 月 16 日先生与法学院 1998 届博士学位获得者合影留念

1998 年 11 月 28 日先生主持十一届三中全会 20 周年与中国法学暨法学教育发展研讨会

2000 年 6 月 13 日先生主持欧洲一体化与中欧法学教育合作暨中欧著名法学院院长联席会议并致辞

2000 年夏先生与人大法学院学生在一起

2000 年 10 月 10 日先生与纪宝成校长在一次校内会议上

2000 年 12 月 3 日先生在人民大会堂与李鹏委员长晤谈

2000 年 12 月 3 日先生在人民大会堂主持"21 世纪世界百所著名大学法学院院长论坛
暨中国人民大学法学院成立 50 周年庆祝大会"并发表讲话

2001 年 10 月先生主持 21 世纪法学教育发展座谈会

2001 年 12 月 17 日先生主持"21 世纪亚洲法学教育改革与发展论坛"并发表讲话

2002 年 3 月 31 日先生就司法考试问题接受中央电视台"中国报道"栏目专访

2002 年 4 月 28 日江泽民总书记视察中国人民大学时听取先生汇报

2002 年 9 月 20 日先生与司法部刘飏副部长、张文显教授在一起

2003 年 3 月 4 日先生被聘为最高人民检察院专家咨询委员会委员后与韩杼滨检察长晤谈

2003 年 6 月 24 日先生在日本接受立命馆大学颁赠名誉博士学位

2003 年 11 月 3 日先生与曹建明检察长在中国人民大学主持葡语 9 国及地区"大法官讲坛"

2004 年 10 月 1 日先生出席北海公园国庆联欢活动时与温家宝总理在一起

2004 年 10 月先生率领中国法学教育代表团赴欧考察时在海德堡大学留影

2004 年秋先生作为司法部法律硕士学位教育指导委员会主任委员率专家组在某大学进行评估

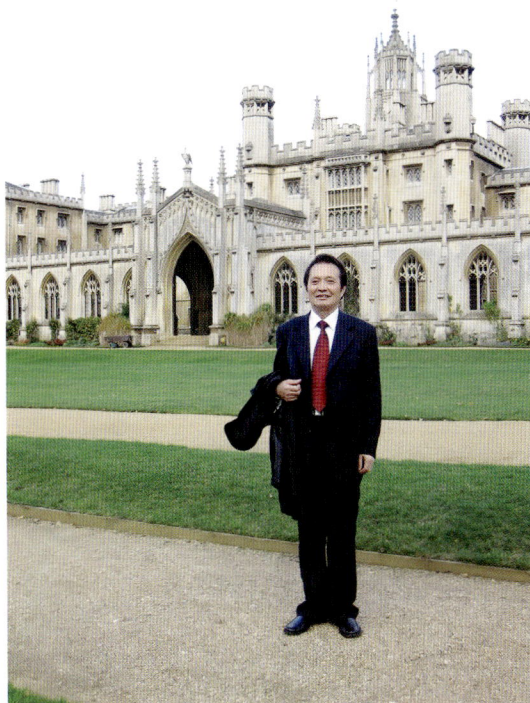

2004 年 11 月 7 日摄于英国剑桥大学圣约翰学院

2004 年 12 月 3 日先生在教育部法学教育指导委员会上发言

2005 年 8 月 15 日先生在南京主持《中国传统法律文化研究》国家重大课题研讨会

2005 年 9 月先生获国家级教学成果一等奖

2005 年 10 月先生与最高人民法院肖扬院长、纪宝成校长合影于人大校园

2005 年 10 月先生在"曾宪义法学教育与法律文化基金会"成立大会上致辞

2006 年 12 月 20 日先生在中南财经政法大学作学术演讲

2007 年 6 月 19 日先生在法国获艾克斯-马赛大学颁赠名誉博士学位

2009 年 8 月先生作为名誉院长出席人大法学院发展战略研讨会并致辞

先生身着博士导师制服照（2008）

曾宪义先生生平

曾宪义教授，山东济宁人，1936年1月31日生，中国共产党优秀党员，著名的法学家、杰出的法学教育家，日本国名誉博士、法国名誉博士；中国人民大学一级教授、中国人民大学法学院名誉院长、博士研究生导师；教育部社会科学委员会副主任，教育部高等学校法学学科教学指导委员会名誉主任，全国法律硕士专业学位教育指导委员会第一副主任，国家博士后管理委员会专家召集人；中国法学会法学教育研究会会长，中国海峡两岸法学交流促进会副理事长；最高人民法院特邀咨询专家，最高人民检察院专家咨询委员会委员，司法部国家司法考试协调委员会委员；中国人民大学学位评定委员会副主席，中国人民大学学术委员会副主席，《法学家》杂志社社长兼主编。曾宪义教授因病于2011年1月15日10时45分在北京逝世，享年75岁。

曾宪义教授于1951年1月在山东省济宁市公安局参加革命工作；1954年加入中国共产党；1956年8月考入中国人民大学法律系学习，1960年8月毕业后留校任教；1990年至2005年先后担任中国人民大学法律系主任、法学院院长，2006年以来任法学院名誉院长。曾宪义教授为中国人民大学法学院的发展殚精竭虑，带领全院师生齐心协力，团结奋斗，使法学院实现了跨越式发展，奠定了中国人民大学法学院在全国法学教育领域的领先地位，在国际法学教育界拥有较高声誉和影响力，开始跻身于世界一流法学院行列。

作为杰出的法学教育家，曾宪义教授为中国法学事业和法学教育事业的发展呕心沥血、栉风沐雨，倾注了毕生精力，作出了突出贡献。曾宪义教授在担任中国法学会副会长、教育部高等学校法学学科教学指导委员会主任、名誉主任和中国法学会法学教育研究会会长期间，积极探索法学教育发展的中国模式，推动了中国法学教育与法学研究的繁荣。曾荣获"国家级优秀教学成果一等奖"、"全国普通高等学校优秀教材一等奖"等众多教学、科研奖项。主编的《中国审判案例要览》（中英文版），获得了国家新闻出版署全国法律图书一等奖、北京市第三届哲学社会科学成果特等奖，为国际社会了解当代中国法治发展发挥了重要作用。

作为国际知名的教育家，曾宪义教授为推动中国的法学教育走向世界作出了卓越贡献，开创了中国法学教育走向世界的崭新局面，引领了"世界法学教育走进中国，中国法学教育走向世界"的进程。曾宪义教授致力于中国法学教育的国际交流与合作，在他的带领下，中国人民大学法学院成功举办了首届"中美著名法学院院长联席会议"、"中国—欧洲著名法学院院长论坛"、"中国—亚洲法学教育论坛"、"中国—非洲法学教育与法律文化论坛"等具有国际影响力的学术会议。2000年12月，在人民大会堂举行了"21世纪世界百所著名大学法学院院长论坛暨中国人民大学法学院成立50周年庆祝大会"，李鹏委员长等国家领导人莅会。这些会议和论坛的举办，加强了中国法学教育界与世界各国法学教育界的交流，扩大了中国法学教育的国际影响，向世界展示了改革开放以来中国法学教育取得的重大成就。

曾宪义教授是著名的法律史学家，长期从事法律史的教学与研究工作，为中国法律史学科的发展作出了重要贡献。他曾担任中国法律史学会第四届理事会会长和中国人民大学法律文化研究中心主任，在国内外重要学术刊物发表和出版了《中国传统法的结构与基本概念辨正——兼论古代礼与法的关系》和《中国法制史》等一批具有重要学术价值的论文和著作，主持了"教育部哲学社会科学重大课题攻关项目——中国传统法律文化研究（十卷）"等重大研究课题，深入挖掘了中国传统法律文化的现代价值，推动了中国传统法律文化研究的体系化。

曾宪义教授师风垂范，桃李天下，五十余年始终亲临教学第一线，教书育人，弦歌不息，培养了一大批优秀的法律人才。在任教期间，曾宪义教授曾荣获全国优秀博士学位论文指导教师奖、宝钢教育基金优秀教师特等奖、北京优秀共产党员、北京市劳动模范、北京市先进工作者等众多荣誉称号。2005年成立的"曾宪义法学教育与法律文化基金会"，以促进中国法学教育与法律文化的发展为宗旨，设立了"中国法学教育研究成果奖"、"中国法律文化研究成果奖"，促进了法学教育的发展，繁荣了法律文化的研究。

曾宪义教授的一生，是献身于中国人民大学法学院建设的一生，是献身于中国法学教育事业的一生，是献身于中国法治建设的一生。他政治坚定，实事求是；他为人师表，德高望重；他学力坚深，笔耕不辍。曾宪义教授的逝世，不仅是中国人民大学的重大损失，也是中国法学界、法学教育界的重大损失。我们要学习他的敬业精神、崇高品德和优良作风，为建设中国特色社会主义法学教育事业而努力奋斗！

前　言

我们尊敬的老院长曾宪义先生离开我们即将一年了。

自 2011 年 1 月 15 日以来，作为在他身边工作十多年的助手，我不愿意承认这一事实，总觉得曾先生不该这么早离去，总觉得曾老师并没有离开我们，脑海中经常浮现他的音容笑貌。一年了，残酷现实告诉我们，曾先生确实离我们而去了，我们需要从失去先生的悲痛中走出来，继续推进先生生前深爱的人大法学院和中国法学教育事业的发展。

曾宪义先生 1989 年出任中国人民大学法律系副主任，1990 年出任法律系主任，1994 年法律系与法学研究所合并成立法学院后出任首任院长，2005 年卸任院长后担任名誉院长，直至 2011 年年初去世之际。算起来，先生主持中国人民大学法学院工作、领导中国法学教育事业，长达二十年。此间，作为中国人民大学法学院的掌舵人和中国法学教育改革的领导者，先生组织参与了新时期中国法学教育改革总体设计与重大决策的制定。在先生任职期间，中国人民大学法学院在学科建设、科学研究、人才培养以及国际化等方面实现了跨越式发展，成为富有社会责任、充满人文关怀、受人尊敬的法学院。法学界的同仁们都知道，先生是充满爱国情怀和具有国际视野的学者，长期致力于推动"中国法学教育走向世界，世界法学走进中国"，使中国法学赢得了世人的关注与尊重。他先后主持了中国—美国、中国—欧洲、中国—亚洲、中国—非洲之间一系列法学交流合作，并于 2000 年 12 月举行了 21 世纪世界百所著名大学法学院院长论坛。最令人难忘的是这一次论坛的参加者有世界五大洲六十余所著名大学的校长、法学院院长或其他著名法学家，有国际宪法协会、国际刑法协会等国际法学团体的负责人，也有内地和港澳台地区的四十余所著名高校的法学院院长。这一系列活动，显著地扩大了中国人民大学法学院和整个中国法学教育界的国际影响。同时，先生作为最高人民法院、最高人民检察院的专家咨询委员会委员；作为教育部社会科学委员会副主任，教育部全国高校法学学科教学指导委员会主任、名誉主任，全国法律硕士教育指导委员会第一副主任；作为中国法学会副会长和中国法学会法学教育研究会会长；作为人事部全国博士后管委会专家组召集人；作为国务院学科评议成员；作为中国海峡两岸法学交流促进会副理事长等，致力于推动新时期中国法治、法学教育以及法学理论的繁荣和进步，作出了重大的贡献。

为了缅怀我们的老院长，为了铭传先生的成就和贡献，自 2011 年 1 月办理完丧事之后，我们就开始委托法律史教研室的一些同仁及曾先生的一些弟子，筹编一本纪念文集。现在出版的这本文集，就是这近一年间的工作结晶。

这一纪念文集的内容，大致分为四个部分。

第一部分为"文辞遗泽"，主要收录了先生个人的一些代表性论文和在一些重要会议上的讲话以及为弟子们所作的书序，以铭志或重温先生的学术贡献和教育思想。

第二部分为"缅怀追思"，主要收录了本校同仁、曾门弟子们对先生的悼念、哀伤、追思言辞或文章，以永存缅怀。张文显教授撰写了曾先生对中国法学教育发展作出重大贡献的长文，叶秋华教授撰写了记述先生对人大法学院二十年发展作出贡献的一篇长文。

第三部分为"事功汇志"，主要整理了先生一生中撰写的学术著作论文或主编的教材、教辅资料、法律文献资料等学术成果的总目录，还整理了先生一生所担任的学术或行政职务、所获得的各类荣誉等的总目录，此外还有简述先生一生大致经历和业绩的年谱初编，以铭记先生一生的历程和贡献。

第四部分是附录，分两部分，其一为"吊唁致哀电汇"，主要收录了先生去世后党和国家领导人及中央各部委的领导、先生家乡、全国法学界、教育界或其他各界朋友的唁电；其二为"媒体报道"，主要收录了先生去世后部分新闻媒体及网页关于先生丧事特别是几次追思活动的重要报道。

这一文集的编辑工作，特别是其中许多重要资料、信息的收集、整理、统计、考订、列表工作，以及全书的内容结构基本编排工作，主要是由先生的两位弟子——我院法律史教研室主任赵晓耕教授和杭州师范大学法学院范忠信教授主持完成的，为做好这项工作，他们付出了大量的心血和劳动。范忠信教授、赵晓耕教授、范依畴同学还执笔编写了曾先生年谱初编。在此我向他们付出的努力表示衷心的感谢。此外，本院法律史专业的一些博士生、硕士生，以及杭州师范大学的一些研究生同学，也为本书的编辑付出了一定的劳动，在此致以谢忱（因为后记中有特别记载，所以在这里就不一一列举姓名了）。

谨以此书表达我们的深切怀念，以告慰先生在天之灵。

我们永远铭记曾宪义先生！

中国人民大学法学院院长　韩大元

2011 年 12 月 30 日

目　录

上编　文辞遗泽

中编　缅怀追思

下编　事功汇志

附　录　一

附　录　二

上　编
文辞遗泽

先生论文选录

清末修律初探

(1983)

　　清朝政府在顺治三年（1646 年）制定《大清律集解附例》，颁行天下。尔后，经过康熙九年、十八年、二十八年、四十六年和雍正三年、乾隆五年六度修订，定名《大清律例》（简称《大清律》），中国历史上最后一部封建法典才完全定型。此后至道光十五年，又修订近二十次。《大清律》虽迭经修订，前后历时二百年，但总的说来还仅仅是条文上的改动或附例的取舍，并未发生本质的变化。1840 年（道光二十年）鸦片战争后，中国历史进入了一个新的时期，清朝统治者适应新形势，对原有的法律制度进行了修改。特别是 1900 年义和团运动后的十年间，进行了空前频繁的立法活动，对以大清律为代表的清朝封建专制主义法律制度作了一系列的改革。延续两千多年的中华法系从此解体，中国法制的历史也发展到一个新的阶段——半殖民地半封建阶段。清朝末年处在新旧递嬗的历史转折时期，"是故论有清代之刑法，亦古今绝续之交也。爰备志之，俾后有考焉"①。本文试就清末修律作初步的探讨。

一、动因

　　首先，社会经济的遽变引起法制的遽变。马克思主义认为，法律是"……由一定物质生产方式所产生的利益和需要的表现，而不是单个的个人恣意横行"②，"……都只是表明和记载经济关系的要求而已"③。中国自从公元前约四世纪进入封建社会后，长期以来，经过广大人民的生产斗争和阶级斗争，推动了社会历史的发展，到明代后期，资本主义的萌芽依稀可辨，清代中叶又有了进一步发展。但总的说来，小农业和小手工业相结合的自给自足的自然经济依然居主导地位，社会发展情况处于相对停滞的迟缓状态。鸦片战争前半个

---

　　① 《清史稿·刑法志》。
　　② 《马克思恩格斯全集》第 6 卷，第 292 页。
　　③ 《马克思恩格斯全集》第 4 卷，第 122 页。

世纪，中国仍处在清朝专制政权统治下的封建社会。但是，清王朝已经像一个虚乏多病的老人到了垂暮之年，无可挽回地走上了下坡路。特别是嘉庆以来，天灾人祸交相肆虐，"神圣"皇权极端发展，政治腐朽，刑狱宽滥，阶级矛盾激化，封建君主专制统治濒临危机。正当这个东方古老的封建帝国国势日衰、江河日下的时候，西方资本主义列强用鸦片和大炮轰开了闭关锁国的天朝大门，中国开始沦为半殖民地半封建社会。

鸦片战争后，海禁大开，资本主义列强凭借在中国攫取的一系列侵略特权，疯狂地向中国倾销商品、输出资本。据统计，1894 年甲午战争前，各资本主义国家在中国的投资总共有两三亿美元，到 1902 年，上升到十五亿美元，增加五至八倍。[①] 外国资本主义的侵入，破坏了自给自足的自然经济基础，刺激了城乡资本主义的发展。特别是沿江海一带的通商口岸，新建的近代厂矿企业应时兴起。1895 年设厂资本总额为二千四百二十一万四千元，到 1911 年，增加到一亿三千二百余万元，增长了三倍多。[②] 这种情况造成了中国社会经济结构的急剧变化，并引起了阶级关系的新变动，除原来对立的地主与农民这两个基本阶级外，新出现了资产阶级和无产阶级以及外国侵略者豢养和培植起来的买办阶级。新出现的对内、对外的社会经济关系，必须要有新的法律规范加以调整，以取代过时了的比较简单、落后的、以刑律为主、诸法合体的法律体系和法律规范。因此，可以说，清末社会经济关系的遽变和资本主义的产生发展，乃是清末修律的一个根本原因。

其次，中外反动势力政治上的需要，是清末修律的根本出发点。

鸦片战争后，作为上层建筑的清朝政治法律制度也发生了急遽的改变。特别是签订《辛丑条约》后，帝国主义的侵华政策由公开瓜分改而采取"保全主义"，即维持中国形式上的独立，保全清朝政府作为统治中国人民的工具。事实上，这时的清朝政府完全成了"洋人的朝廷"。清朝的法律制度也要根据帝国主义的意志和需要决定立废。鸦片战争后的清王朝虽然还维持着虚假的独立和专制帝国的躯壳，但实际上已经一步一步变成了帝国主义控制下的地主买办阶级专政，成为代表外国帝国主义和本国地主、买办阶级集中统治的半殖民地半封建政权。

清末统治者，是最反动、最保守、最腐朽的政治集团，他们竭力固守封建专制主义的政治法律制度，敌视任何进步，拒绝一切改革，甚至奉行"宁肯亡国，不可变法"、"宁赠友邦，勿予家奴"的反动卖国方针。为了维护封建专制，曾于 1898 年血腥镇压了资产阶级改良派的宪政运动。但是在新的形势下，内外交困的清王朝需要建立新的法网维持专制统治，帝国主义不断扩大的侵略权益需要得到法律上的认可。同时，在戊戌变法和义和团运动遭到残酷镇压后，资产阶级革命派已经把武装推翻清朝专制统治提上议事日程。为适应帝国主义的政策需要，消弥人民革命危机，粉饰卖国贼的嘴脸，以求苟延残喘，那拉氏用镇压改良派宪政运动的血手，接过了两年前维新派的旗帜，"乃举戊己两年初举之而复废之政"[③]；宣布"变通政治"，实行"新政"。1901 年 1 月 29 日，流亡西安的那拉氏下诏变法，称："世有万古不易之常经！无一成罔变之治法。大抵法久则弊，法弊则更……二法令不

① 参见吴承明：《帝国主义在旧中国的投资》，人民出版社，1956 年版，第 35、52 页。

② 参见汪敬虞：《中国近代工业史资料》第 2 辑下册，第 649 页。

③ 《论中国必革政始能维新》，《中外日报》癸卯十二月，转见《东方杂志》第 1 年，第 1 号，第 12 页。

更，锢习不破，欲求振作，须议更张"①，并宣布预备立宪，实行官制改革，根本的宗旨仍然是继续维持专制主义统治。义和团运动"创巨痛深，朝野上下，争言变法，于是新律萌芽"②。两江总督刘坤一、湖广总督张之洞会衔连上名噪一时的《江楚会奏变法三折》，其中第二折提出了"恤刑狱"、"结民心"、改良法制的九项建议，即禁讼累，省文字，省刑责，重众证，修监羁，教工艺，恤相验，改罚缓，派专官③；第三折提出"定矿律、路律、商律、交涉刑律"④。刘、张的建议适与清廷的"新政"欺骗相吻合，因而颇得那拉氏赞许，认为"一事多可行，即当按照所陈，随时设法，择要举办"⑤。直隶总督袁世凯及刘坤一、张之洞"会保刑部左侍郎沈家本出使美国大臣伍廷芳，修订法律，兼取中西，旨如所请"，并发布修律上谕，称"将一切现行律例，按照通商交涉情形，参酌各国法律，妥为拟议，务期中外通行，有裨治理"⑥。历史事实表明，清政府适应帝国主义侵略政策的需要，阻止人民革命的发展，挽救清王朝垂危统治，乃是其修律的根本出发点。

再次，欧美资本主义法系的传入推动了清末法律的修订。

早在战争爆发前，以林则徐、龚自珍、魏源为代表的地主阶级改革派深感内忧外患的严重威胁，就已着手研究如何对付西方侵略的新课题。鸦片战争后，外国资本主义政治法律学说传入中国，在一潭死水的思想界犹如石破天惊，掀起起伏波澜，"忧时之士，咸谓非取法欧美，不足以图强"⑦。林则徐，是近代开眼看世界的第一人，他最先开始对西方资本主义国家进行调查了解。他在广东任上就组织人"刺探西事，翻译西书"，主持编撰《四洲志》、《华事夷言》。战争失败后，林则徐等人认识到国家必须奋发图强，学习外国长处。魏源在其《海国图志》中首次提出了"师夷长技以制夷"的新思想，主张"师其所长，夺其所恃"。林、龚、魏等人在倡导了解和学习西方的同时，也接触到了资本主义政治法律知识。林则徐曾让人翻译了某些外国法律条文。魏源的《海国图志》主要是一部世界历史、地理的丛书，但其中也介绍了西方资本主义国家的政治法律制度。虽然他们仍然站在维护清朝封建统治的立场上，但作为地主阶级中开明的思想家、最早接触西方资本主义法律知识和最先提出"师夷制夷"思想的先进人物，他们对继起的资产阶级改良思潮可以说起了"创榛辟莽，前驱先路"的历史作用。

19世纪六七十年代的早期改良派，还只是泛论西学，学习西方富强之本，从经济要求方面对封建地主阶级的顽固保守思想进行斗争。1884年中法战争后形势的急剧变化，使早期资产阶级改良派开始认识到西方资本主义国家富强的主要原因，不在于船坚炮利，而在于先进的政治制度，即资产阶级的议会制。1895年中日甲午战争失败后，资产阶级改良思潮进一步发展成为一次具有一定群众规模的戊戌变法运动。资产阶级改良派向国内输入了西方的《天演论》、天赋人权论以及资产阶级自由平等的民主思想。资产阶级启蒙思想家严

① 《义和团档案材料》，下册，第914～916页。
② 《清史稿·刑法志》。
③ 《张文襄公全集》，《奏议》卷54。
④ 《张文襄公全集》，《奏议》卷54。
⑤ 《张文襄公全集》，《奏议》卷54。
⑥ 《大清光绪新法令》，第1册，第7页。
⑦ 《清史稿·刑法志》。

复在翻译孟德斯鸠《法意》一书所加的按语中比较全面地阐发了资产阶级的法律思想，批判了封建专制主义法制的弊害，指出："天子之一身，兼宪法、国家、王者三大物，其家亡，则一切与之俱亡，而民人特奴婢之易主耳，乌有所谓长存者乎!"① 又说："惟专制之国家，其立法也，塞奸之事九，而善国利民之事一，此可即吾国一切之法度，而征此言之不诬。顾用如是之法度，其国必不进也，不进而进者邻，殆也!"② 特别是清朝官员沈家本，是中国近代史上通晓中外法律的著名代表人物，是一位资产阶级改良主义的法学家。自1902 年被任命为清朝政府修订法律大臣，到 1910 年因守旧派的攻讦而去职，在近十年的时间内，他主持翻译了资本主义国家的大量法典，传播并阐述了资本主义的法律思想，修订了大清律例，制定了一系列新律，力图把中国的传统封建法系纳入"世界化"法律发展的轨道。事实上，鸦片战争以来的几十年，特别是最后的十年，正是中国延续几千年的封建法系在欧美法系和资本主义法律思想影响下发生急剧演变的历史转折时期。

最后，帝国主义关于放弃领事裁判权的虚伪许诺，是促使清末修律的催化剂。

帝国主义把清政府变成统治中国人民的工具，为使这条走狗能够胜任"以华治华"的职责，向清政府提出"革新内治，实为要求之第一要义"③，1901 年《辛丑条约》签订后不久又缔结了《中英续议通商行船条约》，其中第十二条规定："中国深欲整顿律例，期与各国改同一律，英国允愿尽力协助，如成此举，一俟查悉中国律例情形及其案断办法，及一切相关事实，皆臻妥善，英国允弃其领事裁判权。"④ 1902 年张之洞以兼办通商大臣身份与各国修订商约时，英、日、美、葡四国分别签订《中日通商行船条约》或《中国续议通商行船条约》，为了给彻底投降的清政府以支持，假惺惺地表示：在清政府改良司法现状以后，可以放弃领事裁判权。清政府为帝国主义故作的姿态所迷惑，受宠若惊，充满幻想，随即发布了修律上谕，并建立了修订法律馆。沈家本也轻信了帝国主义的虚伪许诺，在《奏请变通现行律例内重法数端折》中说，"综而论之，中重而西轻者为多……故中国之重法、西人每訾为不仁。其旅居中国者，皆借口于此，不受中国之约束。夫西国者重法权，随一国疆域为界限，中国之人侨寓乙国，即受乙国之裁判，乃独于中国不受裁判，转予我以不仁之名。此亟当蟠然变计者也。方今改订商约，英、美、日、葡四国，均允中国修订法律，首先收回治外法权，实变法自强之枢纽，臣等奉命考订法律，恭绎谕旨，原以墨守旧章，授外人以口实，不如酌加甄采，可默收长驾远驭之效"，"法权渐挽回"⑤。帝国主义的欺骗伎俩，成了加速清末修律的直接原因和催化剂。

二、宗旨

清末修订法律的宗旨和指导思想，概括说来就是：仿效外国资本主义法律，固守中国封建法制传统。

1902 年清政府在修律上谕中提出了"务期中外通行"的修律方针。上谕说："现在通商

---

① 《法意》，第 5 卷，第 14 章，按语。
② 《法意》，第 11 卷，第 6 章，按语。
③ 王其榘辑：《有关义和团舆论》，《义和团丛刊》（四），第 257 页。
④ 杨鸿烈：《中国法律发达史》下册，第 872 页。
⑤ 《大清法规大全·法律部》卷三，第 1～2 页。

交涉事益繁多,著派沈家本、伍廷芳将现行的一切律例,按照交涉情形,参酌各国法律、悉心考订,妥为拟议,务期中外通行,有裨治理。"① 修律大臣沈家本据此又提出了"参考古今、博稽中外"②,"专以折冲樽俎、模范列强为宗旨"③。在立法实践中,"以中国法律与各国参考互证"④,"我法之不善者当去之"⑤。所谓"中外通行"、"模范列强",从输入西方法律法学、删减中国封建旧律中野蛮落后的规范这方面说来,在客观上有一定进步作用;但也表现了对帝国主义意志的屈从和迎合。

为贯彻"中外通行"、"模范列强"的方针,清政府修订法律馆"参酌各国法律,首重翻译",大力翻译各资本主义国家的法律。十年间,先后译出的有:法兰西刑法、德意志刑法、俄罗斯刑法、荷兰刑法、意大利刑法、法兰西印刷律、德国民事诉讼法、日本刑法、日本改正刑法、日本海洋刑法、日本陆军刑法、日本刑法论、普鲁士司法制度、日本裁判所构成法、日本监狱访问录、日本新刑法草案、法典论、日本刑法义解、日本监狱法、监狱学、狱事谭、日本刑事诉讼法、日本裁判所编制、立法论,总共二十六种。又已译、未完者有:德意志民法、德意志旧民事诉讼法、比利时刑法论、比利时监狱则、比利时刑法、美国刑法、美国刑事诉讼法、瑞士刑法、芬兰刑法、刑事之立法规,共十种。⑥ 翻译外国法典法规,为修律提供了蓝本。此外,设立了法律学堂,聘请了日本大审院判事法学士松冈义正,法学博士冈田朝太郎、志田钾太郎等外国法学家为修律顾问和法律学堂教习;并于1906年派刑部候补郎中董康等赴日本考察法律。上述措施为仿效资产阶级的法律创造了条件。此谓之修律宗旨的一个方面。

另外,清政府又强调修律要"本礼教","重纲常","不戾乎我国世代相沿之礼教、民情","方能融会贯通,一无扦格"⑦。1907年《大清新刑律》草成后,由宪政编查馆咨交各省签注意见,从而触发了"礼治"派与"法理"派、封建法学与资产阶级法律思想之间的激烈冲突。首先发难的是军机大臣兼掌学部的张之洞,他以"内乱罪无统一死刑"、"无夫奸之无罪"的问题攻击新刑律"蔑弃礼教","其签注奏稿,语涉弹劾,且指为勾结革党。""各省疆吏亦希旨排击。"⑧ 江苏提学使劳乃宣攻击最烈,他提出:"干名犯义"、"存留养亲"、"亲属相奸"、相殴、相盗、发冢、"故杀子孙"、"杀有服卑幼"、"妻殴夫"、"夫殴妻"、"无夫奸"、"子孙违犯教令"等款,《大清律》皆有特别规定,而新刑律一笔抹杀,大失明刑弼教之意,应逐一修入刑律正文。他攻击沈家本"专以摹仿外国为事",而不以偏常为重,"狃于一时之偏见","不可不履图补救"。劳乃宣还将其论说写成说帖遍示家外,以壮声势。面对张、劳等人的攻击,沈家本奋起反击,写出了《书劳提学新刑草律草案说帖后》、《答戴尚书书》等文,据理反驳,得到宪政编查馆、修订法律馆诸人的支持。为此,

① 《大清光绪新法令》第1册,第7页。
② 《寄簃文存六·重刻明律序》。
③ 沈家本:《奏请谕订现行刑律,以立推行新律基础折》。
④ 《寄簃文存一·删除律例内重法折》。
⑤ 《沈家本奏拟修订法律大概办法折》,《光绪朝东华录·光绪三十三年十月》。
⑥ 见《清末筹备立宪档案史料》下册,第837页。
⑦ 《沈家本奏议修订法律大概办法折》,《光绪朝东华录·光绪三十三年十月》。
⑧ 杨鸿烈:《中国法律思想史》下册,第324页。

清廷于宣统元年（1909 年）正月二十七日发布上谕，称"惟是刑法之源、本乎礼教。中国素重纲常，故于干犯名义之条，立法特为严重。良以三纲五常，阐自唐虞，圣帝明王兢兢保守，实为数千年相传之国粹，立国之大本……凡新旧律义关伦常诸条，不可率行变革，庶以维天理民葬于不敝"，要"将旧律与新律详慎互校，再行妥订，以维伦纪，而保治安"①。最后在体现资产阶级法律精神的新刑律后面附上了充满封建法制内容的五条《暂行章程》，其中规定，对于"加害皇室罪"以及"内乱"、"外患"罪行加重处刑；对无夫奸处刑；对尊亲属有犯不得适用正当防卫。这些都仍然是《大清律》的那一套货色。

上述修律宗旨和指导思想中贯穿着一条线——"中学为体，西学为用"。张之洞在 1898 年发表的《劝学篇》提出："中学为内学，西学为外学；中学治身心，西学应世事，不必尽索之于经义，而必无悖乎经义。"② 这就是构成洋务派理论纲领的"中体西用"，其实质是抱着封建主义的僵尸不放。清政府宪政编查馆规定的立法原则是"兼采列邦之良规，无违中国之礼数"。这可以说是"中体西用"的具体化。清末修律，就是在遵循以"三纲五常"为精神支柱，以封建君主专制统治为政治支柱的封建法律传统的前提下，仿效西方资本主义法律，改革清王朝的法律制度。这种"中体西用"的修律，是清政府进行预备立宪骗局的需要，是帝国主义侵华政策的需要。固守封建法制的传统精神，同样也是中外反动势力的需要，因为这种封建法制传统对稳定和维护帝国主义及其走狗清王朝在中国的统治是大有用处的。清末修律的宗旨和指导思想充分显示了它所处的半殖民地半封建社会的历史特点。

三、梗概

清末修律包括删改旧律与制定新律两个方面。从时间上着，大致可分为前后两个时期：前期自 1840 年鸦片战争至 1900 年义和团运动，共六十年；后期自 1901 年义和团运动被镇压至 1911 年辛亥革命爆发，共十年。

前期修律及法律制度的变化如下：

一是修订《大清律》。清王朝在道光二十年（1840 年）、二十五年（1845 年），咸丰二年（1852 年）和同治九年（1870 年），前后三十年的时间内，共对《大清律》进行了四次增、删、改、并的修订活动。最后一次纂修《大清律》，是于同治二年（1863 年）五月开馆的，至同治九年（1870 年）二月完成，并颁印成书，律、例共一八九二条。同治九年后，历久停修。

二是确定领事裁判权制度。这是外国侵略者强迫清朝政府缔结的不平等条约中所规定的一项侵略特权，主要内容是：凡在中国享有领事裁判权的国家，它在中国的侨民不受中国法律管辖，如其成为民刑诉讼的当事人，中国法庭无权裁判，而由该国领事按照其本国法律裁判。领事裁判权制度开始于 1843 年英国侵略者强迫清朝政府签订的《中英五口通商章程及税则》和《通商附则善后条款》（即《虎门条约》）。这两个"附约"是《江宁条约》（即《南京条约》）的补充，规定："英人华民……倘遇有交涉词讼"，英国领事有权"查察"、"听诉"，"其英人如何科罪，由英国议定章程、法律发给管事官（即领事——引者注）

---

① 《大清法规大全·法律部》卷首，第 1～2 页。
② 《劝学篇外篇·会通第十三》。

照办"①。对于有犯罪行为的英国侨民，也只能"交英国管事官依情处罪"，中国人"不得擅自殴打伤害，致伤和好"②。1844 年订立的中美《五口贸易章程》（即《望厦条约》）把领事裁判权的范围由中英《江宁条约》中规定的"五口"扩大到各个港口，同时，不仅在中国的美国侨民与中国人之间或美国侨民之间的民刑案件要由美国领事审讯，甚至美国侨民与其他外国侨民在中国发生诉讼，也"应听两造查照各本国所立条约办理，中国官员均不得过问"③。法国与沙皇俄国通过同年的《中法五口贸易章程》及 1858 年的《中俄天津条约》，也在中国取得了领事裁判权。此后，德国、日本等十九个国家相继取得了这项特权。总之，依照不平等条约，不论中外混合案件或一国侨民之间的案件或多国侨民之间的混合案件，都由被告所属国的领事法院受理裁判。1854 年小刀会起义群众占领上海城，英、美、法等国驻上海领事又乘机攫取了对于租界内纯属于中国人诉讼案件的审判权。1858 年在第二次鸦片战争中，俄、美、英、法各国强迫清朝政府分别订立《天津条约》，规定了中国官员与外国领事的"会审制度"：对于中国人与外国侨民之间的争讼，在调解不成时，即由中国地方官与领事官"会同审办"。1864 年清朝政府与英、美、法三国驻上海领事协议在租界内设立会审公廨，并于 1868 年订立《上海洋泾浜设官会审章程》。以后又在汉口、哈尔滨、厦门鼓浪屿等地设立了会审机关。名义上这属于中国的司法机关，规定华洋互控的混合案件，由"华官"与外国领事会审，纯属华人之间的诉讼案件，"即听中国委员自行讯断，各国领事官，毋容干预"④，但事实上，在租界内，不仅直接与外国人有关的华洋案件，外国领事有权参加会审，就是无约国侨民之间的诉讼以及为外国人雇佣的中国人的诉讼，外国领事也得参与会审，名为"会审"，实则完全由外国领事一手把持，任意断案。

总之，领事裁判权制度完全是外国资本主义、帝国主义干涉中国内政，操纵中国司法，镇压中国人民革命运动的工具，也是庇护外国侵略者在中国逞凶肆暴、走私贩毒的护身符。但是，对于外国资本帝国主义这种恣意破坏中国司法独立主权，严重损害中国人民利益的制度，颟顸腐朽的清政府竟然在起草的新法中加以肯定。1906 年编成的《大清刑事民事诉讼法》规定了"中外交涉案件处理规则"，确认："凡关涉外国人案件具依现行条约审讯。"⑤外国人在中国犯罪，一律由其本国领事按各该国的法律审理。显然，领事裁判权制度的确立及在清末立法中的确认，乃是清王朝法律制度半殖民地化的一个重要标志。

后期修律以光绪二十八年（1902 年）清政府发布关于修订现行律例的上谕为契机，次年下令设立修订法律馆，派沈家本、伍廷芳（后由英瑞、俞廉三相继接任）为修订法律大臣。1907 年，改考察政治馆为宪政编查馆，负责编订宪法草案，并考核修订法律馆所订法律草案及各部院、各省所订各项单行法及行政法规，提请资政院（1910 年成立）审议，奏准皇帝谕令颁行。修订法律馆成立后的近十年，是清王朝修律活动空前频繁、清末法律制度变化明显的时期，在此期间，编订、颁行了一系列中国法制史上前所未有的新的专门法典和法规。

---

① 王铁崖编：《中外旧约章汇编》第 1 册，第 35 页。
② 王铁崖编：《中外旧约章汇编》第 1 册，第 42 页。
③ 王铁崖编：《中外旧约章汇编》第 1 册，第 54 页。
④ 《上海洋泾浜设官会审章程》，王铁崖编：《中外旧约章汇编》第 1 册，第 269~270 页。
⑤ 《大清光绪新法令》第 19 册，第 2 页。

（1）宪法。在君主专制统治下的中国，向来无所谓宪法，二十世纪初叶，清政府慑于革命的压力，同时也为了拉拢立宪派，"俯从多数希望立宪之人心，以弭少数鼓动排满之乱党"，遂于1908年颁布了宪政编查馆制定的《钦定宪法大纲》。

《钦定宪法大纲》包括"君上大权"和"臣民权利义务"两部分。"君上大权"是正文，"臣民权利义务"是附录。这种结构形式本身及其"钦定"的立法程序就是对民主宪政的反动，说明它的重心是维护君上大权。"君上大权"部分，抄自日本宪法，但比起日本天皇的权力，更加漫无限制，规定："大清皇帝统治大清帝国万世一系，永永尊戴。"皇帝享有不受任何限制的绝对权力，遇有紧急情况可以发布"代法律之诏令"以及用诏令限制臣民之自由；甚至规定："法律虽经议院议决而未奉诏令批准颁布者，不能见诸实行。"显而易见，《钦定宪法大纲》只不过是用法律的形式把封建时代专制皇帝的绝对权力加以确认而已。

1911年10月10日武昌起义爆发，各省纷纷响应，宣布独立。清政府为抢救濒临覆灭的专制统治，命令资政院仅用三天时间匆匆拼凑了一个宪法文件，11月3日正式颁布，名曰《宪法重大信条十九条》（简称《十九信条》）。《十九信条》在形式上缩小了皇帝的权力，扩大了国会和总理的权力，但是其基本精神和《钦定宪法大纲》一脉相承，妄图在君主立宪形式下继续确保清王朝的封建专制皇权，仍然把"大清帝国皇统万世不易"（第一条）和"皇帝神圣不可侵犯"（第二条）列在首位，而对人民的权利只字未提，这就充分暴露了清政府立宪的欺骗性和反动性。

（2）刑律。清政府于宣统二年（1910年）四月七日在修改大清律例的基础上颁行《大清现行刑律》，作为新刑律颁布前的过渡形式。

《大清现行刑律》共三十六卷，并附《禁烟条例》十二条和《秋审条款》五门一百六十五条。基本内容和大清律例相似，主要修改是：取消了以前按吏、户、礼、兵、刑、工六部名称而分的六律总目；确定旧律例中继承、分产、婚姻、田宅、钱债等属于民事的条款，不再科刑，以区别于旧律例中的民刑不分；删除了凌迟、枭首、戮尸、缘坐、刺字等残酷刑罚手段，笞杖改为罚金和杂工；改订刑罚分为死刑（绞、斩）、遣刑、流刑、徒刑、罚金五种；增加新的罪名，如妨害国交罪、妨害选举罪、私铸银元罪以及关于破坏交通电讯罪等。

公布《大清现行刑律》，清政府又于同年十二月二十五日正式颁布《大清新刑律》。这是旧中国第一部专门的刑法典，预定宣统五年（1913年）施行。

《大清新刑律》分两编、五十三章，共四百一十一条，并附有暂行章程五条。新刑律抄袭了日本、德国等资产阶级国家的刑法，在形式和内容上都比大清律和现行刑律有较大的改动。在体例结构上，仿效资产阶级国家的刑法，分为总则和分则。更定刑名为主刑和从刑两种，主刑包括死刑（绞刑一种）、无期徒刑、有期徒刑、拘留、罚金，从刑包括褫夺公权和没收。采用资产阶级罪刑法定主义原则，删除比附。对幼年犯罪，改用惩治教育。但是"附录"依然保持了旧律的封建性传统。

（3）民律。1907年开始起草民律，由日本人松岗义正起草总则、债权、物权三编，修订法律馆会同礼学馆起草亲属、继承两编。宣统三年（1911年）八月完成了旧中国第一部专门的民法典——《大清民律草案》。

民律草案分五编、三十三章，结构和内容大体仿效德国、日本民法，精神本着"注重世界最普通之法则"，"原本后出最精确之法理"和"求最适于中国民情之法则"，"期于改进上最有利益之原则"。也就是说既要抄袭资产阶级的一般法律原则，又必须符合中国的封建法统，以便更有效地维护封建地主买办阶级的利益。这部民法典，由于清王朝的迅速崩溃未及正式颁行。

（4）商律。光绪二十九年（1903年）三月二十五日，清朝政府派载振、伍廷芳、袁世凯拟定商律。同年七月十六日设立商部，于十二月五日颁行了《商人通例》、《公司律》，光绪三十二年（1906年）四月又颁布《破产律》。修订法律馆聘请日人志田钾太郎等起草《大清商律草案》，分总则、商行为、公司法、海船法、票据法五种。1910年，农工商部又采取各商会所编成的商法调查案修订为《大清商律草案》，共分为二编：商法总则，公司律。此为旧中国编订商法典的开始。虽经资政院核议，但未及颁行。

（5）诉讼律。1906年修订法律大臣沈家本编成《大清刑事、民事诉讼法》，分为总则、刑事规则、民事规则、刑事民事通用规则、中外交涉事件处理规则等五章，采用了陪审制度和律师制度，因遭到各省督抚的反对而未颁行。后于宣统二年（1910年）十二月又先后编成了《刑事诉讼律草案》和《民事诉讼律草案》，这两个法典几乎完全是抄袭德国民事诉讼法，实际上也都未及颁行。

（6）法院编制法。清朝政府于1906年宣布预备立宪之后，也拟订颁行了有关改革司法体制的法规。1906年大理寺改为大理院成为全国最高审判机关以后，清政府即颁布了《大理院审判编制法》，确定设大理院、高等审判厅、地方审判厅、城（乡）谳局，实行四级三审制。次年颁行《各级审判厅试办章程》，规定第一审级置初级审判厅取代原来的城（乡）谳局。1910年2月1日，又抄袭日本的《裁判所构成法》，编订颁行了《法院编制法》，标榜资产阶级的所谓"司法独立"，并采用资产阶级的诉讼原则，如辩护制度、公开审判、合议制度以及由大理院执行复判的制度。

四、特点

清末一系列的变法修律活动，标志着中国延续两千多年的封建法系逐渐解体，中国封建的法律制度开始转变为半殖民地半封建的法律制度。概括起来，清末开始半殖民地半封建化的法律制度，具有以下五个方面的特点：

1. 它在本质上是地主、买办阶级和外国资本帝国主义意志的体现，是外国侵略者和封建势力统治中国人民的工具。鸦片战争以前的清王朝是地主阶级政权。鸦片战争后，中外反动势力逐步结成同盟，清王朝日益成为"洋人的朝廷"，清朝的法律制度也由地主阶级的工具演变成为帝国主义、封建阶级、买办阶级三位一体的统治工具。

2. 它主要渊源于外国资本主义的法律体系，同时也继承了中华法系，是两种法系的混合体。在删改旧律的阶段，主要是继承封建法律，如《大清现行刑律》，是在《大清律》的基础上，参照资本主义法律的精神作了枝节上的改动。但所制定的新的法典、条例，则主要渊源于外国资本主义的法律。例如，主要法典都是由日本等外国资产阶级法学家参加起草的；结构、形式、内容和大部条款大都来自德国、日本等国家的法律，各类法典也大都采用了资产阶级性质的法律原则，如，刑法中采用了罪刑法定主义原则，民律草案中采用了契约自由原则，诉讼法上采被告人的辩护权以及在法律面前人人平等的原则。因为清末政权是外国资本帝国主义的附庸，清末半殖民地半封建的法律制度，从体系上说应视为资本主义法律制度的变种。之所以说它是"变种"，不仅在于法律中保存了不少封建性法律规范，更重要的是清末法制的立足点是固守封建的纲常名教，维护封建专制主义统治。新刑律后附加《暂行章程》五条，非常典型地体现了这个特点。

3. 它的编纂形式是诸法分立。传统封建法制在编纂形式上的重要特点就是诸法合体，刑、民不分，民、商不分，实体法与程序法无别。从战国李悝《法经》六篇、汉朝九章律、唐律十二篇，直到明、清时代按六部名称划分六律总目，都是以刑律为主，而民事、商事、军事、诉讼等项错综其间。造成这种现象的原因是多方面的，如以自然经济为基础的封建社会，商品经济不发达，社会关系比较简单，宗法族权对民事纠纷的实际调节作用；封建专制的愚民政策、禁锢主义造成了法理学的极端落后等等。1910 年 4 月颁布《大清现行刑律》，只是对纯属于民事的不再科刑。直到 1910 年 12 月颁布新刑律后，才逐渐有了独立的各种法典，分门别类，诸法分立。

4. 它确立的司法体制是司法与行政分立、审判与检察分立。在封建制时代，司法与行政合一，审判权受行政权的干涉。皇帝总揽司法权，中央虽有专门的司法机关，但其活动为皇帝所左右，受宰相牵制，清代除有"三法司"会审外，还有"九卿"会审制度，司法审判机关是极少有可能独立行使职权的。在地方上，司法机关与行政机关直接结合，更成为行政机关的附庸。明、清时代在各省设提刑按察使，掌一省刑名，但他要受督抚的监督和节制。省以下府、州（县），都是行政长官兼理司法。直到 1906 年清政府官制改革，按照资产阶级三权分立的原则，把刑部改为法部，专掌司法行政，把大理寺改为大理院，为全国最高审判机关，从此废除了"三法司"会审和"九卿"会审制度。1909 布颁布《法院编制法》，标榜"司法独立"，强调审判衙门"独立执法"，行政各官"不准违法干涉"；并决定在京师和各省设高等审判厅，在府设地方审判厅，在州县设初级审判厅，民刑分科，实行四级三审制，同时，在大理院内设总检察厅，在各级审判厅也设立相应的检察厅。当然它们是不可能实行真正的司法独立的。

5. 它的内容具有封建性与买办性。清末法律继承了封建性的法律传统，在形式和内容上都继承并保留了许多封建性的法律规范和特征。

第一，在经济上确认和维护地主与买办资产阶级的私有财产，特别是封建地主的土地所有权。首先，民律草案肯定了保护地主的土地所有权，规定土地所有权的范围"及于地上地下"，承担地主土地的佃农，虽因不可抗力的灾害，致"使用土地受妨碍"或"收益受损失"时，也不得请求免除或减少租额，从而保证了地主对农民的剥削。其次，以法律的强制力严格保护债权人和高利贷者的利益。在"债权"编中，强调债务人必须偿还债务，否则债权人依法"得向债务人请求给付"。根据《现行刑律》，凡盗卖、换易、冒认及白占他人田宅者，田一亩、屋一间以下处五等罚；田五亩、屋三间，加一等；如系官田、宅，各加二等。盗耕他人田，一亩以下，处三等罚，每五亩加一等；盗耕官田则加重处罚。在新刑律中也有关于惩处各种侵犯私有财产罪的规定（如"盗窃罪"、"强盗罪"、"欺诈罪"、"侵占罪"等），以确保地主买办阶级的经济利益不受侵犯。

第二，在政治上严厉镇压人民革命运动，极力维护君主专制统治。修订法律馆在奏请批准新刑律分则的解释中，直言不讳地说，新刑律分则第一章"侵犯皇室罪"相当于"旧律之大逆大不敬",第二章"内乱罪"亦即《大清律》"十恶"中的"谋反"罪。可见,新刑律和封建性旧律是一脉相承的。清末极端专制主义统治造成了空前的危机,清政府通过刑事立法严格维护以皇权为核心的专制制度,抵制全国各族人民反对专制、争取民主的革命斗争,在现行刑律和新刑律中都规定凡"加害于乘舆、车驾或将加者,处死刑"。即使加害皇帝缌麻以上亲属,也要分别处死刑、无期徒刑或有期徒刑。为加强对人民的镇压与钳制,又颁布了许多单行法规,如《结社集会律》、《违警律》、《户口管理规则》、《各学堂管理规则》等,"凡秘密结社,一律禁止"。"政论集会,巡警或地方官署,得派遣人员临场监察"。"若其宗旨不正,违犯规则,或有滋生事端,妨害风俗之虞者,均责成该管衙门,认真稽察。轻则解散,重则惩罚。"①《各学堂管理通则》规定了十个"不准",如:"凡不干己事,一概不准预闻";"不准干预国家政治及本学堂事务,妄上条陈";"不准离经叛道,妄发犯言怪论,以及著书妄谈,刊布报章";"不准联盟纠众,立会演说及潜附他人党会"②,等等。广大人民的民主自由权利悉被剥夺。

第三,严格维护封建的纲常礼教和伦理道德关系。修订法律馆在奏进修正刑律草案告成的奏折中明确指出:封建纲常礼教乃"数千年相传之国粹,立国之大本"。为此在新刑律中规定了许多关于卑幼对亲属有犯杀伤、暴行、胁迫、侮辱等罪行的惩罚,规定杀害尊亲属者要处死刑,而杀害卑亲属则可不处死。此外,在民律草案中也肯定了维护封建夫权和封建婚姻、继承关系。如规定未成年的男子(不满三十岁)、女子(不满二十五岁)结婚、离婚必须经过父母同意,否则法律不予承认。

第四,清末法律确认和维护资本帝国主义侵华权益,带有浓厚的买办性。镇压义和团运动后,以那拉氏为首的清王朝奉行"量中华之物力,结与国之欢心"的卖国方针。《辛丑条约》规定虐杀外人的城市,停止科举考试五年;永禁组织或加入排外团体,违者处死;各省督抚及文武官吏均须切实保护外人,遇有侮辱外人事件,不能立时弹压者,革职永不叙用。新刑律还新增了"妨碍国交罪"。《刑事民事诉讼法草案》确认不平等条约中关于领事裁判权等侵略特权。民律草案确认外国社团法人的特殊地位,并极力加以保护。这些法律规范的制定,表明清朝的法律制度已经成为帝国主义统治中国人民的工具,从而暴露了清王朝媚外压内的投降主义可耻面目,也说明了清末法律制度半殖民地半封建的性质。

(原载《法律史论丛》,第 3 卷,北京,中国社会科学出版社,1983)

---

① 《大清法规大全·民政部》卷七,第 1~2 页。
② 《大清法规大全·教育部》卷二十一,第 3 页。

中国法制史学的十年回顾与前瞻

(1990)

一、中国法制史学科的历史回顾

（一）前学科的中国法制史研究

在我国古代，法制史研究是传统史学的一个重要部分。在向以文官治天下的文化传统之下，前代的立法、司法以及政治与法制的成败得失，受到了无论在朝修律的股肱重臣或是闭户著书的士大夫们的高度重视。周代和春秋战国时期，对于前代典章文物包括法律制度的研究已经兴盛起来。特别是春秋战国时期诸子百家竞相鸣放，形成了中国历史上的第一次学术高潮。从先秦诸子的政论中，都可以看到有关法律的记载和涉及法理学的论点。汉代中期以降，史学研究开始被纳入儒学经世致用的轨道，以解释法律为主要宗旨的律学亦开始兴起。如果说在明代以前，法制史的研究仍属史学的附庸的话，那么从清代开始，专门有意识地从事法制史的研究者已经开始出现。薛允升所著《唐明律合编》，用比较的方法，将明律、唐律按体例合编，并加以分析评述，可以说是中国历史上第一部有意识地专门研究前代法制的著作。清末变法，沈家本受命担任修律大臣，他按照"参酌中外，会通古今"的立法意图，在大量翻译、吸收西方国家法律制度的同时，第一次全面、系统地对中国自传说中的唐虞时代直到明代几千年立法、司法的各个方面进行了认真的考察，对近代学科形成以前中国法制历史研究作了总结。无论在中国法制史学科发展史上，还是在中国法律近代化的过程中，沈家本都是一个承先启后的先驱者。

（二）近代中国法制史学科的初步形成

近代中国法制史学科是在 1919 年五四运动后初步形成的。五四运动后，中国的社会科学研究结束了传统的学术研究模式，从"六经皆史"、"经世致用"、"微言大义"等传统国学的樊篱中走了出来，中国法制史学科正是在这一文化洪流中产生的。同时，中国法制史学科在中国的形成，应该说在一定程度上也曾受到日本的中国法制史学研究的影响，这种影响包括"中国法制史"这一学科名称的确立。1906 年孙荣所撰《古今法制表》十六卷出版的同时，日本东京古今图书局出版了邵修文、王用宾所译日本浅井虎夫著作《中国历代法制史》。此后，"中国法制史"作为一种含义广泛的学科名称而渐为中国学者所接受。1920 年，朝阳大学出版了适用于法科学生的讲义《中国法制史》和《中国法制史法学通论》。从 1925 年到 1945 年的二十年，乃是新中国成立前中国法制史研究成果最为丰富、学科发展最为迅速的时期。一些重要的法制史著作，如程树德的《中国法制史》、《九朝律考》，丁元普的《中国法制史》，杨鸿烈的《中国法律发达史》，陈顾远的《中国法制史》，徐朝阳的《中国刑法溯源》、《中国诉讼法溯源》，丘汉平的《历代刑法志》，谢冠生的《历代刑法书存亡考》，杨幼炯的《中国近代立法电》，徐圭式的《中国大赦考》等，皆相继问世，一些优秀的法制史学者渐渐成熟起来，从而形成了中国法制史研究的初步规模，奠定了学科的基础。

（三）新中国的中国法制史学的曲折历程

1949 年以后，随着马克思列宁主义成为各个领域的指导思想，法学教育和法学研究工作逐渐展开，新型的中国法制史学体系开始形成。首先在中国人民大学法律系，尔后又在北京大学法律系、北京政法学院等法学教育单位相继开设了以介绍中国历史上法律制度为主要内容的法制史课程，以新的理论、方法分析研究中国历史上的法律制度的学术研究活动亦渐开展。

1952 年以后，中国人民大学法律系等政法院系曾仿照苏联法学教育体制，相继设置了"国家与法权历史教研室"，并参照苏联"国家与法权通史"的体例编写了部分教学讲义。中国人民大学（1963—1965 年）编写出版了全三册《中国国家与法权历史讲义》，开展了以国家制度与法律制度为主要内容的法制史教学和科研活动。法制史学者还就中国历史上的宪政、选举、政权性质以及"清官"等问题发表了一些文章。经过初期的基础研究和探索，1956 年中国政治法律学会曾邀请在京法学界人士举行了一次关于中国法制史的座谈会，围绕着研究中国法制史的意义、学科研究对象、学科名称（"法制史"或"国家与法权历史"）等问题进行了讨论。这时，中国法制史的学科研究正在逐渐深入。1957 年以后，随着国家政治生活中"左"的气氛越来越浓，研究课题越来越多地集中在一些同政治理论联系紧密的问题上。总的看来，在 1966 年以前国家政治生活、社会生活基本正常的时期，以马列主义为指导的中国法制史学科从无到有，逐步深化，基本上完成了它的初步建立过程。1966 年开始了"文化大革命"，全国一些重要的政法院系被撤销，正规的法学教育中断，新中国成立以后一度兴旺起来的中国法制史学研究日渐稀落，直至被非科学的纯粹政治宣传和"影射史学"取代，出现了社会科学研究包括中国法制史学研究的一次倒退。

二、中国法制史学十年研究缘述

（一）十年中国法制史学的中兴与发展

1. 学科十年成就和学会活动

1976 年 10 月以后，随着国家社会生活的正常化，法学教育和法学研究工作逐渐复兴，被撤销的政法院系及研究机构相继恢复或重建，中国法制史学科的教学、科研工作随着形势的好转而愈趋活跃。据粗略统计，自"文化大革命"结束至 1990 年，全国出版的法制史著作有百部以上，发表论文不下千篇，大大超过 1949—1976 年近三十年间发表、出版论著的总和。

中国法律史学会已有十多年的历史，迄今共召开过四届年会，每届年会恰好成为学科发展的阶段性标志。1979 年 9 月，全国政法院系、科研单位的法律史学者在长春召开了新中国成立以来首次全国法律史学术讨论会。与会者就法制史学科和法律思想史学科研究工作中面临的一些问题展开了讨论，基本上确定了中国法制史学术研究的中国特色，逐渐消除了苏联模式对中国学术的消极影响。本学科的名称定为"中国法制史"已得到普遍的承认。在此次会议上，成立了全国性的法律史学术机构——中国法律史学会。

1983 年 8 月，在古都西安举行了第二届年会。会上着重讨论了中华法系的特点，以及如何建立具有中国特色的社会主义法律体系等问题，选举产生了中国法律史学会第二届理事会。

1986 年 8 月在合肥举行了第三届年会。这次会议显示出，法律文化、法制史研究在现实社会主义法制建设中的作用、法制史学研究的方法论等更深层次的问题，业已成为中国法制史学科研究的热门课题。在此次年会上，除选举产生了中国法律史学会第三届理事会外，还成立了全国性的中国法制史学术研究机构——中国法制史研究会，使中国法制史学科向正规化又迈出了一大步。1987 年 7 月在昆明召开了中国法制史研究会首次学术讨论会，会议以两个方面的改革为主题：一是中国历史上的体制改革与法制建设，二是中国法制史教学的深化与改革。

1990 年 3 月在长沙举行了第四届年会。中国法制史研究会就本学科如何加强学术交流、沟通科研信息、借助相关学科的学术成果，以及如何对待目前史学的困境等问题进行了讨论。这次会议上又新成立了几个研究会，现在中国法律史学会共辖六个研究会，即：中国法制史研究会，中国法律思想史研究会，外国法制史研究会，外国法律思想史研究会，法律古籍文献研究会，儒学及中国传统法律文化研究会。

2. 学术队伍和学位点情况

1979 年在长春召开中国法律史学界首次学术会议后十年来，中国法制史学科业已形成了以近百名教授、副教授、研究员、副研究员为学术带头人和学术骨干，教学、研究人员总数达三百名左右的规模可观的学术队伍，其中相当一批学者在国内外学术界具有一定影响。

自 1981 年以来，国务院学位委员会先后批准了中国法制史专业的硕士学位授予单位 12 个、博士学位授予单位 2 个。硕士点有：中国人民大学法律系，北京大学法律系，中国政法大学，中国社科院研究生院，西南政法学院，复旦大学法律系，华东政法学院，安徽大学法律系，西南政法学院，吉林大学法律系，武汉大学法律系，中山大学法律系。博士点有：中国政法大学，中国人民大学法律系。

(二) 中国法制史通论研究

1. 关于法的继承性问题。关于法的继承性的讨论曾有两次高潮。第一次高潮是在1956—1957 年，主要形成了三种观点：第一种观点认为，法是阶级意志的体现，是阶级专政的工具，新旧法律之间根本没有什么继承性可言。第二种观点则认为，法律本身是一种工具，可以拿过来"为我所有"。第三种观点认为，法的阶级性并不排除其可继承性，旧法之中也有某些"进步成分"或是"技术性"的东西仍可当作材料使用，如同拆掉旧房的砖瓦，可以用来盖新房，此即所谓"砖瓦论"。第二次高潮是 1979 年前后，正值"拨乱反正"、提出"解放思想"的时期。最后形成比较一致的意见，认为对剥削阶级建立的旧法制中体现其阶级本质的东西必须加以批判，予以彻底否定，同时还应注意将属于文化遗产的合理部分加以保留，通过批判鉴别予以继承和发展。

2. 关于中国法制史学科的研究对象、范围及方法问题。1949 年以前，中国法制史的研究主要限于"法制"方面，涉及立法、律令、刑制、司法等内容。像日本浅井虎夫《支那法制史》那样把国家制度、政治制度融合在一起的研究方式，似乎并没有被中国学者接受。从研究方法和研究深度上看，史料考证、积累、分析的功夫较为突出，而理论分析则往往阙如。（20 世纪）50 年代受苏联模式的影响，形成了"中国国家与法权历史"的体系。1979年在长春举行的全国法制史、法律思想史学术讨论会上，对"中国国家与法权历史"的名称和体系提出了异议，认为法制史的研究对象只能以法律制度的产生、发展、变化、消亡为主线，并提出法制史研究必须运用历史唯物主义原理，坚持马克思主义的方法论，即必须坚持阶级分析与历史分析的统一，坚持从历史事实出发，科学对待法学遗产，反对片面化。1982年以后出版的中国法制史著作，基本上纠正了把国家制度的内容杂糅于其中的偏差。

3. 关于中华法系问题。对中华法系问题探讨的第一个时期是 20 年代末至 40 年代末的二十年。据初步统计，从 1929 年至 1949 年，发表了专门论述中华法系问题的论文近二十篇，文中对中华法系的起讫年代、中华法系的特点、中华法系的评价及中华法系与现实法律制度的关系等问题的看法基本一致。一般都认为，中华法系在时间上囊括了自唐虞时代直到当前几千年的中国法律制度。有些论文从儒家思想影响、家族观念以及礼刑关系等方面系统地阐述了中华法系的主要特点。有的则从中国传统道德精神的角度论证了中华法系区别于罗马法系及其他法系的特征：第一个特征是"法律和道德非常接近"，第二个特征是"刑罚非常繁重"。关于中华法系问题讨论的第二个时期是 1980 年以后。陈朝璧在《法学研究》1980 年第 1 期发表《中华法系特点初探》一文，把半个世纪以前的中华法系问题再次提到法制史研究日程上来。经过认真的探讨和争论，对于中华法系问题中各个课题的研究进一步深化，尤其是对中华法系的断限、内涵、特点和成因等基本理论问题，有了比较清楚的认识。例如，对中华法系的断限问题，就提出了三种主要看法：第一，广义的中华法系应包括三个历史阶段中本质不同的中国法制——历三千年之久的封建法制，近代史上昙花一现的半封建法制，后来居上的社会主义法制；第二，中华法系指中国封建法制；第三，关于中华法系的消亡，辛亥革命基本上打破了中华法系的古老传统，但直到新中国成立后，旧的中华法系才不复存在了。再如中华法系的成因问题，有人提出要从三个方面分析：第一，中国所处的自然地理环境；第二，中国封建生产方式的特点；第三，宗法制的长期统治。有的则指出，中华法系的特点，是由中国古代东方社会的基本特征决定的：第一，中国古代社会长期保存着家族、氏族、公社或其他形式的宗法血缘关系的社会"脐带"，把家与国、政权与族权、君权与父权纽结在一起，从而使作为道德规范的"礼"与国家法律形式纵横交错地联系在一起，形成了一个适应中国封建专制主义统治的"和谐的法体系"。第二，中国古代社会长期存在着小农业和家庭手工业牢固结合的自然经济基础，父权家长制大家庭、家族和宗族集团是封建社会的基础组织细胞，族法、家规、乡规民约不仅包涵伦理道德的家庭法，而且也包含国家法律的部分规范，具有相当的稳定性和权威性。第三，中国古代实行的是东方专制制度的统治形式，为了保证封建等级秩序的稳定，在国家法律规范中明确规定了伦理上的尊卑长幼、政治上的贵贱大小和社会上良贱不同的法律地位与特权。关于中华法系问题的讨论，从一个侧面丰富了中国法制史研究的内容。同时，对于从宏观整体上把握中国古代法律的基本特征和基本线索，也是大有裨益的。

（三）关于先秦法制史研究

在先秦法制史研究中，有显著进展的是中国法律起源和西周法制这两个方面。

1. 中国法律起源问题研究。新中国成立后，历史学和考古学的发展均已证明，中国的夏朝已是国家的既定形态，中国的法律起源于夏的观点得到了普遍承认。

（20 世纪）80 年代初，随着法学研究的逐渐深入，关于中国法的起源问题引起了法学界更为深入的思考。有的学者提出了原始社会末期"法的胚芽"说，这是比较新颖、比较切合实际的观点。另有论者从分析、考证《尚书·尧典》入手，提出中国法律在唐虞时代即已存在的观点，并论证了虞舜时代的法律思想、法律制度。这种观点，虽然同新中国成立以来关于中国法律起源的大部分看法不同，其依据的基本史料的可靠性尚有疑义，但也有助于对中国法律起源问题的深入探讨。

2. 西周法制研究的进展。金文（青铜器铭文）的故乡——陕西西北政法学院的学者利用得天独厚的条件，以金文作为重要史料，系统整理，精心考辨，十年来陆续发表了多篇论文，并出版了第一本专著《西周法制》以及《长安文物与古代法制》，从而开拓了新的领域。

（四）关于秦汉法制史研究

相比较而言，新中国法制研究成就最大的领域之一，应该说是十年来对于秦代法制的全面研究。究其原因，一方面是新中国成立以后的学术研究在对待历史人物和历史事件的评价上有了更客观、更科学的态度和方法；另一方面，1975 年湖北省云梦县睡虎地秦墓竹简的发现，为秦代法制研究提供了翔实的资料。据自 1977 年至 1987 年十年的统计，中国法制学界共发表秦代法制研究论文一百五十余篇，并出版了《秦律通论》等学术专著。

（五）关于魏晋隋唐法制史研究

十年来在这一断代法制史的研究中，成绩显著者当推隋唐律（特别是唐律）的研究。

1987 年法律出版社出版了《隋律研究》，这是多年来第一部关于隋代法制的专门著作。该书对学术界关于隋律"因北齐而不袭北周"的传统观点作了较有说服力的辨正。

对唐律的研究仍然是各个时期历史学和法制史学术研究的热门课题。关于流传至今的《唐律疏议》的制作年代问题，在早期法制史学界和日本的中国法制史研究中一直存在着争论。1979 年以后，中国法制史学界发表的论文对过去中外学术界存在的几种观点作了详细、严密的辨正，再次申明了中国学术界关于《唐律疏议》即为《永徽律疏》的传统说法，基本澄清了几十年悬而未决的一件公案。特别要指出的是，中华书局出版的北京大学历史系刘俊文副教授在其导师王永兴教授指导下点校的《唐律疏议》，得到了国内外学术界的高度评价。另外，《唐律初探》、《唐律研究》以及编译的《唐令拾遗》等著作的出版，均对唐代法制的研究起了积极作用。

（六）关于宋元明清法制史研究

在中国法制史上，宋代是一个具有特色的王朝。近年来发表的有关宋代法制研究的学术论文有四十余篇，对宋代编敕、宋代刑事特别法规、宋代财政、民事法规以及"折杖法"、神宗变法改革等问题进行了比较深入的研究。

明代是继唐以后又一个国力比较强盛、文化比较发达的朝代。无论在政治体制或法律制度上，明代在唐、宋的基础上又都有所发展和进化，在封建社会后期占有比较重要的地位，并对清代产生了相当重要的影响。十年来先后出版了《明初重典考》、《明大诰研究》，是国内法制史学界先行出版的专门研究明初法制的专门性著作；同时还发表了有关明代法制的论文八十余篇，内容主要涉及明初重典治国、明大诰、宦官特务统治、明清封建法制对资本主义萌芽的摧残问题。

清朝是中国历史上最后一个封建王朝，形成了寓汉化传统和满族特色于其中的一代法制。由于时间上相去未久，清代法制资料大多得以流传至今。不仅清代各个时期制定的律令条例大都尚流传于世，清代的大量诉讼档案也为更深入地研究清代法制提供了方便。十年来，除出版了《清代司法制度》等著作外，还发表了近五十篇论文，使得清律研究日益成为中国法制史研究的重要领域。

（七）关于近代及民国时期法制史研究

1. 清末法制变革研究。1840 年到 1911 年的七十年，是中国历史上空前复杂而微妙的时期。此前的中国社会，没有任何一个时代像这七十年那样充满复杂的矛盾和苦涩。就法律制度而言，在这七十年中也经历了一个由旧体系、旧结构向新体系、新结构的重大历史转折。1979 年以后，清末法制研究着眼于清末预备立宪、法制改革、宪法、刑法和民法法典的修订、司法制度的改革、外国在华领事裁判权、西方法学的输入以及官制改革等各个方面的变革，学术界发表的论文有七十余篇。

2. 中华民国法制研究。1911 年的辛亥革命，拉开了中国近现代文明发展的序幕。此后的几十年中，中国社会在封建传统与近代文明的双向拉力下艰难迈步。就法律制度而言，不仅自清末以来东西方法律文化冲突的余波仍存于其中，而且这个时期的法制在更大程度上依附于政治，在法律条文背后往往还有着更为复杂的因素。十年来对民国法制史的研究逐步拓展、深化，发表了近百篇论文。其中关于南京临时政府的《中华民国临时约法》等重要法规的考证和评价，关于北洋政府的《中华民国暂行新刑律》的辨正，关于广州、武汉国民政府政权和法制的性质、特点的探讨，关于国民党政府《六法全书》的渊源、体系、特点等方面的论著，都有一定的新意和学术价值。

3. 革命根据地法制研究。十年来，关于革命根据地法制史的研究和资料整理出版工作取得了可喜的成果。新中国成立以来这方面的论文有一百一十多篇，其中 1980 年以后发表的占 80％以上，还出版了一套《革命根据法制文献选编》及几部专著，特别是列入"六五"国家重点研究课题的《中国革命法制史》的出版，对革命根据地新民主主义法制史的教学和研究工作有重要价值。

（八）关于台湾法研究

海峡两岸由于历史的原因隔绝了四十年。近年来，海峡两岸关系出现了缓和、松动的新势头，同时也衍生出越来越多的法律问题亟须研究解决。1987 年有关单位曾联合举办了港台法研讨会，与会者提交了三十余篇关于台湾法问题的论文，具体讨论了台湾地区现行立法、司法体制以及刑法、民法、公司法、破产法等法律制度对旧中国法制的承袭与近来的变迁。中国人民大学等高等院校和科研单位陆续建立了几个台湾法律问题研究机构，开展海峡两岸法律界的学术交流活动，承担了国家研究项目，出版了几部专著，发表了一批论文。中国人民大学还在法制史专业的硕士学位点和博士学位点中设置了"台湾法"研究方向，招收硕士研究生和博士研究生。台湾法研究的进展，给法制史专业注入了新的活力。

三、中国法制史学科研究的前瞻

纵观八十年来的历史，中国法制史学科经历了一个漫长而曲折的发展历程。20 世纪初的艰难起步，三四十年代的畸形发展，新中国成立以后的一度繁荣，"文化大革命"时期的十年凋零，以及 70 年代以来的中兴，充分说明学术研究是同社会的进步共繁荣、共进退的。社会的安定、政治的民主化，将为中国法制史学科研究提供良好的社会文化环境，中国法制史学科应该利用自己的历史学、法学优势，总结出中国各个历史时期的迷惘、失落和进步，不断献出新的研究成果，给建设有中国特色的社会主义以历史的启迪。因此，中国法制史研究在范围上的扩展、深度上的精进、方法上的更新，不仅是学科不断发展的必然趋势，而且也是时代和社会不断发展的要求。

（一）全力完成国家科研项目

1. 关于《中国法制通史》（多卷本）。早在 1979 年 9 月在长春召开的全国法制史、法律思想史学术讨论会上，就提出了编写《中国法制通史》（多卷本）的建议和设想。1987 年 7 月在中国法制史研究会昆明年会上，又重新提出并正式决议编写《中国法制通史》（多卷本），于 1987 年 11 月经全国社会科学规划领导小组批准列为"七五"国家重点研究项目。该书计划编写 12 卷共 500 万字。这将是对中国法制史学科研究成果和研究水平的历史性总结和检阅。

2. 关于《台湾法律制度及发展对台关系法律问题研究》。这是 1988 年秋全国哲学社会科学规划领导小组、国家社会科学基金会批准给中国人民大学的重点项目，现已部分完成，出版了一部著作、一部教材，尚有一部专著正在完成中。

（二）拓展研究范围

在过去的几十年中，中国法制史的学科研究取得了相当的成就。特别是近十年来，无论在研究的涉及面还是在研究的深度上，都是令人瞩目的。但是中国法制史学科在过去几十年中，真正以科学的理论作指导并有全国性总体布局和设计的正常研究毕竟只有十年左右的时间，因此不可能将中国四千年法制的广博内容都在较深的研究层次上囊括无余。在过去的研究中，尚存在着许多薄弱环节甚至空白，有待今后的研究去填补和加强。

第一，在中国法制史研究中，除法制通史外，部门法制史和专门法史的研究及法制史完整体系的形成，应是今后一个时期内法制史学科的一个重要课题。

第二，比较法制的研究有待深入进行。法律制度作为一种强制性规范，其阶级性十分突出。同时，法律制度还表现出自己的民族属性和文化属性。正因为如此，世界上许多相同阶级类型的法律制度表现出形式上和具体内容上迥然不同的特色。而且，即使在相同的文化背景下，由于社会情况的不同，法律制度也往往表现出不同的特点。因此，比较法制史的研究，也应在中国法制史研究领域中占据一席之地。

（三）更新研究方法

在过去的中国法制史研究成果中，曾不乏很有功力、颇具代表性的力作。但总的看来，在研究的方法、角度上，偏重于史学的较多。在研究重心上，往往偏重于单一法律制度的研究。因此，今后应加重研究成果中的法学比重和文化比重，注意法律制度与法律思想的结合研究，注意静态、宏观的法制内容与动态、微观情况的结合研究。

［原载《法律学习与研究》，1990（6）］

海峡两岸法律界学术交流的回顾与展望

(1992)

一、良好的开端

自 1979 年全国人民代表大会常务委员会发表《告台湾同胞书》以来，海峡两岸之间关系发生了很大的变化，已由长期以来的直接对抗走向缓和。1987 年 11 月，台湾当局开放台湾民众赴大陆探亲，海峡两岸之间长期完全隔绝的状况终告结束，两岸各种交往的大门亦由此渐次开启。在隔绝 40 年后重新打开封闭的大门，必然引发一系列重大而敏感、复杂而微妙的问题。众所周知，无论是宏观上的国家统一问题，还是两岸交往中衍生的诸多具体事务，最终都归结到法律问题上来。可以说，自两岸交往大门打开伊始，各种潜在的法律问题即越来越清楚地显现出来，这些法律问题的存在，迫切地要求两岸法学界人士，包括各方面的法律专家、学者、律师等走到一起，充分进行协调与交流。在过去几年中，两岸的法学界人士从不同方面为促进两岸的正常交往，为保护两岸人民的合法权益做了不懈的努力，在法律与法学的研究和交流方面获得了可喜的成果。

(一) 建立了一批专门研究机构

早在 1984 年就成立了"中国社会科学院台湾研究所"，1986 年又成立了"厦门大学台湾研究所"，这些最先出现的研究所以及尔后的南京大学和海南省合建的"南南台湾研究会暨研究所"和南京大学、浙江大学、天津社会科学园建立的台湾研究所及北京师范学院台湾研究室等都属于综合性（而非专门法学）的研究机构。

1987 年以后，才陆续成立了从事研究台湾法律问题的专门机构，其中，主要是高等院校和科研单位成立的研究所或研究室；亦有地方上建立的研究机构，和全国性的学术团体。"中国人民大学台湾法律问题研究所"（以下简称人大台法所）是高等学校中较早成立的一家从事台湾法和发展对台关系法律问题的研究机构。中国社会科学院法学研究所和武汉大学法学院成立了"港澳台法律研究室"，"中国管理科学研究院"建立了"台湾法律研究所"。在地方上，有较大影响的是"福建省政法管理学院台湾研究所"、"福建省台湾法研究中心"，上海市法学会亦成立了类似机构。

在全国研究台湾法律问题热潮的推动下，于 1990 年 7 月在北京成立了全国性的学术研究团体——"中国法学会海峡两岸法律问题研究会"。

现在，全国一些高等院校（北京大学、中国政法大学、西北政法学院、西南政法学院等）也有教学、科研人员结合本人从事的专业进行台湾法律研究工作。中国人民大学法学院正式开设了"台湾法概论"、"海峡两岸法律问题研究"两门课程，并招收了以"台湾法"为研究方向（在法制史专业内）的硕士研究生和博士研究生。

在台湾，较早开设大陆法律课程的是王志文教授主持的文化大学法律系和法律研究所，由他本人和他聘请的校内外教授、律师讲授大陆法制。据了解，台湾大学、政治大学以及东海大学、辅仁大学等高校也都有学者研究和讲授大陆法制。

（二）开展了人员交往

几年来，在海峡两岸法律界的共同努力下，两岸法律学者、律师之间开展了经常性的友好接触和学术交流。近几年来，中华全国台湾同胞联谊会（简称全国台联会）、中国法学会海峡两岸法律问题研究会、中国人民大学台湾法律问题研究所和其他一些高等院校，同台湾大学、台湾政治大学、中国文化大学、万国法律事务所，以及东海大学、辅仁大学的学者、律师建立起了经常性的学术联系，增进了了解，加深了友谊。

1987 年台湾地方当局开放探亲后，两岸法律界人士在香港 1988 年举行的"民法学国际研讨会"和"海峡两岸法律适用之理论与实务国际学术研讨会"期间开始了接触。会后，台湾"蔚理法律事务所"律师吕荣海先行进入大陆，同中国人民大学佟柔教授等进行了学术联系，随后又成立了"福州海峡两岸联合律师事务所"。1989 年，全国台联会和人大台法所热情接待了自台湾来大陆访问的王志文教授夫妇。此后，中国法学会、全国台联会等单位分别或联合接待过多批来自台湾的律师、教授和访问团。特别是 1990 年 4 月下旬至 5 月初全国台联会和人大台法所联合接待了第一个台湾法学家大陆访问团，并成功地举行了首次"海峡两岸法律学者学术研讨会"，产生了较大影响。

但是，应当不无遗憾地指出，台湾地区法律学界的许多朋友虽曾极力争取大陆法学家入台访问，大陆的法学家迄今尚无一人被正式邀请进入台湾。

（三）举行了多次专班研讨

1987 年 10 月，中国社科院法学研究所和武汉大学法学院首先在北京联合举办了"港台法律研讨会"。

自 1989 年年初以降，人大台法所同全国台联会就台湾当局推出的"台湾地区人民与大陆地区人民关系暂行条例草案"以及"七二一"渔事纠纷和"鹰王号"走私船案件等重大问题联合或分别举办了五次研讨会。中国法学会海峡两岸法律问题研究会亦就某些重要问题组织过多次专题研讨。

在地方上，福建省政法管理干部学院台湾法研究所和研究中心，举办过多次研讨会。汕头大学在 1991 年 3 月邀请外地学者和香港学者举行了"海峡两岸关系法律问题研讨会"。

此外，1991 年 6 月，最高人民法院还在深圳举办了有全国部分地方法院负责人参加的"涉港澳台经济法律研讨班"。

几年来，大陆方面的许多单位举办了各种不同层次、不同形式的学术研讨，反映了大陆法律界的专家、学者对两岸关系的广泛关注。但就参加人员之广、规模之大、影响之深而言，当属 1990 年春举行的首次"海峡两岸法律学者学术研讨会"。

（四）发表、出版了一批学术论著

大陆方面，1988 年，"国家哲学社会科学规划领导小组"和"国家社会科学基金会"正式批准将中国人民大学曾宪义教授主持的课题"台湾法律制度及发展对台关系法律问题研究"定为国家重点项目。现已完成的专著有：《台湾律师制度》（曾宪义主编）、《海峡两岸交往中的法律问题》（全国台联会和人大台法所联合组织编辑，曾宪义、郭平坦主编）。正在着手进行的有"台湾法律制度和海峡两岸关系法律问题"系列著作。同时在中国人民大学法学院的期刊《法律学习与研究》上专门开辟了"台港澳法律问题研究"专栏。特别值得指出的是1989年11月台湾蔚理法律出版社出版的《大陆法律学者论海峡两岸关系暂行条例》一书，该书是由人大台法所约请北京及京外的35名学者撰写的，全书包括"继承与婚姻"、"经济、投资"、"智慧财产权"、"民事（一般）"、"刑事法律"、"区际法律冲突之解决"、"立法评析"、"两岸法律服务·中介团体"共八个部分，较全面地论述了两岸关系中的法律问题。这是首次在台湾地区正式出版的大陆法学家著作。其他出版的专著还有谢怀栻教授主编的台湾法著作，王克夷主编的《台湾与祖国大陆法人制度比较》，青年学者朱勇、李青编写的《台湾司法制度》等。

福建省政法管理干部学院台湾法研究所和福建省台湾法研究中心除出版了期刊《台湾法研究学刊》外，还曾编写出版了关于台湾公司法、关于"两岸关系暂行条例"等方面的著述。汕头大学、西北政法学院、汕头经济特区的部分教学、科研人员编写了《台湾现行法律概述》。

此外，大陆学者还曾就台湾当局的"两岸关系暂行条例"以及各个重大的法律事件撰写、发表了数量可观的论文，表明了观点，维护了两岸同胞的合法权益。

台湾方面，多年来在研究大陆法制方面颇有造诣的学者刘清波、王泽鉴、蔡墩铭、王志文、林山田、许玉秀等诸位教授和范光群、陈传岳、吕荣海律师等，都不断有关于研究大陆法制及研究海峡两岸关系中法律问题的论著问世。台湾地区法律界的朋友也曾就"两岸关系暂行条例"及某些事件，仗义执言，主持公道，批评当局的错误行为，为推动两岸关系的发展、维护两岸同胞的合法权益辛苦奔走。

二、面临的课题

两岸关系的发展，已给两岸之间的法学交流提出了更高、更深层次的要求。可以说，两岸法律界人士间的协商、讨论、合作比以前任何时候更为迫切和重要。我们认为，这种交流协商和合作所应包括以下几个层次：

（一）在宏观理论方面

国家民族统一问题是两岸关系中最重要的问题之一。实现祖国统一，是中华民族根本利益所在，是全国人民包括台湾同胞的共同愿望，也是两岸法律界团结合作的基础和前提。按照"一国两制"的构想，在国家统一之后，将有一系列法律问题需要解决：第一，统一后中央政府与各特别行政区的权限分割问题；第二，各特别行政区之间的行政及法律关系问题；第三，国家统一以后不同法域之间的法律冲突、法律协调、法律适用问题。而在现阶段，如何从法律层面促进两岸关系的健康发展，则是更为现实的问题。

（二）在两岸交往的具体事务方面

基于目前在大陆和台湾各自适用不同的法律制度的客观现实，在两岸交往中各种具体事务的处理必然存在着法律适用上的冲突。如何在保证两岸关系健康发展、避免消极负面影响、维护两岸同胞合法权益的前提下解决这些冲突，也是我们目前面临的重要课题。这些问题主要包括：第一，两岸交往中法律适用，目前需要一种能为海峡两岸各方面接受的准则。这种准则如何确定，需要在法律理论和技术上进行充分的协商。第二，两岸的婚姻关系的处理。如两岸人民间婚姻关系成立的手续、婚姻关系存在的证明、双方因婚姻而产生的财产处理、婚姻一方到另一方所在地定居的规定等。此外，与婚姻问题相关的认领、收养、承嗣等问题如何公平处理，也需要两岸法律界人士充分协商。第三，继承问题。在以前台湾当局推出的"两岸关系暂行条例草案"中，关于继承问题的若干规定已引起很大的争议。究竟应如何更公平处理继承人顺序、继承份额、继承财产总额、继承人申请继承的期限等，也需要重新讨论。第四，关于经贸往来和投资问题。随着近年来双方贸易、投资的不断增加，诸如贸易纠纷的处理、商务仲裁、投资双方利益的合理保护等法律问题也亟待商讨。第五，关于知识产权的保护问题。究竟如何用双方都能接受的法律方案实现对于知识产权人利益的保护，也需要认真地找出具体的方案。第六，刑事犯罪处理的问题。在两岸之间发生的刑事犯罪的认定、追诉、罪犯的"引渡"，如何协同打击海上抢劫、走私、贩毒等海上犯罪，等等，需要研究具体的方案。第七，司法管辖问题。由于目前在法律管辖权上的冲突，避开敏感的政治问题，在双方之间达成一种案件管辖的具体协议，以避免给两岸关系的发展带来不利影响，也是目前亟待解决的重要问题。第八，关于文书的公证、认证及司法协助问题。如何认定双方的公证、文书及诉讼文件，如何传递有关法律文书、通过何种途径协助对完成诉讼所需之证据等，都需要双方有一具体、明确的协议。虽然这些问题的解决最终决定于两岸的官方机构，但两岸法律界人士在充分讨论、协商的基础上形成一定的腹案，对于此类问题的公正、合理解决将有所裨益。

（三）在两岸交往中的律师业务方面

在目前的条件下，许多具体事务，诸如一方人民在另一方地域内发生的诉讼和非讼事件，将有赖于对方的律师的帮助，很显然，在一个很长的时间内，律师将在两岸民间交往中起着十分重要的作用。两岸律师界在相互协作问题上，也有很多尚在进一步协商解决的具体问题，如两岸律师间将以何种方式合作、在哪些具体范围内合作等，都有待两岸律师界的进一步具体协商。

（四）在法学研究和法学教育领域

虽然海峡两岸的现行法律制度在性质、具体内容上有很大的不同，但两者均以成文法典作为基本法律渊源，在一些外部特征、纯法律技术层面也有相似之处。因此，在法学研究和法学教育领域，两岸法律也存在着一些有待进一步讨论和交流的问题，主要包括：第一，法学研究成果的交换；第二，法学研究人员的双向交流；第三，法学和教育机构的定向、正式学术联系；第四，法学研究项目的合作；第五，图书资料、学术讯息的交换等。

诚然，两岸关系中的诸多法律问题的解决并不是一蹴可就的。无论是祖国统一问题，还是两岸交往中的具体法律问题的解决，都需要全体中国人的智慧。两岸法律界同仁更肩负着重要责任，我们真诚地希望两岸的法律界同仁们能够以诚心、信心和责任心，运用我们的专业知识、专业技能和我们的社会影响，充分协商、讨论和交流，为两岸关系的顺利、健康发展，为祖国的统一大业，为两岸人民和我们的子孙后代，作出共同的努力和应有的贡献。

[原载《法学家》，1992（1）]

中国的法学教育体制及改革

（1998）

法学教育是国民教育体系中的重要组成部分，也是中国实行"依法治国，建设社会主义法治国家"伟大工程中的重要一环。在当今中国，人民政府及全社会对于法学教育一直给予了相当的关注与重视，一个跨世纪的法学教育发展蓝图正在构建之中。

一、中国法学教育的历史发展

中国是世界著名的文明古国。中国文化数千年来薪火相传，连绵不绝。重视法律、重视法学教育的精神，也一直是中国传统文化的基本内容之一。早在距今三千年前的西周王朝，就有对基层官吏进行法律教育的制度。在战国时代（公元前475—前221年），有名的法家人物邓析开始私家授徒，传授法律知识，开启了私家法学教育的先河。此后，中国官方、民间均致力于法律的教育与传播。在实行"以法治国、厉行法治"的秦王朝（公元前221—前206年），在政府内设置"律博士"一职，隶属于最高司法审判机构，职掌法学研究与法学教育事宜。在秦朝以后，亦官亦教的"律博士"一职在中国历史上存在相当长一段时间，至东汉王朝（公元25—220年）后期，随着学术上的注释学派的兴盛，私家注律、私家设馆授徒传授律学知识亦蔚然成风。当时，许多学术名门望族纷纷将注释律典、研究法律技能作为家传世业，代代相传，甚至官至"廷尉"（政府最高法律官员）者亦收徒讲学，学生常有数百人之多，以致形成了许多"律学世家"。据史书记载，当时律学世家有数十家，每家律学著述有数百万言。其中一些最为优良者得到了皇帝的承认，其法律著作也成为经官方认可、具有法律效力的一种法律渊源。三国两晋南北朝时期（公元220—581年），中国古代的律学进一步发展，促进了中国古代法律理论、立法技术的进步。隋、唐之际（公元581—907年），中国全面推行"科举考试"，采用全国考试的办法选拔官吏。唐朝即在科举考试中正式设立"明法"一科，以律典、断案及律学为考试内容，考核、选拔政府官吏。

在19世纪末以前的中国古代社会中，法学知识的传播与法学教育一直存在官方、民间双轨并行的体制。这两种教育体制是相互补充的，对于发展中国古代的律学，完善传统的法律文化起到了重要作用。进入20世纪以后，随着中国的大门被西方列强敲开，西方近现代法律体系、法学教育体制也"欧风东渐"，开始影响到中国，中国的法律教育体制随之迈开近现代化的步伐：1906年，中国近代第一所正规化的法学教育机构——京师法律学堂由清朝政府设立。在此之后，各省亦纷纷成立法政学堂。至1910年，各类法律学堂的师生人数达到1万人。进入民国时代，随着中国高等教育体制的建立，各大学法学院系及公立、私立法律专门学校亦相继建立起来，法学教育的师资、办学规模及课程设置等都有了较大的发展。此间，法律院校的毕业生达到2万多人。

中华人民共和国成立以后，中央人民政府投入较多的精力创办新中国的教育事业，发展、完善新中国的法学教育体制。1950年，国家创办了中国人民大学法律系，这是新中国建立的第一个，也是最早的正规的高等法学教育机构。随后，北京大学法律系、北京政法学院（现名为中国政法大学）、复旦大学法律系等高等政法院系次第建立，新中国法学教育无论在体系、方式及教育内容上，均有了较大的发展。虽然由于各种原因，在"文化大革命"期间（1966—1976年），中国的法学教育受到很大冲击，但自70年代末以后，又获得重新发展的大好机会。经过近二十年的努力，中国法学教育的面貌已有很大的改观，在形式、内容上都有了质的飞跃。

1997年1月，我国正式成立了"国家教委全国高等学校法学学科教育指导委员会"，该指导委员会是在国家教委领导下，对全国高等学校法学学科教育工作进行研究、咨询和指导的专家组织。它的主要任务是：受国家教委委托，对我国高等学校法学教育建设与发展全局性的方针、政策、规划和措施进行研究，并对国家教委的决策提出咨询意见和建议；研究、推动和指导法学教育改革工作；审议法学学科教学文件，制订高等学校法学学科专业人才培养规格和要求，研究和参与教学工作的评价工作，监督教学质量；协助国家教委做好本学科的师资培养工作，促进高等学校的师资队伍建设；研究教材工作，组织制订教材和教学大纲编选计划，组织编写教材和教学大纲，审议教材等。指导委员会由国家教委聘请的37名著名法学教授组成，中国人民大学法学院院长曾宪义教授担任指导委员会主任，指导委员会秘书处亦设在中国人民大学法学院。

二、当代中国的法学教育体制

（一）中国法学教育的结构体系及发展规模

经过长期努力，在当代中国，已经基本建立起了由普通高等法学教育、成人法学教育、法律职业教育组成的多渠道、多形式、多层次的法学教育、培训体系。就办学渠道而言，既有国家教委及国家司法部所属的法律校、院、系，也有地方教育部门、司法行政部门所办的法律校、院、系。另外，国务院各部委及地方政府部门所办的大学、学院中，也有不少设置了法律系或法律专业。到1996年底，全国有三百多所院校设置了法律专业，在校学生已达到6万余人，占全国普通高等学校在校学生总人数的2.2%。

从办学形式上看，中国的法学教育可分为高等法学教育和成人高等教育及中等法律职业教育。其中，普通高等法学教育一直是中国法学教育的主体和最高层次，成人高等教育包括法律类管理干部学院、法律培训中心及普通高校中的成人教育学院等；而中等法律职业教育则是重要补充。近年来，中国已建立成人高等政法院校、系（专业）一百五十多所，形成了比较完善的三级成人法学教育培训网络，培养成人本科、专科学员10万余名，培训司法人员一百多万人次。目前，全国成人高校在校法科学生约为8.6万人，占成人高校在校学生总数的4.6%。目前，中国中等法律职业教育也得到了很大的发展，在校中专法科学生有2.2万人左右。

如果按学生学习时间来划分，中国的法学教育又可分为全日制法学教育和业余法学教育。前者包括普通高等学校及管理干部学院、中等法律专业学校等，学生入校后完全脱离工作，在学校内全日学习。后者则是由学生利用业余时间参加课程学习，这类学校有广播电视大学、职业大学、函授大学、夜大学、自修大学。一般而言，在普通高等学校中是全日制学习，而业余法学教育绝大多数属成人学校。

经过不断努力，中国已经建立了比较完整、层次齐全的法学专门人才培养体系，在学历教育中，已经可以培养中专生、大专生、本科生、硕士研究生、博士研究生等各种专业法律人才，以适应社会的不同需要。在发展学历教育的同时，又有各种专业证书、岗位证书、职业资格证书等非学历教育作为重要补充。特别需要指出的是，中国近年来还逐渐形成了高级法官、高级检察官的培训、培养制度。

（二）中国法学教育中的招生制度与学制

中国普通高等院校本科、专科生直接从高中毕业生中招收，实行全国统一命题、统一考试、统一录取。考生在考试前要填报个人入学志愿，选择自己属意的学校和专业，并进行身体检查。政府每年根据情况确定招生名额，由各学校根据考生志愿和考试分数决定录取：一般而言，中国人民大学、北京大学等国家重点院校先行选录，其后再由其他普通法律院校、专科学校依次录取。法律类本科学制为 4 年，专科为 3 年，中专为 2 年。

在中国，硕士研究生的招生实行全国统一考试与学校考试相结合的制度。考生的外语课程、政治理论课程实行全国统考，即全国统一命题、统一考试，而法律专业课程则由法律院校、系自行命题考试，此后由学校根据政府下达的招生名额择优录取，学制亦为 3 年。至于成人法学教育，招生、录取方式多种多样。录取者一般不脱离工作岗位，学制为 5 年、3 年不等。中等法律职业教育，一般从中学毕业生或高中毕业生中录取，学制一般为 2 年。

（三）法学专业设置

70 年代以前，中国高等法律院系的专业设置比较单一，一般只设法学专业。改革开放以后，根据国家经济建设和法制建设发展的需要，多次进行专业设置调整。目前，中国高等法律院系本科、专科设置的专业主要有法律学、经济法、国际法、国际经济法、律师学、知识产权法、环境法、犯罪学、涉外法、监狱法学等。各学校的专业设置不一，侧重点也不尽相同。近年来，国家教委按照"宽口径"、"厚基础"，提高综合文化素质、培养治国人才的要求，组织著名专家学者对全国高等学校本科专业目录进行调减修订。1997 年 10 月在广东举行的法律教育指导委员会工作会议，决定自 1999 年起只按一个法学专业招收本科学生（可在高年级设置若干专业方向）；并决定了全国各高等学校法学本科专业都必须开设的14 门核心课程，增加学生自由选修课程。法学硕士、博士研究生的专业有 10 个。此外，为了加快培养应用型的高层次的法律人才（法官、检察官、律师），也为了吸引更多地非法律专业的本科毕业生，国务院学位委员会和教育部及司法部，参照美国培养 J. D.（Juris Doctor，中国译为法律职业博士）人才的模式，决定自 1996 年起招收和培养"法律硕士专业学位研究生"（Juris Master，简称 J. M.），到现在已经开始招收第三届。为了加强对"法律硕士专业学位研究生"工作的领导，国务院学位委员会、教育部和司法部于 1998 年 1 月成立了"全国法律硕士专业学位教育指导委员会"，肖扬（时任司法部部长，现任最高人民法院院长）为主任委员，曾宪义（中国人民大学法学院院长）、顾海良（国务院学位委员会办公室副主任）、怀效锋（司法部法学教育司司长）为副主任委员。

（四）学位制度

中国高等法学教育学位制度包括法学学士、法学硕士、法学博士三个层次。目前，中国所有设置法学本科专业的学校均有权授予法学学士学位。硕士学位、博士学位的授予权，则由具备条件的学校提出资格申请，经中央各部委或地方各省级学位办核准后推荐，最后由国务院学位委员会审核，经三分之二以上绝对多数票通过。国务院学位委员会法学学科评议组是中国评审法学硕士学位、法学博士学位授予权的最高权威性学术机构，到目前为止，中国有 43 所法律校、系有法学硕士学位授予权，其中大多数学校只有一两个专业可以授予硕士学位，中国人民大学、北京大学等重点学校有 8 个以上专业可以授予硕士学位。目前，全国有 8 所法律院系有法学博士学位授予权。

（五）学生管理制度

新中国成立以后，国家和政府在法学教育中一直扮演主导角色，即国家和政府是法学教育的经费承担者、教育设计者和管理者。长期以来，中国法律本科、专科和研究生学生上学，全部费用由国家承担，包括住宿、教育、医疗等费用，均由国家财政支出。近年来，对本科生的收费制度略作了一些调整。从 1987 年起，中国高等学校停止了本科生助学金制度，全面实行奖学金和贷学金制度，30％左右的优秀学生可以获得奖学金，其他学生则可以向校方申请贷款以完成学业，毕业后由其所在工作单位垫还。硕士研究生、博士研究生则由国家提供生活费用。

在中国，普通高等学校的学生绝大多数为全日制住宿生，学生入学后住在校内学生宿舍，原来一律免费，近年实行公寓制管理，学生须交纳学费和少量的住宿费用。学生入学后，根据其专业统一编班，实行自治管理，由学生选举班委会，系、校学生会及研究生会，自主管理学习、生活诸事务。同时，学校每班配备一名班主任老师，帮助解决学习、生活等方面的问题。硕士研究生和博士研究生除自治管理外，在学业上实行导师制，确定每个学生的指导教师，指导研究生学习和从事学术研究活动。

（六）毕业分配制度

长期以来，中国对高等学校毕业生实行"统包统分"的毕业分配制度，即是说，学生毕业时，由国家按计划统一分配工作。这一制度，从积极方面看，可以完全解决毕业生就业问题，使学生不存在失业之虑；从消极方面看，学生由于原则上要服从分配，做政府指定的工作，不能任意选择，在实际上也会造成人才浪费和结构不合理。近年来，实行了"双向选择"制度，即允许毕业生和用人单位相互自由选择，协商确定毕业生毕业后的就业方向和单位。

（七）博士后制度

自 1985 年开始，中国试行博士后制度。1992 年，国务院又组织全国专家学者评议审定，在全国人文社会科学领域建立 16 个博士后流动站。当年，中国人民大学法学院被批准设立并开设了中国第一个法学博士后流动站。武汉大学法学院、中国社会科学院法学研究所亦次第陆续开办了法学博士后流动站；此后第二批又批准北京大学法律学系设立博士后流动站。

（八）教师工作制度

在中国，按《教师法》的规定，担任高等院校本科、专科学生教学职务的老师，必须具备本科以上的学历；教师的职称，则分助教、讲师、副教授、教授四级。教师依据本人的教学业绩、科研水平及科研成果情况，提出晋升学术职称的申请，由著名教授组成专家评审、评定职称，决定晋升与否。职称评定后，由相关学校聘任。目前，中国普通高等法律院校均有权评定助教、讲师职称，部分院校有权评定副教授职称，中国人民大学、北京大学等具有评定教授职称的权力。其他院校，则在初审后经中央及各省市教育部门审批。在中国高等院校中，教师在从事法学教学工作的同时，还进行大量的学术研究工作。教学工作有一定的组织形式，各法律院系均按相关专业、课程划分为若干个教学研究室，共同完成教学工作。在科研方面，除教研室或院、系组织的较大的研究项目可共同合作外，教师亦可依个人兴趣、专业进行自己的研究活动。

在中国，教师一直实行退休制度，女士满 55 岁，男士满 60 岁退休；教授和副教授则不分性别，一般是 60 岁退休。有的院校规定教授满 65 岁退休，教师退休后可享受原薪金85％至 100％的待遇，并可享受公费医疗等项福利待遇。

三、中国法学教育的发展构想

近二十年来，中国的变化是巨大而深刻的，这些变化，对中国的未来走向及中国的法学教育都产生了重要影响。近年来，国家的发展、社会的进步已对法学教育提出了更高的要求。"依法治国，建设社会主义法治国家"已成为国家的基本目标和全民的共识与要求，因此，我们完全有理由对中国法学教育的发展充满乐观的态度。根据司法部《法学教育"九五"发展规划和 2010 年发展设想》，在"九五"期间和今后 15 年内，中国法学教育体制改革和发展的目标是：调整教育层次、结构，扩大教育培养规模，使法学教育结构更加合理，质量效益明显提高，最大限度缓解社会上法律人才的供求矛盾；到 2010 年，建立起与社会主义市场经济体制、国家法制建设、社会全面进步相适应的现代法学教育体系，实现法学教育管理体制法制化、规范化，法律人才的培养规模和培养质量基本满足社会的需要。具体说来，我们将在以下几个方面倾注更多的精力，努力达到我们的目标：

第一，在管理体制上，将逐步转变职能，建立起由政府宏观调控、行业与社会监督服务和学校自主办学相结合的新型管理方式与体制；

第二，在办学模式方面，逐步树立动态、开放、多元化的新型办学观念，积极扩大社会参与，形成以政府办学为主体、社会多方参与、多元投入的办学体制，以构建开放、竞争、自律和调控机制为特征的现代法学教育制度；

第三，在层次结构上，将以专科为起点，重点发展本科法学教育，大力发展研究生教育，加快培养社会急需的高层次复合型、外向型法律人才；

第四，在学科建设上，将积极促进法学学科和其他学科之间的相互渗透、交叉和融合，逐步建立起以法科为主、多种相关学科并存的综合性学科体系和专业结构；

第五，在发展规模上，将坚持内涵发展为主的道路，扩大法学教育培养规模，到 2000 年，法科学生占普通高校在校学生的比例将提高到 3％，到 2010 年，这个比例争取达到 4.5％。

第六，积极改革教学方法，更新教学内容，提高教学质量，并进一步加强国家间在法学教育方面的合作与交流，扩大国际视野与国际参与，培养高素质的法律专门人才，为 21世纪的中国与世界作出贡献。

［原载《法学家》，1998（5）］

十一届三中全会与中国法学 20 年

（1999）

一、"解放思想，实事求是"与中国法学 20 年的发展

在 20 年前召开的党的十一届三中全会上，中共中央作出了把党和国家的工作重点转移到经济建设上来的战略决策，提出了健全社会主义民主与法制的方针。20 年来，以邓小平、江泽民同志为核心的党的第二代、第三代领导人带领全党、全国人民，不断实践、充实和完善十一届三中全会确立的基本方针，在国家政治、经济、文化等各个领域进行全方位的改革，取得了举世瞩目的伟大成就，使中国的面貌发生了巨大变化。在这 20 年中，作为国家建设的一个重要组成部分，中国的法制、法学和法学教育经历了从恢复到发展、从借鉴到创造的过程，一个生机勃勃、不断走向繁荣的可喜局面已经展现在我们面前。回顾十一届三中全会以来中国法学走过的历程，可以说，这 20 年是中国法学发展最快、成就最辉煌的 20 年。

法学是研究法和如何更好地运用法律手段为社会服务的科学。千百年来，人类社会发展的历史已经充分地证明，法学的昌隆与国家、民族的命运紧密相连。一百多年来，中国人民一直在追求建立一个独立、富强的现代法治国家，无数仁人志士为此付出了心力。但是，在内忧外患不断的情况下，我们追求法治国的理想一再破灭，中国的法学也与整个国家一起走过了漫长、曲折和艰辛的历程。

直到 20 世纪 70 年代末，中国人民从政治动荡的阴影中走出来，开始用更深邃的目光审视我们周围的世界，用更理性的态度思考我们国家和民族的未来。

回顾 20 年来中国国家和社会所走过的道路，我们深刻地体会到"解放思想，实事求是"八字方针的历史价值及对中国社会变革所起到的巨大推动作用。"解放思想"，使得我们能够打破旧体制、旧观念的束缚，从而有利于发挥蕴藏在国家和人民中的巨大创造力；"实事求是"，则使我们能够摆脱"左"倾、盲动，告别愚昧和幼稚，以科学的态度、科学的方法进行国家各方面的建设。应该说，过去 20 年中国法学的发展，正是十一届三中全会以后发动的思想解放运动的直接成果。从宏观上看，中国法学及法学教育过去 20 年的发展，大致可以分为三个阶段：

首先是清理、反思，逐渐打破法学禁区，全方位开展法学研究。十一届三中全会以后至 20 年代前半期，配合全国范围的"拨乱反正"工作，法学领域也率先开展了关于法的阶级性与继承性、关于法治与人治等一系列根本性问题的大讨论。广大法学工作者纷纷撰文，对"法律虚无主义"、"人治"观念、片面强调法的阶级性等"左"倾观念及其危害进行深刻的清理、反思，并在此基础上，以极大的热情全面开展学术研究，宣传社会主义民主和法制意识，使十一届三中全会确立的"健全社会主义民主、加强社会主义法制"的方针在理论上得到充分阐发。

其次是恢复、借鉴，初步建立起有中国特色的法学体系。（20世纪）20年代中期以后，随着改革开放的逐渐深入，我国的法学研究也进入一个由恢复、借鉴，到吸收、消化的过程。在这一时期，通过法学工作者的不断努力，新中国成立后奠定的马克思主义法学的基本原理、原则得以恢复。同时，法学界也以更开放的态度对待外国的特别是西方国家的法律制度和法学理论，采用"派出去"和"请进来"的办法，扩大和国外同行的交流与合作，扩大了我们的视野，也增强了信心。这一时期的法学研究活跃，数以千计的法学著作和众多的学术论文问世，我国的法学事业由此奠定了扎实的基础。

最后是发展、创造。进入90年代，特别是邓小平同志南方谈话发表以后，以江泽民同志为核心的党中央以更开阔的视野、更恢宏的气势，加大力度推进改革，使中国开始进入国家和社会发展的"快车道"。法学界也适应形势发展的需要，针对改革开放环境下国家、社会发展的一些重大课题，从法的角度开展更深入的研究，为国家的重大政策提供理论上的论证和支持。同时，法学学科在这一时期内，也以更开放的姿态进行内部体制的调整和改革，并全方位地展开对外交流和合作。经过不懈的努力，到目前，一个具有中国特色的、生机勃勃的社会主义法学业已展现在世人面前。

20年改革开放，造就了开放且充满生机的中国法学，法学工作者一直以极大的责任心服务于现代国家建设和社会发展。20年中，在国家和社会每一个重大转折点上，法学工作者的前瞻性研究都发挥了重要的作用。从最初关于人治和法治、法的阶级性和社会性、中外合营企业和经济特区、家庭联产承包责任制、加强经济法制的讨论，到呼吁公民、企事业组织尤其是国有企业的独立民事主体地位及其财产权保护；从以人权保护为契机而强调无罪推定、法无明文不为罪，到依法行政、致力于司法公正，把依法治国作为党和国家的基本方略，乃至最终实现有中国特色的民主宪政，在这些国家和社会的历史性进步之中，都留下了法学家们的印迹。法学在中国新时期的改革和发展中，起到了不可或缺的促进作用。

二、社会主义法学体系的建立

党的十一届三中全会是新中国法学复兴、繁荣的转折点。新中国成立以后，我国的社会主义法学虽然一度有了一定的发展，但由于受国家政治生活中存在的"左"倾思想和"法律虚无主义"的影响，法学研究和法学教育都存在不少欠缺。在法学研究方面，不仅受苏联法学体系、观念的影响较大，而且泛政治化乃至"左"倾也比较明显。在法学教育方面，规模较小。至"文化大革命"爆发，中国的法学事业很快被动乱的狂涛摧残殆尽。党的十一届三中全会以后，民主和法制建设被置于国家政治生活的重要位置，我国的法学研究和法学教育事业获得了新的生机。

（一）学科体系逐渐完备

法学学科体系完善与否，是衡量一个国家法学发展水平的重要标志之一。经过20年的实践和探索，我国法学学科体系在不断调整和适应中走向完善和成熟。目前，我国已经形成了比较完整、科学和稳定的法学学科分类布局，理论法学、应用法学、国际法学门类齐全。在理论法学中，包括法理学、法律史学、宪法与行政法学。在应用法学中，除传统的民法、刑法、民事诉讼法、刑事诉讼法等部门外，还适应国家和社会发展的需要，逐渐形成了经济法学、知识产权、行政诉讼、环境与资源保护、物证技术、军事法学等新的学科，与市场经济紧密相关的商法也从民法中相对分离出来。同时，法哲学、法社会学、法律经济学、比较法学、传统法律文化、法制系统工程、科技法学等法学子学科、边缘学科也渐次成型，而且大多成为学术研究的新热点。1997 年，国家教育部根据法学学科发展的情况，对原有学科专业目录进行了适当调整，使法学各学科的布局更加合理和科学。同时，教育部经过充分论证，已经确定了法学专业本科教学的 14 门核心课程，包括法理学、中国法制史、中国宪法、行政法与行政诉讼法、商法、知识产权法、经济法、刑法、民事诉讼法、刑事诉讼法、国际法、国际私法、国际经济法、环境与资源保护法等，加上其他必修、选修课程的配合，形成了一个传统与革新并重，既吸收人类优秀文化遗产又具有中国特色，能够适应国家和社会发展需要的完整的学科体系。在法学研究不断发展的同时，我国法学研究的队伍也在不断地壮大，研究水平有了很大的提高。在许多领域，我国的研究者已经完全具备了与世界接轨的水平和实力。

（二）法学教育事业空前发展

法制建设的基础在于法律人才的培养。作为国民教育重要组成部分的法学教育，在十一届三中全会以后的良好社会环境中得到了空前的发展，一个以培养"以法治国，建设社会主义法治国家"所需人才为宗旨，符合建立社会主义市场经济和发展社会主义民主政治的时代要求，具有中国特色的现代法学教育体系已经初步形成。

（1）法学教育规模迅速扩大

1958 年以后，特别是"文化大革命"长达十年的浩劫，使我国的法学教育受到毁灭性的冲击，法学教育机构纷纷被撤销，法学教师大部分被下放劳动，法律人才的培养实际上被迫终止。"文化大革命"结束以后，法律人才青黄不接，一度成为制约国家法制建设的一个重要问题。邓小平同志在 1980 年 1 月 16 日举行的中央干部会议上就曾指出："干部构成不合理，缺乏专业知识、专业能力的干部太多。具有专业知识、专业能力的干部太少。比如现在我们能担任司法工作的干部，包括法官、律师、审判官、检察官、专业警察，起码缺一百万。可以当律师的，当法官的，学过法律，懂得法律，而且执法公正、品德合格的专业干部很少。"江泽民同志也多次在重要文件和重要讲话中强调法学教育和人才培养的重要性。所以加速培养法律人才是拨乱反正后一项紧迫的工作。自 70 年代末以来，在以邓小平、江泽民为代表的党和政府的高度重视与直接关怀下，我国法学教育的规模以空前的速度扩大。目前全国有 330 余所普通高等院校设置了法律院系或法律专业，在校生达 6 万余人，占全国普通高校在校生总数的 2.2%；已建成成人高等政法院校、系（专业）150 多所，全国成人高校在校法科学生约为 8.6 万人，占成人高校在校学生总数的 4.6%。中等法律职业教育也得到了较大的发展，目前在校中专法科学生约有 2.2 万人。

（2）法学教育的层次日趋齐全，结构亦日臻完善

自 70 年代末恢复法学教育以来，经过长期的努力，我国法学教育结构失衡、层次欠缺、形式单一的状况有了根本性的改观。目前，我们已经基本建立了由普通高等法学教育、成人法学教育、法律职业教育构成的多渠道、多形式、多层次的法学教育体系。通过这种层次齐全、结构合理、形式多样的法学教育体系，我们不仅可以以培养中专生、大专生、本科生、第二学士学位生、硕士研究生、博士研究生乃至博士后研究人员等非常完整的正

规学历教育为主渠道，而且还有各种专业证书、岗位证书、职业资格证书等非学历教育作为补充。同时，近年来还形成了高级法官、高级检察官的培训、培养制度，以及上自高层领导、下至普通百姓的法律知识普及、教育制度。

（3）法学学科学位制度从无到有，成效显著

十一届三中全会以前，我国法学教育领域虽有学历教育，但没有正规的学位制度。自1981年开始，逐渐形成了一套既与国际惯例接轨又具中国特色的正规的法学学科学位制度，包括法学学士、法律硕士专业学位、法学硕士和法学博士学位制度。目前，所有设置法学本科专业的学校均有权授予法学学士学位，43所法律院校具有法学硕士学位授予权，共有硕士学位点201个，9所院校可以授予法学博士学位（另有中国社会科学院），共有博士点36个。与此同时，与学位制度相衔接的法学学科博士后制度的发展也初具规模，全国已经建立起4个法学博士后科研流动站。据初步统计，全国已有6 572人获得法学硕士学位，333人获得法学博士学位。此外，为加速培养应用型高层次法律人才（法官、检察官、律师等），我国已于1996年开始参照美国法学院培养JD的模式，增设了法律硕士专业学位，招收和培养"法律硕士专业学位研究生"，从而进一步丰富和完善了我国的法学学科学位制度，推进了加速培养应用型、复合型高层次法律人才的进程。

（4）法学教育的内容不断更新，教学质量明显提高

在十一届三中全会以前的近三十年时间内，由于受"法律虚无主义"的影响，以及国家缺乏完备立法等状况的制约，我国的法学教育在内容上曾长期沿用苏联的体系、内容和观点，讲授诸如"苏维埃国家法"、"苏维埃刑法"、"苏维埃民法"、"国家与法权通史"等课程，不仅形式单一，而且与我国的具体情况、实际问题脱节。党的十一届三中全会以后，在邓小平法制思想的指导下，我国法学界以改革的精神、探索的勇气对旧的法学体系和内容进行了根本性的改造。经过一段时间的努力，我国法学教育的内容有了根本性的改观：一方面，经济法、行政法与行政诉讼法、知识产权法、国际经济法、商法等与国家经济发展密切相关的新学科迅速形成并得到快速发展；另一方面，在刑法、民法等传统学科中，教学的内容也得到不断的充实和提高。此外，随着教学改革不断取得成效，法学学科的教学方式愈来愈生动活泼，模拟法庭、案例讨论、课堂辩论等灵活多样的教学方式被越来越多地运用到课堂教学中。与20年前相比，当前我国法学教育的规模、质量、水平、效益都发生了根本性的变化。

三、法学全面为国家建设和社会发展服务

十一届三中全会以来的20年中，我国社会主义法学的复兴、繁荣和发展，始终坚持了一个正确的方向，即全面为国家建设和社会发展服务，为社会主义建设不断提供理论论证和法律支持。这是由我国社会主义法学自身的性质和历史赋予的重大使命所决定的，也是我国法学得以不断繁荣的内在动力和根本保证。从宏观上看，中国法学过去20年来服务于国家建设和社会发展，主要体现在三个方面：

（一）服务于社会主义市场经济，努力建立市场经济法律秩序

十一届三中全会以后，以邓小平、江泽民为核心的党中央确立了建立社会主义市场经济体制的方针。建立市场经济体系，要求有调整各种市场行为的比较完备的法律体系，而

这些法律又必须符合和表现市场经济规律的要求；在市场经济活动中，法律必须具有崇高的权威，国家必须严格依法治理经济。这两方面的有机结合，构成了社会主义市场经济法治建设的基本内涵。近年来，法学界围绕着建立社会主义市场经济这一中心议题，就"政企分开"、"宏观调控"、"市场经济就是法治经济"、"产权制度"、"国有企业问题"等与市场经济密切相关的一系列重大理论和实践问题进行了积极、深入、富有成效的讨论和宣传，树立了适合于社会主义市场经济的平等、自由、等价、利益的新观念，推动了社会主义市场经济法律体制的建立和完善。在充分吸纳法学界研究成果的基础上，近年来我国立法机关制定了数以百计的适用于社会主义市场经济的法律、法规，其中包括确立市场主体资格的法律，如公司法、中外合资企业法等；有关维护市场秩序、规范市场行为的法律，如反不正当竞争法、消费者权益保护法等等。实践证明，社会主义市场经济法律体系的初步建立，对于我国近年来经济的快速发展和社会的稳定，发挥了不可低估的作用。

（二）服务于国家政治建设，促进社会主义民主政治

社会主义民主政治的建立和完善，是与社会主义市场经济建设同等重要的问题，是社会主义制度的基本内容之一。我党对这一问题一直极为关注，邓小平、江泽民同志都曾针对这个问题发表过重要讲话。法学界关于这一问题的持续和深入的讨论，对于社会主义民主政治的发展，也发挥了积极而深刻的影响。

第一，在民主制度方面，法学界提出了关于民主权的概念，由强调民主的内容，进而也注重民主的形式，具体探讨了我国社会主义国家的国体、政体等问题，为近年来的政治体制改革提供了可靠的理论支持。特别是基层民主的提出，直接推动了基层直接选举制度的展开和推广。

第二，在法治方面，十一届三中全会以后，法学界展开了一场关于"人治"和"法治"的大讨论，最终确立了以法治国的观念。经过长时间的讨论和宣传，以法治国已经成为全国人民的共识和要求。党的十五大正式明确地提出了建设社会主义法治国家的构想。为实现这一理想，国家立法机关近年来制定了大量的法律、法规，加强对政府行为的规范，强化对公民权益的保护，使"以法治国"有了基本的保障。

第三，提出了依法行政的观念。政府是国家社会的日常管理机构，政府的工作是否廉洁、有效，直接关系到社会生活的每一个方面。为克服计划经济下的种种弊端，法学界曾就政府机关必须依法行政的理论与实践问题进行了热烈的讨论，逐渐在全民中树立了依法行政的共识。为实现这一政治改革的目标，国家立法机关制定了行政处罚法、行政诉讼法、国家赔偿法等一系列法律、法规，规范政府行为，将政府行为纳入合理、有序、公正和有效的轨道，切实保障公民和法人的合法权益。

第四，建立法律监督机制。对拥有国家权力的机关和人员进行有效的法律监督，是社会主义民主和法治的基本要求与重要内容，也是过去20年来我国法学界一直关注的一个重大课题。由于法学界和全社会的共同努力，我国逐渐建立起了具有中国特色的法律监督机制，这一机制体现为在中国共产党领导下，以全国人民代表大会及其常务委员会为主体，以合理分权、相互制约为内容的国家权力监督机制。

第五，加强人权保障。人权问题是社会主义民主政治中的一个基本问题。由于种种原因，这个问题一度在国际交往中引人注目。近年来，中国法学界逐渐打破这一禁区，就与

人权相关的一系列理论和实践问题进行了深入而有成效的研究讨论，取得了可观的研究成果。这些研究上的进展，对于我国法律体系中的人权保障制度的完善发挥了重要的推动作用。经过一段时间的努力，目前我国除对一般公民权利的保障有了重大改善外，在刑事立法、司法领域中人权保障制度所取得的进展，更令世人瞩目。如修改后的刑事诉讼法吸收了无罪推定的核心内容，规定任何人未经人民法院的审判，不得被认为是犯罪；犯罪嫌疑人第一次被审讯后即可聘请律师提供法律帮助；刑事诉讼采用抗辩式审控模式等比较先进的制度，以充分保障犯罪嫌疑人和刑事被告人的权利。在新的刑法典中，也首次确立了罪刑法定原则，取消了原刑法中规定的类推制度。这些成就的取得，是与我国法学界的长期努力分不开的。

（三）促进社会主义精神文明建设

社会主义精神文明是社会主义精神生产和生活的成果，它主要表现为全体人民的思想道德素质和科学文化素质逐渐提高，国家的教育、科学、文化事业不断发展。在过去20年中，中国法学的发展也在国家的精神文明建设中起到了特殊的、重要的作用，主要表现为：第一，用法律的形式树立市场经济条件下的社会主义道德意识，促进社会主义市场经济沿着健康的道路发展；第二，打击各种社会丑恶现象，清除道德污染，为国家经济的健康发展提供一个良好的环境；第三，惩治各种腐败现象，发展廉明政治；第四，规范社会主义文化教育事业，提高全民族的文化素质；第五，普及法律知识，健全全民的法律意识，促进整个社会法治意识的提高和法治文明的发展。同时，法学研究的发展、法律理论和法律知识的传播，对社会主义精神文明建设的其他方面，也起着直接或间接的推动作用。

四、中国法学面临的挑战和前景

在过去的20年中，中国所发生的变化是巨大而深刻的。这些变化，必将对中国的未来走向，包括中国法学的未来产生重要影响。回顾十一届三中全会以来中国法学所取得的巨大进步，我们完全有理由感到自豪和振奋。因为我们仅用了20年的时间，就走过了别的时代、别的国家需要百来年时间才走过的道路。这些成就的取得，无疑应该首先归功于党的十一届三中全会以来所确立的正确方针和邓小平理论，归功于以江泽民为核心的党中央的正确领导。但是，如果以更长远的眼光看，我们也应该清醒地认识到，过去20年的努力，仅仅是为国家的发展打下了一个比较好的基础，近年来国家、社会的进步已经清楚地说明，更艰巨、更复杂的任务正在等待着我们。近年来，以江泽民同志为核心的党中央全面总结了国家改革开放以来的成功经验，审时度势，为国家的发展、社会的进步规划了更宏伟的蓝图。江泽民同志在党的十五大报告中明确提出，把"以法治国，建设社会主义法治国家"作为基本的治国方略。这将是一项前所未有的宏伟社会工程，中国的法学将面临更繁重的任务。

首先，中国法学界将继续坚持实事求是、理论联系实际的良好作风，以科学的态度，面对国家建设和社会发展的需要，进行扎实的理论研究，用大量的、优秀的科研成果继续为国家建设、社会发展提供理论的论证和支持。过去的经验证明，在国家建设、社会发展的一些重要关头，法学界的理论论证和宣传往往能够发挥重要的作用。以法治国、建设社会主义法治国家，涉及的问题复杂，许多问题是以前没有遇到过的，因此，理论的突破有时是关键的因素。这就需要法学研究者们以科学的态度、探索的勇气，研究新问题，提出新方案，为法治国家的建设提供理论上的建议、支持。

其次，在法学领域内部，也将面临一系列的改革和挑战。经过 20 年的发展，中国的法学研究和法学教育的面貌发生了很大变化，但也应该承认，在许多层面，还存在着旧体制留下的弊端。因此，法学领域内部的改革，包括管理体制、思想观念，法学教育的规模、人才培养的层次以及学科建设等各个方面的改革，将是中国法学面临的重要课题。

最后，进一步加强国际交流和合作，与世界法学接轨，将是中国法学事业的一个紧迫的课题。即将到来的 21 世纪，将是一个高度信息化、高度开放的世界。对于中国法学来说，只有民族的，才是国际的；只有开放的，才是现代的。在过去 20 年中，随着国家的改革开放，中国的法学已经有了对外开放的基础。但就整体而言，在人才、学术水平、开放程度等方面，还存在一些问题。提升整体水平，扩大对外开放，参与国际竞争，将是 21 世纪中国法学的一个重点课题。

值此世纪之交，回顾中国百年来的强国之路，回首十一届三中全会以后 20 年中国法学所走过的辉煌历程，我们有理由为中国法学所取得的成就感到欣慰和自豪。展望即将到来的 21 世纪，我们也完全有理由对中国法学的未来充满信心。

［原载《法学家》，1999（2）］

新中国法治五十年论略

(1999)

新中国法治建设大致可以分为四个阶段。从 1949 年 10 月至 1957 年 5 月，为创立时期。在此期间，新中国的立法、司法、法学教育与法学研究都有巨大的发展，但也存在"左"倾思想及法律虚无主义的因素。1957 年"反右"开始至 1966 年"文化大革命"爆发，是曲折发展时期。法制建设的消极表现是：党的"政策"取代国家法律，法制建设停滞不前，法律理论与现实矛盾。1966 年至 1976 年，是中国法制遭到全面破坏时期。1976 年以后，特别是改革开放以后的 20 年，是中国社会主义法治建设的辉煌时期。在此期间，国家立法工作获得突破性发展，社会主义法学教育和法学研究亦成绩斐然。

健全的法制是现代社会文明的基石。千百年来，人类社会发展的历史已经充分证明，法制建设的完善、法学的昌隆与一个国家、一个民族的命运紧密相连。一百多年来，中国人民一直在追求建立一个独立、富强的现代法治国家，无数仁人志士为此付出了心力。但是，在内忧外患不断的情况下，我们追求依法治国的理想一再破灭，包括法学研究、法学教育等重要内容在内的法治建设事业也与整个国家一起走过了漫长、曲折和艰辛的历程。直到本世纪 70 年代末，中国人民从政治动荡的阴影中走出来，开始用更深邃的目光审视我们周围的世界，用更理性的态度思考我们国家和民族的未来，我国的社会主义法治建设，包括立法、司法、法学研究和法学教育，也由此进入一个全新的、充满希望的境界。在喜庆伟大的中华人民共和国 50 华诞之际，对新中国法治 50 年作一总体回顾，有着特殊的意义。

一、新中国法治的创立时期（1949 年 10 月至 1957 年 5 月）

在新中国成立以后的最初几年，全国人民以饱满的政治激情投身于人民共和国的各项建设中，一种崭新的社会主义的新中国法治，也在蓬勃兴旺的建设浪潮中逐渐成形。这种开创性的建设，其意义是非常巨大的。所以，在创立时期的种种创造，往往最让人难以忘怀。

为适应社会主义改造和经济建设发展的需要，中央人民政府在新中国成立伊始就相继制定颁布了《中华人民共和国婚姻法》（1950 年 4 月 13 日）、《中华人民共和国工会法》（1950 年 6 月 29 日）、《中华人民共和国土地改革法》（1950 年 6 月 30 日）、《中华人民共和国惩治反革命条例》（1951 年 2 月 20 日）、《中华人民共和国惩治贪污条例》（1952 年 4 月 18 日），以及禁毒禁烟、战犯和罪犯改造等重要法规，初步建立了社会主义的法治秩序，促进了各项事业的顺利发展。

1954 年 9 月 20 日新中国第一部《宪法》诞生，为新中国的法治建设奠定了基础。同时还颁布了《中华人民共和国全国人民代表大会组织法》、《中华人民共和国国务院组织法》、《中华人民共和国人民法院组织法》、《中华人民共和国人民检察院组织法》与《中华人民共和国地方各级人民代表大会和地方各级人民委员会组织法》，将国家机构和司法机关纳入法治化的轨道。

在司法领域，这一时期的成就也是巨大的。到 1950 年 6 月，除解放较晚的西南地区，全国 5 大区连同老解放区，共建立人民法院 1 566 个，占应建数的四分之三强。同年 3 月首先在天津建立区人民法院，受理一审案件，便利人民诉讼。1951 年 4 月，成立了最高人民法院及其 6 个分院，50 个省级人民法院，加上新建的 891 个地方人民法院，共有 2 458 个。尚未建立人民法院的县还有 124 个。随之设立了各级检察机关，大行政区检察署 5 个，省级行署、市级检察署 50 个，专区检察分署 51 个，县（市）检察署 352 个。从 1954 年到 1956 年，全国共成立法律顾问处八百多个，设立律师协会 19 个，从业律师近三千人。并在各地建立了人民调解委员会制度和公证机关。在总结这一时期司法机关工作的基础上，于 1951 年和 1953 年成功地召开了两次全国司法工作会议，进一步促进了全国司法工作的健康发展。

随着国家各项工作逐渐走上正常轨道，新中国的法学教育、法学研究工作也次第展开。1950 年，新中国创办的第一所正规的高等法学教育机构中国人民大学法律系正式招生。自 1954 年，一些政法院系经过重新组合以后也陆续开展工作。但由于受国家政治生活中存在的"左"倾思想和"法律虚无主义"的影响，当时的法治建设与法学研究、法学教育也存在不少欠缺。例如在法学研究方面，不仅受苏联的法学体系、观念的影响较大，泛政治化乃至"左"倾的痕迹也比较明显。在法学教育方面，不仅规模小，在人才培养体系方面也受苏联模式的影响至深。中国人民大学法律系成为当时有代表性的高等法学教育单位。

二、新中国法治的曲折发展时期（1957 年 6 月至 1966 年 4 月）

由于种种原因，从 1957 年"反右"扩大化开始，党内"左"倾错误和个人崇拜等不良因素逐渐膨胀，开始给包括法治建设在内的各项社会主义事业带来巨大的损害。在党内，从中央政治局、中央委员会到基层的民主生活遭到严重损害。个人专断和个人崇拜的不良倾向日益发展起来。这些不良因素对当时法治建设也产生严重的侵蚀，主要表现在：

（一）党的"政策"取代国家法律

新中国成立以后，中国共产党是执政党，是领导社会主义建设事业的核心力量。某项决议或计划在党的中央委员会全体会议上讨论通过后，由国务院将其具体化以后或直接提请全国人民代表大会审议，审议通过后作为国家意志在全国推行。这是正常的、正当的程序。新中国成立初期关于国民经济发展计划和国家的财政预算多是采用这种程序来完成的。但是，在 1957 年以后，由于党内民主生活开始不正常，许多法律的程序被有意无意地扔到一边，党的某项政策往往仅经党的中央委员会或中央政治局扩大会议形成决议后，未经最高国家权力机关的批准或确认便作为国家意志向全国推行。如 1957 年的"反右"斗争，1958 年的"大跃进"运动和人民公社化运动，以及 1963 年冬到 1964 年春进行的"四清"、"五反"运动，都是全国范围内的大规模的群众运动，而关于进行这些运动的决议又都是在中国共产党的中央委员会全体会议以及中央政治局扩大会议上形成的。

更有甚者，有些政策仅是在党的一般工作会议上形成决议后，便作为全党、全国的方针、政策加以贯彻。如 1958 年 3 月 9 日至 26 日在成都召开的有少数中央领导和部分省市的负责同志参加的工作会议，该会议通过了《关于 1958 年计划和预算第二本帐的意见》和《关于把小型农业合作社适当地合并为大社的意见》。这次工作会议虽然不具备决定党和国家重大事项的资格，但通过的决议同样在全国得到了贯彻。

党的政策是制定国家法律的依据，党领导人民制定法律并领导人民执行法律。由于我党历史上习惯于用政策来指导革命，而这段时间进行的接二连三的群众运动又使政策比法律显出更多的优越性，而领袖个人与党在人们心目中的崇高地位使人们更容易产生"政策至上"的观念，政策从背后直接走到前台便是理所当然的，政策向法律转化的程序性规定便是多余的了。

（二）法治建设的停滞不前

对法治建设的忽视首先是因为党的指导思想发生了严重的失误。"反右"斗争开始后，毛泽东同志不断修正党的八大关于我国社会主要矛盾的认识，将社会的主要矛盾归结为无产阶级和资产阶级的矛盾以及社会主义道路和资本主义道路的矛盾，并把阶级矛盾扩大化和绝对化。关于法治建设的基本指导思想也随之发生了变化。毛泽东在 1958 年曾说过：不能靠法律治多数人，多数人要靠养成习惯，一搞"大跃进"就没时间犯法了。对于人民内部的矛盾，一般都应采取整风的办法来解决。在当时党内高层，认为法治的功能仅仅限于对敌专政、惩罚犯罪分子。受这种思想的影响，即使在对敌专政领域，《宪法》和《人民法院组织法》中规定的一些民主原则和法治原则，也被当作"右派错误"而加以批判。

1957 年"反右"运动开始，"大跃进"、人民公社化运动、"四清"等新的社会改革运动仍然采用大规模群众运动的形式，政策依然是各种运动的主要行动指南。重政策、轻法律的观念不但没有改变，反而有了进一步的发展，长期以政策代替法律，政策成为最高的思想和行为标准，法律始终处于次要的地位。1959 年 5 月确定的政法工作路线是"服从党委领导，依靠人民群众，参加生产劳动，为全党全国中心工作服务"。这在客观上极大地损害了国家司法机关的地位，直接导致了法律虚无主义的进一步蔓延，国家的法律、法规往往被束之高阁。在立法方面，1957 年 10 月至 1963 年，全国人大共制定了四百六十多件法律、法令和其他法规，只相当于 1951 年一年的立法数量。

在司法制度方面，则表现为初步正规化的，比较合理的司法组织机构被不正常地合并、精简或取代。继 1957 年 8 月铁路与水上运输法院被撤销之后，1959 年 4 月，司法部、监察部也被撤销。1960 年 11 月，最高人民法院、最高人民检察院和国务院公安部合署办公，由公安部党组统一领导，从而在最高层次上进一步削弱了司法体制。1954 年《宪法》规定的"人民法院独立进行审判，只服从法律"以及其他法律和法规共同确立的司法独立原则，被批判为"右派分子借口审判独立，反对党的领导，以法抗党"。检察机关的"垂直领导"制度也被改为"双重领导"。伴随"忽视法治的群众性"的声讨，一度形成国家司法机关和人民群众共同"办司法"的超常格局。1957 年 7 月，中央规定地方司法机关向地方党委负责。辩护制度、律师制度被批判为"替坏人说话，敌我不分，为阶级敌人开脱、掩护"；"公民在法律面前一律平等"被指责为"抹杀法律的阶级性，同反革命讲平等"；强调依法办事和司法独立被批判为"法律至上"的资产阶级观点，是"不要党的政策，搞法律孤立主义"。

（三）法律理论与现实的矛盾

从 1957 年"反右"斗争开始，对基本的法律理论和原则，先是理论上作为"反党，反社会主义"言论加以批判，继而在实践中放弃乃至公开违反，使现实与法律理论产生了严重的矛盾。

如 1954 年《宪法》规定："中华人民共和国的一切权力属于人民。人民行使国家权力的机关是全国人民代表大会和地方各级人民代表大会"。"中华人民共和国全国人民代表大会是最高国家权力机关"。全国人民代表大会的职权之一便是"监督宪法的实施"[①]。而实际上，宪法理论与现实的矛盾首先便表现在这一监督宪法实施的机关上。第一、二、三届全国人大的任期都超过了法定期限，在 1957 年至 1965 年这段时间，全国人大共召开了六次会议，包括一届第五次会议，二届第一、二、三、四次会议和三届第一次会议。六次会议都没有严格地完成听取和审议有关工作报告和决定重大事项的职责，其中二届第三、四次会议还被严重推延。人民代表大会的地位和作用被严重削弱。

公民的权利在现实中也受到了侵害，连宪法规定的基本权利都难以得到保障。宪法规定公民的人身自由不受侵犯，非经人民法院决定或者人民检察院批准不受逮捕。而实际上，在大规模群众运动中，有的公社、工厂（场）随便捕人，有的单位还自己搞拘留、劳教。60 年代中期，从捕人到审判均由党委或政法党组决定。司法过程中的基本程序和诉讼制度大都不同程度地被否定。1954 年《宪法》还规定"公民有居住和迁徙的自由"，但 1961 年 11 月 31 日内务部、公安部党组提出了《关于坚决制止人口自由流动问题的报告》。同日，公安部提出《关于十项治安措施的报告》。[②] 公民的这一权利实际上成为空文。

总之，在这段时期里，宪法及其规定的一些基本制度及公民的基本权利都还在，但部分由于"左"倾思想的错误和群众运动的事实，部分由于现实物质条件的欠缺，许多宪法规定在现实中得不到实现。宪法在现实中的状况，使人们对宪法由崇拜、满怀希望而变为失望乃至不信任。同时，对宪法态度的改变又助长了"法律虚无主义"的思想。无法可依和有法不依的实际情况，再加上对一系列正确的法治原则的错误批判，使我国社会主义法治建设过程中断，并开始了对民主法治的严重破坏，而且愈演愈烈，最终导致"文化大革命" 10 年中社会的动荡和混乱。

三、新中国法治的全面破坏时期（1966 年 5 月至 1976 年 10 月）

1966 年，"文化大革命"爆发，中国的法治建设和法学事业很快被动乱的狂涛淹没。中国人民在新中国成立以后取得的各项政治成果，包括尚未成熟的法治事业，在长达 10 年的动乱中被破坏殆尽。

（一）立法工作陷于停顿，司法依据混乱

"文化大革命" 10 年中，作为唯一享有国家立法权的全国人大除 1975 年 1 月通过了一部充满浓厚"左"倾色彩的《宪法》外，未制定任何法律。1966 年 7 月，第三届全国人大

---

① 《中华人民共和国宪法》1954 年。
② 周振想，邵景春. 新中国法治建设 40 年要览（1949—1988）［M］. 北京：群众出版社，1990.286.

常委会第 33 次会议决议无限期地延期召开全国人大三届第二次会议。从 1967 年年初开始，随着各地革命委员会的成立，地方人大的法定地位和权力也被取代。"文化大革命"中作为司法依据适用的，除个别从"文化大革命"前沿用下来的法规外，主要是"文化大革命"中制定的政策性"文件"。如 1967 年 1 月 13 日中共中央、国务院发布的《公安六条》等，这些"文件"数量多、内容杂，大多是随着运动的进展，按照各个时期的需要制定的，因而时间性十分明显，同类内容的文件往往集中在同一时期。由于"文化大革命"期间整个国家处于波动状态，各方面情况容易发生变化，而这类文件又大多是针对特定情况下的特定事项而发的，所以有效期一般较短，且常有昨是今非、彼此抵触的情况。严格地讲，这些文件都不具备作为法律所必须具备的要素，其中多数也不是由有立法权的机关制定或授权制定的。但在"文化大革命"时期的中国，它们确实具有类似法律，甚至超越法律的效力。公安司法机关处理案件，所依据的首先是这些文件的规定，其次才是国家常规法律，这些文件实际上成了"文化大革命"时期的"特别法"。

（二）司法系统遭到破坏，工作质量降低

由于公、检、法系统曾因被否定而受到冲击批判，再加上大环境的影响，司法系统受到很大破坏。不仅在机构和人员方面元气大伤，本来就不十分健全的制度也被冲得零落不堪，办案效率和质量都比"文化大革命"前下降，不能正常发挥其应有的职能。社会秩序的混乱，也给司法工作造成种种困难。在这样的社会环境中，即便是有完备的法律，也很难正常实施。民事司法进一步萎缩，刑事司法因上述原因，造成了大量的冤、假、错案。

从 1967 年开始，全国出现了一股"砸烂公、检、法"的潮流，有些省报还专为此发表社论。一时间，司法系统的许多人员被戴上了"特务"、"反革命"等反动分子的帽子，如北京市公安局有 1 693 人被戴上"特务"和"反革命"的帽子，其中 72 人被隔离审查；而广东省有 22％的法院人员被隔离审查；陕西省 281 个公安部门、111 个检察机关、61 个法院受到冲击。直到 1971 年才相对有所恢复。

四、新中国法治的恢复和发展时期（1976 年 10 月至 1999 年）

1976 年，给国家和民族带来深重灾难的"文化大革命"基本结束。中国人民开始用清醒的头脑思考国家、民族的未来，一场极为深刻的社会变革的时机开始到来。1978 年 5 月 1 日《光明日报》发表特约评论员文章《实践是检验真理的唯一标准》，标志着一场深刻的、意义深远的思想解放运动的开始。这种思想解放，为新时期法治建设的蓬勃发展奠定了重要的思想基础。4 个月后，《人民日报》发表特约评论员文章《民主与法治》，指出："当前，我们十分需要这样的社会主义的《刑法》和《民法》，以便司法部门量刑有准，执法有据。同时，我们也十分需要社会主义的诉讼法，使人民有冤能申，有理能辩，有权根据法律的规定，进行诉讼，以保卫自己的合法权利。"1978 年 12 月 13 日邓小平同志在中共中央工作会议闭幕会上的讲话——《解放思想，实事求是，团结一致向前看》中，进一步强调了社会主义法治问题。他指出："为了保障人民民主，必须加强法制。必须使民主制度化、法律化，使这种制度和法律不因领导人的改变而改变，不因领导人的看法和注意力的改变而改变。现在的问题是法律很不完备，很多法律还没有制定出来。往往把领导人说的话当做'法'，不赞成领导人说的话就叫做'违法'，领导人的话改变了，'法'也就跟着改变。所以，应该集中力量制定刑法、民法、诉讼法和其他各种必要的法律，例如工厂法、人民公社法、森林法、草原法、环境保护法、劳动法、外国人投资法等等，经过一定的民主程序讨论通过，并且加强检察机关和司法机关，做到有法可依，有法必依，执法必严，违法必究。"① 邓小平同志的讲话，为此后 20 年社会主义法治理论的建设，为加强社会主义法治指明了道路。

（一）"解放思想，实事求是"与中国法治建设 20 年的新发展

20 年来，以邓小平、江泽民同志为核心的党的第二代、第三代领导人带领全党、全国人民，不断实践，充实和完善党的十一届三中全会确立的基本方针，在国家政治、经济、文化等各个领域进行全方位的改革，取得了举世瞩目的伟大成就。在这 20 年中，作为国家建设的一个重要组成部分——中国的法治建设和法学教育经历了从恢复到发展、从借鉴到创新的过程，一个生机勃勃、不断走向繁荣的可喜局面已经展现在我们面前。回顾十一届三中全会以来中国法治建设走过的历程，可以说，这 20 年是中国法治建设发展最快、成就最辉煌的 20 年。

回顾 20 年来中国国家和社会所走过的道路，我们深刻地体会到"解放思想，实事求是"八字方针的历史价值，以及其对中国社会变革所起到的巨大推动作用。"解放思想"使得我们能够打破旧体制、旧观念的束缚，从而有利于发挥蕴藏在国家和人民中的巨大创造力；"实事求是"则使我们能够摆脱"左"倾、盲动，告别愚昧和幼稚，用科学的态度、科学的方法进行国家各方面的建设。应该说，过去 20 年中国法治建设的发展，正是党的十一届三中全会以后思想解放运动的直接成果。

1. 清理、反思，逐渐打破法学禁区，全方位开展立法和法学研究

党的十一届三中全会以后至 80 年代前半期，配合全国范围的"拨乱反正"工作，法学领域也率先开展了关于法的阶级性与继承性、关于法治与人治等一系列根本性问题的大讨论。广大法学工作者纷纷撰文，对"法律虚无主义"、"人治"观念、片面强调法的阶级性等"左"倾观念及其危害进行深刻的清理、反思，并在此基础上，以极大的热情全面开展学术研究，宣传社会主义民主和法治意识，使党的十一届三中全会确立的"健全社会主义民主，加强社会主义法治"的方针在理论上得到充分阐发，为这一时期的频繁立法工作奠定了思想理论基础。在思想问题解决以后，中国人民追求法治的热情极大地迸发出来，国家的各种法律、法规以前所未有的速度和规模被制定出来。据初步统计，从 1978 年 11 月至 1999 年 4 月以来的 20 年中，我国经全国人大及其常委会制定的基本法律、国务院颁布或批准颁布的行政法规和法规性文件即有 1 119 件之多。其中，现行有效的宪法类法律、法规 102 件，刑事类法律、法规 10 件，民商类法律、法规 89 件，行政类 668 件，经济类 235 件，诉讼类 15 件②，这些立法涵盖宪政及国家机构组织、行政、刑事、民商、经济、诉讼、环境保护、社会保障及对外关系等国家生活、社会生活的各个领域。通过制定这些基本法律、法规，我国的政治、经济和公民个人生活都被纳入正常轨道，国家的"长治久安"有

---

① 邓小平文选（第 2 卷）[M]．北京：人民出版社，1994.146～147.

② 此数字系根据孙琬钟、邹恩同主编的《中华人民共和国法律法规及司法解释分类汇编》的资料统计得来。该项统计不包括此间公布实施，但已经废止的法律、法规。

了基本的保障。

2. 服务于社会主义市场经济，努力建立市场经济法律秩序

党的十一届三中全会以后，以邓小平、江泽民为核心的党中央确立了建立社会主义市场经济体制的方针。建立市场经济体系，要求有调整各种市场行为的比较完备的法律体系，而这些法律又必须符合和表现市场经济规律的要求；在市场经济活动中，法律必须具有崇高的权威，国家必须严格依法治理经济。这两方面的有机结合，构成了社会主义市场经济法治建设的基本内涵。在充分吸纳法学界研究成果的基础上，近年来我国立法机关制定了数以百计的适用于社会主义市场经济的法律、法规，其中包括确立市场主体资格的法律，如《民法通则》、《公司法》、《中外合资企业法》等；有关维护市场秩序，规范市场行为的法律，如《合同法》、《票据法》、《证券法》、《反不正当竞争法》、《消费者权益保护法》等等。从1993年3月到1998年2月，八届全国人大及其常委会通过了四十多个有关市场经济的法律，其中的宪法修正案明确规定："国家实行社会主义市场经济。"实践证明，社会主义市场经济法律体系的初步建立，对于我国近年来经济的快速发展和社会的稳定，发挥了不可低估的作用。

3. 初步建立起有中国特色的"依法治国"的法律制度和法学体系

80年代中期以后，随着改革开放的逐渐深入，我国的法学研究也进入一个由恢复、借鉴到吸收、消化的过程。在这一时期，通过法学工作者的不断努力，新中国成立后奠定的马克思主义法学的基本原理、原则得以恢复；同时，法学界也以更开放的态度对待外国的，特别是西方国家的法律制度和法学理论；采用"派出去"和"请进来"的办法，扩大和国外同行的交流与合作，扩大了我们的视野，也增强了信心。这一时期的法学研究活跃，数以千计的法学著作和众多的学术论文问世，为新时期法治建设和法学事业的发展奠定了扎实的基础。进入90年代，特别是邓小平同志南方谈话发表以后，以江泽民同志为核心的党中央以更开阔的视野、更恢宏的气势，加大力度推进改革，使中国开始进入国家和社会发展的"快车道"。

第一，在民主制度方面，法学界提出了关于民主权的概念，由强调民主的内容，进而也注重民主的形式，具体探讨了我国社会主义国家的国体、政体等问题，为近年来的政治体制改革提供了可靠的理论支持。特别是基层民主的提出，直接推动了基层直接选举制度的展开和推广。经过长期的理论探讨和社会实践，在过去20年中，我国先后对《宪法》进行了四次修正，逐步完善国家的政治制度和基本经济制度，为国家经济的持续发展提供了有力的宪法保障。

第二，在法治方面，党的十一届三中全会以后，法学界展开了一场关于"人治"和"法治"的大讨论，最终确立了以法治国的观念，经过长时间的讨论和宣传，以法治国已经成为全国人民的共识和要求。1982年12月4日，五届全国人大通过新《宪法》，重新确认了"法律面前人人平等"的原则，特别强调"任何组织或者个人都不得有超越宪法和法律的特权"。党的十五大正式明确地提出了建设社会主义法治国家的构想。为实现这一理想，国家立法机关近年来制定了大量的法律、法规，加强对政府行为的规范，强化对公民权益的保护，使"依法治国"有了基本的保障。1999年3月，九届全国人大常委会作出的宪法修正案明确规定："中华人民共和国实行依法治国，建设社会主义法治国家。"

第三，提出了依法行政的观念。政府是国家社会的日常管理机构，政府的工作是否廉洁、有效，直接关系到社会生活的每一个方面。为克服计划经济下的种种弊端，法学界曾就政府机关必须依法行政的理论与实践问题进行了热烈的讨论，逐渐在全民中树立了依法行政的共识。为实现这一政治改革的目标，1992 年以后，国家立法机关制定了《行政处罚法》、《行政诉讼法》、《国家赔偿法》等一系列法律、法规，以规范政府行为，将政府行为纳入合理、有序、公正和有效的轨道，切实保障公民和法人的合法权益。

第四，完善司法体制，建立法律监督机制。改革开放以后，国家和政府迅速恢复了为"十年动乱"所破坏的正常司法体系，并逐渐完善了人民法院的审判制度，加强了人民检察院的建设。为适应国家经济发展的需要，人民法院在原有的刑事审判庭、民事审判庭的基础上，逐渐增设了经济审判庭、知识产权审判庭、控申庭、执行庭等机构，并设立了铁路法院、海事法院、军事法院等专门法院，与普通法院系统相配套。在各级人民检察院中，也增设了反贪污贿赂局等重要机构，进一步完善了人民检察院的职能。随着改革开放的逐渐深入，国家司法机关在不断加强建设的同时，也在不断转变观念，努力提高司法质量与水平。与此同时，具有中国特色的法律监督机制也逐渐建立起来，这一机制体现为在中国共产党领导下，以全国人大及其常委会为主体，以合理分权、相互制约为内容的国家权力监督机制。从 1993 年到 1999 年全国人大常委会共检查了二十多部法律的实施情况。同时，还先后制定了《法官法》、《检察官法》、《律师法》，进一步强化对司法人员的规范与监督。

第五，加强人权保障。人权问题是社会主义民主政治中的一个基本问题。由于种种原因，这个问题一度在国际交往中引人注目。近年来，中国法学界逐渐打破这一禁区，就与人权相关的一系列理论和实际问题进行了深入而有成效的研究讨论，取得了可观的研究成果。这些研究，对于我国法律体系中的人权保障制度的完善发挥了重要的推动作用。经过一段时间努力，目前我国除对一般公民权利的保障有了重大改善外，在刑事立法、司法领域中人权保障制度所取得的进展，更令世人瞩目。如重新制定了《民事诉讼法》，大规模地修订了《刑法》。经修改后的《刑事诉讼法》吸收了"无罪推定"的核心内容，规定：任何人未经人民法院的审判，不得被认为是犯罪；犯罪嫌疑人第一次被审讯后即可聘请律师提供法律帮助；刑事诉讼采用抗辩式审理模式等比较先进的制度，以充分保障犯罪嫌疑人和刑事被告人的权利。在新的《刑法》中，也首次确立了"罪刑法定原则"，取消了原刑法中规定的类推制度。这些成就的取得，是与我国法学界的长期努力分不开的。

4. 促进社会主义精神文明建设

社会主义精神文明是社会主义精神生产和生活的成果，它主要表现为全体人民的思想道德素质和科学文化素质逐渐提高，国家的教育、科学、文化事业不断发展。在过去 20 年中，法治建设在国家的精神文明建设中起到了特殊的、重要的作用。

第一，用法律的形式树立市场经济条件下的社会主义道德意识，促进社会主义市场经济沿着健康的道路发展；

第二，通过制定和修改刑法及各种刑事、行政法规，打击各种社会丑恶现象，清除道德污染，为国家经济的健康发展提供一个良好的环境；

第三，不断加重打击力度，惩治各种腐败现象，发展廉明政治；

第四，规范社会主义文化教育事业，提高全民族的文化素质；

第五，普及法律知识，健全全民的法律意识，促进整个社会法治意识的提高和法治文明的发展。从 1985 年开始，开展了全国的"普法教育"，同时，法学研究的发展、法律理论和法律知识的传播，对社会主义精神文明建设的其他方面，也起着直接或间接的推动作用。

（二）社会主义法学体系的建立

20 年改革开放，造就了开放且充满生机的中国法学，法学工作者一直以极大的责任心服务于现代国家建设和社会发展。20 年中，在国家和社会每一个重大转折点上，法学工作者的前瞻性研究都发挥了重要的作用。从最初关于人治和法治、法的阶段性和社会性、中外合资企业和经济特区、家庭联产承包责任制、加强经济法治的讨论，到呼吁公民、企事业组织尤其是国有企业的独立民事主体地位及其财产权保护；从以人权保护为契机而强调无罪推定、法无明文不为罪，到依法行政、致力于司法公正，把依法治国作为党和国家的基本方略，乃至最终实现有中国特色的"民主宪政"。在这些国家和社会的历史性进步之中，都留下了法学家们的足迹。法学在中国新时期的改革和发展中，起到了不可或缺的促进作用。

法学界也适应形势发展的需要，针对改革开放环境下国家、社会发展的一些重大课题，从法的角度开展更深入的研究，为国家的重大政策提供理论上的论证和支持。同时，法学学科在这一时期内，也以更开放的姿态进行内部体制的调整和改革，并全方位地展开对外交流和合作。经过不懈的努力，一个具有中国特色的、生机勃勃的社会主义法学业已展现在世人面前。

1. 法学学科体系逐渐完备

法学学科体系完善与否，是衡量一个国家法学发展水平的重要标志之一。经过 20 年的实践和探索，我国法学学科体系在不断调整和适应中走向完善和成熟，1997 年国家教委根据法学学科发展情况，对原有学科专业目录进行了适当调整，使法学各学科的布局更加合理和科学。同时，国家教委经过充分论证，已经确定了法学专业本科教学的 14 门核心课程，包括法理学、中国法制史、中国宪法、行政法与行政诉讼法、民商法、知识产权法、经济法、刑法、民事诉讼法、刑事诉讼法、国际法、国际私法、国际经济法、环境与资源保护法等；加上其他必修、选修课程的配合，形成了一个传统与革新并重，既吸收人类优秀文化遗产又具有中国特色，能够适应国家和社会发展需要的完整的学科体系。在法学研究不断发展的同时，我国法学研究的队伍也在不断地壮大，研究水平有了很大的提高。在许多领域，我国的研究者已经完全具备了与世界接轨的水平和实力。

2. 法学教育事业空前发展

法治建设的基础在于法律人才的培养。作为国民教育重要组成部分的法学教育，在党的十一届三中全会以后的良好社会环境中得到了空前的发展，一个以培养"依法治国，建设社会主义法治国家"所需人才为宗旨，符合建立社会主义市场经济体制和发展社会主义民主政治的时代要求，具有中国特色的现代法学教育体系已经初步形成。

（1）法学教育规模迅速扩大

邓小平同志在 1980 年 1 月 16 日举行的中央干部会议上就曾指出："干部构成不合理，缺乏专业知识、专业能力的干部太多，具有专业知识、专业能力的干部太少。比如现在我们能担任司法工作的干部，包括法官、律师、审判官、检察官、专业警察，起码缺一百万。可以当律师的，当法官的，学过法律，懂得法律，而且执法公正、品德合格的专业干部很少。"江泽民同志也多次在重要文件和重要讲话中强调法学教育和人才培养的重要性。所以，加速培养法律人才是拨乱反正后的一项紧迫的工作。自70年代末以来，在以邓小平、江泽民为代表的党和政府的高度重视与直接关怀下，我国法学教育的规模以空前未有的速度扩大。目前全国有330余所普通高等院校设置了法律院系或法律专业，在校生达6万余人，占全国普通高校在校生总数的2.2%；已建成成人高等政法院校、系（专业）150多个，全国成人高校在校法学专业学生约为8.6万人，占成人高校在校学生总数的4.6%。中等法律职业教育也得到了较大的发展，目前在校中专法学专业学生约有2.2万人。

（2）法学教育的层次日趋齐全，结构亦日臻完善

自70年代末恢复法学教育以来，经过长期的努力，我国法学教育结构失衡、层次欠缺、形式单一的状况有了根本性的改观。目前，我国已经基本建立了由普通高等法学教育、成人法学教育、法律职业教育构成的多渠道、多形式、多层次的法学教育体系。通过这种层次齐全、结构合理、形式多样的法学教育体系，我们不仅可以以培养中专生、大专生、本科生、第二学士学位生、硕士研究生、博士研究生乃至博士后研究人员等非常完整的正规学历教育为主渠道，而且还有各种专业证书、岗位证书、职业资格证书等非学历教育作为补充。同时，近年来还形成了高级法官、高级检察官的培训、培养制度，以及上自高层领导、下至普通百姓的法律知识普及、教育制度。

（3）法学学科学位制度从无到有，成效显著

党的十一届三中全会以前，我国法学教育领域虽有学历教育，但没有正规的学位制度，自1981年开始，逐渐形成了一套既与国际惯例接轨又具中国特色的正规的法学学科学位制度，包括法学学士、法律硕士专业学位、法学硕士和法学博士学位制度。目前，所有设置法学本科专业的学校均有权授予法学学士学位，43所法律院校具有法学硕士学位授予权，共有硕士学位点201个，9所院校可以授予法学博士学位（另有中国社会科学院），共有博士点36个。与此同时，与学位制度相衔接的法学学科博士后制度的发展也初具规模，全国已经建立起4个法学博士后科研流动站。据初步统计，全国已有6 572人获得法学硕士学位，333人获得法学博士学位。此外，为加速培养应用型高层次法律人才（法官、检察官，律师等），我国已于1996年开始参照美国法学院培养JD的模式，增设了法律硕士专业学位，招收和培养"法律硕士专业学位研究生"，从而进一步丰富和完善了我国的法学学科学位制度，推进了加速培养应用型、复合型高层次法律人才的进程，使法学教育的内容不断更新，教学质量明显提高。此外，随着教学改革不断取得成效，法学学科的教学方式愈来愈生动、活泼，模拟法庭、案例讨论、课堂辩论等灵活多样的教学方式被越来越多地运用到课堂教学中。与20年前相比，当前我国法学教育的规模、质量、水平、效益都发生了根本性的变化。

3. 中国法学面临的挑战和前景

在过去的20年中，中国所发生的变化是巨大而深刻的，这些变化必将对中国的未来走向，包括中国法学的未来，产生重要影响。回顾党的十一届三中全会以来中国法学所取得的巨大进步，我们完全有理由感到自豪和振奋。因为我们仅用了20年的时间，就走过了别

的时代、别的国家需要百来年时间才走过的道路。这些成就的取得，无疑应该首先归功于党的十一届三中全会以来所确立的正确方针和邓小平理论，归功于以江泽民为核心的党中央的正确领导。但是，如果从更长远的眼光看，我们也应该清醒地认识到，过去 20 年的努力，仅仅是为国家的发展打下了一个比较好的基础。近年来国家、社会的进步已经清楚地说明，更艰巨、更复杂的任务正在等待着我们。以江泽民同志为核心的党中央全面总结了国家改革开放以来的成功经验，审时度势，为国家的发展、社会的进步绘制了更宏伟的蓝图。江泽民同志在党的十五大报告中明确提出，把"以法治国，建设社会主义法治国家"作为基本的治国方略。这将是一项前所未有的宏伟社会工程，中国的法学将面临更繁重的任务。

首先，中国法学界将继续坚持实事求是、理论联系实际的良好作风，以科学的态度，面对国家建设和社会发展的需要，进行扎实的理论研究，用大量的、优秀的科研成果继续为国家建设、社会发展提供理论的论证和支持。过去的经验证明，在国家建设、社会发展的一些重要关头，法学界的理论论证和宣传往往能够发挥重要的作用。以法治国，建设社会主义法治国家，涉及的问题复杂，许多问题是以前没有遇到的，因此，理论的突破有时是关键的因素。这需要法学研究者们以科学的态度、探索的勇气，研究新问题，提出新方案，为法治国家的建设提供理论上的建设、支持。

其次，在法学领域内部，也将面临一系列的改革的挑战。经过 20 年的发展，中国的法学研究和法学教育的面貌发生了很大变化，但也应该承认，在许多层面，还存在着旧体制留下的弊端。因此，法学领域内部的改革，包括管理体制、思想观念、法学教育规模、人才培养层次以及学科建设等各个方面的改革，将是中国法学面临的新课题。

最后，进一步加强国际交流与合作。与世界法学接轨，将是中国法学事业的一个紧迫的课题。即将到来的 21 世纪，将是一个高度信息化、高度开放的世界。对于中国法学来说，只有民族的才是国际的，只有开放的才是现代的。在过去 20 年中，随着国家的改革开放，中国的法学已经有了对外开放的基础，但就整体而言，在人才、学术水平、开放程度等方面，还存在一些问题，提升整体水平、扩大对外开放、参与国际竞争，将是 21 世纪中国法学的重点课题。

值此世纪之交，回顾中国百年来的强国之路，回首党的十一届三中全会以后 20 年中国法学所走过的辉煌历程，我们有理由为中国法学所取得的成就感到欣慰和自豪。展望即将到来的 21 世纪，我们也完全有理由对中国法学的未来充满信心。

［原载《中国人民大学学报》，1999（6）］

司法独立必须真正落实

（2001）

司法独立的核心是司法权的行使过程完全自主，而不受外部因素特别是政治系统的其他部分的干扰。司法独立具有三层含义：司法权的独立、法院的独立以及法官的独立。司法权独立必然要求法院独立，法院独立发展到一定程度必然体现为法官独立。这三层含义上的司法独立所需要的保障机制既有密切的联系，也有相对的独立性。

司法权独立的保障机制主要表现在司法权的宪政地位上：司法权应有独立的地位，同时又表现在对立法权和行政权等政治系统中其他权力的足够制衡的关系之中。

法院独立保障机制的建构，不仅要处理好法院与立法机关的关系，更重要的是处理好司法机关与行政机关的关系。在我国现行宪政结构中，司法与行政是地位平等、相互制约的权力主体，但实际上司法依附于行政。为了使法院摆脱行政的束缚，就必须收回各级行政机关对司法机关人、财、物的决定权和供应权，改由中央统一管理。同时，将法院的行政管理事务分中央和地方两级进行管理，省、自治区、直辖市的司法行政管理机关行使对基层和中级法院的司法行政管理权，中央级司法行政管理机关行使对各高级和最高人民法院的司法行政管理权。

为了有效地克服地方保护主义，仅仅实现了法院独立还不足够，应相应地调整级别管辖制度，将跨地域的案件交给当事人共同的上一级法院行使管辖权。

对法官的独立，同样要建立完善的保障机制。这个保障机制主要体现在如下制度的设置和完善之中：（1）严格的法官录用制度。立法应明确规定法官被提名及被录用的条件，例如年龄界限、最低学历、司法考试、一定的法律经历等。（2）法官职务保障制度，具体包括法官无故不得更换、法官专职、法官的司法豁免等。（3）法官待遇保障制，主要包括法官高薪制和退休保障制。（4）法官自由心证制度。这是法官独立的心理保障和内在保障，目的在于减少对法官进行干预的外在借口。

法官独立还要求废除法院管理的行政化制度，使法官真正实现相互之间以及上下级之间的独立，消除法官的身份制和单位制。

广义上的保障机制还包括对法官、法院和司法权的制约机制。司法制约制度一般包括分权制衡制度、司法公开制度、舆论监督制度、法官惩戒制度以及违法审判责任追究制度等等。

（原载《人民法院报》，2001 - 12 - 13，3 版）

构筑法学教育与司法考试的新型互动关系

(2002)

国家统一司法考试的确立和实施对于提司法人员的资质水平和业务能力，深化司法改革，保障司法公正具有重要的意义。统一司法考试制度是我国建设社会主义法治国家进程中推进司法改革的一个重要举措，也是在党的十一届三中全会以来法学教育发展的基础上建立起来的一项重要制度。世界上不少国家都通过实行司法考试与法律教育有机结合的方式来培养和选拔法律职业家，因此，在构建和实施司法考试制度的时候，必须研究和了解世界各国法律职业选任的一般规律，借鉴和吸收国外的成功经验，克服和避免某些国家法律教育与司法考试脱节造成的弊端，兼顾法学教育的发展情况，处理好法学教育、司法考试、法律职业之间的协调关系，与时俱进，制度创新，建立适应中国建设社会主义法治国家需要的司法考试制度。

一、从对法律专业人才的要求和各国法律职业选任模式来看，法学教育与司法考试具有良性互动关系

司法考试是一个中间环节，它是在法学教育和法律职业之间架起的一座桥梁，其制度价值在于将符合现代法治要求的人才选拔到法律职业队伍中。尽管世界各国因为法律体系和法律职业结构不同，对于法律职业人员的标准和选拔模式不完全一样，但无论何种法治模式和法律职业结构，现代法治对法律职业人员的要求大体上可以包括人文素质、法律专业知识、法律实务技能三个大方面。并且，在任何一个法律类型国家中，现代法学教育在培养和造就法律职业精英素质方面都发挥着主导性作用。在以判例为法律渊源的英美国家中，大学法学院教育背景是参加司法考试的一个前提。在美国，只有大学毕业生才有资格参加法学院入学考试（ISAT），所以美国的法学院教育是一种法律职业教育，大学的法学院并不承担基本人文教育的功能。获得全美律师协会（ABA）认可的各大学法学院毕业证书的毕业生（JD）分别参加各个州举办的法律职业选拔考试（司法考试），然后经过申请成为律师。由于判例法国家一般实行法律职业化一元化模式，法官是从有经验的律师中选拔，因此，判例法国家的司法考试实际上就是律师考试。在英美判例法国家中，大学的法学院主要承担着培养学生的法律专业知识和法律实务技能的任务，法学教育是成为律师的前提性条件，法学教育控制和垄断着法律职业的供给源。

二、健全、完善的高等法学教育体系是中国司法考试制度的基础和前提

这次修改《法官法》、《检察官法》和《律师法》明确规定了初任法官和检察官的资格为法律本科毕业的学历，这实际上是对中国法学教育进行有机衔接的一个规定，也是对十一届三中全会以来中国法学教育的一个肯定，表明了中国法律职业家的培养与法学教育之间的密切关系，经过正规的法学教育成为担任法官与检察官的一个先决条件。可以说，没

有高等法学教育的二十余年的发展，就不会有此次"三法"的修改，没有高等教育的司法考试就是无源之水、无本之木。

司法考试本身并不能直接对法律职业人员的素质产生影响，而法学教育的好坏却左右了司法考试应试者的水平，也就是决定了未来的法律职业家精英素质。因此，作为前提和基础的中国法学教育已经为法律职业输送了大批优秀人才，在建立司法考试制度以后，中国的法学教育要更上一层楼，进一步提高质量，培养出更多、更优秀的法律精英。

此次司法考试制度的应试模式也很好地体现了与中国法学教育的衔接。经过二十余年的探索和实践，中国已经形成了有效的法学教育管理体制和人才评估机制，成立了国家教育部高等院校法学教育指导委员会和中国法学会法学教育研究会；确立了法学教育核心课程体系，并正在建立法学教育质量评估体系。此次司法考试确立的考试科目是在征求中国法学教育界意见的基础上确定下来的，考试范围主要以法学教育的十四门核心课程为主，而这十四门核心课程是在教育部的领导和司法部的指导下，在法学教育指导委员会经过多年调查研究的基础上制定的，核心课程体系涵盖了塑造和培养法律专业人才的基本课程。核心课程体系的确定对法学教育的发展起到了促进作用，对提高法学院学生的素质起到了引导作用。司法考试应该，也必须以大学法学教育为主，特别是以十四门核心课程为主要考试范围。但是，司法考试不是大学的毕业考试，也不能够等同于大学的毕业考试。因此，我认为，司法考试应该在十四门核心课程的范围基础上，侧重对理论的分析、运用能力的检测，注重考察学生的基本分析能力，综合运用所学知识分析、解决问题的能力。

三、构筑法学教育与司法考试的新型互动关系

在建立国家统一司法考试制度的时候，我们也应该看到司法考试本身也具有一定的局限性，通过考试可以实现一定程度上的公平和在一定程度上达到提高法律职业人员素质的目的。但是，考试本身的局限性也是明显的。近年来，包括律师考试在内的各种类型的考试反映出考试本身的局限性，特别是对考试技术操作性方面存在的一些问题，使考试在选拔复合型人才方面的功能打了折扣，考试无法将具有创造性、理论性的人才选拔出来的弊端已经引起了社会各界的关注。因此，在进行国家统一司法考试制度设计时，必须充分认识考试本身以及在考试运作过程中可能会出现的副作用，并在设计和操作司法考试的时候尽量克服其负面效应。一方面，很难通过某种具有固定答案的考试方式选拔出复合型的具有国际视野的法治精英；而另一方面，现代社会又是复合型的社会，法律在解决社会问题的时候需要复合型的人才。在加入世界贸易组织以后，中国司法对于法律职业家提出了更高的要求，未来的法律职业家不仅应具有扎实的专业知识、丰富的社会经验，而且还要具有应对国际诉讼的能力。这些对法律职业家的要求实际上也是对国家统一司法考试制度的要求，同时也是对法律教育的要求和挑战。因此，在培养和选拔复合型法律专业人才方面，法学教育与法律职业的任务是共同的，在法学教育与司法考试之间构建新型的互动关系也日益重要。因此，在新形势下，法学教育要不断改革，司法考试制度更要进行制度创新。

总结过去律师考试、法官考试、检察官选拔考试的经验、教训，我们以为当前比较现实的做法是：第一，司法考试的试题设计过程中，除了要考查考生对现行法律、法规的理

解、记忆能力，更重要的是要考查考生对基本法律原理的理解和把握。在题型设计上除了考查基础知识的选择试题以外，还要增加理论分析试题，以考查学生的理论素养和逻辑能力。第二，对于研究生以上学历的法科毕业生给予某种优待措施，以鼓励法律职业家提高法学理论素养和吸引更多的高学历人才进入法律职业队伍。

（原载《法制日报》，2002 - 03 - 28，1 版）

司法公正与司法效率的保障机制研究

(2002)

公正与效率是市场经济条件下法律体系的两大价值目标，同时也是我国司法制度所应追求的两大价值目标。

司法公正与司法效率是相伴相随的、两位一体的概念，司法公正本身就含有对司法效率的要求，没有司法效率，就谈不上司法公正；司法不公正，司法效率也无从说起。我们的司法改革，应当紧紧抓住司法公正和司法效率这两个核心环节，找出两者的结合点，找出它们赖以实现的各种保障机制。

一、司法观念的现代化转变是司法公正与司法效率的理念保障

司法现代化的第一步，是司法观念的现代化。目前影响我国司法实现现代化的落后的司法观念，主要有法律虚无主义的司法观、政治工具主义的司法观和程序工具主义的司法观。

法律虚无主义的根本表现就是不重视法律在司法程序中的支配作用，有法不依，以言废法，以权压法，权大于法。在这种司法观的影响下，宪法所规定的"以事实为根据、以法律为准绳"的司法原则，在相当大的程度上就不能不流于形式。比如说，人民法院受理某些类型的案件，一定要首先取得同级政府的同意，否则不予受理，这就是法律虚无主义的典型表现。法律虚无主义的存在，说明我们的司法机关还缺乏一种法治国家所必需的"法律至上"的观念，还缺乏一种"独立审判，只服从法律"的精神。其结果是，司法机关必然成为行政机关的附庸。

"依法治国，建设社会主义法治国家"的治国方略，必然要求我们摒弃法律虚无主义的司法观，实行司法法治主义。所谓司法法治主义，就是严格依法司法，要求司法机关处理任何案件都必须"一断于法"，必须依照严格的程序和方法解释法律、适用法律，必须实现司法权的国家统一性。

政治工具主义是一种把司法当作实现一定政治目标的手段或工具的司法观。它有专政工具论和经济工具论两种表现形态。

专政工具论认为司法就是统治阶级实行阶级专政的工具，是用来维护阶级统治和镇压敌对阶级或敌对分子的"刀把子"。在这种司法观的影响下，我们的司法机关长期以来存在着一种"治民"心态和行为取向。比如说，长期以来屡禁不止的刑讯逼供问题，司法人员官僚主义的工作作风，司法程序的超职权化模式，刑、民诉讼程序的同构化，以及超期羁押、超期审判等等现象，都与司法的专政工具论有密切关系。

经济工具论认为司法应当主动为经济建设服务，司法机关应当主动揽案，"送法下乡"，担当起企业、政府法律顾问的角色。这种司法观就其本质而言仍是司法工具主义的一种反映，它从根本上违背了司法权的自身性质，背离了客观存在的司法规律，因而也产生了一

些副作用。比如说，地方保护主义就与这种司法观密切有关，地方政府以"司法为经济建设服务"为名，经常干预司法，也是受了这种司法观的影响。

无论是专政工具论还是经济工具论，它们都与我国目前提出的"依法治国"这个大目标相违背，也与我国司法机制的现代化变迁存在矛盾，因而应当摒弃，而代之以人权保障的新型司法观。

程序工具主义的实际表现是"重实体、轻程序"。这种观念在我国是根深蒂固的，它认为，实体法是主法，程序法是助法，程序法仅仅是实现实体法的工具和手段。既然程序仅仅是一个工具或手段，那么，这个工具就成为可有可无、可以这样也可以那样的任意之物了。正是在这种观念的影响下，我们的诉讼制度没有得到应有的尊重，诉讼中违背程序法、规避程序法的现象屡见不鲜。例如，司法实践中长期存在的"审者不判、判者不审"，"先定后审"这些现象，就是程序工具主义司法观的一种表现。

程序工具主义的观念显然不符合法治现代化的要求。法治现代化要求司法程序首先实现现代化，要求我们改变"重实体、轻程序"的传统观念，承认程序法的独立价值，将实体与程序并重。我们要弘扬司法优越、程序本位或法律的正当程序的观念，以程序正义来阐释和论证实体正义。我们不能将法律仅仅看作是规则，而应当把实现规则的过程也看作是法律的一个有机组成部分。实现法治不仅在于法律规则的建设，更重要的在于法律规则的实施，即司法的强化与进步。

二、司法独立的真正落实是司法公正与司法效率的体制保障

司法独立是司法权及其运行的内在规定性所要求的一种理性自治状态，它的核心是司法权的行使过程完全自主，不受外部因素，特别是政治系统的其他部分的干扰，在司法独立的宪政体制下，司法机制的功能达到了最大化。在现代各国，一般不存在司法是否独立的问题，而仅仅涉及司法独立的程度问题。司法独立的程度又是由司法权的作用范围来衡量的。司法独立具有三层含义：司法权的独立、法院的独立以及法官的独立。司法权独立必然要求法院独立，法院独立发展到一定程度必然体现为法官独立；没有法院独立，就不可能有法官独立；没有法官独立，法院独立就难以确保。这三层含义上的司法独立，所需要的保障机制既有密切的联系，也有相对的独立性。

司法权独立的保障机制主要表现在司法权的宪政地位上：一方面，司法权应有独立的地位；另一方面，这种独立的地位又表现在对立法权和行政权等政治系统中其他权力的足够制衡的关系之中。人民法院应当成为人民立法机关及行政机关的中间机构，监督后二者在其权力范围内从事活动，这就是说人民法院应当享有宪法解释权和违宪审查权，担负起宪法裁决人的角色。如果缺少这个职能，司法权的独立性就是一句空话，法治目标就很难达成。

法院独立保障机制的建构，不仅要处理好法院与立法机构的关系，更重要的是处理好司法机构与行政机构的关系。在我国现行宪政结构中，司法与行政是地位平等、相互制约的权力主体，由于权力配置的技术性原因，司法实际上依附于行政。这主要表现在两个方面：一是，司法机构的人、财、物等有形资源均由各级行政机关支配和管理。二是，司法区划与行政区划完全合一。这两个方面结合在一起，造成了法院受制于行政的现实，法院

不能真正获得独立地位。为了使法院摆脱行政的束缚，就必须切断资源提供者对司法机关的控制力与影响力，改"平行管理"模式为"垂直管理"模式，收回各级行政机关对司法机关人、财、物的决定权和供应权，改由中央统一管理。同时，将法院的行政管理事务分中央和地方两级进行管理，省、自治区、直辖市的司法行政管理机关行使对基层人民法院和中级人民法院的司法行政管理权，中央级司法行政管理机关行使对各高级人民法院和最高人民法院的司法行政管理权。

为了有效地克服地方保护主义，仅仅实现了法院独立还不足够。因为跨区域的当事人之间发生的社会冲突，如果按照原告就被告或者被告就原告的方法确定管辖法院，将案件置于当事人一方的所在地进行处理，这难免会发生各种偏颇，难以保证案件获得公道的处理。为补救此一弊端，有必要将这种跨地域的案件交给当事人共同的上一级人民法院行使管辖权，从而相应地调整级别管辖制度。这在现行诉讼法上并无制度性障碍，但问题是，这样一种制度设置，必然导致最高人民法院受理大量的一审案件，而最高人民法院对一审案件行使管辖权，又必然会影响审级制度的真正落实。为了克服此缺陷，就有必要在最高人民法院内部设立两种类型的审判庭，一是初审庭，二是上诉庭。由初审庭受理一审案件，实行巡回审判，上诉庭对此进行复核。这样一种设想，需要我们在维持单一制的基础上，适当吸收联邦制的因素，形成相对的司法联邦主义。

对法官的独立，同样要建立完善的保障机制。这个保障机制主要体现在如下制度的设置和完善之中：（1）严格的法官录用制度。法官录用的方式无非有三：一是立法机关选举决定，二是公民直接选举，三是由行政机关任命。在我国，目前宜采用行政机关提名，立法机关决定的选任模式。立法应明确规定法官被提名及被录用的条件，例如，年龄界限、最低学历、司法考试合格、一定的法律经历等。（2）法官职务保障制度。具体包括法官无故不得更换制、法官专职制、法官的司法豁免制。法官无故不得更换制，实际上就是法官终身任职制，或者起码确定一个较高年龄段的离退休制度，这对保证司法的稳定性和法官公正不阿的优秀品格，无疑是最好的措施。（3）法官待遇保障制。主要包括法官高薪制和退休保障制，只有对法官实行高薪制，才能养成法官廉洁的司法品质，才能有足够的底气抵御外来的影响和干预。（4）法官自由心证制度。这是法官独立的心理保障和内在保障，目的在于减少对法官进行干预的外在借口。

法官独立还要求废除法院管理的行政化制度，使法官真正实现相互之间以及上下级之间的独立，消除法官的身份制和单位制。这就要求将法院的整体职能进行恰当分化，将行使审判权的司法人员和不行使审判权的行政管理人员分离开来。行使审判权的司法人员在法律地位上应当是平等的，而不应当按照行政级别人为地将法官分为三六九等，否则，法官的独立地位就得不到保证。

广义上的保障机制还包括对法官、法院和司法权的制约机制。健全完善的司法制约机制，是保障机制得以发挥实效的重要环节司法制约制度，一般包括分权制衡制度、司法公开制度、舆论监督制度、法官惩戒制度以及违法审判责任追究制度等等。

三、诉讼制度的现代化改造是司法公正与司法效率的程序保障

程序对当事人而言是诉讼权利的保障和展开，对裁判者而言则是其司法行为客观化和

理性化的保证和体现。在确保司法公正的制度体系中，程序公正是一个不可缺少的方面。为了实现程序公正，必须建立以下保障机制：

1. 司法的中立性是司法公正的基本保障。司法中立性原则是程序正义的核心内容和支柱性原则。我国古代就有所谓"两造具备，师听五辞"的诉讼格局安排。法官的中立性需要有三项制度性标准作为保障：第一，任何人不得成为自我案件的判断者。第二，裁判者与裁判结果之间不存在任何私人的利害关系。第三，在抗辩过程中，法官不得偏袒其中任何一方当事人。如法官不得单独接触一方当事人，双方当事人在诉讼程序中应有同等的辩论机会，任何主张和判断都必须以事实为根据、以法律为准绳进行严格的理由论证，同一条件下不允许出现不同的结果。以上都是中立原则所要求的。这就要求有一系列制度保证中立原则的贯彻，如，法官的资格认定制度、人身保障制度、回避制度以及公开听证制度等等，同时还要加强法官的职业道德教育。

2. 诉讼程序的公开化是司法公正的民主机制。公开审判是现代司法民主性的体现，只有实现了公开审判，才能使法院的司法过程与司法结果获得正当性，才能使人民群众信任法院判决确实表达了法律的规定。公开审判也是建立科学、合理的司法监督机制所必然要求的。司法的公开化包括司法过程的公开化、司法主体的公开化以及司法结果的公开化三方面内容，同时，现代意义上的司法公开不仅要求有形的公开，而且要求法官的心证公开。司法公开原则应当是贯彻始终的，法院的案卷材料应当方便当事人及其诉讼代理人查阅。

3. 诉讼模式的对抗化是程序公正的结构保障。我国传统的诉讼模式为职权制，但是职权制模式过分扩大了法院的职权，当事人的诉讼权利未得到充分保障。这不仅影响了诉讼公正，而且降低了诉讼效率。审判方式改革提出了改变职权制模式而实行对抗制审判的要求。在这样的诉讼模式中，法官需要保持一定程度上的被动性，适当抑制司法能动主义。但法官的被动性不意味着法官的绝对消极性，法官还必须能够在保证中立性的基础上，恰当地行使诉讼指挥权和阐明权，确保当事人能够充分、有效地行使诉讼权利，使当事人能够真切地感受到诉讼程序的公正性。同时，为了提高诉讼效率，诉讼程序还必须实行集中审判原则，将诉讼程序分为诉答、审前和庭审三大阶段，明确各个阶段的中心任务，敦促当事人在不同的诉讼阶段及时行使相应的诉讼权利，否则，若无正当事由，逾期未行使的诉讼权利即失去了再次行使的机会。

4. 按照直接审判原则的要求，改造审判委员会制度和请示汇报制度。直接审判原则要求审者和判者具有统一性。但是，作为审判组织之一的审判委员会讨论和决定案件恰好就违反了这项基本的程序原则，造成了审者不判、判者不审、审判不公开、庭审流于形式和司法神秘主义等诸多流弊，因而引起了人们对其审判职能正当性与合理性的质疑，引起了人们对司法的不满。我们不同意取消论的观点，但认为，对审判委员会制度进行理性改造是一个必然选择。对审判委员会的改造应当分两步走：第一步，按专业原则和职业主义的要求，将统一的审判委员会改造成专业性的审判委员会，如分别建立民事审判委员会、商事审判委员会、刑事审判委员会、行政审判委员会等等。第二步，按直接审理主义的要求，要求审判委员会直接审理案件，克服审与判的脱节，从而使之成为类似于大合议庭形式的审判组织。根据国际通例，各级法院院长、庭长都应作为法官，直接开庭审理案件。同时，为了执行《人民法院组织法》赋予审判委员会的其他职能，各法院还可以保留现行的审判委员会制度。

请示汇报制度同样也违背了直接审理原则，也有着与审判委员会制度同样的缺陷。它有两种具体表现形式：一是向院庭长的请示汇报制，二是向上级法院的请示汇报制。向院庭长的请示汇报制实际上是司法身份制的体现，是行政职能和司法职能相混合的一个产物。这既于法无据，也影响法官独立办案的积极性，应予制止。向上级法院的请示汇报制也没有法律根据，它的消极后果主要是影响了审级制度的贯彻，损害了当事人所享有的正当的审级利益，因而也应取消。

5. 审级制度的多元化是司法公正的层次保障。诉讼案件的性质和难易程度是不同的，这要求在审级制度上也不能"一刀切"，而应当实行多元化的审级制度。对于一般的案件，应以实行二审终审制为原则。对于简单的民事案件，仅需要一审即可终审。对于一些有重大影响、涉及法律基本原则解释的案件，应当有条件地实行三审终审制。足够的审级制度，不仅有利于克服地方保护主义，容易使当事人感受到司法程序的公正性，使他们服判息诉，减少诉累，可以充分发挥审级制度的监督作用，减少错误的裁判，同时也有利于判例制度的建立，统一全国的司法解释和法律适用。

6. 裁判文书的说理性是确保司法公正的逻辑保障。裁判文书的改革一直是西方国家尤其是大陆法系国家司法制度改革的重要组成部分。它既是司法独立的体现，也是司法制约的体现。裁判文书应包括六个方面的内容：即对案件所经程序的叙述、对当事人提交证据和所持论点的概述、对案件事实的陈述、所适用的法律规则、支持判决的理由以及法院的最后判决结论。裁判文书的制作应遵循全面、客观、说理的原则，裁判文书应当及时作出和下达，同时应当公开，保证当事人的裁判知情权。裁判文书的现代化是司法现代化的应有之义，只有真正实现了现代化改造的裁判文书，才能成为司法公正的保证书。

7. 程序的多元化是确保司法公正的选择机制。按照不同的案件性质，建立不同的司法程序，也即实现司法程序的多元化。司法程序的多元化，源于社会冲突的多样化。社会冲突的多样化首先将司法程序分为刑事诉讼、民事诉讼和行政诉讼三大领域。在这三大领域中，又有不同的程序设置。比如，在民事诉讼中，司法程序首先有诉讼程序和非讼程序的分野，诉讼程序又有普通程序和简易程序之别，同时也有裁判程序和调解程序之分。但司法实践表明，这些程序还不能完全适应解决各类民事案件的需要，因而需要加强诉讼程序的多元化建设。比如，建立小标的额程序，实行一审终审。同时，我们应在法院内部建立非诉讼方式解决纠纷的系统工程，强化预防纠纷发生的法律机制。

8. 案件管理的流程化是确保司法公正和司法效率的运行机制。高效率的案件流程管理，要求实行繁简分流、立审分离、预审和庭审的分离、审监分离、审执分离等制度；要求充分重视审前准备程序，做好审前程序和庭审程序的交接工作，做到审判组织的随机确定，强调审判的不间断进行，尽量达到当庭裁判。

当然，我们在强调程序重要性的同时，也不可从一个极端滑向另一个极端，程序的公正性并不等于程序的烦琐性，更不能与程序的形式主义、庭审的仪式主义和司法的表面主义画等号，法院应当在诉讼程序的全部过程中，监督当事人及其他诉讼参与者恰当地、善意地、诚信地行使诉讼权利，避免程序浪费和程序被滥用。

四、证据制度的科学建构是司法公正与司法效率的理性保障

我国《宪法》以及三大诉讼法均明文规定，人民法院审理案件，必须以事实为根据，以法律为准绳。这里所谓"以事实为根据"，实际上就是以证据为根据。以证据为根据对案件作出裁判，就是证据裁判主义。证据的收集和利用，构成了司法程序的实质内容。

一个具有科学性和生命力的证据制度，必然是以公正和效率为主要价值目标的证据制度。为达此目的，我国的证据制度应当明确以下事项：

1. 确立以保障当事人诉权为中心的证据立法模式。我国长期以来将诉讼法主要看作是一部审判法，证据制度的内容基本上都是从法院如何行使审判权的角度加以规定的，当事人在证据领域中的诉讼权利并不充分。目前进行的审判方式改革，要求我们调整证据制度的规范本位，将当事人及其诉讼代理人的证据权利放在本位的意义上予以规范，确保当事人收集证据、提供证据、对证据进行质证的权利。法院在证据制度体系中仅处在次要的位置。

2. 建立系统的证据规则。证据规则是用来调整证据的法律资格以及证明价值的规范，其特点是可操作性强、内容明确肯定、可以鉴别衡量。证据规则既包括证据能力的判断规则，也包括证明价值的衡量规则；既有收集调查证据的规则，也有举证、质证和认证规则。在种种的证据规则中，我们尤其要强调传闻证据规则和非法证据排除规则。建立了传闻证据规则，就要求证人必须出庭作证，否则，其证词不能作为认定案件事实的根据。建立了非法证据排除规则，要求公权力机关在收集证据过程中，充分注意按程序办事，注意保障人权，注意尊重他人的人格和尊严。这是文明司法的必然要求。

3. 建立和健全当事人及其诉讼代理人调查收集证据的程序。完善审前程序，将以法院调查取证为主要内容的审前程序改为由当事人及其诉讼代理人收集、调查证据的审前程序。调查收集证据的权利及其程序保障应当与举证责任的主体归属相对称。在法院全面查证的诉讼模式改为当事人举证责任诉讼模式后，证据制度应当充实和细化当事人收集调查证据的权利和相关程序，这就有必要重塑审前程序的内容。

4. 建立证据开示和证据交换制度。建立证据交换制度，使双方当事人在庭审前便知悉相对方所拥有的各项证据和事实观点，有针对性地进行诉讼中的攻击和防御，做到诉讼竞争公平，防止突袭制胜。

5. 摒弃证据随时提出主义，推行举证时限制度。目前，我国诉讼制度实行证据随时提出主义，在这种诉讼原则的调整下，当事人往往将证据的提供时机作为一项主要的诉讼策略来利用，经常出现的情形是，当事人对于他所拥有的证据，往往审前不举庭审举、一审不举二审举，甚至二审不举再审举，这就产生了诉讼迟延、证据突袭、反复开庭等诸多弊端。其结果是，不仅对司法公正的实现有害，尤其严重地影响了司法效率。举证时限制度的确立可以有效地克服此弊。按照举证时限制度，当事人必须在特定的诉讼阶段提供证据，否则，如果没有正当的理由，迟延提供的证据法院不予采纳。这就是所谓的证据失效，即，迟来的证据非证据。

6. 恰当地分配举证责任。举证责任的分配是证据制度的核心内容，它直接关系到当事人双方在诉讼中的证明活动以及证明不能时的胜败后果的确定，因而应当通过证据规则明

确举证责任的分配原则以及倒置情形。在特殊情况下，如果确有必要赋予法官决定举证责任归属的自由裁量权，则也应设定正当的程序，确保该项权利的正确行使。

7. 正确处理当事人举证和人民法院查证的关系。举证责任是当事人的诉讼责任，法院不负担任何举证责任。但是，在当事人举证确有困难的情况下，法院应当根据当事人的申请进行职权查证。法院依职权查证的范围必须明确规定，法院查证应当根据当事人的申请而启动，不应依职权主动进行。法院调查收集证据的主体和审理案件的主体应当分离。法院调查收集的证据也应当交由当事人当庭质证。

8. 完善质证程序。没有经过质证的证据不得作为法院认定案件事实的根据。质证程序的建立，不仅是落实公开原则的需要，而且是将对抗制的因素引入诉讼模式的一个契机。

9. 建立法官公开心证制度。据此，审理案件的法官应当在不同的诉讼阶段，以适当的方式向当事人公开其对证据问题的心证，做到当庭认证，使当事人有的放矢地从事证明活动。而这是司法获得当事人理解和信任的一个重要保障。

10. 科学理解客观真实和法律真实的辩证关系。客观真实是指导我国司法制度和司法程序建构的一个哲学指导思想，也是法院行使审判权所应达到的总体目标。但客观真实不宜成为法院处理个案的最低限度的证明标准，成为法院认定案件事实基础的应当是法律真实。客观真实是诉讼理念，法律真实才是裁判标准，因而法律真实是一个相对性的真实，是一个与证明标准相联系的概念。强调法律真实，必然强调程序正义，必然强调当事人作为诉讼主体的主导地位，强调三大诉讼证明标准的区别。三大诉讼实行不同的证明标准，是世界各国司法制度的通例，这是由案件不同的性质和不同的诉讼原则所决定的，也是诉讼效率和诉讼经济价值所必然地要求的。

五、监督体系的完善是保障司法公正与司法效率的配套机制

司法权的良性运作机制，不仅取决于司法独立的体制性保障，而且需要伴之以有效的司法监督机制。司法监督的目的是控制司法独立的任性扩张，防止司法专横或司法专制主义的出现。司法独立与司法监督是实现司法公正的两个同样重要的保障机制，它们之间的关系犹如车之两轮、鸟之两翼，是缺一不可的。

目前我国现行宪政体制下的司法监督机制尚处在发育和构建过程之中，还没有达到成熟的地步。其中有许多问题还需要进行理论探讨和实践摸索。现实制度及其运作状况表明，我国目前的司法监督机制有两大类型：一类是司法权的内在监督机制，另一类是司法权的外在监督机制。司法权的内在监督机制，如审级监督、申诉监督、审判监督、审判组织的多数人监督等等，从本质上说，乃是蕴涵在司法权运行过程中的监督机制，是司法权自身逻辑和自身分化的监督，属于司法权整体概念的组成部分，因而它们无论如何设计也不会威胁司法权的独立性。严格意义上的司法监督指的是司法权的外在监督机制，司法权的外在监督机制有独立于司法权的权力或权利来源。基于权力的司法监督主要有政党对司法的监督、权力机关对司法的监督、检察机关对司法的监督等等，基于权利的司法监督主要指社会舆论和大众传媒的监督。以上种种的监督构成了对司法权的监督体系，这种监督体系是否臻于完善、是否运转灵敏、是否真正发挥实效，是检验我国司法机制能否实现司法公正与司法效率的一个重要指标。

1. 权力机关的司法监督应当规范化。根据我国《宪法》规定，人民法院应当对国家权力机关负责并接受它的监督。这是作为我国根本政治制度的人民代表大会制度的一个重要内容。但是，"审议工作报告"这种监督形式的合法性和有效性还值得商榷，因为：

第一，它缺乏宪法上的根据。现行《宪法》第128条仅规定人民法院对人民代表大会及其常务委员会负责，并没有规定"并向它们报告工作"。我们可以将这一规定与《宪法》第92条的规定作一比较，《宪法》第92条规定："国务院对全国人民代表大会负责并报告工作，在全国人民代表大会闭会期间，对全国人民代表大会常务委员会负责并报告工作"。《宪法》上的这两种规定显然是有区别的。如果要求人民法院也向人民代表大会汇报工作，岂不将它视同为行政机关？而如果这样理解，势必与《宪法》的这种差别性规定不相吻合。

第二，这种监督机制的后果形式并不明确，而且难以明确。如果将汇报工作作为一种监督形式，那么，立法上必定要明确，如果所报告的工作没有获得通过，将产生什么样的法律后果。对于这种责任机制，法律上并无规定。如果缺乏责任机制，这种监督形式的有效性就要打上问号。如果要通过立法确立某种责任机制，这种责任机制又如何表现呢？有一种观点认为，法院院长应当引咎辞职。这一观点也有欠妥之处。因为我国《宪法》和《法院组织法》都没有规定法院院长负责制，也没有规定上级法院对下级法院的领导权，"工作报告"的合法依据本来就不足，要院长在报告未通过的情况下引咎辞职，更加违背了权力与责任相统一的原则。而如果要实行院长负责制，则从根本上违背了司法权的运作规律，也与我们目前强调的法院独立与法官独立并重的发展走势相冲突。

鉴于人民法院向人民代表大会"汇报工作"已成为宪法惯例，目前尚可保留此一做法。但是应当取消人大代表对工作报告的表决程序。因为如果表决的结果未能通过，法律责任无法兑现，这样对人大的权威和法院的权威乃是两败俱伤。如果表决的结果以微弱多数通过，则也影响法院的司法权威。法院的工作可能因此而有所改进，但是如果不将表决的结果外化，此效果同样可以达到。所以，我们的意见是，人民法院向人民代表大会汇报工作后，由人大代表研究其中的内容，继而向人民法院提出相应的决议案或者改进意见，也可以通过立法从宏观上调整人民法院的工作。这样的监督机制，一方面可以将立法权保持在司法权运作过程之外，防止立法权和司法权混同起来；另一方面又可以最大限度地发挥权力机关对司法机关的监督作用。

权力机关对司法机关的监督除"汇报工作"这一形式外，还有这样几种形式：对司法解释的合宪性和合法性的审查；对司法官员的选择、任免、弹劾；听证会、专题汇报、质询；检查、评议人民法院的工作；处理人民群众对人民法院和法官的检举、控告和申诉，等等。对于这些监督形式，有必要制定专门的"监督法"予以规范。

人民代表大会对司法机关的个案监督权，应当限于督办或提出建议的层面，而不应成为一个凌驾于司法权之上的对个案的处置权或纠正权，否则，就会混淆国家职能的分工，司法独立就会失去保障。人大代表是人民的代表，而不是个别人的代言人，更不是个案中的代理人，人大代表对个案行使监督权必须通过人民代表大会的常规组织，由该组织按照确定的程序进行。

2. 检察机关的司法监督应当保持理性。我国《宪法》规定，人民检察院是国家的法律监督机关，同时又规定人民检察院依照法律规定独立行使检察权。这样，检察机关便同时享有了三重职能：一是对刑事案件的侦察权，二是对执法和司法活动的监督权，三是对刑事案件的公诉权。检察机关同时享有这三种权能，与权力制衡的原则又如何协调呢？这值得探讨。

我国三大诉讼法都规定，人民检察院有权对人民法院的审判活动进行法律监督。其具体方式主要是对人民法院的生效裁判提起抗诉，从而引起再审程序的发生。但是这种依职权主动进行监督的方式，在民事诉讼中，存在着理论上的障碍和实际操作上的困难。因为民事诉讼涉及的是私权纷争，当事人对争议标的具有处分权，在裁判生效后，如果当事人双方对此服判息诉，不再对生效裁判持有异议，人民检察院就没有必要按照"有错必纠"原则提起抗诉。当然，如果当事人对生效裁判存有异议而提出再审申请，而这种申请权又没有获得人民法院的认可，人民检察院即可根据当事人的申诉提起抗诉。在这种情况下，人民检察院的检察监督权对确保当事人行使诉权，保障司法公正、抑制司法腐败显然是有意义的。

［原载《法律适用》，2002（1）］

加强教材建设　推动军事法学的发展

(2004)

我国的军事法学学科是自改革开放以后逐渐形成的。党的十一届三中全会以后，我国社会主义民主与法制建设进入了一个崭新的发展时期。在国家改革开放和加快军队法制建设的新形势下，军事法学学科应运而生，并逐步得到发展。西安政治学院军事法学系针对军事法学基础理论薄弱、军事法资料匮乏的情况，积极采取应对措施，制定并启动"军事法学专业教材体系"编写规划。经过十余年的不懈努力，编写基本教材 20 部、辅助教材 14 部、教学参考资料 15 部，累计总字数达两千五百多万。初步完成军事法学专业教材体系，填补了这一领域的空白。总体上看，这套教材具有以下的特点：

第一，这套教材系统而完整。从已经出版发行的各本教材来看，"军事法学专业教材体系"不仅通过其内在的科学体系充分反映了军事法学各领域的密切关系，而且在每一本书中以较为完整的内容展现了国内外的相关研究成果。从教材的横向构成上看，史、论、专相结合，覆盖了军事法史、军事法基本理论、军事部门法、军事施行法等各个领域，满足了各门军事法学课程教学的基本需要；从教材的构成形式上看，包括了基本教材、辅助教材、教学参考资料教材等多种形式；从教材的纵向构成上看，适应了博士研究生、硕士研究生、本科生、各类军事法学培训班以及部队法制教育等各个不同教学对象层次的需要。

第二，这套教材充分突出了军事特色。军事法学作为研究军事法现象、本质、发展规律及其应用的科学，其教材必然是叙述军事法历史、论证军事法理论、阐述军事法规范、研究军事法应用、探究军事法发展的物质载体。虽然它与其他部门法学一样，所依赖的土壤都是法学的基本理论和法律的基础内涵，但其立存的基石却是已有或将有的军事法独特现象。因此，要想满足军事法学专业教学的需要，编写军事法学教材必须尽力突出军事性，充分反映调整军事社会关系法律规范的特有规律，而不能仅仅是普通法学教材的"改造品"。这套军事法学教材军事性特色相当突出，比较科学、全面地阐明了军事法的历史发展、中外军事法律制度以及军事法基本理论。如《军事检察学》、《军事审判学》注意研究总结军事检察、军事审判不同于一般检察、审判的特点，分别构建了独特的军事检察学和军事审判学教材内容。又如《军事法学》、《军事法研究》阐明了军事社会关系运行的特有法理问题，《武装冲突法》则阐明了战争法律规则问题。对这些方面的重视使得教材的军事特色十分鲜明。

第三，这套教材体现了很强的实用性。在该"军事法学专业教材体系"中，一方面，教材中战时的内容占到了一定的比例，增强了受教育者适应军事斗争准备的针对性；另一方面，教材平时内容对于国防和军队建设较为贴近。如基本教材中的《军事法学》、《军事法研究》，不仅贴近部队实际阐释军事法理，而且提出依法治军现存的问题及其对策；而《军事立法学》、《武装冲突法》、《军队法律文书写作》等教材，则专门就如何进行军事立法、如何掌握武装冲突规则的运用艺术、如何制作军队法律文书等进行了科学的阐述。

第四，这套教材非常重视对军事法学前沿性问题的阐述，在理念上力求具有超前性。这方面一个突出的表现就是该系列教材中的许多教材都属于全国首创，是各自领域的第一部教材，首次对相关问题进行了系统、全面的阐释与论证，如《军事检察学》、《军事审判学》、《军队律师工作概论》、《军事立法学》、《中国军事法制史》、《军队法律文书写作》等等。另外，在内容取舍上，这套教材也注意了对本学科前沿性问题的介绍。我想，这是因为，一方面，由军事法的应用特性所决定，军事法学教材必须对现有法律法规的基本内涵、法理依据等已定问题进行讲解，以便学员掌握军事法基本知识；但另一方面，军事法学学科与军事法部门一样，都是后发者，有许多未定的问题需要研究。并且，随着实践的发展，新问题也在不断涌现。这些未定问题或新问题，也都是军事法律工作者不应回避且应该去了解和掌握的。由此反映在教材上就是应当体现出对本课程、本学科前沿性问题的关注。这套军事法学系列教材在这一点上很重视，几乎所有教材中都涉及了新世纪相关军事法律制度的改革与完善，显示出了较强的时代性与先进性。

军事法学教材体系的创建是军事法学教育和发展的基础，编写一套高质量的军事法学教材是提高军事法学教学质量的根本保证。正是从这一意义上说，"军事法学专业教材体系"的建立和完善具有开创性的意义。实际上，该套教材在军事法学教学实践和军队法制建设中已经取得了明显的效果。值得一提的是，教育部学位办公室将这套教材体系中的《军事法学》推荐为研究生教学用书。之后，编著者们对该书在体例结构、重点内容、学术品质等方面作了较大的修改，并将书名调整为"军事法研究"。这从另一个侧面也表明了这一教材体系质量水平是较高的，编著者治学态度是认真严谨而又负责的。更为可喜的是，这套教材的作者大都是长期从事军事法学教学与科研的中青年学术骨干和学科带头人。该教材体系的形成是他们多年来教学科研实践经验的结晶。我相信，这一具有中国特色的军事法学教材体系必将有力地促进我国军事法学理论的发展，成为法学百花园中的一朵奇葩。

[原载《中国司法》，2004（10）]

中国法律硕士专业学位教育的创办与发展

（2007）

　　法律硕士专业学位教育，简称 JM，是我国专业学位教育系列中的一种，于 1995 年经国务院学位委员会批准设置后，1996 年正式实施、试办招生，迄今经历十余个春秋。十余年来，在教育部、国务院学位委员会的正确领导和政法部门的大力支持下，专家指导小组和两届指导委员会及其秘书处在协调全国法律硕士专业学位教育活动，探索高层次的复合型、实践型法律人才的培养目标、培养途径、培养模式和发展道路；在密切高等院校与政法实际部门联系，大力为新时期政法队伍知识化、专业化建设服务；在推动规范和提高法律硕士专业学位培养质量；在组织开展国内外交流活动，提升新时期中国法学教育的国际地位和影响力等多方面展开了大量工作，形成了指导委员会活动框架下的法律硕士专业学位培养制度，与政法部门干部教育和继续教育规划实施相协调的工作机制，各培养单位间沟通协作与国际交流的活动机制，卓有成效地促进了法律硕士专业学位的迅速发展。今天，法律硕士专业学位已成为全国具有重大社会影响的专业学位，为我国法律实践部门培养和输送了以"时代先锋"宋鱼水法官为代表的大批复合型、实践型法律人才，产生了一批优秀法律硕士毕业论文，同时还涌现了一批优秀的教师和管理工作者。可以说，我国的法律硕士专业学位已经成功地完成了试办任务，成为经国家学位与教育主管部门批准正式实施的一项法学教育制度。

一、中国法律硕士专业学位教育的创办

（一）法律硕士专业学位教育的创办与实施

　　法律硕士专业学位的创办是我国社会主义法治建设和高等法学教育发展的必然结果。改革开放以来，我国的高等法学教育和研究生教育持续健康发展，但是培养的数量和培养的模式、培养的种类都不足以满足我国法治建设的需要，急需培养出更多的、高质量的复合型、实践型的高级法律人才。1994 年，在国务院学位委员会办公室的领导和主持下，在司法部的支持和指导下，召开了国务院学位委员会法学学科评议组（王叔文、高铭暄、曾宪义、沈宗灵、罗豪才、陈光中、王家福、冯大同、李双元）会议，还邀请了最高人民法院、最高人民检察院、公安部、司法部等国家政法部门的领导同志参见会议，经过一年的反复论证，最后达成共识，于 1995 年国务院学位委员会第 13 次会议全票通过设置法律硕士专业学位，并决定由中国人民大学等 8 所高校为首批试点单位，同时成立了"全国法律硕士专业学位教育专家指导小组"，由中国人民大学法学院院长曾宪义教授和司法部律师司司长沈白路担任组长，秘书处设在中国人民大学法学院，赵秉志（中国人民大学法学院副院长）任秘书长。专家小组就法律硕士专业学位的具体规格、标准、课程设置、教材及案例库建设、师资培训、联合考试办法、评估方式及国外高层次法律人才的培养实验等方面进行了大量卓有成效的工作，对法律硕士专业学位教育的创办作出了历史性的重要贡献。

法律硕士专业学位教育创办到 2006 年，在教育部的正确领导与司法部的大力支持下，通过指导委员会全体委员暨秘书处的努力工作和各培养单位的积极探索，其招生考试制度、培养制度、指导工作体制等日益完善，渐趋成熟；培养单位数量和招生规模不断增加，培养了大量高层次的法律专业人才，圆满完成了试点工作。2006 年 12 月，国务院学位委员会办公室主任杨玉良在"法律硕士专业学位实施十周年大会暨第三届法律硕士教育论坛"上代表教育部、国务院学位委员会郑重宣布"法律硕士专业学位结束试点，转入正式实施"，这是法律硕士专业学位教育发展中具有里程碑意义的一次重要会议，法律硕士专业学位自此成为经国家学位与教育主管部门批准正式实施的一项法学教育制度。

（二）全国法律硕士专业学位教育指导委员会的成立与工作

为提高我国法律硕士专业学位教育水平，促进法律硕士专业学位工作健康顺利发展，适应社会主义市场经济体制发展、社会进步和依法治国的需要，国务院学位委员会、国家教育委员会和司法部于 1997 年 12 月 22 日联合发出了《关于成立全国法律硕士专业学位教育指导委员会的通知》，决定成立全国法律硕士专业学位教育指导委员会。该通知指出，全国法律硕士专业学位教育指导委员会是在国务院学位委员会、国家教育委员会和司法部指导下的全国法律硕士专业学位教育的专业性组织。

1998 年 1 月，第一届"全国法律硕士专业学位教育指导委员会"正式成立，司法部部长肖扬为主任委员，曾宪义、顾海良（国务院学位委员会办公室副主任）、怀效锋（司法部教育司司长）为副主任委员，秘书处由司法部和中国人民大学法学院共同组成，设在司法部教育司，霍宪丹（司法部教育司副司长）任秘书长，赵秉志任副秘书长。同时从 1998 年开始又面向法院、检察院、公安、司法等政法部门开展在职攻读法律硕士专业学位教育。为了促进法律硕士专业学位教育持续健康发展，根据指导委员会章程的规定，2004 年组成了第二届"全国法律硕士专业学位教育指导委员会"，最高人民法院院长肖扬为顾问，司法部部长张森福为主任委员，曾宪义、吴志攀（北京大学副校长）、朱勇（中国政法大学副校长）为副主任委员，杜国兴（司法部司法考试司司长）任秘书长，韩大元（中国人民大学法学院常务副院长）、姜晶（司法部司法考试司教育处处长）任副秘书长。

全国法律硕士专业学位教育指导委员会成立以来，在教育部、国务院学位委员会的正确领导和政法部门的大力支持下，在协调全国法律硕士专业学位教育活动，探索高层次的复合型、实践型法律人才的培养目标、培养途径、培养模式和发展道路；在密切高等院校与政法实际部门联系，大力为新时期政法队伍知识化、专业化建设服务；在推动规范和提高法律硕士专业学位培养质量；在组织开展国内外交流活动，提升新时期中国法学教育的国际地位和影响力等多方面开展了大量工作，形成了指导委员会活动框架下的法律硕士专业学位培养制度，与政法部门干部教育和继续教育规划实施相协调的工作机制，各培养单位间沟通协作与国际交流的活动机制，卓有成效地促进了法律硕士专业学位的迅速发展。

（三）中国法律硕士专业学位教育的定位与特点

法律硕士专业学位作为我国专业学位教育的一种，是我国适应法学教育的国际潮流，在借鉴美国、欧洲的法律职业教育制度的基础上，结合我国法治发展现状和法学教育现状而设立的一项具有我国特色的法学教育制度。从国际上看，将法律人才作为高层次的具有复合型知识能力结构的特殊人才进行专门培养的代表是美国的 JD 教育制度。美国的法律教育在性质上属于职业教育，最突出的一个特征是初级法律学历教育被定位在大学本科教育之后，即研究生教育。JD 是英文 Juris Doctor（或 Doctor of Jurisprudence）的简称，是指美国法律学制中的初级法律学位"法律职业博士"。凡取得学士学位的人都可以报考，在通过法学院入学（LAST）考试（Law School Admission Test）后，经过 3 年（全日制）或 4 年（在职攻读）的严格学习，符合条件者即可获得学位，学生在毕业后多数成为律师等法律职业者。在我国创办法律硕士专业学位教育制度之后，在上世纪末和本世纪初，日本、韩国借鉴中国创办法律硕士专业学位教育的经验，也开始研究和效法美国的法律教育模式进行改革。2004 年前后，日本在东京大学、早稻田大学等一批水平高、条件好的大学法学部内创设法科大学院，专门培养类似于美国 JD 的专业学位研究生。据日本法学家介绍，日本的法学教育主要是培养具有法学家思维的普通素质教育。日本各大学法学部（法学院）毕业生，除一部分考任政府公务员外，大部分任职于私营公司企业，只有一少部分通过司法考试成为职业司法人员。现在，日本确定国家司法考试在"法科大学院"毕业生中录取总名额的 80%。与此同时，韩国也做了类似的法学教育的改革。上述动向反映了国际法学教育界对法律人才性质和规格的新认识，我国法律硕士专业学位教育就是为积极、主动顺应这一趋势而设立的。

我国对法律硕士专业学位的定位强调其专业化和职业性特征，1995 年国务院学位委员会通过的《关于设置法律专业硕士学位的报告》和 1999 年、2006 年全国法律硕士专业学位教育指导委员会两次修订的《法律硕士专业学位研究生指导性培养方案》中对法律硕士专业学位的定性皆对此有所反映。综合这两个文件的规定，可以很明确地对法律硕士专业学位加以界定，即法律硕士专业学位是培养高层次实践应用类法律人才的专业学位，其主要特点是：

1. 法律硕士专业学位的培养目标是为我国立法、司法、行政执法、法律服务与法律监督等法律实务部门以及经济管理、行政管理、社会公共管理部门培养高层次的实践型法律人才和具有复合型知识能力结构的高素质法律人才。

2. 法律硕士专业学位以法律实务领域的职业为背景，是具有特定法律职业背景的专业性学位，其培养要求是以能够胜任相当层次的法律实务工作为基础的。

3. 法律硕士专业学位是一种高层次学位。法律硕士专业学位和法学硕士学位属于同一层次，但其侧重于培养面向法律实务部门中级以上专业和管理岗位的应用类法律人才，要求学位获得者应掌握基本的法学基础理论和较宽广的法律实务知识，具有宽口径、复合型、外向型的知识与能力结构，能够综合运用法律、经济、科技、外语和计算机等方面的知识，独立地从事法律实务工作。

4. 实行政法实务部门参与培养的管理指导体制与培养制度。可以说这是最具中国特色的专业学位研究生的培养模式。在设置法律硕士专业学位以来的十年中，确定了以学位与教育行政部门为主导、法学教育行业主管部门充分发挥指导职能、政法实务部门参与培养的管理指导体制与培养制度，促进了各培养院校形成与实务部门积极协作的开放式培养机制。在一些培养单位，实行学校教师与实务部门专家的"双导师制"的模式。特别是司法部作为指导委员会秘书处所在单位——这也是全国各专业指导委员会唯一把秘书处设在某一个中央部委的典型——十多年来为发展我国法律硕士专业学位教育事业做了大量繁重的工作，发挥了重要作用，作出了宝贵贡献。

二、中国法律硕士专业学位教育的发展成果

法律硕士专业学位教育从 1995 年经国务院学位委员会批准设置，1996 年正式实施、试办招生以来，在教育部、国务院学位委员会的正确领导和政法部门的大力支持下，取得了突出的成就，2006 年实现"转正"，成为我国正式的专业学位教育制度，就是法律硕士专业学位教育发展成果的集中体现。设立迄今，法律硕士专业学位教育实施经历了不过十年的时间，但其在制度建设、人才培养和对外交流等方面都取得了长足的进步和发展，具体说来，法律硕士专业学位的发展成果可以概括为如下五个方面：

（一）分期、分批扩大办学试点单位，逐步形成规模效应

从 1995 年到 2007 年，先后分 7 批设立了共 80 个试点单位：1995 年首批试点单位 8 所院校；1997 年 12 月增设了第 2 批试点单位 5 所院校；1998 年 12 月增设了第 3 批试点单位 9 所院校；1999 年 11 月增设了第 4 批试点单位 6 所院校；2003 年增设了第 5 批试点单位 11 所院校；2004 年增设了第 6 批试点单位 11 所院校；2007 年增设了第 7 批 30 所培养单位。至此，基本上囊括了中国高水平的政法院校和科研单位。

随着培养院校的不断拓展，招生规模也从 1996 年全国首期招生 425 人，达到 2003 年全国报考人数 37 000 人、招生 2 700 多人，为 MBA 以后全国报考人数第二大规模，考录总比第一。至 2004 年，法律硕士专业学位已跃居全国各类专业学位研究生报考人数第一名。从 1996 年开始至 2006 年，累计招生近 50 000 人，其中获得学位的 18 102 人。现有在校生近 30 000 人。可以说，法律硕士专业学位教育在规模上已能基本满足社会对实践型、复合型高层次法律人才的需求。

（二）积极探索，逐步形成了具有鲜明特色的法律硕士招生考试制度和培养制度

在国务院学位委员会办公室、教育部学生司的统筹领导及指导下，指导委员会具体承担了全日制脱产研究生和在职攻读研究生两种招生工作体制的论证和有关建设工作；组织完成两种招生渠道 6 个版次的招生考试大纲和辅导教程编写；具体组织 1998 年至 2000 年在职攻读法律硕士专业学位研究生招生的命题和相关考务工作；分别于 1996 年和 2001 年组织有关专家开展招生改革专题研究，总结招生工作的基本经验，为招生改革不断深入提供理论准备。经过多年的实践，根据法律硕士专业学位的特点，以加强对从事法律职业工作相关能力和潜质的考查，科学、规范地提高联考的信度和效度为目标的招生考试指导思想和运行体系已经形成。

法律硕士专业学位是以法律职业为背景、注重法律职业能力和职业素质培养的高层次学位，在论证和确立培养目标、改革培养方式、形成新的培养模式和体系诸方面，无不推动我国法学教育思想、教育内容和方法的深刻变革。法律硕士专业学位教育改革与发展的过程，也是国务院学位委员会办公室推进研究生改革总体部署的具体实践过程，指导委员会认真贯彻落实国务院学位办的总体部署和工作任务，为推动建立法律硕士培养制度做了大量工作。

第一，先后两次组织全面、系统地修订了《法律硕士专业学位研究生指导性培养方案》。指导委员会组成后，1999 年 9 月和 2006 年 8 月组织修订《法律硕士专业学位研究生指导性培养方案》，修订后的培养方案以及 2006 年制定的《法律硕士学位论文规格标准》进一步体现出法律硕士专业学位的特点，强调复合型、应用型知识结构和能力结构的培养标准，突出职业道德和职业能力教育，在培养对象、考试方式、课程设置、培养方式、学位论文等方面作出较大的调整并提出了新的要求。

第二，积极推进培养方式改革。为落实新颁培养方案，指导委员会委托对外经济贸易大学法学院于 1999 年 10 月举办"法律硕士专业学位案例教学法研讨会"。会议总结、研究与交流了法律硕士专业学位教学方法改革进展和相关问题，进一步深化了对专业学位的认识，推动了法学院法律硕士专业学位培养方式改革和培养模式的完善。此后几年中，培养方式的改革成为各培养单位认真研究实践的热点问题，中国人民大学法学院、北京大学法学院、清华大学法学院、吉林大学法学院、中国政法大学、中南财经政法大学、西南政法大学、华东政法学院、西北政法大学等院校都多次召开过国际研讨会或实施校内改革，为形成法律硕士的培养特色进行了有益探索。在这里还要提到，目前已有 35 所院校从美国耶鲁大学等著名大学法学院引进和开展了诊所式法律教育，增强了学生的实践能力的培养。在这方面，还要进一步加强和改进工作。

第三，组织编写法律硕士专业学位研究生教学用书。2001 年起，指导委员会在总结教学培养工作的基础上，以突出培养特色和培养方式改革、遵循专业学位研究生培养规律、兼具研究生和在职攻读多功能要求为基本精神，启动 13 门教学指导用书和教学参考用书的组编工作。全国法律硕士培养单位近百名中青年专家学者参加了指导教材的编写工作。本套教材是第一部系统化的研究生教材，编写体例上的创新和内容上所突出的实务理论研究最新水平已经引起了法学教育界高度关注。首批 8 门必修课的教材已经由法律出版社出版，另外 5 门推荐选修课教材的出版工作也在积极进行中。中国人民大学法学院和中国人民大学出版社最近正式出版了"法律硕士研究生用书"系列教材（已出版三十多册）。今后凡是由各学校正式出版的标明"法硕专用教材"，经指导委员会秘书处同意，都可以由"指导委员会秘书处推荐"。

（三）通力协作，加强指导，建立、健全法律硕士专业学位的指导工作体制

十余年来的实践表明，按照法律硕士专业学位发展要求建立的指导委员会及其工作制度，适应法律硕士专业学位专业性、职业性强的特点，形成了法学教育指导部门、政法用人部门和办学单位发挥多方面的主创性和积极性，同心协力开创法律硕士专业学位工作的新局面。这种体制适应了法律职业与法学教育的互动关系，符合法律硕士专业学位的性质和办学要求，因而对推动和促进法律硕士专业学位教育的改革与发展起到了积极作用。中央政法委员会、最高人民法院、最高人民检察院、公安部、司法部等政法部门将在职攻读法律硕士专业学位工作纳入"九五"、"十五"、"十一五"干部教育培训规划，出台鼓励政策，积极促进了在职攻读工作的开展。指导委员会及其秘书处积极协调各培养院校和政法部门，在推动各部门规划实施和保证招生培养质量方面为有关部门和学校提供了一个交流沟通的平台。

2002 年，国务院学位委员会办公室深化在职攻读专业学位招生工作改革。在新的政策

规定下，指导委员会在北京召开会议，协调中央政法各部门和培养单位学位招生负责人，组织制定录取参考线，使新规定和办法得以顺利过渡和实施。2003年在职攻读法律硕士学位招生工作伊始，指导委员会积极协调中央政法各部门，研究了学位招生改革和政法队伍建设的新形势，组织下发了五部委招生文件，从政策上鼓励在职政法干部参加在职攻读学位的学习，并进一步规范了组织发动和计划安排工作，既保障了各部门队伍建设规划稳步实施，又使各培养单位不因政策变动而影响生源，在积极配合国务院学位委员会办公室开展的在职攻读学位招生改革中，发挥了配合、支持和协调落实的建设性作用。

（四）加强研究，更新观念，努力开创工作新局面

自创办法律硕士教育以来，与之相关的方案设计、实地调研、征求意见、研究论证或进行专门的课题研究活动从没有中断过。多年来指导委员会积极配合国务院学位委员会办公室对新增办学单位进行培训，先后三次专门召开试点院校会议，系统总结和研究了法律硕士专业学位的工作和基本问题，形成了指导法律硕士专业学位教育今后一个时期改革与发展的研究报告——《法律硕士专业学位改革发展报告》，提交给了国务院学位委员会办公室和全国专业学位工作会议。

（五）积极开展对外交流与合作，借鉴国外法律人才培养先进经验，树立中国法律教育良好的国际形象

教育部曾经在1998年和2004年两次组织以曾宪义教授为团长的中国法学教育代表团先后访问美国和欧洲国家，广泛地交流了法学教育的经验。先后举办的"中美著名法学院院长联席会议"、"中欧著名法学院院长联席会议"、"亚洲法学教育论坛"，特别是2000年12月在人民大会堂大礼堂举行的"21世纪世界百所著名大学法学院院长论坛"等一系列国际法学盛会，在国内外产生了巨大影响。2000年至2003年，指导委员会积极组织培养单位参加司法部和国家外国专家局组织的"WTO高级法律实务培养项目"，共有100人次参加国内培训专题研修班，从中选拔出近三十人次参加赴美国和欧盟国家的高级专家培训团，取得了一批成果。十年来，各试点单位也积极开展多种形式的与境外和国外的交流与合作，如举办双边或多边的研讨会，实行人员交流和书刊、资料交流。2002年4月，指导委员会在浙江大学举办首届法律硕士论坛暨海峡两岸法学教育论坛，来自全国法律硕士培养单位的代表和申办新增单位法学院的学者，以及台湾地区多所著名大学法学院代表共两百余人参加了论坛。2004年12月，指导委员会在海南大学举办中、日、韩三国法学教育研讨会，日、韩两国的学者认真听取和研究了中国创办法律硕士专业学位教育的经验，为日、韩两国举办类似的"法科大学院"教育提供了有益的借鉴。通过上述活动，有力地推动了中国的法学教育和法律硕士专业学位教育走向世界，树立了中国的法学教育和法律硕士专业学位教育良好的国际形象。

在这里需要指出，有一种值得注意的现象，这就是我们学界的少数学者在对外交流活动中往往不实事求是地过度"谦虚"，不仅在和欧美发达国家，就是和发展中国家，甚至是和我国的港、澳、台地区的交往中习惯性地称赞对方一切都好，我们一切都不如人家。这种谦卑没有反映事物的本来面目，而且误导了对方和新闻媒体，造成不良的影响。事实上，我们国家的社会主义建设事业，包括法制建设事业取得了伟大成就，为世人所瞩目，我国的法学教育包括法律硕士专业学位教育所取得的成功，树立了中国法学教育包括法律硕士专业学位教育良好的国际形象，为国内外所称赞，我们完全应该理直气壮地宣传和介绍我们各方面取得的成就。当然，我们还要继续扩大对外交流与合作，认真研究和学习国外法学教育的先进经验。

三、中国法律硕士专业学位教育的发展思路

自 1995 年迄今的十余年是法律硕士专业学位教育的试办阶段，取得了显著的成绩和较为成熟的办学经验，形成了具有中国特色的培养复合型、实践型高级法律人才的教育体系。现在，经过教育部、国务院学位委员会批准，结束试点工作，转入正式实施。今后，中国法律硕士专业学位教育的发展思路应由规模发展转向提高质量为指导方针；以"健全制度、优化结构、保证质量、稳步发展"为主要任务；以开展法律硕士专业学位教育的考察和评估、切实检查和落实新培养方案实施情况为中心环节，切实提高法律硕士专业学位教育的质量。具体有如下九个方面的思考：

（一）进一步提高对法律硕士专业学位重要地位、作用的认识

实践说明，法律硕士的设置，体现了在全面推进"实行依法治国，建设社会主义法治国家"的治国方略、我国加入世界贸易组织和深化司法体制改革新形势下法学教育改革发展的基本方向，完善了我国高层次实践型法律人才和高素质复合型法律人才的培养制度。十余年来，我国法律职业的整体知识结构得到优化，也为政法各部门落实中央关于建设一支高素质政法干部队伍的要求提供了重要的实现途径和制度保障。与此同时，以教育观念更新为先导，促进了法学院（校）树立知识、能力和素质全面发展的人才教育观和全面质量观，激发了广大法学教育工作者开展法学教育理论研究和法律教育方法改革的巨大热情和创造力，形成了高等院校与用人部门积极协作的开放式办学机制。这些都说明，法律硕士专业学位在我国法学教育中具有重要地位，在高层次应用类法律人才的培养中发挥着主渠道作用。

（二）凸显法律硕士专业学位特色，不断提高培养质量

当前，在部分管理人员和部分教师中，对法律硕士专业学位的性质、特点、基本规格和基本要求等方面的认识并不到位。在一些单位，法律硕士与法学硕士、第二学士学位、法学本科的根本区别和类型要求在培养过程中不突出，在一定程度上影响了培养质量和这个品牌的声誉。现在看来，能不能在招生、培养的全过程中，体现出专业学位的鲜明特色，是专业学位的生命力所在，是专业学位生存、发展的基础和前提。

今后，一是要加强人才培养规格的规范工作，坚决贯彻落实和严格执行经过国务院学位委员会办公室批准同意的新的《法律硕士专业学位研究生指导性培养方案》。二是要抓紧教学用书的编写工作，在此基础上，组织开展教师的培训和交流研讨活动。三是进一步研究和探讨培养模式的改革，提倡多种方法综合运用，鼓励开展研究性学习、比较性学习和探索性学习；探讨实行导师组和责任导师相结合的指导模式，使整个培养过程的每一个环节都有导师的参与和指导。通过多方面努力，使法律硕士的培养活动更加符合专业学位的内在要求和培养规律，保证培养工作的特色更加鲜明、质量更有保障。

（三）建立正规化的管理制度，在教育资源的配置上做到法律硕士研究生与法学研究生同等地位、同等对待

部分院校法律硕士研究生、法律硕士在职研究生反映入学后学校提供的学习条件包括住宿、图书馆、生活补贴、医疗甚至有些教师的教学态度，与同层次的法学研究生相差甚远，有的连称呼上也不同（在职攻读生称呼"学员"，而不称呼"研究生"），特别是在职攻读法律硕士研究生只有学位证而没有毕业证，如此等等。法律硕士研究生和在职攻读法律硕士研究生觉得是受歧视的"二等公民"，心有不满，情绪不稳，从而影响了学生学习积极性与法律硕士的教学质量和声誉，也往往成为一个不稳定的因素。究其原因，除了高校扩招后校舍资源紧张外，主要是学校有关部门和人员对法律硕士的重要性和特殊性认识不足。法律硕士与法学硕士学位都处于同一层次、同一规格，都是我国法学类研究生的重要组成部分，无论是法学研究生、法律硕士研究生还是法律硕士在职攻读学生，都将或已经在我国法治建设中发挥了重要作用，不存在任何厚此薄彼的理由。无论是在教学管理上、教学过程中还是后勤保障上，都要同等对待、同等待遇，凡是提供给法学研究生的各项条件和待遇，也要提供给法律硕士研究生。这方面制度是否健全、做得怎么样，今后将作为法律硕士专业学位教育评估的一项重要指标。

教育部领导同志在一次"全国专业学位教育工作会议"的讲话中特别指出专业学位与学术型学位三个"同等"，即"同等重要"、"同等地位"、"同等对待"，各办学单位理应切实贯彻执行。

（四）以建立国家司法考试制度为契机，实现法律硕士与法律职业的有机衔接

国家统一司法考试制度已经建立并付诸实施。统一司法考试制度为实现法律硕士专业学位教育与法律职业的有机衔接提供了契机和连接点。通过统一的司法考试实现法律硕士专业学位教育与法律职业对接，这既是由法律硕士专业学位本身的特殊地位和性质所要求，也将保证具有良好的法律职业素养的专门人才通过考试遴选进入法律职业，有利于从整体上拓宽我国法律职业人员的知识领域，全面提高法律职业人员的综合素质，从而适应司法改革的要求，进一步推进国家法治建设。为此，必须处理好统一司法考试与法律硕士培养的关系。鉴于法律硕士教育的培养目标和学位性质，法律硕士教育不仅要以是否取得专业学位为直接目标，而且要以通过统一司法考试为改革培养工作的主要内容和评价标准。例如，美国的全国律师考试，只有全美律师协会认可的美国大学法学院毕业生（即JD）才能参加。日本司法考试则规定80％从大学法学部"法科大学院"的毕业生（专业学位）中录取。由此，我们应该深刻地意识到：我国的统一司法考试和我国的正规法学教育与我国的法律硕士专业学位教育能否对接，其关系极大、影响深远。

（五）继续坚持政法实际部门参与培养的工作机制

政法部门参与法律硕士培养，既是由这个学位的性质所决定，也是十余年来法律硕士工作顺利发展的成功经验之一，应当继续坚持。

（六）充分发挥全国法律硕士专业学位教育指导委员会的作用，健全指导委员会工作制度和试点院校的专门管理机构

强化指导委员会的功能和作用的核心，是强化法律职业部门对法律硕士专业学位教育的支持、引导和参与。几年来，法律职业部门通过指导委员会的渠道，促进了法律硕士教育的发展和完善。今后要进一步健全指导委员会的各项工作制度，并保障其有效运行：第一，坚持并完善指导委员会的年会制度和主任委员会议制度；第二，继续办好法律硕士教育论坛，对培养过程中遇到的突出问题定期组织专题研讨并结集出版"年刊"；第三，继续定期出版专门刊物或内部通讯，推进工作情况交流；第四，要进一步办好法律硕士教育网站，及时反映法律职业与法律硕士教育的发展动态，扩大法律硕士教育的社会影响。

为从组织上保障法律硕士专业学位教育的健康发展，要进一步加强对法律硕士专业学位培养规律特殊和培养要求的研究。中国人民大学法学院在1996年就建立了法律硕士学位教育办公室和教研室，2004年又建立了中国人民大学法律硕士专业学位教育工作委员会。中国政法大学设立了法律硕士专业学位教育学院。近几年来，许多单位也都纷纷设立法律硕士专业学位教育教学中心，希望其他单位也建立起专门机构负责专业学位教育的培养、管理和研究工作。

（七）积极建立法律硕士专业学位教育质量评估机制，启动试点评估工作

第一，2007年上半年，要在调查研究的基础上制定出完善的评估指标体系，已委托吉林大学研究和提出符合法律硕士专业学位教育特色的评估指标体系的草案，要求在2007年5月之前报指导委员会秘书处，6、7月份举行指导委员会全体会议进行审议，通过后上报教育部、国务院学位委员会办公室。

第二，实行自查与专家评估相结合，以评促建，争取2007年下半年对第一、第二两批培养单位13所院校开展评估工作。

（八）优化布局结构，稳定发展规模

鉴于法学的学科特点、主要任务和法律职业的发展需要，今后在法科研究生教育的发展中，建议将发展的增量部分集中用于法律硕士专业学位教育的发展，使其在法学类研究生教育总规模中占据主体地位。

今后新增办学单位主要考虑西部地区院校。在法律硕士专业学位教育内部结构上，建议今后确立为以法律硕士研究生为主，适度发展在职攻读法律硕士。

（九）进一步扩大对外交流与合作

今后，我们要采取多种形式开展与境外和国外的学术交流与合作，宣传和介绍我国法律硕士专业学位教育的成功经验，并研究和借鉴外国相关教育的成熟经验，同时还要继续组织出国考察。建议选择若干所优秀的法律硕士办学单位通过与国外高水平的同类院校合作办学，培养熟悉和掌握国内外法律知识，具有国际竞争力的法律人才。

十几年来的探索与实践表明，在我国设置法律硕士专业学位教育是改革开放以来法学教育的一项重大的制度创新，是司法制度改革的重要组成部分，也是在邓小平理论和"三个代表"重要思想指导下我国学位与研究生教育工作的重要改革和发展方向。这项集学位与研究生管理部门、政法部门和办学单位之合力的重大改革举措，已对我国法学教育和法治建设产生了积极而深刻的影响。综观世界各国，法学教育的改革与发展已成为衡量社会文明程度、法治建设进程的重要标志，我们有理由相信，健康发展的法律硕士专业学位教育，必将在21世纪建设社会主义和谐社会的进程中发挥重要的推动作用，作出历史性的贡献。

[原载《法学家》，2007（3）]

我对传统法的反思

(2007)

《法学家》编辑部以"认真对待传统法"作为"视点"栏目进行讨论，我想是有其深远用意的。对传统法，尤其是对在近代化过程中曾被"中断"过的中国传统法持有怎样的观点，"认真"是其深入研究的必要前提。

一百多年前，那场迫于西方列强武力压力的中国近代变革，解体了中国古代法。古代法的解体对于当时的人们来说乃是既痛苦又无奈的选择。确如许多仁人志士所疾呼的那样——效法西方是当时无法抗拒的世界潮流，顺之者昌，逆之者亡。维新领袖、学界巨擘梁启超言："印度大地最古之国也，守旧不变，夷为英藩矣；突厥地跨三洲，国历千年，而守旧不变，为六大国执其权分其地矣；非洲广袤，三倍欧土，内地除沙漠一带外，皆植物饶衍，畜牧繁盛，土人不能开化，拱手以让强敌矣……"然而，变法对于一个历史文化延绵传承了五千年之久的国度谈何容易，而具体到对传统法的变革更是举步维艰。姑且不论法律体系、法律术语、法律的表现形式上中西的巨大差异，只是从社会变革的必备条件的不成熟来说，也注定了这场变革绝不会一帆风顺。首先，这场变法并非是应中国社会内部发展的需求而产生的，外界的压力才是这场变革的主因。这种被专家学者称为"外源式的法制现代化"，缺少传统法变革的基本社会条件——市场经济，因此许多人对变法的必要性必然有所质疑。其次，当时的中国，"祖宗之法"具有天然的权威和合法性，这从朝廷大臣的上书中开篇必言"三皇五帝"、"禹汤文武"便可以看出。在普通人的观念中，祖宗之法不仅具有权威性而且具有神圣性，更是不可改变的"成例"。社会变革基础的薄弱甚至阙如，传承了数千年的惯性思维，桎梏着人们对传统和传统法进行认真的反省检讨，"沿袭"成为一种习惯。若无冲决一切网罗的决心，变革的道路就无法开辟，岌岌可危的中国只有坐以待毙。故谭嗣同言："今日中国能闹到新旧两党流血遍地，方有复兴之望，不然则真亡种矣。"于是我们看到一百年前的仁人志士勇敢地承担起批判传统、反思传统的历史重任。当时，对传统法的批判与反思尽管是急切的，却不失其认真的态度，因为当时的批判与反思关系到民族的生死存亡。在魏源的《海国图志》中，中国人知道了欧美不同于往日祖先们所遇到的"夷狄"；在严复对西方的考察叙述中，中国人对"西人治国有法度"有了进一步的认识；在戊戌变法与辛亥革命的血雨腥风中，中国人逐渐了解中国古代法律的落伍和法的价值观的陈腐。也就是在戊戌变法后，中国古代的法律体系开始瓦解。先驱们完成了那一代人痛苦而沉重的历史使命，直到今天我们依然享受着他们筚路蓝缕的开创之功。如果没有仁人志士付出生命的勇气，近代中华民族的独立与变革是无法想象的；如果没有对传统法的认真检讨，中国法律由古代向近代的转变也决难以完成。

今天，我们依然对百年前的思想先驱充满了敬佩与感激，但是这种敬佩与感激不应该成为我们止步不前、固守先驱"观点"而放弃继承他们"勇气"和"认真"的借口。一代人有一代人的历史使命。如果说百余年前的那一代人的法律使命是用批判开辟中国法律现代化之路的话，今人的使命则应该是发掘、分析和建设性的，这是我们所处的时代使然。

首先，先辈们的奋斗使我们有了一个良好的国际、国内环境，使我们有暇从容地面对传统法，对传统法进行深入、细致的考察。我们可以不再以武力或国力的强弱论法文化的优劣，也可以不再以西方的模式作为唯一的评判标准。我们可以像先辈那样认真却远比他们从容地探讨传统法在现代化进程中的规律和作用，以应有的对学术负责的态度和勇气来纠正先辈们急切中对传统法的一些不当批判。继承先辈的勇气和认真，而不是固守、沿袭先辈们在特殊历史条件下所阐述的一些"观点"。但仅需要的是与时俱进，从传统中发掘法律现代化的资源，正是我们这一代人的历史使命，这也是百余年前先辈们所期望的。其实，无论是从早期改良者的论著中，还是从维新思想家的反思中，我们都能体悟到百年前那些仁人志士对传统法复兴的良苦用心。梁启超言传统将会成为"国家将来滋长发荣之具"，又告诫世人"我之法系，其最足以自豪于世界也。夫深山大泽，龙蛇生焉。我以数万万神圣之国民，建数千年绵延帝国，其能有独立伟大之法系宜也。然人有恒言，学说者事实之母也。既有法系，则必有法理以为之源。故研究我国之法理学，非徒我国学者所当有事，抑宜全世界学者所当有事也"。

其次，我们应该认真对待传统的原因在于，古今中外一切文化中的优秀成分都有着相通之处或共同的精神。无论是古罗马思想家对"法"的价值的论述，还是中国先哲对"德"的追求，都可以转化为法律现代化的资本，因为他们的思想都体现了人类社会对真、善、美的追求和对法律正义所寄予的期望。比如在对"和谐"的追求方面，中国和西方的传统也并非相悖。儒家以礼仪教化劝人止讼，古代西方的立法者也认为"必须指出，制定和维护法律的人向来非常注意防止人们轻率地进行诉讼"。西方止讼的方法是"有时采用罚金，有时采用庄严宣誓，有时利用害怕丧失名誉的心理来抑制原告或被告的轻举妄动"。在以往对传统法的批判中，我们也许由于过于注重形式而忽视了传统法中的合理因素，或以西方法律模式为标准忽视了中国传统法形成的历史条件和文化背景。就形式而言，传统法并不是一无可取。只要不带有偏见，我们就会发现中西的法律传统各有其长，通过互补可以形成各具本国或本地区特色的法律现代化的最佳途径。这就需要我们认真研究中国传统法的特色所在，而不是僵化地固守一百年前的一些观点，将传统法视为现代化的包袱和绊脚石。

认真对待传统法的理由还在于，近代以来无论是学界还是社会，对学习西方法律的重要性的认识已经基本不存在异议，一个国家和民族必须要以开放的胸襟容纳不同文化的优秀成分，才能走向富强。但是近代以来由于文化自信的缺失，人们对于传统法的发掘和弘扬始终存有质疑和迟疑。现在看来，这种长期的质疑和迟疑正是中国传统法更新改造的阻力，因为历史是一个民族无法抹去的印记。马克思在《路易·波拿巴的雾月十八日》中说："人们自己创造自己的历史，但是他们并不是随心所欲地创造，并不是在他们自己选定的条件下创造，而是在直接碰到的、既定的、从过去继承下来的条件下创造。"国家和民族的发展离不开对外来异质文化的融合，也无法割裂和抛弃自身的传统，更不可以放弃对自身传统的发掘和更新。恩格斯在《反杜林论》中说："没有希腊文化和古罗马帝国所奠定的基础，就没有现代的欧洲。"同样，具有五千年文明史的中国，传统法对现实和未来发展的巨大影响也是不以人们的意志为转移的客观存在。重视这个存在，并积极地利用、改造，传统就会如梁启超所言成为"国家将来滋长发荣之具"。忽视或无视这个存在，或将这个存在片面地视为阻力，不现实地企图"中断"或"铲除"这个存在，"传统的惰性力"就会在批判中滋生，一些优秀的传统因子也会因而变异为现实发展的阻力。

批判传统法，为实现法律由古代向近代的转变开辟道路是先驱们的历史使命；而对传统法文化进行创造性的转化，今人责无旁贷。无论是批判还是转化，"认真"是完成使命的前提和根本保证。孔子言："士志于道。"曾子曰："士不可以不弘毅，任重而道远。仁以为己任，不亦重乎？死而后已，不亦远乎？"有志于法史研究及传统法优秀精神的继承和弘扬的各位同仁当以此自勉。

[原载《法学家》，2007（5）]

关于中国传统调解制度的若干问题研究

（2009）

有关中国的调解制度，研究成果甚为丰富。尤其近年来，随着西方"ADR 运动"的发展和"恢复性司法"的兴起，人们普遍地认识到中国调解制度中蕴涵着可供全人类借鉴和利用的纠纷解决智慧，其较单纯地通过法庭的裁判解决纠纷更加有利于保护当事人的利益，更有利于纠纷的彻底解决，使纠纷的双方或多方都能达到满意。调解制度开创了纠纷解决的多元途径，有力地防止了矛盾的激化甚至由民事纠纷转为刑事案件，维护了社会的和谐与稳定。然而，学界对调解制度的评价并不一致，这是因为有些学者认为传统的调解制度与现代法治的"权利"思想相背离，不利于人们法治观念的培养。笔者认为，对中国调解制度的评价，必须采用实事求是的态度，用历史的、发展的、联系的观点对这一制度进行深层的考察。

本文以传统为视角，通过对蒙书、家训、官箴书、政书以及一些案牍、书判、地方官告示和孔府档案中的有关资料①进行分析，深入解读中国传统调解制度的形成和执行途径，解读调解制度的社会影响，解读这一制度之所以能在近代"改而不废"的原因。

一、关于传统调解制度及其评价

调解制度在中国有着悠久的历史，近年来随着西方"ADR 运动"②和"恢复性司法"的兴起，国内与国际学界越来越重视对中国调解制度的研究，这是因为发轫于数千年前的中国调解制度，与现代社会发展的价值观有着明显的契合，不仅体现了中国古人的法律智慧，而且证明了中国传统调解制度的理念和形式中蕴涵着人类社会发展的普遍追求。

1. 古代调解制度的发展

在中国古代的文献典籍中，虽然没有"调解制度"的直接记载，但是"调解制度"的内容却早已存在。就笔者所见资料而言，尧舜时期就已经出现了调解制度的萌芽。这条资料出自战国时期的《韩非子》，其言："历山之农者侵畔，舜往耕焉，期年，甽亩正。河滨之渔者争坻，舜往渔焉，期年而让长。东夷之陶者苦窳，舜往陶焉，期年而器牢。仲尼叹曰：'耕、渔与陶，非舜官也，而舜往为之者，所以救败也。舜其信仁乎！乃耕藉处苦而民

---

① 中国古代的蒙书，如《三字经》、《弟子规》等，在中国古代社会流传广泛，影响深远，其所宣扬的价值观是中国社会普遍认可的主流价值观；家训、官箴书、政书等也是中国古代社会大家族的成员、入仕者的必读书，其中的训诫甚至可以成为他们的戒律。有关案牍、书判、地方官的告示也深入细致地揭示了中国古代社会基层官吏的职责和民众的真实生活。关于民间调解，古代官方资料的记载甚少，本文以《孔府档案史料选（十一）·族人讼案》（山东友谊书社 1988 年版）为个案研究对象，以期能拾遗补阙。

② ADR 即"Alternative Dispute Resolution"的简称。中国学界一般译为"替代性纠纷解决机制"、"非诉讼纠纷解决方式"、"解决纠纷的另类选择"。

从之。故曰：圣人之德化乎！'"③ 历山的农民田界不清，舜到历山，与农人一起耕地，一年后，划分清楚了田界。在河滨以打鱼为生的渔民争夺有利的地势，舜到河滨与渔民一起打鱼，一年后渔民争相将好的地势让给长者。东夷制作陶器的陶工制作的陶器不结实，舜到东夷与他们一起制陶，一年后陶工制出结实的陶器。韩非子引用孔子的评论说，舜原本没有管理农耕、渔猎和制陶的职责，只是因为风气败坏，舜以德"救败"，所以到了历山等处，以仁义、诚信和自我的表率作用化解了纠纷。

从韩非子的叙述中，可以看出尧舜时期的纠纷已经比较繁多，孔子用"败"字形容当时的社会风气，这种社会风气的"败"坏，与原始部落后期的经济发展有关，也与当时即将形成国家的历史背景有关。我们还可以看出，舜每次"救败"，即解决纠纷的时间都很长，说明纠纷比较复杂而舜解决纠纷的方法也不是简单的裁决。舜与农民同耕，综合各方意见划定了田界；与渔民同渔，用仁义说服了大家将好的地势让给长者；与陶工同劳，用诚信使陶工造出好的器皿，以减少纠纷。这种纠纷的解决方法显然是说服式的"调解"。

中国是在部落氏族的基础上进入国家的，所以部落时期的一些习惯得以保留并在现实生活中继续发挥着作用。汉人记述西周的官制时，说到西周设"调人"，职掌为"司万民之难而谐和之"。一些婚姻田土等"细故"纠纷则调和之，过失杀伤人的刑事案件，也可以以调解的方式解决。如果涉及复仇的案子，比如过失杀死了某人的父母，孝子有复仇之责，所以不能阻止死者的子孙复仇，但应该劝说过失杀人者避之他乡。若有争讼（斗怒）者，先说合，即"成之"，"不可成者，则书之，先动者诛之"，即调解不成者，则先记录在案，双方都不得私自再起事端，如果有一方率先又挑起事端，则以法惩除。④

成书于西汉年间的《周礼》对"调人"职掌的叙述，有可能存在着对西周礼治的溢美，也有可能将后世的一些制度篡入其中，但是其对西周存在着较为完备的调解制度和程序的记载则是可信的。因为有关零星的记载也可以在其他文献及青铜铭文中寻找到。⑤

学界曾经普遍认为，中国古代的调解虽然普遍存在，但是直到元代才正式入律并具有法律的意义。证明的史料是《通制条格》中的"理民"条，其原文如下：

> "诸论诉婚姻、家财、田宅、债负，若不系违法重事，并听社长以理喻解，免使妨废农务，烦扰官司。"⑥

但我们应该注意到，元朝的法律形式比较特殊，终元一代，没有制律，而是沿用金《泰和律》，《泰和律》又基本沿用唐律作为象征性制度。元代真正起法律作用的是祖先的习惯法和随时颁发的断例，从《大元通制》的残卷保留流传到今天的《通制条格》中可以看出，作为元代法律的"通制"是将唐代的律、令、格、式编为一体，并根据时势而随时损益的。学界通常引用《通制条格》中的这条史料，据专家考证是至元年间的"格"⑦ 而非"律"。因此我们不能由此断定调解制度在元时"入律"，更不能说其在元代才具有了法律意义。

---

③ 《韩非子·难一》。
④ 参见《周礼·地官·调人》。
⑤ 参见《礼记》及《周礼》其他篇目，参见胡留元、冯卓慧：《长安文物与古代法制》，法律出版社 1989 年版。
⑥ 《通制条格·卷十六·田令》。
⑦ 方龄贵：《通制条格校注》，中华书局 2001 年版。

战国至魏晋南北朝时，律已经失传，律中是否规定了调解制度，难以断言，但是调解制度存在并具有法律意义，则是毋庸置疑的。这一点不仅为丰富的文献资料所证实，而且出土资料也很丰富。⑧ 而《唐律疏议》中关于婚姻解除的条款中有"义绝离之"之条，也可以间接证明"调解"具有的法律意义。《唐律疏议·户婚律》规定："诸犯义绝者离之，违者，徒一年。若夫妻不相安谐而和离者，不坐。""疏议"曰："若夫妻不相安谐，谓彼此情不相得，两愿离者。"

其实，我们不必机械而僵化地将"调解入律"作为调解制度法律化的标志，因为无论从形式上说，还是从目的上说，调解更属于古代社会"礼治教化"的范畴，其大量存在于间坊之间，在中国古代与其说是一种规范化的"制度"，毋宁说是一种社会普遍认可的"习惯法"更为恰当。国家对于这种习惯法不仅默许而且支持。读顾炎武《日知录》中的"乡亭之职"可知自汉至明"调解"始终是"乡亭小官"的主要职责。如果这些"小官"人人尽职尽责，几乎就可以达到天下"口算平均，义兴讼息"的地步。顾炎武深知这些不入流的"小官"在天下治理中的重要性，以至于发出"自古至今，小官多者其世盛，大官多者其世衰"的感叹。在论证到明代乡亭时，顾炎武肯定了申明亭、旌善亭以及乡里"老人"解决纠纷、维护社会稳定中的作用。这也就是目前学界通常以为调解制度完善的标志。原文如下：

"今代县门之前多有牓曰：诬告加三等，越诉笞五十。此先朝之旧制，亦古者悬法象魏之遗意也。今人谓不经县官而上诉司府谓之越诉，是不然。《太祖实录》洪武二十七年四月壬午命有司择民间高年老人，公正可任事者，理之乡之词讼。若户婚、田宅、斗殴者，则会里胥决之。事涉重者，始白于官。若不由里老处分而径诉县官，此之谓越诉也。"

此段下，顾炎武注释道：

"宣德七年正月乙酉陕西按察金事林时言：洪武中天下邑里皆置申明、旌善两亭，民有善恶则书之，以示劝惩。凡户婚、田土、斗殴常事，里老于此剖决。"⑨

顾炎武在《日知录·卷十三·世风·清议》中还记载了申明亭在洪武时期的另一个作用，即惩戒：

"礼部议：凡十恶、奸盗、诈伪、干名犯义，有伤风俗及犯赃至徒者，书其名于申明亭，以示惩戒。有私毁亭舍，涂抹姓名者，监察御史、按察司官以时按视，罪如律。制：可。"

与此记载相吻合的是明律中也出现了"拆毁申明亭"的规定：

"凡拆毁申明亭房屋及毁板榜者，杖一百，流三千里。"⑩

⑧ 参见孔庆明：《民事注重调解，刑事注重复核——中国古代司法制度案例》，载《"中国传统司法与司法传统"国际学术研讨会代表论文集（下）》。

⑨ 顾炎武：《日知录·卷八·政事·乡亭之职》。

⑩ 《大明律·刑律·杂犯》。

《大清律例》沿用，同条律注道：

> "州县各里，皆设申明亭。里民有不孝、不弟、犯盗、犯奸一应为恶之人，姓名事迹，具书于板榜，以示惩戒，而发其羞恶之心，能改过自新，则去之。其户婚、田土等小事，许里老于此劝导解纷，乃申明教戒之制也。"

综上，可以说用调解的方式解决纠纷贯穿于整个中国古代社会，至明清两代，这一制度在发展中日趋完善。

2. 调解制度的理论

中国古代调解制度的理论基础，奠定于先秦诸子的学说。读先秦诸子书，我们可以体会到，儒、墨、道、法虽然在治国的策略方针上有所不同，甚至对立，但是对"和谐"的追求却是一致的。儒家的大同理想、墨家的"尚同"主张、道家的"道法自然"、法家的"以刑去刑"等思想，都体现了对社会稳定、和谐的追求。孔子总结历史的经验，教诲世人"听讼，吾犹人也，必也使无讼乎"[11]。这一教诲在汉代以后几乎成为为官者的座右铭。"无讼"是古代社会治理的最高境界。

因为追求无讼，"息讼"便成为地方官治理地方的要务。古代的地方官每到一地都会发出告示，安抚民众，告诫百姓不要为一些细故轻易到官府打官司（诉讼）。明末清初时期著名的思想家李渔作《资政新书》，记江宁地方官俞砚如到管辖地的第一件事就是出告示"劝民息讼"，告示言"兹本县下车伊始，职在亲民，要知亲民吃紧关头，亦即在使民无讼"。在此书卷九《文告部·词讼》中，记载了各地方官的有关词讼告示 12 篇，其中劝谕民众禁讼、息讼、停讼等内容的告示有 9 篇，训诫属吏秉公办案的告示 1 篇，禁止有关部门乱征赎金的告示 1 篇，禁止利用息讼而鱼肉民众的告示 1 篇。[12]

儒家思想、和谐理念对于调解制度的支持，有关研究的成果已经很多，本文不再赘述。应该指出的是，调解制度所追求的和谐，并非是无原则的调和。中国古人在追求无讼理想，采取多种形式息讼的同时，也注意到调解制度并不是万能的，因此它不适合于严重的"狱案"，因为对严重的刑事案件进行调和，会削弱法律"惩恶扬善"的威力。同时，许多官员也注意到一些人利用调解鱼肉乡邻的现象，上文提到的江宁俞砚如在"下车第二示"中，就告诫众人"禁诡息"，即恶人利用调解"巧设津梁，工填欲壑"[13]。

3. 传统调解制度的研究与评价

以调解的方式解决纠纷是中国传统社会的一大特色，更为重要的是这一传统在近现代的法律变革中，几度兴衰，学界对其评价也莫衷一是，随其兴衰而聚讼不已。近年来，由于发现中国的调解传统与西方一些国家提倡的"ADR 运动"和"恢复性司法"[14] 有着明显

---

[11] 《论语·颜渊》。

[12] 参见《李渔全集》第十七卷，浙江古籍出版社 1992 年版。

[13] 参见前引 (12)。

[14] 关于 ADR 运动，参见陈弘毅：《法理学的世界》，中国政法大学出版社 2003 年版，第 198 页；季卫东：《调解制度的法令发展机制——从中国法制化的矛盾情境谈起》，易平译，载《民商法杂志》1990 年第 102 卷第 6 期、第 103 卷第 1 期、第 2 期；范愉：《纠纷解决的理论与实践》，清华大学出版社 2007 年版。关于"恢复性司法"的概念、内容和性质参见王平主编：《恢复性司法论坛》，群众出版社 2005 年版。

的吻合之处，中国的调解制度不断地受到社会的高度关注。与以往的争论有些雷同的是，学界的意见并不一致，甚至截然对立。有些学者认为，中国的调解传统是中国古人智慧的结晶，也是祖先留给现代社会的宝贵的精神遗产，其对当今的社会和谐、稳定和发展起着积极有效的作用。⑮ 也有学者认为，中国之所以形成调解传统，是因为中国古代"政府提供的公共服务太差"，如"官员法律素质差，诉讼成本太高"等造成的。调解虽然有利于修补恢复社会人际关系，避免矛盾的激化，但"不利于权利意识的形成"、"不利于树立社会的是非观"⑯，对目前中国尚在形成中的法治也显然害大于利。也有一种折中的观点，认为就中国调解传统的方式和形式而言，有着可资现代社会的借鉴之处。但是，不能简单地将中国调解的传统与"ADR 运动"、"恢复性司法"等一些源于西方的新的司法概念和措施相等同，因为，中国的调解传统只是一种解决纠纷的程序和手段，不包含 ADR 运动和恢复性司法中所具有的"正义"的价值理念。⑰ 我们也许应该更为关注一种较为超脱的建议："即暂且搁置关于调解的意识形态之争（虽然这也很重要），而把关注的焦点集中在调解制度的程序原理和中介系统上，或许能更好地减少一些无谓的争论。而且把调解和法制的中间项的自治秩序的基本原理提炼出来，并使之体系化成为一个理论模型，可以开拓出一条新的思路。"⑱

范愉教授的《纠纷解决的理论与实践》一书提出了"多元化纠纷解决机制"的概念、定义和设想，可以说在开拓新思路方面是一部力作。而多渠道、多元地解决纠纷正是中国传统调解制度的优势。本文下节将专门对之进行论述。

笔者无意对学界的不同观点进行辨正，因为对传统作用的评价原本就是见仁见智的。本文着重对传统调解制度的方式及在近代的续存能有一个尽可能客观的描述，并能通过对方式和续存原因的分析，寻找出其背后的理念。如此，我们才有可能对调解传统在现代社会中的作用有一个较为准确的判断。

二、关于传统调解方式的分析

所谓调解，是指纠纷发生后，由第三者主持，依据社会共识和一定的规范，进行劝解，促使发生纠纷的人协商解决争端。学界一般将中国传统调解分为官府调解和民间调解两种形式。但细分之，民间调解可以分为两种：一种是纠纷发生后，当事人自愿在都信得过的亲属、邻里、友人的调解下和解，或亲属、邻里、友人等主动干预，说服当事人各方以协议的方式达成和解。这种调解可以称为"诉讼外调解"，也就是我们习惯上说的"说合"。

---

⑮　参见梁德超主编：《人民调解学》，山东人民出版社 1999 年版；于呐洋：《全国 498 万人民调解员 5 年调解矛盾纠纷 2400 万件》，网址：中国网（china. com. cn2007 年 9 月 7 日），转引自《法制日报》；肖传林：《传统的调解制度与和谐社会的构建》、春杨：《论我国传统纠纷调解机制对构建和谐农村的意义》、周东平、周宗良：《以传统和谐文化推进我国修复性司法的建立》，载《儒家法文化与和谐社会》，吉林人民出版社 2008 年版。

⑯　侯欣一：《中国传统调解制度》，2006 年 5 月 7 日天津商学院学术交流中心讲座。网址：guyong. fyfz. cn。

⑰　"恢复性司法"英文为"Restorative Justice"，有学者认为"Justice"一词兼备"司法"与"正义"两种含义，调解虽与恢复性司法在程序上有类似之处，但没有或忽视恢复性司法所具有的理念意义。参见何显明：《刑事和解的历史与文化》，香港城市大学法律硕士论文。

⑱　前引（14），季卫东文。关于更详细的各种有关中国调解制度的研究观点，参见强世功编：《调解、法制与现代性：中国调解制度研究》的"导言"，中国法制出版社 2001 年版。

另一种是纠纷发生后，当事人诉讼到官府，经由一定的程序后，若当事人更愿意在公堂外由基层社会组织调解下解决纠纷，则可以撤销诉讼，由官府委托当地的乡官、耆老、族长等调处，以庭外和解了结纠纷。这种调解是半官半民性质的，有人将其称为"官批民调"，也有人将其称为"纠纷处理中的第三领域"⑲。由此我们或者也可以将传统的调解分为民间非诉讼调解、半官半民的庭外调解和官府调解三种，这三种调解的方式和依据既有共同点，也有区别。

1. 民间非诉讼调解

聚族而居是中国古代社会的一个特点，在一地居住的人，基本为本族本宗的"同姓"。至今中国的土地上许多自然村的地名都有着聚族而居的历史烙印，比如王家庄、李村、林家大湾等等。亲属成为左邻右舍，生活在一起，是为费孝通先生所总结出的"熟人社会"⑳。中国自古有"家丑不可外扬"，"居家戒讼，讼则终凶"的古训，所以在熟人社会中，纠纷的解决很大程度上便依赖于亲人和邻里的调解：借贷、土地租赁、土地买卖契约中的"中人"、婚姻中的"媒人"，在纠纷发生时都会以"中间人"的角色在调解说合中发挥着重要的作用。如果无中间人可以求助，社区和宗亲中年老有德、在村民中享有信用者、基层行政组织的一些负责人如保甲长、村长等也会充当调解人。㉑

有关民间非诉讼调解的古代资料很难寻觅，因为这种民间的细事很难载入史册，即使在文人的笔记中也很少有完整记载。据本文作者能力所及，仅见到孔府档案中比较完整地记载了"族人"之间的讼事。从中看出，族人向族长告状，一如到县衙打官司，也写有诉状。纠纷发生后，"中人"往往转变为最有力的"证人"。比如顺治时期"春亭社户人薛守举启为指地打诈悬乞究断事"记载，薛守举于顺治七年（1650 年）在中人刘守才的见证下，用十六两银子买到孔尚诵二亩地。但邻居毕金海却"奸计争夺"，以致三年多买卖不成。薛守举状告毕金海，并申明当时原业主孔尚诵在卖地时本着"先问邻里"的原则，已经再三征求毕金海的意见，毕金海"坚执不要"。所以薛守举恳请"本府老爷究断正法"。在状词中，原业主孔尚诵、中人刘守才成为"证人"，而本府老爷的批文是"准夺拘"㉒。此为在家长裁断下解决纠纷的事例，尽管调解的过程我们已经不得而知，但是从买主买到土地到告状已经是"三载"的情况以及原业主、中人都成为证人来看，调解经历了艰苦的过程，直到薛守举忍无可忍，事情仍然还是在家族内部解决。

我们除了可以从古代家训、蒙学教育以及有关地方志的记载中看到这种纠纷解决方式的存在外，即使生活在现代的我们对这种调解也不陌生。"做人"是中国古代蒙学的重要内容，从蒙学中可以体会到"和"是中国古人做人的重要原则。如宋代以后广为流传的《三字经》言："父子恩，夫妇从；兄则友，弟则恭；长幼序，友与朋；君则敬，臣则忠。"《弟子规》言："凡是人，皆须爱，天同覆，地同载。"《女儿经》言："是与非，甚勿理；略不逊，讼自起；公差到，悔则迟。"从家训中更可以体会到"纷争"是居家的禁忌，宋代朱柏

⑲ 黄宗智：《清代的法律、社会与文化：民法的表达与实践》，上海书店 2007 年版。

⑳ 费孝通：《乡土中国》，上海人民出版社 2006 年版。

㉑ 参见黄宗智：《民事审判与民间调解：清代的表达与实践》，中国社会科学出版社 1998 年版。

㉒ 《孔府档案史料选（十一）·族人讼案》，山东友谊书社 1988 年版，第 89 页。

庐《朱子家训》言："居家戒争讼，讼则终凶。"在中国古代社会到官府"打官司"，为财产等生活琐事提起诉讼是不光彩的事。这个不光彩，不仅仅是诉讼者个人可能会身背"好讼"的恶名，而且整个家族都会感到脸上无光。宋代司马光曾在家训中记载了一位朝廷重臣，十分重视敛财，富有而吝啬，家中的钥匙须臾不离身，但对子孙却疏于教育。病重昏迷时，他的子孙偷了他的钥匙。当这位重臣醒来，发现钥匙被偷后活活气死。而他的子孙不仅不悲痛，反而到官府诉讼，争夺遗产。他的一个未出嫁的女儿也抛头露面，头顶帕巾，遮住面容，手持讼状，到官府争夺嫁妆。司马光说这种丢人的事，为乡里耻笑，告诫子孙以此为戒。㉓ 教族人邻里和睦相处，力戒争讼，几乎是家训、蒙学教育的必有内容。而官府的教育更使百姓对诉讼望而却步。宋代的临安府衙前有桥，俗称"懊来桥"，"盖因到讼廷者，至此心已悔也"㉔。而清代山西平遥县的县衙大门楹联更是告诫人们不要轻易打官司："莫寻仇莫负气莫听教唆到此地，费心费力费钱，就胜人，终累己；要酌理要揆情要度时世作这官，不勤不慎不清，易遭孽，难欺天。"

对亲情的重视，对"和谐"的追求，为非诉讼民间调解开拓了广阔的空间。

2. 半官半民的庭外调解

民间调解不能奏效，纠纷的当事人将诉状投向官府，纠纷的解决则进入了司法程序。黄宗智教授通过对巴县、宝坻、淡新诉讼文书的研究，得出这样的结论：清朝的民事诉讼经过三个不同的阶段，"最初阶段"是由诉讼当事人按照既定的格式写好诉状，告到官府。知县收到诉状后，会依据诉讼人的陈述和有关法律规定作出"不准"（拒绝审理）、交乡保等地方基层组织负责人处理、亲自审理的决定。在"中间阶段"县官会传讯当事人对质和证人到堂作证。有三分之二的案件在这一阶段中结束。因为种种原因，当事人和县官对继续官司会感到不耐烦或成本太高，所以一部分当事人自行了结案件，一部分则由族人等调解而解决。如果在"中间阶段"庭外和解仍不可能，民事诉讼则进入了"最后阶段"，通过知县的堂审作出裁决。㉕

在"最初阶段"被驳回的诉讼纠纷，或自行解决，或再通过民间调解，或纠纷存续。而在"中间阶段"解决的纠纷，虽然很多也是通过调解解决的，但其与民间调解却有了些微的不同：一是充当调解的人，基本是固定的村舍基层组织的负责人；二是这种调解已经在官府备案，有些甚至官府已经给出了原则性的解决建议。调解虽然是在公堂之外，但其有了官方的色彩。

中国古代县级以下的基层组织，如乡里、保甲、村社、宗族等，其负责人几乎就是官府在村社的代理人，这些人对宗族内部的纠纷有着官府赋予的合法裁判权。诉讼到官府的一些案件，或因案情轻微，或县官认为其是非曲直由邻里判断更为公正，就会发回交由这些基层代理人审理。这样不但减轻了官府的压力，而且强化了基层代理人的权威。

基层组织的纠纷调解职能，可以说贯穿于整个中国古代社会。西周时期的乡遂、秦汉时期的乡亭、隋唐时期的里坊等负责人都负调解纠纷的责任。而明代更是将基层负责人解

㉓　参见杨知秋选注：《历代家训选》，广西人民出版社 1988 年版，第 118~120 页。

㉔　《梦粱录·卷七》。

㉕　参见前引（19），黄宗智书，第 92~100 页。

决纠纷的责任制度化。如前文所述，明太祖朱元璋洪武年间饬令在乡里设立申明亭和旌善亭，申明亭成为里长、耆老进行纠纷调解的地方。里长、耆老在调解中的身份是多重的：在纠纷诉讼前，他们可以是民间调解的主持者；当官府将案件批转给当事人所在的地方解决或当事人愿意撤销诉讼达成庭外和解时，他们又是官府的代理者。调解的结果公布于申明亭中，对当事人具有法律的约束力。

3. 官府调解

在纠纷的解决中，官府的意见当然最具有权威。但是，官府解决纠纷的方式是多样的，其中有公堂上的依法审断，也有官员劝和调解。与民间调解和半民半官调解不同的是，一些常见的史料中，对官员调解的案例有丰富的记载。

《荀子》中记述：孔子为鲁国司寇时，有父子相讼，孔子将儿子拘押，三个月不下裁决。父亲经过三个月的反思，请求撤诉，孔子赦免了他的儿子。执政季孙听到这件事后，非常不满，他认为孔子欺骗了他。因为孔子主张以孝治天下，但是在此案中，孔子对不孝子不仅不惩罚，反而赦免。孔子的学生将季孙的不满转告了孔子，孔子说了一段话，大意是：对于百姓应该以教化为主。百姓不孝，罪不在民，而是为政者教化不到的缘故。为政者不行教化而一味以刑惩罚，与杀无辜之人没有什么两样。[26] 汉代以后，孔子的这一解决家庭或亲人之间纠纷的方法为许多官员仿效。二十五史的《循吏传》、《儒林传》、《孝友传》中类似的记载比比皆是，试举几例以证之。

西汉宣帝时，地方官韩延寿巡察属县，途中遇兄弟二人为争田产而投诉，面对各执一词的兄弟二人，韩延寿没有急于分辨孰是孰非，而是自责自己身为郡守，不能以礼导民，致使兄弟相争。他闭门思过，其属下县令、县丞以至啬夫、三老也都深深自责。官吏的自责感化了当事人，争执双方各以田相让，并髡首肉袒至官府谢罪。[27] 一桩剑拔弩张的争田案，在官吏的自责下得到了较法庭审断更为圆满的解决。魏晋南北朝是法律儒家化迅速推进时期。清河太守崔景伯是有名的孝子，其治下有一人不孝，吏欲治其罪，崔景伯的母亲告诉儿子可将不孝子带到家中住一段时间。诉讼的母子在崔府中看到太守对母亲无微不至的侍奉，深受感动，母子乞求归乡。回到家乡后，原被母亲状告不孝的儿子效法崔景伯，竟以孝而闻名乡里。[28] 东魏时，苏琼任南清河太守，郡中百姓乙普明兄弟二人为争田产而对簿公堂，为双方上庭作证的多至百人。苏琼将乙普明兄弟二人召至公堂上，对众人语重心长地说道："天下难得者兄弟，易求者田地。假令得地而失兄弟，心如何？"众人心有所感，乙普明兄弟叩首请求撤回诉状。在分家十年之后，兄弟二人又搬到一处，亲如一家。[29]

但是，官府对纠纷的解决，并不只是调解一种方式，除发回原地由当地负责人，如乡保、族长调解或亲属调解外，裁判也是一种方式，而且往往是主要的方式。黄宗智教授在对清代州县诉讼档案的解读中，指出：以往人们认为清代的官府几乎不过问民事纠纷，或即使受理民事案件也往往是凭着自己的意志或居中调停，息事宁人，或随意说合，并不裁

㉖　参见《荀子·宥坐》。

㉗　参见《汉书·韩延寿传》。

㉘　参见《魏书·列女传》。

㉙　参见《北齐书·循吏传》。

断的"通论",是错误的。民事纠纷官司一旦打到了州县官衙中,官府则大多会依照律例作出胜负输赢的裁决。在巴县、宝坻、淡新221件经过公堂审判的案子中,有170件(占77％)由知县依据《大清律例》对当事人双方作出明确判决。而且分别分析每一个县的案例,情况也大致如此,即依据律例作出判决的案件多于调解。㉚ 这一研究结论对中国古代没有真正的民事裁判的传统观念是颠覆性的,因为本文论题所限,对此不作深一步的论述。官府除了调解外,依照律例的裁断往往也是纠纷当事人一般不愿将纠纷闹到官府的原因。因为,依照律例的裁断,不仅需要耗时并增加成本,而且结果未必能如讼者所愿。明代广州府推官颜俊彦将自己在任期间的判牍集为《盟水斋存牍》,其中"署番禺县谳略一卷"记争山、争田、争屋、争遗产、婚姻等纠纷16件,无一例外都处了杖刑。㉛ 与公堂裁断相比,调解既可以维护自己权利,又不失体面,在人们的眼中,不失为一种最为经济的纠纷解决方式。

总之,中国古代的调解不仅是一种有别于通过公堂审判解决民事纠纷的方式,而且其本身的机制也是多元化的。在这种多元的调解机制中,纠纷当事人对纠纷的解决方法和调解人有着较为灵活的选择,而调解人的调解方式也可以多种多样。

兹将传统调解制度的种类与其间的不同列表于下:

调解种类	调解者	案件种类
民间调解	中间人与基层负责人	非诉讼及诉讼驳回
半官半民庭外调解	基层负责人	诉讼后由官府转批交办
官府调解	官员	诉讼后官员亲自调解

三、传统调解制度在近现代存续原因之分析

调解制度在中国古代社会的存在和功能是不争的客观事实,对此学界也无更多的歧义。问题在于,在中国古代社会行之有效的调解制度,在熟人社会逐渐消失的近现代社会中,在农业社会逐步让位于商品社会的发展中,其是否还存在并有继续存在的价值。这也是本节所要论述的重点问题。

1. 以调解解决纠纷的方式在近代中国依然普遍存在

还是从客观存在说起。近代中国,大部分地区延续着古代的传统,以诉讼为耻。胡朴安《中华风俗志》"上篇"记载了顺天、山东、山西、河南、江苏、安徽、浙江、福建、湖北、湖南、陕西、四川、广东、广西、云南、贵州的古风俗。"下篇"又集近人的采风所记,涉及京兆、直隶、奉天、吉林、黑龙江、山东、山西、河南、江苏、浙江、安徽、江西、福建、湖北、湖南、陕西、甘肃、四川、广东、广西、云南、贵州、新疆、热河、绥远、蒙古、青海、西藏、苗族等地。将两者对比,可以看到大部分地区"古风犹存"。近代

㉚ 参见前引(21),黄宗智书,第78页。黄宗智教授统计巴县98例中作出明确判决的有69例,宝坻45例中有38例,淡新78例中有63例。

㉛ 参见(明)颜俊彦:《盟水斋存牍》,中国政法大学法律古籍研究所整理标点,中国政法大学出版社2002年版。

的中国社会法律虽然发生了质的变化，但是这些变化多与发达地区和城市关系密切，在基层，传统依然延续。比如古代的山东历城，"四乡三关"也是风俗各异。南乡以耕牧为本，"椎鲁畏法"；东乡人则好耕读，"聪察善讼，俗号殷富"[32]。近人采风，至山东发现大多数地区，历城一带依然保持着这种以讼为耻的传统："郡属之民畏见长官。故健讼者少。"[33]

有关近代的民间纠纷解决的案例和方法，黄宗智教授在《民事审判与民间调解：清代的表达与实践》的第三章作了详细的归纳和分析，本文不再赘述，只将其结论加以引用。从华北地区的几个村庄20世纪二三十年代的纠纷解决调查资料看，民间调解解决纠纷的成功率占有相当的比例。比如沙井、寺北沟、侯家营三地发生纠纷41件，调解成功19件，最终诉讼18件；18件诉讼中，法庭调解结案7件，法庭裁决7件，结果不详2件。从客观情况来看，调解制度依然普遍存在。

从立法上说，1929年公布并施行的《乡镇自治施行法》、《区自治施行法》规定了乡镇、区设立调解委员会"办理民间调解事项，及依法得撤回告诉之刑事调解事项。凡乡镇调解委员会未曾调解或不能调解之事项，均得由区调解委员会办理。"[34] 1935年颁布的《民事诉讼法》更是明确地对调解组织、调解事项、调解期日、调解方式和调解结果等作了规定。与此同时，根据地政权的有关调解制度，尤其是"人民调解制度"的立法更是走向完善。"从1937年到1940年，各抗日根据地民主政府广泛推行调解制度，积累了丰富的实践经验，为调解工作的制度化和法律化提供了有利的条件和实际可能。从1941年起，各抗日根据地政府相继颁布了适用于本地区的有关调解工作的单行条例和专门指示，其中主要有：《山东省调解委员会暂行组织条例》、《晋西北村调解暂行办法》、《晋察冀边区行政村调解工作条例》、《陕甘宁边区民刑事件调解条例》、《苏中区人民纠纷调解暂行办法》等等。"[35] 这些立法标志着调解制度已经进入近代化的转折。

值得一提的是，调解制度在今天也与我们的生活息息相关。翻阅《人民调解手册》[36]，可以检索到大量的人民调解委员会以调解方式成功地解决纠纷、化解矛盾的案例。据《法制日报》记者于呐洋报道，2004年以来，"全国各地人民调解组织共调解各类矛盾纠纷1 580多万件，调解成功率达到95％；防止民间纠纷转化为刑事案件16.4万件，涉及60.6万人"[37]。一些地方的祠堂成了现代调解的场所。[38] 即使在香港这样发达的地区，法官也十分注重调解的作用。法官调解的"妙语"时常见诸报端。比如2007年1月30日《苹果日报》报道屯门泥围的邓兆伙诉陶枝盛等人，原因是在屯门围（村）的"'陶福德公'祖堂的三个氏族村民起纷争"，"祖堂共有113个户口，其中4户姓陶及2户姓邓"，大姓"陶氏一族认为姓邓及姓袁的少数村民并非祖堂成员，2003年开始停止向他们分发祖堂赔偿金"。法

㉜ 胡朴安编：《中华风俗志（上篇）》卷一，上海文艺出版社1988年影印版，原名为《中华全国风俗志》，上海大达图书供应社1936年版。

㉝ 前引（32），胡朴安书。

㉞ 谢振民编著：《中华民国立法史（下册）》，张知本校订，中国政法大学出版社2000年版，第700页。

㉟ 韩延龙：《人民调解制度的形成和发展》，载《中国法学》1987年第3期。

㊱ 参见李春霖主编：《人民调解手册》，北京出版社1989年版。

㊲ 前引（15），于呐洋文。

㊳ 参见马小红、庞朝骥等：《守望和谐的法文明——图说中国法律史》，北京大学出版社2009年版，第366页。

庭认为 100 年前，原告邓氏已是村民，与陶氏、袁氏村民合资兴建学校并同样得到祖堂分发的金钱。法庭裁决邓姓村民胜诉，被告须继续向原告分发赔偿金。"法官陈江耀在判词中送上对联'苟非孝悌友恭更有何事为乐，惟此谦和雍睦自然到处皆春'"，劝解村民"以和为贵"⑲。

近代的调解制度，显然继承了中国古代的传统，即注重民间及村社等基层组织在调解中的作用；注重当事人双方的意愿，以促进人际和睦为目的。

2. 调解制度近代化之因

众所周知，中国近代法律变革及近代化，以西方法律为样板，以中华法系的解体为代价，许多制度在变革中消亡。而就是在这几乎听不到对传统予以维护的声音的变革中，调解制度却依然为近现代社会所接纳，显示了其强大的生命力。

调解制度在近现代中国的存续发展，并日益引起学界关注有着必然的原因，这就是调解制度的理念反映了人类社会的普遍追求。用简单快捷、效率高而成本低的方式解决纠纷，并不仅仅是中国古人，而且是人类社会的普遍需求。西方社会对国际争端、劳资纠纷采用调解的方法加以解决也有着悠久的历史，对一些民事纠纷也有"法庭调解"的传统。⑳ 但是就调解的普遍性和多途径来说，西方远不如中国。这也许是西方的法治理念约束了西方人在纠纷解决中的创造力，抑或是西方的纠纷解决过于注重"法"的形式而忽视其最终的目的。因此，可以断定中国的调解制度之所以能自古至今兴盛不衰，绝不可能只是靠制度条文的完善，也不仅仅是因为它是一种简单、经济而又有效的纠纷解决方法。调解制度不衰的深层原因应该是在于调解制度的核心理念——"和谐"，对于人类社会来说所具有的普遍意义。而且这一理念在现代社会中也为越来越多的人所接受。

无论中国还是西方，是统治者还是平民百姓，"和谐"应该是人类社会共同的追求。因为向往和谐，历来的战争发动者才遭到人们的谴责。尽管不同的阶层对和谐的含义有着不同的理解，比如中国古代社会统治者所希望的和谐表现为划一的秩序和稳定的社会，一些思想家所论证的和谐是社会的协调和公正，而一般民众则将和谐理解为安居乐业、家和无讼，但是，就调解制度所反映的和谐理念来说，无疑契合了人类社会的普遍理想。

大量常见资料对中国古代社会的和谐与无讼、调解与无讼、和谐与调解的密切关系有着翔实的记载，学界运用这些资料对传统的调解制度与和谐社会的关系也有着深入的论证。笔者对此也无异议。本文要做的是补充一些笔记、官箴、判词中的资料来进一步证实这种论点，因为这些资料更贴近民众对纠纷解决的真实想法，更生动地反映了调解制度与和谐理念在社会实践中的互动。以《断案精华》㉑ 中所载的于成龙的两件判牍为例：

村民郑立仁的耕牛有一次进入了同村顾福宝的田中，吃了顾家的豆苗。顾与郑争

---

⑲ 《为祖堂土地金三氏族起纷争，官赠对联祝村民以和为贵》，案件编号 HCA2336/04，载《苹果日报》2007年1月30日。

⑳ 参见《简明不列颠百科全书（第七册）》，中国大百科全书出版社 1986 年版，第 796 页；《中国大百科全书·法学》，中国大百科全书出版社 1984 年版，第 589 页。

㉑ 金人叹、吴果迟编著：《于成龙曾国藩李鸿章袁子才张船山胡林翼端午桥断案精华》，据印行于民国初年的《清代名吏判牍七种汇编》编著，海峡文艺出版社 2003 年版。

吵起来，顾家牵走了郑家的耕牛。地保出面调处，让郑家赔偿顾家的豆苗，顾家将耕牛归还郑家。本来纠纷已经解决，但当地的一个讼师教唆郑家状告顾家，将两家的争吵说成是顾家群殴郑家，将顾家牵牛说成是偷窃。于成龙在判词中苦口婆心告诫郑家不要听从讼师的教唆，并以同村之谊应该"出入相友，守望相助，疾病相扶持"的古训开导郑家，最后判道："至耕牛一节，乃照地保调处办理可也。《易》曰：讼则终凶。本县非怕事者，尔其知之。"

另一件判牍如下：

中秋前夕，罗城县令于成龙路过一家月饼店，看到里面正在争吵。原来年过花甲的钱氏在店中买了 60 个月饼，共 300 文钱。钱氏说欠款已经付给店中伙计，但店中伙计说钱氏并未付款。中秋前夕，店中买月饼的人很多，也众说不一，有人说钱氏付了款，有人说没有。于成龙知道月饼店在当地很有信誉，而问明钱氏也被邻里称道为诚信之人，"查核情节，双方似均无误"。于是，于成龙说服店中旁观者每人出一文钱，代付店主。人人做一次好事，而平息双方的争端。

在《断案精华》中，如此的判词可以随手拈来。

宋人笔记《燕翼诒谋录》对一些士大夫为政不注意遏制诉讼很不以为然："士大夫治小民之狱者，纵小民妄诉，虽虚妄灼然，亦不反坐，甚而听其蓦越，几于搂揽生事矣。曾不思善良之民，畏官府如虎狼，甘受屈抑，不敢雪理。"而对皇帝下诏息讼则持有赞赏的态度："太宗皇帝乾德二年正月己巳，诏应论诉人不得蓦越陈状，违者科罪。开基创业之初，首念及此，虑为善良害也。真宗咸平元年七月，诏所诉虚妄，好持人短长，为乡里害者，再犯，徒；三犯，杖，讫械送军头引见司。苟能举而行之，庶几妄诉者息矣。"[42] 宋人胡石壁作《乡邻之争劝以和睦》文，告诫百姓，不仅亲人之间应以和睦为务，邻里之间亦应以和为贵："大凡乡曲邻里，务要和睦。总自和睦则有无可以相通，缓急可以相助，疾病可以相扶持，彼此皆受其利。"[43]《名公书判清明集》中类似的判语也比比皆是。

我们来分析一下以上的史料：于成龙在解决耕牛吃邻家豆苗的纠纷时，告诫人们要临讼而思，不要将原本简单的纠纷复杂化，不要像讼师那样不顾事实，利用法律谋取利益的最大化。这种"戒讼"的训导，固然有引导人们重义轻利的意图，但也道出了法律的最终目的在于公正，其对讼师的批判恰恰树立了法律的权威。在解决月饼店的纠纷时，于成龙的做法更是与现代民法中"相对公正"的原则有些类似。宋人的笔记、判词反映了普通人对帝王息讼法令的支持，也反映了中国人对"利"生于"和"而不是"争"中的经济观点。如果换成我们现代的话就是"双赢"的思维。《中国珍稀法律典籍续编》[44] 第十册"司法文书"中的许多契约也反映了人们对破坏家庭、邻里和谐的人不满。更为珍贵的是其中有许多民国时期的调解文书，显示了古今社会在对和谐追求上的传承性。我们因此可以看到，中国古人的一些纠纷解决理念与现代社会的法律理念并不相悖。

㊷　（宋）王栐：《燕翼诒谋录·卷四》。

㊸　《名公书判清明集·十》，中华书局 1987 年点校本。

㊹　杨一凡、田涛主编：《中国珍稀法律典籍续编》，张冠梓点校，黑龙江人民出版社 2002 年版。

综上，我们有必要对中国古人纠纷解决的理念作一个简单的梳理：第一，古人也认为在日常的生活中，纠纷是不可避免的。但是，诉讼则应该是谨慎的。第二，解决纠纷的最好方法不是打官司，而是"以理"调处。诉讼是不得已而采用的纠纷解决方式。第三，清官难断家务事，在事实无法弄清的情况下，纠纷的解决应该力求不伤争讼者任何一方。在和谐思想的支配下，亲人邻里的纠纷一旦诉讼到公堂，官员也常常会采用拖延的方法，使当事人能够冷静下来，并另寻解决的途径。元人张养浩在《为政忠告》中强调："亲族相讼，宜徐而不易急，宜宽而不宜猛。徐则或悟其非，猛则益滋其恶。第下其里中开论之，斯得体矣。"这段话，充满着中国古人化解纠纷的智慧。

此外，我们也不能讳言，调解制度在近代的存续发展与中国地区辽阔，经济、文化的发展并不平衡有关。近代中国的法律变革与中国社会并不匹配，中国法律近代化发端于对西方的学习和仿效。而这种学习和仿效并不主要源自中国社会自身发展的需要，吕世伦、姚建宗教授在《略论法制现代化的概念、模式和类型》中按有关学者对现代化模式的分类，认为法制的现代化模式可以分为两种，即"内源的法制现代化"与"外源的法制现代化"。中国属于后者，即"在一国内部社会需求软弱或不足的情况下，由于外来因素的冲击和强大压力，而被迫对法律制度和法律体系所实行的突变性的改革"[45]。清末的法律变革属于外源式的变革。这种变革的特点在于有既定的仿效模式，有既定的变革进度表，决定变革方向和进度的是变革者的主观意志而不是社会的客观需要，所以清末变法修律不足十年的时间，在立法上竟然彻底解体了中华法系。清末法律变革后，法律制度与社会实际状况严重脱节，因为"中国基层和乡土社会中大量的纠纷都很难被纳入目前主要是移植进来的法律概念体系（而不是法律）中，很难接受那种法条主义的概念分析"[46]。中国社会，尤其是在广大的农村，人们的生活并没有发生实质性的变化，聚族而居的熟人社会依然是人们生活的主要环境，与人们生活密切相关的纠纷解决方式也不可能随着法律制度的移植而消失。当然，现代中国的调解制度，即使在经济相对落后的一些地区，也不是一味地沿袭古人，而是有所更新、与时俱进的。

中国古代社会调解制度中所蕴涵着的人类社会发展的通理以及中国古代文化的深厚底蕴是调解制度在近现代社会中的发展方兴未艾的原因所在。

3. 调解制度在现代中国的发展

调解制度在现代中国的发展也有许多值得我们骄傲的地方。因为有传统的依托，调解制度在现代中国社会的纠纷解决中依然发挥着其他制度无法取代的作用。

近现代的中国调解制度首先是其在传统社会中的延续，就调解途径而言，法院调解、行政调解、人民调解形成了一个完整的调解体系，古代的多元化调解在这个体系中得以更新。尤其是人民调解制度，将古代的民间调解与半官半民的调解加以改造，在纠纷的解决中将社会普遍认可的情理与法律结合起来，不仅加强了调解的权威性，而且将民间纠纷的调解制度化。民国时期抗日民主根据地的调解制度基本做到了"调解工作的制度化和法律

⑤ 吕世伦、姚建宗：《略论法制现代化的概念、模式和类型》，载《法制现代化研究（第一卷）》，南京师范大学出版社 1995 年版，第 13～15 页。

⑥ 苏力：《送法下乡——中国基层司法制度研究》，中国政法大学出版社 2000 年版，第 216 页。

化"、"调解组织形式的多样化"，并形成了与现代社会法律相适应的"自愿原则"、"合法原则"、"保护当事人诉讼权利的原则"[47]。仅以《中国法律年鉴》所统计的 2003 年至 2006 年 4 月的民事一审和调解案件说明调解在纠纷解决中的作用：2003 年 1 月至 9 月，民事一审案件 4 410 236 件，人民调解组织调解各类民间纠纷 449.22 万件，人民调解委员会 81.78 万个，人民调解员 669.2 万人；2004 年，民事一审案件 4 332 727 件，调解各类纠纷 4 492 157 件，调解成功率为 95.9%，纠纷当事人自觉履行调解协议 369 万件，有 55 528 件案件当事人反悔起诉到法院，47 441 份协议得到法院维持，维持率为 85.4%；2005 年，民事一审案件 4 380 095 件，调解各类纠纷 4 414 233 件，调解成功率 96%，不履行、反悔起诉到法院的 52 144 件，法院维持 41 201 件，维持率 79%，人民调解委员会 84.7 万个，人民调解员 509.6 万名；2006 年，民事一审纠纷 4 385 732 件，调解各类案件 4 628 018 件，调解成功率为 92.1%。

四、调解制度的借鉴

1. 社会与学界的共识

传统的调解制度除形式多样以及当事人较单纯公堂裁决有着更为灵活多样的选择外，对社会的安定也有着多种意义。关于调解制度的有益社会功效，学界有许多论述，综合起来大致有这样几点：第一，可以预防矛盾激化，大事化小，阻止纠纷演变成重大的刑事案件。第二，便于纠纷当事人关系的修复，尤其是亲邻好友，不至于因纠纷而结下宿怨，有利于问题的根本解决。第三，纠纷解决途径便利，节省成本。第四，参与调解者除当事人、调解人，还有各个方面的证人，这些证人由于多与纠纷当事人长期接触，了解情况，对是非的判断较为准确。当事人容易心平气和地接受调解的结果。[48] 第五，调解的过程是一个说理的过程，也是一个法律教育的过程。尤其是官府的调解，影响面更为广泛。

2. 调解制度的负面影响

传统调解制度在实施中也有一些负面的影响，其中最主要是带有强迫性，强迫调解削弱了人们的权利意识，与现代法律理念相冲突。强迫调解于明清时期尤为盛行，明末清初思想家顾炎武在记述村社基层组织《乡亭之职》时说："若户婚、田宅、斗殴者，则会里胥决之。事涉重者，则白于官。若不由里老处分而径诉县官，此之谓越诉也。"[49] 有时官府的调解虽然表面上动之以情，但实际上是强迫的。以蓝鼎元所记其亲自处理的一则诉讼为例。蓝鼎元在处理一桩兄弟争田的案子中，先言："田土，细故也；兄弟争讼，大恶也，我不能断。"继而命兄弟两人各伸一足，合而夹之，两人皆呼"痛"。蓝鼎元问兄弟两人，有没有受夹而不痛的腿，二人言"没有"。蓝鼎元告诉两兄弟：你们两人，是一父所生。就像你们任何一条腿夹之都痛一样，你们的父亲对你们两人也是一样的疼爱。所以父亲的遗产不会

---

⑦　前引（35），韩延龙文。

㊽　《周礼·小司徒》"凡民讼以地比正之，地讼以图证之。"唐代贾公彦注道："六乡之民，有争讼事，是非难辨，故以地之比邻知其是非者，共正断其讼。"明代思想家丘浚言："盖民之讼，争是非者也。""是非必有佐证之人。""以此正之，则讼平而民服矣。"参见（明）丘浚：《大学衍义补·慎刑宪》。

㊾　（清）顾炎武：《日知录·卷八》。

只遗留给一个人。又命属下将兄弟二人以一铁索系之，使他们一刻也不能相离。开始兄弟二人背对背坐，一二日之后，"渐渐相向"，三四日后，"相对太息"，后来"相与共饭而食"。蓝鼎元认为兄弟二人有后悔诉讼之意，将两人及家人叫到堂上，兄弟二人果然"惭愧欲绝"，"争相让田"○50。这种调解，虽然表面上温和，但实质上无疑是一种强制性的调解。

3. 中国古代调解制度对调解范围的限制值得我们注意

还有一点值得我们注意的是中国传统的调解制度在强迫的同时还有限制，即大案、重案不在调解之列。元代的《至元新格》明文规定："诸论诉婚姻、家财、田宅、债负，若不系违法重事，并听社长以理谕解。"明律也规定"事涉重者，始白于官"。对于一些重大的刑事案件，知情者有告诉的义务。《唐律》便规定了对"当告而不告"者的惩罚。

4. 域外学者的观点

域外学者对中国调解制度的研究有着旁观者清的特点。

郭丹青教授这样总结美国学者柯恩所认识的中国调解制度："'调解'等同于'和解'，是通过第三者解决纠纷，不给出有约束力的判决的方法。中国的调解者发挥了这样的作用：他把互不理睬的当事人联系到一起。从另一个角度来看，它不仅仅建立了当事人的联系，而且找到了争议点，确定了事实上的问题，尤其是提出了合理的解决方案——甚至提出可能的和建议性的决定——动用了强有力的政治、经济、社会和道德上的压力，并施加于一方或双方当事人身上，使他们最终保留最小的争议但达成'自愿'的一致意见。"○51 黄宗智教授对调解制度泛滥以及第三领域中充当调解人的乡保、衙役职权的滥用及危害也作了深刻的论证。○52

综上，传统的调解制度就其积极意义而言，是以简便而易于操作的方式有效地促进社会的稳定与和谐。就其消极影响而言，是其所具有的强制性与现代的法治社会的权利意识相左，有时一些充当官府代理人的调解人也不免狐假虎威，以情理为借口，背离法律，鱼肉被调解者。

至此，我们可以对中国的调解传统作一个简单的评价：

中国古代的调解制度是以安居乐业为追求的农业社会的产物。这一制度反映了儒家"无讼"与和谐的理想追求，在安定社会、和睦邻里、稳定社会秩序等方面作用显著。民国时期，中华法系虽然瓦解，但调解制度却被保留下来；而根据地以及1949年之后的人民调解制度更是继承了传统纠纷解决中的合理制度和理念，对调解解决纠纷的传统更新改造，形成了与现代社会相匹配的纠纷解决机制并在实践中行之有效。在近现代社会中，调解制度之所以被珍惜，是因为：第一，中国幅员辽阔，社会的政治、经济、文化发展并不平衡，在许多地区，调解制度对社会的稳定和发展仍然发挥着不可替代的作用。第二，调解传统中凝聚着人类社会的共同理念，这就是和睦相处，"求大同，存小异"。正是因为调解制度中凝聚着中国古人的智慧，其对人类社会解决纠纷具有普遍的意义，这一制度才引起国际学界的高度关注以致有些国家在此基础上推陈出新。

○50 《清稗类钞·狱讼类·蓝某折狱》。

○51 强世功编：《调解、法制与现代性》，中国法制出版社2001年版，第88～89页。

○52 参见前引（19），黄宗智书，第57～56页、第106～109页。

　　中国古代的调解，并不乏理念的支持。它是一种有限制、有范围的"和解"，而不是不论是非，不论正义、非正义的调和。用现代的语言来说就是民事纠纷和一些轻微的刑事案件，在古代属于"讼事"或"细事"的范围是可以通过调解途径解决的，而对盗贼、命案等一些重大的犯罪，即重大"狱案"，中国古代法律不仅明令禁止"私和"，而且官府必须依法审断、处刑，不得调解。这反映了古人对和谐的追求，也反映了古人对法律"惩恶扬善"，维护善良、正义的信念。因而在古人眼中，调解是有限度的。古人这种对调解范围的限制，目的在于保持法律"惩恶"的威慑力，对今日将调解功效的无限夸张不仅具有启发意义，而且是一种警醒。当一切案件都可以用"调解"的方式解决时，法律正义的理念岂不成为妄想和空谈。当死刑案件都可以通过"和解"解决时，法律则难免有被金钱控制之虞。

　　当然，我们也不否认调解传统中有许多与现代社会法治相互冲突之处。其中，对一些民事纠纷强迫性地调解削弱了人们的权利意识，对"忍让"的过分赞誉也难免有诱导人们放弃权利的嫌疑。在商品经济发达的今日社会中，尤其在一些大中城市，一些调解的依据自然也失去了农业社会中的那种合理性和有效性。而这些正是需要我们深入研究之处，即如何在社会发展的形势下，利用传统的优势，更新传统，形成具有中国特色的制度。

［原载《中国法学》，2009（4）］

会通中西兴盛法学

(2009)

《中国社会科学报》创刊，专辟法学版，是值得法学界同仁庆幸和高兴的事情。中国传统法律延绵数千年，自有其深邃的学理。自西周"明德慎罚"思想出，古人对"法"的关注与研究从未懈怠，因为"法"的性质决定了其在社会发展中不可替代的作用：国家政治的兴衰、社会福祉的存亡、人们日常生活的安定动荡都与"法"有着不解之缘。而法的善恶、平颇与社会功效，无不与法学的盛衰相关联。清末法学家沈家本这样总结"法"、"法学"、"政治"之间的关系："夫盛衰之故，非偶然矣。清明之世，其法多平；陵夷之世，其法多颇。则法学之盛衰，与政之治忽，实息息相通。"虽寥寥数语，但恰当而精辟，遂为学界公认为不刊之论。

珍视传统法律

中国古代法学是经学的有机组成部分，先秦诸子关于法的论述和主张奠定了中国传统法学的基础。而在汉以后的主流法律思想中，我们可以体会到儒家"道之以德，齐之以礼，有耻且格"的"德礼政刑，综合为用"思想，也可以感悟到道家"道法自然"的"法自然"之道，同时还可以领略到百家言的丰富多彩：法家的"缘法而治"、名家的"循名责实"、墨家的"以天为法"、阴阳家的"秋冬行刑"等。历史发展证明，数千年一脉相承的中国传统法学是一个开放的体系，其可以将不同学派的观点、理论融为一体，正因如此，"博大精深"、"独树一帜"才成为世人公认的中华法系之特点。

有些人鄙薄中国传统法律，在论及法律时，言必称希腊、罗马。以为传统法律"缺乏学理的支撑，概念狭隘，以刑为法，因而不足道"的观点，在近代以来也有着相当广泛的影响。其实，这是一种僵化地以西方法律模式作为唯一标准而评判中国传统法律所产生出的一种对历史、对古人的误解。中国传统法律，无论是思想理念还是制度条文，不但在形成时有着一定的合理性，而且也有诸多与现代法治精神的契合因素，比如，就理念而言，中国传统法律强调人与自然、人与人之间的和谐，强调对弱势群体的扶助，强调法律对公平正义的维护等。就制度条文而言，至今仍然令世人赞叹不已的《唐律疏议》，作为中华法系的代表作，为国际法学界所关注。除律之外，中国古代的令、科、比、格、式、宪、典等，都有待于进一步的研究和发掘。在如今这个法学已然成为"显学"的时代中，只有加倍珍惜自己的传统，对传统法律进行踏踏实实的"去粗取精，去伪存真"的研究，才能使法学的兴盛持续、深入地发展，实现百年前先贤们的遗愿，使传统法律的优良精神成为现代法律的"滋长发荣之具"。

自信兼采中西

在认真对待传统法律的同时，我们也要继续放眼世界，认真地研究世界其他国家的法律和法学，学习世界其他国家和地区法律发展中的有益经验。百余年来，我们继承了开放、包容的历史优良传统，积累了丰富的学习经验。在沈家本、伍廷芳主持的清末修律过程中，大量法政留学生的派出、外国法学专家的聘请、对西方法律及法学著作的翻译等，都卓有成效地促进了中国对西方法律制度和学理的吸纳，加快了中国法律近代化的进程。百余年来，我们不但冲破了"祖宗之法不可变"的思想禁锢，而且形成了"古为今用，洋为中用"的社会共识，完成了法律模式、法学研究、法学教育由古代向近代的转折。从百余年前的被动、被迫变法修律，到今天中国式的法律模式逐渐形成，我们能自信地说出"兼采中西"，这期间的巨大变化，不能不归功于近代思想先驱对传统的深刻反省和对西方法律、社会日益客观的认识；归功于为中华民族独立而牺牲的前辈。因为国家的独立和富强，使我们可以平等而从容地与国际学界进行交流，在学习的同时，也将中国法律、法学发展的有益经验推广给世界。2000 年 12 月，来自全世界五大洲百余所大学的法学院校长汇集中国，庆祝中国人民大学法学院成立 50 周年，交流各国法学研究的成果和法律发展的趋势。那是一场世界性的法学盛会，它证明在当前这个文化交流频繁的时代，只有放开心胸，才能在平等的交流中不断发展自我、完善自我。故步自封、闭关锁国不仅是发展的障碍，也是民族生存的大敌。这场盛会还说明，法学的盛衰与国运密切相关，如果没有百余年的奋斗使中国获得民族的独立和解放，没有改革开放的巨大成果支撑使中国立于世界强国之林，就不可能有这场中外法学盛会。

切忌得形失意

百余年的学习经验还告诉我们，在学习的时候，要"放出眼光"，而不能妄自菲薄、盲目照搬。实事求是地评价清末那场法律的变革，并不是一件简单的事情。如果从变革和发展的角度说，清末的法律变革基本完成了历史使命，十年间，近代法律体系在中国初具规模。但是，从持续发展的角度来说，我们也不必讳言这场变革留下了诸多的遗憾，比如过于注重中西法律的差异，急于在形式上解体中国原有的法律体系，对西方法律的学习由于缺乏"自我"的消化而难免得其形而失其意。"兼采中西"，必须寻找古今中外法律的一致精神，必须在新的法律体系中使中西法律精神和制度成为有机的整体。正在形成的中国法律发展模式，应该是中国传统法律文化的涅槃而不是消亡，它应该是既符合中国社会的发展，又具有一定普适性的，而不仅仅只是一种所谓理论的"预设"。

宋代思想家、政治家苏轼言"读书万卷不读律，致君尧舜终无术"。马克思在说到法与社会的关系时说："每一种生产形式都产生出它特有的法律关系、统治形式。"无论古今中外，法学与国家的发展、民众的生活都休戚相关。仅以沈家本言与《中国社会科学报》的同仁、与法学界同仁共勉："庶几天下之士，群知讨论，将人人有法学之思想，一法立而天下共守之，而世局亦随法学为转移。法学之盛，馨香祝之矣。"

（原载《中国社会科学报》，2009-07-01，B8 版）

中国法学教育六十年

（2010）

一、新中国法学教育发展的历史

1949 年 10 月，中华人民共和国的诞生揭开了人类历史崭新的篇章，培养新时代法制人才的法学教育也焕然一新，我们开始借鉴苏联法学教育模式，建立以马克思主义为指导的法学教育体系和模式。中央人民政府成立之后，在第一次会议上就正式决定建立中国人民大学。1950 年，新中国第一所正规的高等法学教育机构——中国人民大学法律系正式成立，并聘请了大批苏联专家，举办由苏联专家直接讲课的研究生班；接收各地教师到中国人民大学进修，翻译了一大批苏联的法学教材，法律系开设的课程，基本上都是苏联的。可以说，在这一时期，中国人民大学法律系得到了很好的发展。

1954 年 5 月，教育部主持召开了全国政法教育会议，1952 年至 1954 年之间，先后建立了北京政法学院和北京大学法律系、复旦大学法律系、西北大学法律系，形成了"五系"（中国人民大学法律系、北京大学法律系、东北大学法律系、复旦大学法律系、武汉大学法律系）、"五院"（北京政法学院、华东政法学院、西南政法学院、中南政法学院和西北政法学院）的法学教育格局。"文化大革命"时期，大多数政法院校停办或撤销建制，只有北京大学法律系、吉林大学法律系和湖北财经学院法律系从 1973 年起招收了为数不多的"工农兵学员"。

"文化大革命"结束后，党的十一届三中全会开创了我国历史发展的新时期，也迎来了我国法学教育的春天，中国的法学教育开始恢复和发展。1978 年，中共中央批转的《第八次全国人民司法会议纪要》明确提出"恢复法律系、培养司法人才"，中国人民大学法律系等一大批政法院系恢复招生，法学教育蓬勃发展。1980 年，各类设有法学专业的学校有 21 所，到了 1983 年发展到了 35 所，1989 年则达到了 106 所。到 2001 年 9 月，在中国人民大学举行教育部高等学校法学学科教学指导委员会换届和法学教育研究会成立大会时，高等院校已达 298 所。此后，法学教育进入了高速发展的时期。截至目前，设有法学本科专业的院校有 630 所，在校生三十余万人。其中具有法学硕士学位授予权的院校和科研机构 333 所，具有法律硕士专业学位授予权的 115 所，具有法学博士学位授予权的 29 所（其中具有一级学科博士学位授予权的 11 所）。与学位制度相衔接的法学学科博士后制度也已建立起来，目前我们有 11 个法学博士后流动站。

六十年来法学教育的曲折历史，雄辩地说明了一个颠扑不破的真理：国运兴，则法治兴，法学教育亦兴；法学教育兴，法治兴，则国运更兴。

二、新中国法学教育六十年的发展成就

新中国成立六十年来，尤其是改革开放的三十年间，中国的法学教育实现了跨越式的

发展，法学教育水平得到了极大的提高，在形式和内容上都有了质的飞跃，我国法学教育的面貌可谓焕然一新。

1. 法学教育的层次日趋齐全、结构日臻完善。六十年来，经过不懈努力，我国法学教育结构失衡、层次欠缺、形式单一的状况有了根本性的改观。目前，我们已经建立了由普通高等法学教育、成人法学教育、法律职业教育构成的多渠道、多形式、多层次的法学教育体系。这种完整的正规学历教育是目前法学教育的主渠道；而且，我们还有各种非学历教育作为补充，在培养法律人才方面也起到了积极作用。同时，多年来，还形成了高级法官、高级检察官的培训、培养制度，以及上自高层领导、下至普通百姓的法律知识普及、教育等制度。

2. 专业设置日益规范，法学核心课程体系得以确立。70 年代以前，中国高等法学院系只设法学专业。改革开放以后，部分法学院系本科增设了近十个专业，但各学校的专业设置不同，侧重点也不尽相同。1997 年 1 月成立的教育部高等学校法学教育指导委员会（简称教指委），在调查了全国二十多个省市法学教育的基础上，决定自 1999 年起将法学本科原有的专业合并为一个法学专业（可在高年级设置若干专业方向），这个方案在教育部修订《普通高等学校本科专业目录》时被采纳。

同时，教指委还构建了中国特色的法学教育课程体系，确立了法学本科专业教育的 14门核心课程（后增加了两门，成为 16 门），基本上覆盖了法学教育的主要方面，保证了法学本科教育的基本规格和要求。同时，各高校也可以自主开设各门课程，这样既有利于法学教育水平的整体提高，也有利于形成各个法学院的办学特色。

3. 法学教材建设方面取得重大成绩，各具特色的法学教材有效促进了法学教育质量的提高。教指委统一组织编写了《全国高等学校法学专业核心课程教育基本要求》，并在全国范围内，通过招、投标的方式确定了 14 门法学核心课程教材的主编和编写人员，完成了统一的法学核心课程教材。同时，鼓励有条件的学校根据自己的特色编写水平高、特色鲜明的教材。其中，中国人民大学法学院组织编写了由中国人民大学出版社出版的"21 世纪法学系列教材"，共 4 套，分别是本科教材、法律硕士专业学位研究生教材、法学研究生教材和教辅用书，现已出版了 173 种（其中本科教材 94 种，法学研究生教材 16 种，法律硕士教材 24 种，教辅用书 39 种），其中 14 门核心课程教材全都获得全国优秀教材一等奖。

4. 建立了全国性的法学教育指导机构，法学教育的内容不断更新，教学质量明显提高。为了规范和指导全国法学教育的发展，1995 年 2 月成立了"全国法律硕士领导小组"，并于 1998 年 1 月成立了"全国法律硕士专业学位指导委员会"。1997 年 1 月正式成立了"国家教委（现教育部）全国高等学校法学学科教学指导委员会"。2001 年 9 月建立了"中国法学会法学教育研究会"。十几年来，配合教育部全面推进了法学教育教学改革，调整和规范了法学专业，强化了法学教育中的素质教育，构建了中国特色的法学教育课程体系，确立了法学本科专业教育的 14 门核心课程，保证了全国法学教育的基本规格和质量。特别是积极组织和参与了教育部"面向 21 世纪高等教育教学改革工程"和"新世纪高等教育教学改革工程"项目的研究与教改实践，在第五届全国高等教育国家级教学成果奖的评选中，由曾宪义、张文显、李龙、吴汉东、韩大元教授共同主持的《中国法学教育教学改革实践工程》，荣获国家级一等奖，有其他院校获得了二等奖十项。

5. 逐步建立和完善全国法学人才培养质量的宏观监控和教学评估体系。为了保证法学教育人才培养的质量，建立起政府、社会对法学教育的宏观监控机制，国家教育部高等法学教育指导委员会制定了一系列法学质量管理评估体系，并组织完成了全国法学本科 2003 年合格评估试点工作，对全国所有法学专业点的建设产生了积极的推动作用。

6. 积极开展国际交流与合作，中国的法学教育受到国际教育界和法学界的关注，国际地位得到空前的提高。中国法学教育界在有关部门的领导下，自主举办了一系列有影响的国际会议，这不仅推动了中国法学和法学教育的发展，而且极大地推动了国际法学教育界的交流与合作。1998 年在中国人民大学法学院举办的"中美著名法学院院长联席会议"，掀开了中国与世界双边法学教育交流的大幕。接着举办了"中国—欧洲法学院院长联席会议"、"亚洲法学院院长论坛"。特别是 2000 年 12 月，在人民大会堂大礼堂成功举办了"21 世纪世界百所著名大学法学院院长论坛"，来自哈佛大学、耶鲁大学、剑桥大学、东京大学、莫斯科大学等五大洲 132 所著名大学法学院的院、校长参加了盛会。进入 21 世纪，中国又举办了"中国—澳大利亚百所著名法学院院长联席会议"、"中国—非洲法学教育与法律文化论坛"等著名国际会议。这些重要的国际交流活动表明：中国的法学教育已经走向世界，世界法学教育也走向了中国。

总的来说，新中国法学教育六十年取得了巨大的成就。可以说，一个以培养"依法治国，建立社会主义法治国家"所需人才为宗旨，符合建立社会主义市场经济和发展社会主义民主政治的时代要求，具有中国特色社会主义的法学教育体系已经形成。

三、中国法学教育的未来与展望

面对新中国法学教育的辉煌成就，我们不能沉醉于成绩而故步自封，应当清醒地认识到，我们的法学教育还有许多问题需要思考，需要我们倾注更多的精力，比如说，如何实现由法学教育规模发展到质量工程的转变问题；如何进一步优化法学教育的空间布局问题；如何实现法学教育的目标问题；如何加强法学教育的实践性问题。中国法学教育的发展之路，任重而道远。

中国法学教育的发展有赖于一代又一代法律人的铺垫和接力，有赖于精心培育国家法治建设的栋梁之才，更有赖于法律人身体力行地参与到国家立法、司法的实践中去。

[原载《法学家》，2009（5）]

阐扬中华法律文明是我的神圣使命

——《中国传统法律文化研究》总序

在人类漫长的历史发展长河中，不同文明文化间的传承、交流与融合，构成了人类文明不断发展的主旋律，而其中法律文化更鲜明、更直接地体现了人类文明发展的维度和特色。回眸历史，东方法律文化之于古代中国等四大文明古国，欧洲法律文化之于古希腊、古罗马，日本法律文化之于古代中国又之于近代西方传统，英美法文化与大陆法文化之于现代社会的影响等，都是不同文化间相互交流、相互促进的例证。世界文明兴衰史已然雄辩地证明，一个国家、一种文明文化唯有在保持其文化主体性的同时，以开放的胸襟吸纳其他文明的优秀成果，在与时俱进中承继自身传统文化中的精华，不断吐故纳新，方能保持其旺盛的生命力，保持住永续发展的势头，并创造出更加辉煌的文明成果。

中国是人类文明文化最早的开创者之一。在数千年的历史发展中，中华民族曾创造了灿烂的中华文明，创造了风格独特、义理精深、体系完备、内容丰富的古代法律制度，为丰富人类的文化宝库，为人类的发展进步作出过巨大的贡献。在中国历史上，汉、唐等强盛时期，也曾以泱泱大国的风度大胆地吸收外来文化，并使汉天子的威仪、盛世时代的风韵、完备的文物仪章、系统的法律制度远播海外。但是，到公元1840年以后，西方文化在列强的炮舰掩护下，以一种强硬、野蛮的姿态闯入中国，一连串的野蛮侵略，在客观上改变了中国人对待外来文化的心态。在民族危亡的紧急时刻，被外来文化欺压的屈辱、对本土文化的眷恋、救亡图存的强烈使命感，都不可避免地压缩了理性，在客观上为排斥外来文化提供了道义上和心理上的支持。清末以来影响广泛的"中学为体，西学为用"理论，就是基于这种自尊、防卫心态而产生的。这种独特的文化心态，使得近代中国在如何对待外来文化，特别是西方文化包括法律制度方面左右摇摆，而没有像明治维新后的日本那样直接迈上法制西方化的道路。不可否认，这在客观上妨碍了中国社会的进步，但从另一方面来说，其也促使我们博稽中外、参考古今，在法治的视野下，对"古为今用，洋为中用"的中国法制发展路径有了更为深刻的认知和理解。

研究中国传统法律文化和推动中国法学教育的发展，是我人生的两大志向，也是我在人生发展的不同阶段一直倾心追求、立志进取的两个领域。我一直很欣赏美国独立战争时期杰出的政治家本杰明·富兰克林讲过的一句话："在生命的每一个岗位上履行人生的责任"。我便是将自己的这两个追求视为了生命中最热爱的岗位，也视为了自己毕生要履行的两大责任，并为此不惜穷尽生命中的年华、心血和汗水，为之奋斗了一生。

1960年在中国人民大学法律系毕业留校后，我被安排在法律史专业从事中国法制史教学与研究，从此我走进中国传统法律文化的神圣殿堂，开始了我学术生涯中的跋涉和耕耘。我在这座装满中华民族法律文化瑰宝的学术殿堂中，从古至今地浏览、观察和思考，在数千年漫长的中国法的历史发展长河中上下求索和追问，在这个过程中，我不断升华着对中国传统法律文化的理解，也发现自己对其有了难以割舍的热爱之情。此后，尽管历经"文化大革命",中国人民大学解散,研究工作的中断,我仍一直心志不移,直至1978年如愿重归这一学术工作领域。至今还难以忘怀1978年党的十一届三中全会后,我们这些风华已去的法学学子面对法学界终于迎来春天的激动和欣喜,难以忘怀当时喜极而泣的自己如何地废寝忘食,挑灯夜战,将积蓄于心中的多年思考与心得通过论文和著作发表。

1990年至2005年,我担任了中国人民大学法学院院长。这一工作岗位客观上要求我必须面对中国法学教育进行思考,同时也让我的人生承载起又一新的责任。15年中,我带领中国人民大学法学院自强自立,锐意进取,先后如期实现了两个重要目标:其一,成功取得了在全国高等院校法学教育界的领先地位和领导地位;其二,通过成功主办中美、中欧和世界百所著名大学法学院院长论坛等具有重大意义的国际法学教育盛会,使中国的法学教育步入了国际化发展的轨道,走向了世界,同时也让世界的法学教育走向了中国。而事业的辉煌也展开了法学院人的胸怀,升华了法学院人的精神追求与思想境界,为学院后来的稳定发展奠定了基础。还记得,1998年学院荣获国家授予的全国"五一劳动奖状",这是当时全国高校系统唯一获此殊荣的单位;也记得,2000年12月3日在人民大会堂汇集世界五大洲132所著名大学法学院院(校)长和四千多名校友的"21世纪世界百所著名大学法学院院长论坛暨中国人民大学法学院成立50周年庆祝大会",让多少人流下激动的泪水,大家都说"历史会永远记住这一天"。是的,如此壮观、如此规模、如此层次、如此影响的世界法学家学术盛会,在中国、在世界都是第一次,它是永载中国法学教育史的辉煌一页,也是我人生中最幸福、欣慰的一天。因为这一天不仅是中国法学教育走向世界,被世界认可的最完美的标志性体现,也是当时身担诸多中国法学教育工作领导职务的我尽职履行责任的一份无愧的人生答卷。

2005年5月,我不再担任中国人民大学法学院的院长,有了重归和安于学术故里的条件与心力。虽然诸多社会兼职依然让我忙碌不已,虽然已经步入年届七十、两鬓斑白的人生夕阳之旅,可我深深地知道自己还有一个重要的心愿和学术使命没有完成,那就是多少年来一直萦绕于我心头让我不吐不甘的应当如何全面系统地看待和评价中国传统法律文化的课题,我尚须继续努力,完成这一学术上的心愿和追求。

在几十年中国法律史学教学与研究的生涯中,中国传统法律文化的博大精深,一直让我深深地感动和叹服,并使我很早就萌生出全面、系统研究、梳理中华民族传统法律文化的强烈愿望。在上个世纪的90年代,我就在这一愿望的驱使下,形成了初步的研究思路,并组织起一批学者付之于行动,开展了第一步的研究,撰写出百余万字的文稿,为第二步拟进行的全面、系统的研究铺垫了基础。但那时因行政工作繁忙,这第二步的研究工作一直难以脚踏实地地开展。

2005年,以我为首席专家的"中国传统法律文化研究"(十卷本)课题,被教育部正式确立为"哲学社会科学研究重大课题攻关项目",同时也被新闻出版总署确定为"'十一五'国家重点图书出版规划"。卸任后的我此时也有了时间和精力,立即开始了这项计划中的研究课题。2005年12月,来自全国高校和科研单位的五十多位法律史专家、学者汇集北京,组成该项目的课题组,并召开了"中国传统法律文化研究"国家重大课题攻关项目实施研讨会。经过热烈的研讨和反复的论证,会议最终确定了各子课题的研究思路和写作计划,明确了项目实施各个阶段的具体要求。

作为项目的领导者和组织者，我见证了各课题组为完成这一项目所付出的努力与艰辛，也体悟了诸位同仁在学术研究上的勇气胸怀和进取精神。为了能够真实、生动地解读和验证当时社会的法律与生活，各课题组费尽周折，克服各种困难，搜集了大量的资料和珍贵图片，并认真地加以考证和选择。此外，对不同时期，漫漫历史长河中承载了诸多复杂因素的各种类型的传统法律文化成果悉心审视，认真分析研究。在项目实施的 2006 年至 2009 年间，各课题组围绕各自的主题召开了数不清的研讨会、调研会，而我也先后组织召开了 7 次大型会议，专门就项目的实施和学术问题进行研讨。同时，为解决课题研究中的重点与难点学术问题，还组织召开了"和谐社会的法律史考察"、"中国传统法律文化的现代价值"、"中国传统法律文化的基本精神"、"礼与法——中国传统法律文化总论"等十余次专题学术研讨会，除课题组成员外，广邀学界同仁与会，进行学术研讨。这些对项目的完成均产生了积极的作用。

为了推动和深化项目的研究，作为史学中的法律人，我还和大家一起对法律史学产生以来的百余年研究成果进行了总结与梳理，编辑出版了《百年回眸：法律史研究在中国》；创办了《法律文化研究》学术年刊，刊发课题组内外的相关研究成果，迄今已出版 5 辑，约四百万字；并先后举办了三十余次"明德法律文化论坛"，围绕课题研究相关内容，诚邀海内外法律史学者莅临讲演，与项目组成员进行学术对话和交流；开设了"中华法律文化网"作为项目交流和弘扬中国传统法律文化的平台，介绍项目进展情况，发布项目研究成果，扩大项目社会影响，为项目研究提供学术资源。

在项目组诸位学者的努力下，课题研究进展顺利，2009 年年底基本完成了项目的初稿。为了保证项目研究成果的质量，在文责自负的原则下，由各卷主编对书稿进行了统稿工作，并利用中国期刊网的检测系统对全部文稿进行了检测，对发现的问题逐一修正。

本书是我学术人生追求中的一个成果，也是我一直渴望实现的一个心愿，它饱含着我的真诚与思考，也凝聚着各位课题组成员的智慧、心血与汗水。我深知学术的发展永远不可能是完美的，本书也定会存在诸多不足。我期望它的问世不会让学界和读者失望，我期望它的问世能够让更多的人更好地了解我们祖国的传统法律文化，并进一步推动和深化对中国传统法律文化的研究。

2010 年 9 月 3 日

先生讲词选录

中美著名法学院院长联席会议暨
中美法学教育的未来研讨会开幕词

（1998 年 6 月 17 日）

尊敬的各位女士、各位先生、各位来宾：

今天，我们中美两国三十多所著名法律院校的院（校）长、著名法学家共六十多人，在中国人民大学新落成的法学楼国际会议厅隆重集会，举行首届"中美著名法学院院长联席会议暨中美法学教育的未来研究会"。在两千多年前，我们中国人的至圣先师孔夫子曾说道："有朋自远方来，不亦乐乎"，用来表达见到远方朋友的欢快心情。在此，请允许我也以同样愉快的心情，代表本次会议的主办单位中国人民大学法学院，代表全国高等学校法学学科教学指导委员会，向来自大洋彼岸的美国法学家，向来自全国各地二十四所法律院校的院（校）长、著名法学家表示热烈的诚挚的欢迎！向光临会议的各位嘉宾和中外新闻传媒界的朋友们，向为促成会议顺利召开而作出贡献的中美各界人士表示衷心的感谢。

这次会议的顺利召开，标志着中美法律法学界交流合作的友谊之路已经顺畅通行了。中国有"饮水思源"的古训，饮水不忘掘井人。同样，行路也不能忘记修路人。此时此地，我们不能忘记那些披荆斩棘的开路先锋，不能忘记中美两国为开拓这条友谊之路而作过奉献的人们。

各位朋友，本次会议的召开，是中美法学界的一件大事。正如各位所知，中美两国三十多所著名法学院的院长、著名法学家举行联席会议讨论两国法学教育问题尚属首次。而本次会议在克林顿总统即将进行的对华重要访问之前举行，也使会议有了一种特别的意义。本次"中美著名法学院院长联席会议暨中美法学教育的未来学术研讨会"，是去年江泽民主席访美后中美法律合作开始启动的第一个项目。中美法律交流项目是江泽民主席和克林顿总统会谈的一项成果，并被列入《中美两国联合声明》。

此次会议从开始酝酿到今天举行会议，历时半年。记得 1997 年 12 月，本人应邀访问了美国耶鲁大学、哈佛大学、斯坦福大学、哥伦比亚大学、华盛顿乔治敦大学、印第安纳大学等大学法学院。在访问期间，应美国克林顿总统特别代表葛维宝（Paul Gewirtz）教授邀请，在美国国务院进行会晤。双方都表示愿在中美两国元首会谈的框架内，重新启动并进一步加强中美之间的法学交流及法学教育领域的合作，并就共同倡议举行中美法学院院长联席会议讨论法学教育问题进行了磋商（我在访美过程中，也曾就此同各有关大学法学院交换意见）。此后，葛维宝教授又于今年1月9日、5月1日两次来中国人民大学法学院，再次与本人具体商谈会议事项。从会议筹备过程可以看出，中美双方有关方面都表现出合作诚意，并付出了热情和努力，为本次会议的顺利召开奠定了坚实的基础。

各位教授，本次会议的主题是讨论法学教育的未来。大家都深知，健全的法律制度是现代社会文明的基石。而法律制度健全与否，又在非常大的程度上取决于人（包括立法者、执法者乃至社会大众）的法律素质。因此我们完全可以说法学教育于社会的发展、文明的进步、人民的福祉都至关重要。中国和美国都是世界大国，彼此各有不同的文化传统和法律传统，各有独具本国特色的现代法律制度。但在东方文化与西方文化之间，成文法与判例法之间，相同点大于不同点，相融性大于排斥性。特别是随着现代科学技术的迅猛发展，世界上不同文化、不同法律制度的交流不仅变得必要，而且成为可能。这些年来从与美国法律界、法学界的接触中，我们强烈感觉到加强两国法学教育交流与合作的必要性和可能性。出席本次会议的双方单位和专家，代表了中美两国法学领域的最高水平。有如此之多的世界著名的法学家相聚一起，讨论法学教育的现状与未来，使我们完全有理由相信，在为期三天的会议中，中美双方的法学家通过面对面的讨论和交流，一定会增强相互的了解，也一定会在法学教育相关各问题上取得许多共识。我本人和在座的中美两国法学家都衷心希望会议取得圆满成功，达成中美双方都预期的目标。我们将会为此作出最大的努力！

谢谢各位！

司法公正与司法改革目标学术研讨会开幕式致辞

（2000 年 4 月 26 日）

各位来宾、女士们、先生们、朋友们：

首先，我谨代表中国人民大学法学院向中国人民大学宪政与行政法治研究中心、中国人民大学诉讼制度与司法改革研究中心以及《中国律师》杂志社共同举办的题为"司法公正：司法制度改革的目标——宪法学者与诉讼法学者的对话"的学术研讨会的隆重召开表示热烈的祝贺，向来自全国各地的法学专家、学者、实务界的同志们、朋友们以及参加这次讨论会的各界人士表示热烈和诚挚的欢迎！

公正是人类永恒追求的价值目标，更是司法的灵魂。目前，我国司法现状总的来说，存在着较为严重的司法不公问题。造成司法不公、司法腐败的原因很多，诸如法治建设时间不长，法治思想与精神缺失，法治资源的短缺，司法人员素质普遍不高，诉讼制度与司法体制尚不健全，等等。建设社会主义法治国家，须有公正的司法体制。司法公正的实现，是法治的应有之义，是法治的根本与保障，是实现法治的前提与重要内容。实现司法公正，需要制度上的保障，需要逐步提高司法人员的素质，完善程序上的制约，构建科学、合理、公正、完整的司法制度与具体程序。其中制度的问题，司法体制的问题，是根本问题。为此，加强司法制度方面的理论研究与交流非常必要亦非常重要。应通过对司法制度的研究，对现行司法体制存在的问题、弊端进行理性的分析，探讨司法改革的基本理论与实践问题，探寻如何建构公正、合理的司法体制，推动程序法治与司法公正的实现。当前，积极开展司法制度与司法实践的研究，大力推进司法改革，是非常急迫的任务。

今天，宪法学界、诉讼法学界、实务界的专家、学者、律师会聚一堂，共同探讨司法改革大计，尚属首次。依法治国，必须确立宪法的最高权威地位。司法体制改革会触及国家体制以及宪法的修正的问题。所以，从宪政的高度探讨司法改革，有利于从根本上解决司法制度的改造与建设问题，保障司法体制改革从根本上得以实现。正是在这一角度上讲，诉讼法学者与宪法学者之间的对话与交流就显得更有意义，也为司法改革提供了新的视角。我们提倡、鼓励严谨的学术争鸣，愿各位畅所欲言，各抒己见，共同为建构我国独立公正的司法制度，促进司法改革，献计献策，贡献力量。司法改革是大家共同关心的问题，理论界、实务界共同参与其中，积极开展理论研究，拓展研究空间，活跃研究气氛，必然会扩大共识，扩大影响。相信本次研讨会必将达到预期目标。

中国人民大学宪政与行政法治研究中心和诉讼制度与司法改革研究中心是中国人民大学宪政与司法制度研究的重要基地。两个研究中心的建立，非常有利于集中优秀人才，认真、扎实地进行理论和实务的研究。这次会议即是两个研究中心自成立以来首次联合举办的大型学术研讨会，并且得到了来自全国各地的专家、学者、实务界知名人士的支持，大家共同探讨这个非常有现实意义的问题，相信会有力地推动相关领域的理论研究和司法实践。希望两中心不断通过开展积极、广泛的研究以及与立法、司法实务的交流互动，为司法改革提供科学的理论指导，包括司法改革目标的设定、具体制度的设计与论证，促进司法公正目标的实现。在此，我还要对本次研讨会的合作者——《中国律师》杂志社表示衷心感谢。

江泽民同志在党的十五大报告中提出"依法治国，建设社会主义法治国家"的治国方略与目标，并且指出，要"推进司法改革，从制度上保证司法机关依法独立公正地行使审判权和检察权"。这为我国的法治建设指明了方向，也为法学研究提出了任务。法学家应发挥应有的作用，为我国的法治化建设贡献力量。人类即将跨入新世纪，我国的法治建设也将进入新的历史时期。这就为法学家和法律工作者提供了施展才华的广阔舞台。在进行法治实践的过程中，法学理论工作者使命光荣而伟大，应背负历史责任感、使命感，积极参与到伟大的法治实践中去。司法改革任重道远，我们负有神圣的历史使命。让我们为我国司法改革的逐步推进，为司法公正的实现，为我国社会主义法治化建设共同努力奋斗！

最后，预祝研讨会取得圆满成功！

谢谢大家！

［原载《中国律师》，2000（8）］

21 世纪世界百所著名大学法学院院长论坛暨
中国人民大学法学院成立 50 周年庆祝大会开幕词

继往开来　团结奋斗
加强国际合作　繁荣法学教育
（2000 年 12 月 3 日）

尊敬的李鹏委员长，尊敬的各位领导、各位来宾、各位校友、各位老师和各位同学：

今天，庄严雄伟的人民大会堂群贤毕至。来自世界五大洲、二十多个国家的最有影响的 132 所著名高等学府的数百位声誉卓著的法学家聚会北京，就 21 世纪法学教育的改革与发展以及法学各学科的重要问题进行交流和讨论。同时，我们中国人民大学法学院的在校师生及来自包括台湾省在内的 32 个省、直辖市、自治区和香港、澳门两个特别行政区的 4 000 名新老校友同中外法学家一起，在这里隆重庆祝中国人民大学法学院成立五十周年。在 20 世纪的帷幕即将落下、新世纪的曙光乍现的时候，在中国的首都召开这样一次囊括了五大洲各国最著名和最有代表性的著名大学、规模空前的世界性法学盛会，无论对于中国还是对于整个世界的法学教育和法学研究，都具有重要而深远的意义。在此，作为会议的东道主，我谨代表中国人民大学法学院的全体师生，向在百忙之中拨冗莅临本次大会的国家领导人和中央机关的领导、北京市的领导表示衷心的感谢！向不远千里、万里来自世界各国、各地区著名大学的各位法学院院（校）长、法学家，向各位贵宾表示深深的敬意和热烈的欢迎！向全体校友表示由衷的欢迎和亲切的问候！

各位来宾、各位朋友，中国是世界著名的文明古国。千百年来，中华各民族人民在这片热土上生存繁衍，创造了辉煌灿烂的中华文明。在我们的历史文化传统中，习法、尚法、重法的精神占有重要位置。1840 年以后，外国殖民主义者的入侵和持续不断的政治动荡，大大地影响了中国同世界的交往，影响了中国法治现代化的进程。从 70 年代末期开始，中国人民在总结人类社会发展历史，特别是近代中国的屈辱历史的基础上充分认识到，经济发展是任何一个民族或国家生存、发展的基础和根本动力，而实行民主法治则是社会文明进步、长治久安的重要保障。我国经过二十多年的改革开放，我们不仅在发展民族经济方面取得了巨大成功，在建立社会主义市场经济法律体系、建设社会主义法治国家方面也倾注了大量的精力，中国的立法、司法以及法学教育、法学研究都有了突飞猛进的发展，中国的社会面貌发生了天翻地覆的变化。中国人民大学法学院的发展与壮大，可以说是新中国法学教育事业发展的一个缩影。

各位来宾、各位校友，中国人民大学法学院是中华人民共和国诞生后创办的第一所正规的高等法学教育机构。早在 1950 年中国人民大学命名组建之初，法律系即是学校八个主要系科之一。一大批朝气蓬勃的青年正是从中国人民大学法学院走向法制建设的岗位、走上各大学的法学讲坛，成为国家法制建设的重要新生力量。"文化大革命"期间，中国人民大学被迫停办，法律系自然也未能幸免。1978 年，在邓小平亲自关怀和过问下，中国人民大学得以复校，法律系重新开始招生，并在国家的改革开放的良好环境下，开始进入快速发展时期。

各位来宾、各位校友，历史证明了一个雄辩的真理：国运兴，则法学兴；法学兴，则法治兴，国运更兴。人大法学院与国家的法制建设事业同命运、共进步。经过 50 年的艰苦努力，特别是经历了改革开放二十多年来国家社会的大发展以后，中国人民大学法学院已经成为我国培养社会主义法律人才和治国人才的重要基地。1998 年国家授予中国人民大学法学院"全国五一劳动奖状"，这是全国高校系统唯一获此殊荣的单位。50 年来，法学院全体教师殚精竭虑，全心致力于国家的教育事业，在法学教育领域辛勤奉献，先后为国家培养输送了法学专业博士生、硕士生、本科生以及高级法官学员、海外留学生 1 万余人，培养各类函授生、进修生三十余万人，并在长期法学教育实践中，形成了从学士学位到博士学位、从脱产教育到在职教育、从进修学者到博士后流动站等层次齐全、体系完整的法学人才培养体系，积累了丰富的法学人才培养经验；50 年来，法学院教师以繁荣国家法学研究、服务国家法制建设为职责，发扬理论联系实际、精益求精的科学精神，在法学研究领域辛勤耕耘，结合国家和社会发展中的重要理论与实践问题进行深入、开拓性研究，并直接参与共和国宪法和基本法、基本法律和重要法规的起草及司法方面的研究咨询工作，完成和发表了一大批有深度、有价值的科学研究成果，为推进国家各项法制建设作出了突出的贡献，也为法学院赢得了学术声誉和地位。据不完全统计，在国家改革开放的二十年中，法学院教师在海内外共出版学术著作千余部，发表学术论文数千篇。自"六五"至"九五"以来，我院承担国家级科研项目八十余项，省部级及地方省、市委托项目、国际合作项目二百余项。承担国家项目数量和获奖数目均居全国法律院校之首。现在，人大法学院拥有 9 个硕士学位授予点、7 个博士学位授予点、两个国家级重点学科（占全国 1/3）、两个国家重点研究基地（占全国 1/3），是全国法律院校中拥有学位点、国家重点学科和国家重点研究基地最多的一个单位。现有在校学生近两千人，其中 3/4 是硕士生和博士生。特别让我们感到欣慰和自豪的是，经过长期的积累，法学院形成了雄厚的教学和科研力量，拥有一支结构合理、良好有序的师资队伍。法学院现有在编全职教授、副教授 60 余名，其中博士生导师 31 名，国务院学位委员会学科评议组成员 2 名。其中，既有一批在国内外享有盛誉的资深教授仍在发挥重要的影响，更有一大批年富力强、学术功底扎实、已在全国法律界和相关学科颇有影响的中青年学者作为跨世纪学术带头人和学术骨干。法学院 45 岁以下的青年教师中，已经拥有博士学位和正在攻读博士学位的占 90% 以上。在首届全国评选出的 40 岁以下的十名杰出青年法学家中，北京地区高校系统获得了 3 名，全部是人大法学院的教授；2000 年全国第二届评选出的 45 岁以下的十名杰出中青年法学家中，我们又有一名教授入选。近年来，学院本着"以人为本"的思路，注重"以事业的发展吸引人、以真挚的感情团结人、以较好的待遇留住人"，尽力营造良好的学术氛围和工作条件，使广大教师特别是中青年骨干教师"有用武之地、无后顾之忧"，自觉地把法学教育事业当作自己应尽的天职和使命，去奋斗、去拼搏。这支素质精良、勇于开拓、乐于奉献、团队精神强的教师队伍，是我们学院最为宝贵的财富，是我们学院整体优势之所在，也将是我们中国人民大学法学院迈向世界一流法学院的重要保证！

各位来宾、各位朋友，我们的世界是一个多彩的世界。在人类历史上，不同的民族所创造的文明文化，构成了人类社会绚丽多姿的文化百花园。对于任何一个文化体系而言，在保证自身文化主体性的同时，积极开展对外交流，取人之长、补己之短，是保证自身健康发展的重要环节。刚才李鹏委员长在致辞中引用了中国一句名言："他山之石，可以攻玉"。中国需要了解世界，世界同样需要了解中国。在人类即将迈入新的世纪、中国已经开始昂首阔步走向世界的时候，作为国家法律人才、治国人才的培养基地和法学研究基地的大学法学院，更应该广泛地与世界各国的法律界、法学界进行交流与接触，促进外界对中国法制建设进程、法学教育和研究状况的了解，同时通过高层次的国际交流，吸收他人的成功经验，促进自身的发展。在这方面，中国人民大学法学院已经率先做了一些工作，并取得了良好的国际影响。1998 年 6 月，根据我本人访美期间应邀访问美国国务院、同美国总统特别代表葛维宝教授商谈的联合倡议，成功主办了"首届中美著名法学院院长联席会议"。2000 年 6 月我们又成功举办了"首届中国—欧洲著名法学院院长联席会议"。我们深知，由于历史文化背景的不同，各国法学教育、法学研究具有各自的特点。但是，我们之间存在更多的共同语言。我深信，来自世界各地的法学家、饱学之士，一定能借这次论坛的机会，充分交换意见和经验，寻找并凝聚在法学教育结构、人才培养体系、法学设置、法律理论与实践的结合以及法学研究的方法等各方面的共识，完善法学教育和法学研究，进一步推动各国法治建设，为建立一个美好的新世界而作出大学法学院应有的贡献。

各位来宾、各位校友，人类历史发展的经验证明，健全的法律制度是现代社会文明的基础。而健全法制、实现法治的基础性工作，又首先在于法律人才的养成，在于法律科学研究的不断发展。这些基础性工作，毫无疑问是大学法学院的基本职责。因此可以说，一个国家大学法学院的建设、大学法学院的综合素质，与该国法制建设、法治水平密切相关。换句话说，一个国家大学法学院办得如何，是其整体法治水平高低的一个明显指标。中国人民大学法学院已经走过了五十年的风雨路程。当我们为法学院今天的发展而感到欣慰的时刻，我们不会忘记是国家的改革开放和实行"依法治国、建设社会主义法治国家"的大环境为我们学院创造了条件和机遇；不会忘记国家领导人和中央及地方国家机关对我们学院的关怀和支持；不会忘记那些健在的和已故的创业者的奋斗和艰辛；不会忘记五十年来一代代教师在个人际遇坎坷和极端艰苦困难的条件下作出的牺牲和奉献；不会忘记各界校友对母校的热爱和盛情；不会忘记各高等院校和海内外朋友真诚的支持与帮助、谅解与友谊。

当前，我们国家已经确立了建设社会主义法治国家的宏伟目标。同时，在加入 WTO 以后，中国将在更广泛的范围里与世界接轨。这些都明白地显示，新的世纪任重道远。我们决心继续厚植学术实力，扩大对外交流与合作，为把中国人民大学法学院建设成为世界一流法学院继续团结奋斗。我也衷心地期望和坚定地相信，全国的法律院校都会得到健康发展，在我国也一定会涌现出若干所世界一流的法学院和一批高水平的法学院。中国人民大学校长纪宝成教授在今天的讲话中正式倡议世界五大洲的各国轮流举办世界百所著名大学法学院院长论坛，每两年或三年一次。这是一个很好的倡议，我们期待着下一次、再下一次论坛在美国、在欧洲、在亚洲、在澳洲、在非洲持续不断地办下去，而且越办越好。

各位来宾、各位校友，从今天算起，再过 28 天，我们就要辞别 20 世纪了。让我们张开臂膀，去迎接喷薄欲出的新世纪朝阳。

谢谢！

在江泽民总书记视察中国人民大学之座谈会上的发言

（2002 年 4 月 28 日）

尊敬的江总书记：

请允许我就人大法学院和中国法学教育走向世界的情况向总书记作一个简要汇报。

人大法学院建立于 1950 年，是我们党亲手创办的新中国第一所正规的高等法学教育机构，首任系主任就是党内著名法学家和哲学家何思敬教授。人大法学院在创办初期就曾帮助过北大法律系、复旦法律系、北京政法学院等一批政法院校的恢复和建立，培养和支援了大批师资，并提供了全新的教材、教学方案和教学方法，被称作"新中国法学家的摇篮"、"中国法学教育的工作母机"。

经过五十多年的努力，人大法学院建成了培养法律人才的完整体系，成为拥有博士学位点、重点研究基地、重点学科和博士后流动站最早、最多的一个单位，也是教育部高等学校法学学科教学指导委员会主任和全国法学教育研究会会长暨秘书处所在单位，成为全国法学教育领域的教学、研究和国际学术交流中心。1998 年获全国"五一劳动奖状"，是全国高校唯一获此殊荣的单位。人大法学院有一批在国内外享有盛誉的资深教授，如被誉为新中国民法之父的佟柔教授；公认的新中国刑法学旗手高铭暄教授，他参加了新中国刑法制定、修改的全过程；著名宪法学家许崇德教授，参加了 1954 年宪法和每部宪法修正案的起草，以及香港基本法和澳门基本法的起草工作，接受了改革开放以来四届委员长的任命书。在全国评选出的首届十名杰出青年法学家中，北京地区高校占了 3 名，全部是人大法学院的年轻教授。

从 1950 年到现在，人大法学院培养了 1 万多名正规毕业生和 30 多万进修生和函授生。一大批毕业生成为国家政法机关的领导骨干和著名法学家。据粗略统计，担任省部级及以上领导干部的 20 人，现职的大学正校长 4 人，教授 300 多人，司局级干部 500 人以上。中国首席大法官肖扬同志和一级大法官祝铭山同志就都是人大法学院的毕业生。此外，还和最高法院合作，每年举办高级法官培训班，培养了近千名院长、庭长。全国每一个高级法院、中级法院和最高法院暨各审判庭都有人大的毕业生。

人大法学院教师参加了新中国成立后国家几乎所有重要法律、法典的起草工作，并经常接受全国人大和司法部门的委托，就法律问题提供咨询。有 8 位教师为中央领导和全国人大"法制讲座"讲课。1992 年起，人大法学院同最高法院联合编纂《中国审判案例要览》，每年用中文简体字、繁体字和英文三种版本向世界各国发行，是中国唯一正式编纂公布的判例书。

作为落实 1997 年江总书记访美期间与克林顿总统发表的联合声明的重要措施，1998 年 6 月在人大举行了"首届中美著名法学院院长联席会议"和学术研讨会，美国总统克林顿写来了亲笔贺信。接着又相继举行了"中国—欧洲著名大学法学院院长联席会议"和"21 世纪亚洲法学教育改革与发展论坛"。特别是 2000 年 12 月在人民大会堂举行的"21 世纪世界百所著名大学法学院院长论坛暨中国人民大学法学院成立 50 周年庆祝大会"影响巨大，可以说是国际法学界的空前盛会，世界五大洲 132 所著名大学法学院，如美国的哈佛、耶鲁、斯坦福、哥伦比亚大学，英国的剑桥、牛津大学，日本的早稻田、京都、东京大学等名校法学院全部到会。这些会议不仅被视为是中国法学教育走向世界的重要里程碑，更重要的是让世界了解了改革开放后的中国在依法治国、法制建设和现代化法学教育方面所取得的巨大成就。

总书记一直十分关心和重视法制建设，提出了建设社会主义法治国家的治国方略，对法学教育提出了更高的要求，也为法学教育创造了更好的机遇。我们法学院师生将在"三个代表"重要思想的指导下，解放思想，与时俱进，以强化学科建设和教师队伍建设为根本，实现将人大法学院建设成世界一流法学院的目标。

朝阳大学诞辰九十周年暨
"近代中国法制建设"研讨会开幕式致辞

（2002 年 11 月 1 日）

尊敬的朝阳校友、各位来宾，老师们、同学们：

今天，在举国上下喜迎党的"十六大"召开的喜庆日子里，整修一新的中国人民大学迎来了 65 年华诞，朝阳大学也迎来了九十周年诞辰，可谓三喜临门。请允许我代表中国人民大学法学院全体师生向远道而来的朝阳校友表示热烈的祝贺，向参加"近代中国法制建设"研讨会的来宾表示热烈的欢迎。

自从清末沈家本变法以来，中国法制开始了近代化转型，在专制走向共和的法制近代化的过程中，需要"以专门之人才，治所习之事业"，正是在这种法制转型的历史背景下，1912 年诞生了著名的朝阳大学。到 1949 年为人民政府接管为止，朝阳大学历经近四十个春秋，为传播近代法律文化、培养法学人才，作出了重要贡献，在中国近代法学教育史上具有举足轻重的地位。朝阳大学作为一个私立法学教育机构，之所以取得这样的成就，是与朝阳大学的创始人和教授们倾心向学、艰苦努力分不开的。朝阳大学的创始人汪有龄、江庸等人既是中国近代法制史上著名的法学家、政治家，也是著名的法学教育家。朝阳大学的创始人和历届领导人兼收并蓄，确立了"非名教授不聘"的原则，广泛延揽海内外学识渊博、造诣精湛的学者名流，组成了强大的教授阵容，广大教职员工团结努力，勤俭办学，历经民国战乱、抗日烽火，前赴后继，终成一代名校。几十年来，朝阳学子在高等文官考试暨司法官考试中名列前茅，多次受到嘉奖，得到了社会各界的广泛赞誉，有所谓的"无朝不成院"之说。

朝阳大学在教学和研究中坚持严格的标准，崇尚学术研究，又注重理论研究与社会实践相结合，形成了独特的学术风格和传统。朝阳大学推崇大陆法系，重视成文法研究和法律解释学方法，在教学中注意阐释法律的立法宗旨、原则、学说派别、法理与法条释义，同时又注意联系司法实践，展开案例教学，进行厚积薄发、深入浅出的讲解。因此，朝阳大学与东吴大学一道，被誉为"北有朝阳、南有东吴"，成为学术水准高、学术风格异的近代法学教育的两朵奇葩。

1949 年中央人民政府接管朝阳大学后，在此基础上建立中国人民大学法律系，朝阳大学优秀的学术风格和学术传统在新中国阳光照耀下得到了继承和发扬。中国人民大学法学院作为新中国诞生后创立的第一所正规的高等法学教育机构，在过去的五十年中，已经培养了包括法学学士、硕士、博士、函授生、进修生三十余万人，一大批毕业生成为我国立法与司法机关和法学教育与法学机构中的高级领导骨干和著名法学家。人大法学院既有一批以资深教授为主体、在国内外享有盛誉的著名法学家为学科带头人，更有一批学术功底扎实、已在全国法律界和相关学科颇有影响的中青年法学家为跨世纪的学科带头人和学术骨干，他们不仅在校内教书育人，培养人才，而且著书立说，参与国家立法和司法实践，为我国法制建设和法学研究作出了重要贡献。中国人民大学法学院已经成为我国培养社会主义高级法律人才的重要基地，并跻身于世界著名法学院行列，正在为建设世界一流法学院而努力奋斗。中国人民大学法学院所取得的成就也得到了党和国家领导人的充分肯定，今年4月28日，江泽民总书记考察人民大学的时候，还专门听取了法学院的工作报告。

50年前，朝阳大学为人民政府接管而结束，但是，朝阳大学精研法学法律、促进民主政治、培育司法人才、匡扶社会正义的传统为新中国创办的人大法学院所继承和光大。我坚信，在建设社会主义法治国家的进程中，在新世纪法学教育的改革与发展中，朝阳精神仍然具有强大的生命力，我也衷心希望海内外的朝阳校友一如既往地关心、支持人大法学院，在为实现把人大法学院建设成为世界一流法学院的宏伟目标中继续贡献力量。

谢谢大家！

首届中国证券市场法律论坛开幕式致辞

（2004 年 4 月 23 日）

尊敬的成思危副委员长，尊敬的各位领导和各位来宾，女士们、先生们：

经过近半年的筹备，"首届中国证券市场法律论坛"今天在这里隆重开幕。

中国人民大学法学院作为论坛的东道主和主办单位感到十分荣幸，我们对拨冗光临论坛的成思危副委员长和各位领导同志，对来自全国各地的证券界、法律界朋友，对兄弟院校的各位法学家和经济学家、财政金融学家，对新闻媒体的朋友们充满感激之情。

各位来宾，今天，我们在这里聚会，共同探讨中国证券市场的法律制度和《国务院关于推进资本市场改革开放和稳定发展的若干意见》的要义和旨趣。众所周知，健全的法律制度是现代社会经济发展的基石。致力于维持并促进资本形成与高度流通的证券市场，必须具有完善的法制基础。证券法律制度作为我国市场经济法律体系中的重要组成部分，是证券市场得以存在和发展的制度保障，是保护投资者权益、增强投资者信心的有力武器。

在推进证券市场改革开放和稳定发展的过程中，坚持依法治市的指导思想，遵循《证券法》规定的"公开"、"公平"、"公正"原则，对规范市场主体的行为，保护投资者权益，促进证券市场健康发展具有重要的意义。在本次论坛上，大家将要讨论的证券法修改完善、股权分置与多层次市场体系、证券发行上市、证券公司行为规范、上市公司法人治理等课题，有的是西方发达国家在建设本国证券市场及其法律制度的过程中曾经遇到或者正在探讨的问题，有的是中国证券市场的特有问题。在创新过程中，我们既要借鉴国外成熟市场的先进经验，又要重视保持本土化思维。只有立足于自身实际，在此基础上开展比较，才能真正有助于促成法制创新，解决证券市场中的现实问题，从而为世界范围内的证券法律制度的发展作出我们的贡献！

进行证券市场的法制创新，反映在立法层面，要求我们适时地对《证券法》、《公司法》等相关法律法规作相应的修改和完善。美国、英国、法国、日本等发达国家的公司法、证券法，自 90 年代以来频繁修改，而且每次修改往往涉及为数众多的条文。我国目前正在进行的公司法、证券法修改，其目的就是使法律更好地促进经济的发展，更好地保护投资者权益，并尽可能与国际惯例接轨。

各位来宾，证券市场法制创新的不断推进，有赖于证券界、法律界人士的共同努力。而这归根结底取决于人的创造力。证券市场需要高素质的法律人才，在这方面法学教育大有作为。中国人民大学法学院拥有"民商事法律科学研究中心"、"金融法研究所"等实力雄厚的研究机构，有众多长年研究公司法律制度、证券法律制度的学者，他们积极参与了包括《公司法》、《证券法》在内的重要法律的制定和修改，每年我院有相当一部分毕业生跻身于证券业，并以出色的表现得到广泛的认可和好评。教育机构、研究机构与实务部门的互动合作，有利于促进理论与实践的融合与提升，有利于发挥各自的优势，共同推进中国证券市场法制建设的宏伟事业。我们今天举行的是首届论坛，今后每一至两年举行一届，长期坚持举办下去。

我希望并相信，与会的各位嘉宾一定能够利用今天的论坛平台发表宏论、交流经验，共同为健全和完善我国证券法律制度献计献策。

预祝本届论坛圆满成功！

谢谢各位！

法学院学科建设会议主题报告

居安思危　团结奋斗　不断巩固和发展学科领先优势

（2004 年 11 月 6 日）

　　2004 年《中国教育报》授权公布一级学科评估结果，人大法学院法学一级学科排名全国第一，这是法学院法学一级学科整体水平的一个客观反映。近十几年来全院教职工高举邓小平理论的伟大旗帜，贯彻"三个代表"重要思想，通过艰苦卓绝的团结奋斗，成为全国法学教育领域的教学中心、研究中心、信息中心和国际交流中心，是教育部全国高等学校法学学科指导委员会主任暨秘书处所在单位，是全国法学教育研究会会长暨秘书处所在单位，在全国法学教育领域处于领先地位，并已跻身于世界著名法学院行列。

　　我们对这次的学科排名，既要有荣誉感，更要有危机感。法学院在学科建设方面还存在许多有待解决的问题，同世界一流大学法学院比较还有相当大的差距。面对全国法学教育领域日益严峻的竞争态势和法学院争取在 10～15 年左右建成世界一流法学院的奋斗目标，法学院全体师生必须对全院学科建设状况具有冷静科学的分析，对未来的发展有切合实际的规划，在学校的领导下继续团结奋斗。

一、学科优势

（一）师资力量雄厚，梯队结构合理，形成了整体优势和团结向上的学术团队

　　高校竞争的核心是人才的竞争。多年来，我们采取积极措施，排除内耗，稳定和完善现有教师队伍，开展了凝聚人心的工程，即"用事业的发展激励人，用真挚的感情团结人，用较好的待遇吸引人"，使全院教职工有用武之地，无后顾之忧，使教师队伍的结构逐步得到完善。既有一批享有盛誉的资深教授，继续发挥他们在国内外的广泛影响，更涌现出一批在各学科处于学术前沿地位的中青年法学家。与此同时，我们千方百计从国内外名牌大学和科研机构（美国哈佛大学、耶鲁大学、法国巴黎一大、德国马普研究所等）积极引进了一批学科带头人、学术骨干和优秀的年轻博士。使原来薄弱的学科得到了明显的加强，目前获得学位的海归派 14 名（博士 8 名、硕士 6 名），占教师总数的近 15％。在教育部组织评选的全国高校优秀青年教师奖中人大法学院共有 3 名年轻教授当选，在全国法律院校中排名第一；在中国法学会已经举办过的三届"十大杰出中青年法学家"评选中，人大法学院共有 5 人当选，在全国高校和科研单位中名列第一，其中第一届北京地区高校和科研院所共有 3 人，全部为人大法学院青年教授，第二、三届我院又各有一位当选。

（二）研究成果和教材建设成绩突出

　　多年来我们精心谋划和组织，狠抓在国内外有重大影响、能够长期发挥作用的拳头项目，各个学科也确立了各自的重大、重点项目，以此带动全院的科学研究和教材建设。法学院教师在国内外发表出版的法学论著，承担的国家级、省部级项目以及获得国家级、省

部级的科研成果奖项，均在全国法律院校中居于首位。例如人大法学院和最高人民法院联合编纂、最高人民法院院长担任编委会主任、曾宪义教授同最高人民法院副院长担任主编的《中国审判案例要览》，自 1991 年以来每年三百多万字分中文版和英文版，面向世界各国发行。同时还按照"211 工程"要求，建立了全国唯一的案例库，成为长期固定的国家级标志性成果和品牌，获得了全国一等奖和北京特等奖，在国内外产生了广泛影响。我院组织编写的"21 世纪法学系列教材"已出版近 70 部，其中 14 门核心课程教材都获得了教育部全国普通高等教育优秀教材一等奖，这在全国史无前例。

（三）加大人才培养力度，塑造法学精英

我院对各类学生建立了严格、科学的培养体系和管理制度，例如：建立了教授必须为本科生开课的制度；博士生和硕士生一律归属各教研室，师生合建支部；法律硕士专业学位研究生的管理在全国各高校都是一个突出的问题，我们采取了法律硕士进教研室、设立指导老师的制度，全院又建立了法律硕士工作委员会。

近十多年来，我院为国家培养和输送了大批法律人才，其中有 3 人已晋升为省部级干部，4 人晋升为大学的正校长，1999 年以来法学院先后有 3 篇优秀博士生论文被评选为全国优秀博士论文，在全国政法院校中是获奖人数最多的。

（四）积极参与国家立法、司法活动，为最高决策提供咨询意见

法学院一直与全国人大、国务院、最高人民法院、最高人民检察院、司法部、公安部等立法、司法机关有着长期的合作，许多教授参与了宪法、香港澳门基本法、民法通则、刑法、诉讼法、合同法等几十个重要法律的起草、制定工作，并继续为民法典、电子商务等立法工作提供重要意见，同时还积极参与最高人民法院司法解释的制定论证工作。法学院教授还多次登上共和国最高讲坛，先后共有 6 人、10 次为中共中央政治局、全国人大常委会讲授法制课，并获得了好评。

（五）形成了全方位对外交流合作的格局

主要表现在两个方面：第一方面，以人大法学院为主导，团结全国法律院校，推动中国法学教育走向世界和世界法学教育走向中国，特别是主持和组织了多次空前盛大的国际法学盛会，产生了广泛的国际影响。第二方面，与美国、英国、法国、日本等世界多个国家和地区建立了多项重大而且稳定的国际合作项目。

我院自 2002 年 12 月创设了"三大讲坛"，即"大法官讲坛"、"大检察官讲坛"、"名家法学讲坛"，国内外最著名的大法官、大检察官、法学大家和著名政治家登坛讲演，成为全国法学界最高层次、最高水平、最具影响力的标志性学术品牌，已在国内外产生了重大影响。

二、存在的差距和发展设想

（一）存在的差距

我院在学科建设方面形成了整体的领先优势，但是也存在着不容忽视的薄弱环节：

1. 学科发展不平衡。各个二级学科都处于全国前 3 名的地位，其中有几个学科具有明

显的领先优势，但是有的学科在全国同类学科中影响不足，差距主要表现在缺乏学术界公认的中青年学术带头人，缺乏有重大影响的学术成果。

2. 教师的竞争力（特别是国际竞争力）存在问题，特别是专业、外语"双优"，具有强势国际竞争力的教师数量较少。在全院教师中还约有 15%～20%、年龄 40 岁左右或近 50 岁的副教授研究能力不强、教学水平不高，很难适应竞争形势。

3. 近亲繁殖现象突出。现有教师队伍中本院（校）培养后留校的子弟兵占 90% 左右，来自国内外的教师所占比例不高，尤其是从国外知名大学法学院毕业的知名博士相对较少。

4. 硬件配备相对滞后，教学及科研设施不能满足日益发展的需要。

（二）发展设想

法学院的建设方向是：以获得通过的"985"国家重点创新基地为平台，长期保持和发展本院在国内的领先地位，大力优化师资队伍，推出一批在国内外有重大影响的科研成果，扩大国际影响力，努力跻身世界一流行列。

1. 进一步加强师资队伍建设。

第一，要求每个学科认真分析本学科的优势和薄弱环节，制定师资队伍建设的目标，根据规划有针对性地引进和选拔人才。

第二，从现在起，我院不再留本院应届毕业生在我院任教，而是从国内外引进一流的学科带头人和学术骨干，吸引国外一流大学和研究机构的年轻博士和博士后归国工作。

第三，根据"双优"标准抓好中青年学者的素质培养工作，尽快培养一批在国内公认的中青年学术带头人，鼓励青年教师到国外进修、访问。

第四，明确责任教授制度。责任教授不仅要对自己的科研工作负责，更要对该学科的学科建设负责。

2. 加大科研力度，推出一批学术精品。要求各学科明确本学科的优势和薄弱点，集中学术优势，对重大项目进行攻关。要求教授、副教授提高在核心刊物发表论文的数量和质量，鼓励在国外的学术刊物上发表科研成果。

同时要繁荣各种学术活动，继续办好"三大讲坛"和各种定期、不定期的学术会议、讲座，经常邀请国内外的知名学者来我院讲学。

3. 在现有基础上要争取建立与国际一流高校和研究机构长期稳定的实质性的合作项目。

4. 建立和完善支撑条件。以"985工程"项目建设为契机，大幅度改善教学科研条件。完善和提升现有的研发平台，把法学院图书馆建成面向国内外开放的、门类齐全、资料完备、设施一流的法学图书馆；把物证技术实验室建设成为国内一流、国际知名的物证技术鉴定及证据分析中心；把中国法制信息港建设成为国际上最权威的中国审判案例库、数据库和中国法律、法学研究信息中心。

中国传统法律文化的现代价值学术研讨会开幕式致辞

(2006 年 5 月 12 日)

女士们、先生们：

阳春五月，正是江南最美的时节。来自全国各地的法学界专家学者齐聚古都南京，研讨中国传统法律文化的现代价值，无疑此题正应此景，体现了社会的和谐之音，也折射出传统与创新融合之魅力。首先，我谨代表与会同仁向热情承办此次研讨会并作出周密安排的南京师范大学法学院表示衷心的感谢，也向来自五湖四海的与会代表表示热烈的欢迎。

中国古代的法律制度代代相因、一脉相承，无论在精神旨趣还是在制度、技术层面，都是环环相扣，因此后人一般都将中国古代的法律制度概括性地称为"中国传统法律"或"中国法律传统"。这是一套经过几千年的积累和回旋，从简单、幼稚的法律幼苗发展而成的体系完整、内容全面、义理精深、风格特异的庞大法律系统，是一套以"天道"观念和阴阳学说为哲学基础、以儒家学派的主流思想为理论根据、以农业生产方式和血缘家庭家族为社会土壤、以"三纲五常"为核心的完整、圆熟的法律传统和法律体制。这套法律传统，不仅以国家强制的方式积极而有效地统治着传统社会，传承着历代祖先的生活智慧和中华文明，而且也曾对封建时代的日本、朝鲜、越南及西域诸国法律文化产生过"决定性"和"压倒性"的影响，形成了世界法律文明史上独树一帜的著名"中华法系"。

建设社会主义和谐社会，推进依法治国，需要我们发掘传统，利导传统，从传统中寻找力量。但是，与其他学科相比，法学界在传统文化方面的研究显得比较薄弱，其原因是复杂的。首先，近代以来，学界在比较中西法律文化传统时对中国传统法律文化基本持否定的态度，"发明西人法律之学，以文明我中国"是当时学界的主流观点。对传统法律文化的反思、批判一方面促进了中国法律的近代化进程，另一方面也造成了人们的误解，使许多人认为中国古代是"只有刑，没有法"的社会。其次，近代以来人们习惯了以国力强弱为标准来评价文化的所谓"优劣"。有一些学者将西方的法律模式作为"文明"、"进步"的标尺，来评判不同国家和地区的法律。这种理论上的偏见，不仅阻碍了不同法律文化间的沟通与融合，而且造成了不同法律文化间的对抗和相互毁坏。在抛弃了中国古代法律制度体系后，人们对中国传统法律的理念也产生了史无前例的怀疑和否定。再次，受社会思潮的影响，一些人过分注重法学研究的所谓"现实"性，而忽视研究的理论意义和学术价值，导致传统法律文化虚无主义的泛滥。

对一个民族和国家来说，历史和传统是不能抹掉的印记，更是不能被中断或被抛弃的标志。如果不带有偏见，我们可以发现中国传统法律文化中凝聚着人类共同的精神追求，凝聚着有利于人类发展的巨大智慧，因此在现实中我们不难寻找到传统法律文化与现代法律文明的契合点，也不难发现传统法律文化对我们的积极影响。

就法的理念而言，中西传统是不谋而合的。东西方法制文明都承认"正义"是法律的灵魂，"公正"是法律追求的目标。只不过古今中外不同的文化对正义、公正的理解以及实现正义和公正的途径不尽相同。法国启蒙思想家伏尔泰谈道："在别的国家法律用以治罪，而在中国其作用更大，用以褒奖善行。"西方文化传统侧重于强调法律对人之"恶性"的遏制，强调通过完善的制度设计和运行来实现社会公正与和谐。中国传统法律文化的主流更侧重于强调人们"善性"的弘扬、自觉的修养和在团体中的谦让，通过自律达到和谐的境界。在和谐中，正义、公正不只是理想，而成为可望也可及的现实。

就法律的制度而言，中国古代法律制度所体现出的一些符合人类社会发展、符合现代法治原则的精华也应该引起我们的关注。比如，尊老恤弱精神是传统法律的一个优秀之处。历代法律强调官府对穷苦民众的冤屈要格外关心，为他们"做主"。自汉文帝时开始，中国古代"养老"（或敬老）制度逐渐完善，国家对达到一定岁数的老者给予税役减免，官衙还赐予米布肉以示敬重。竞争中以强凌弱、以众暴寡在中国传统文化中被视为大罪恶，也是法律严惩的对象。这种对困难群体的体恤和关怀，不仅有利于社会矛盾的缓和，而且体现了法律的公正精神，与现代法律文明完全一致。再比如，中国古代法律中对环境开发利用的限制也值得我们借鉴。《礼记》中记载，人们应顺应季节的变化从事不同的工作和劳动，春天不得入山狩猎，不得下湖捕捞，不得进山林砍伐，以免毁坏山林和影响动植物生长。这一思想在"秦简"和其他王朝的法律典籍中被制度化、法律化了。这种保护自然、保护环境的法律规定，反映出法哲学上"天人合一"的观念、礼俗方面对自然"敬畏"的观念、保护和善待一切生命的理念等等。这些观念与现代法治中环境保护、可持续发展精神也是吻合的。

在现代法治的形成过程中，从理念到制度，我们并不缺乏可利用的本土资源，我们理应对中国源远流长的传统法律文化充满信心。我们进行研究的目的，也是希望能够充分发掘传统法律文化的价值，从中找到发展现代法治文明的内部力量。

诚然，我们应该切忌将研究和弘扬传统法律文化理解为固守传统。任何一种传统的更新都不可能在故步自封中完成。只有在与现实社会相联系的淘汰与吸收中，传统才能充满活力，完成转型。传统法律文化也是如此，古今中外，概莫能外。就中国法律而言，现代社会已经大不同于古代社会，我们的政治、经济环境和生活方式已经发生了巨大的变化，古代的一些法律制度和理念在当时确立和形成时虽然有其合理性，但随着时代的变迁，这些制度和理念有些已经失去了效用，有些甚至走向发展的反面，成为制约社会进步的阻力。在传统法律文化的改造和更新时我们要注意淘汰这样的制度和理念，注意学习和引进外国的一些先进的法律文化，总结外国法律文化引进后的社会作用和经验教训。近代以来，我们在引进和学习西方法律文化方面有过成功，也有过失败。世界文明兴衰史雄辩地证明，一个民族、一种文明文化唯有在保持其文化的主体性的同时，以开放的胸襟吸收其他文明的优秀成果，不断吐故纳新，方能保持其旺盛的生命力，保持其永续发展的势头，并创造出更辉煌的文明成果。其实，近代东西方法律传统转型时也都经历过一个反思传统——淘汰旧制——融合东西——形成新的传统并加以弘扬的过程。

此次研讨会还将就教育部哲学社会科学研究重大课题攻关项目《中国传统法律文化研究》第二阶段实施方案展开讨论。2005年年底，教育部哲学社会科学重大攻关项目"中国传统法律文化研究"（十卷）正式启动，这个项目也得到国家新闻出版总署的重视，批准该项目为国家重大图书出版项目。对中国传统法律文化这一专题进行全面系统的研究，不仅是学术发展的要求，也是当代社会变革的迫切需要。就该课题来看，研究目标定位于实现研究系统性上的突破、研究视角上的突破、研究史料的突破、研究观点与结论上的突破、可读性的突破，从而为传统法律文化的研究工作注入了新的推动力。

各位与会代表，当代中国正处于重要社会转型时期，建设社会主义法治国家和构建社会主义和谐社会这两大主题，为中国法学理论研究提供了难得的发展机会，也提出了严峻的挑战。我们需要发扬兼容并蓄、与时俱进的精神，在融合中西、博采古今中改造和更新传统法律文化，挖掘传统法律文化的现代价值，完成传统法律文化的现代转型。

谢谢！

法律硕士专业学位教育实施十周年庆祝大会主题报告

（2006 年 11 月 25 日）

法律硕士专业学位教育自 1996 年正式实施迄今整整十年，中国人民大学法学院作为第一批试点单位，今天举行这项活动是非常有意义的。我作为参加了法律硕士专业学位教育制度创建、发展全过程的一位学者，倍感欣慰。

十年制度创新，成果丰硕。在国务院学位委员会、教育部正确领导和政法部门的大力支持下，全国法律硕士专业学位教育指导委员会及其秘书处致力于指导、协调、规范全国法律硕士专业学位教育工作，探索培养高层次的复合型实践型法律人才的培养模式，形成了较为完善的法律硕士专业学位培养制度，规范和提高了法律硕士专业学位教育培养质量，并建立了与政法部门干部教育和继续教育规划实施相协调的工作机制，以及各培养单位间沟通协作与国际交流的活动机制，卓有成效地促进了法律硕士专业学位教育的迅速发展。今天，法律硕士专业学位已经成为全国具有重大社会影响的专业学位，并对我国法学教育和法治建设产生了积极而深远的影响。

十年敢立潮头，勇为人先。中国人民大学法学院是参与酝酿、筹备、创建法律硕士专业学位教育的单位之一，在法律硕士专业学位教育中一直走在前列。中国人民大学法学院是于 1995 成立的全国法律硕士专业学位教育专家指导小组及其秘书处所在单位，是两届全国法律硕士专业学位教育指导委员会中与司法部联合组成秘书处的单位。它还是法律硕士专业学位教育制度的全国第一批八个试点单位之一，是最早建立法律硕士专业学位教育专门管理机构的单位，是第一个编写出版了整套法律硕士研究生教材的单位，也是全国高等学校中迄今为止招收、培养法律硕士最多的一个单位。可以说中国人民大学法学院为全国法律硕士专业学位教育的创建和发展作出了重要贡献。

十年沧桑岁月，弹指而过。我自 1994 年在国务院学位委员会办公室的领导主持下参与了法学学科评议组，和国家政法机关部分部级领导论证、酝酿关于设立法律硕士专业学位的工作，自 1995 年起担任全国法律硕士专业学位教育专家指导小组组长，自 1998 年迄今担任第一、二届全国法律硕士专业学位教育指导委员会第一副主任以来，有幸参与、见证了一个新兴的专业学位——法律硕士专业学位教育酝酿、筹备、创建和成长、成熟的发展历程，也参与、见证了法学教育二十几年来特别是近十年来令人欣喜的蓬勃发展的历程。我坚信健康发展的法律硕士专业学位教育，必将成为今后培养法科研究生的主渠道，在 21 世纪建设社会主义法治国家宏大工程中作出历史性的贡献，法律硕士专业学位教育定会具有更加广阔的光明前景。

中外法律体系比较国际学术研讨会开幕式致词

（2007 年 10 月 13 日）

各位来宾、各位朋友：

金秋十月，盛事如约。很高兴今天能够参加"中外法律体系比较国际学术研讨会"，与来自海内外的法学家们和朋友们共同探讨中外法律体系相关问题。

党的"十五大"和"十六大"报告中相继提出了"依法治国，建设社会主义法治国家"，"到 2010 年形成有中国特色社会主义法律体系"的宏伟目标。2005 年，国家教育部决定实施第二期"985 工程"，法学确定了 5 个项目，中国人民大学法学院被批准承担"有中国特色的社会主义法律体系"课题的研究任务。此课题不仅具有重要的学术价值，更具有重大的实践意义，必将对我国的法治现代化进程产生积极而深远的影响。兹事体大，我谨提出几点建议，一管之见，供各位学者参考。

首先，新中国成立以来，尤其是改革开放以来，我们在建设社会主义法治国家的进程中，殚精竭虑，骈首砥砺，锐意进取，在立法、执法、司法以及法学教育、法学研究等方面取得了举世瞩目的成就，这些成就应成为构建有中国特色社会主义法律体系的基础。

其次，应当以邓小平理论、"三个代表"重要思想、科学发展观，特别是构建和谐社会的理念为指导思想，围绕人与人、人与社会、人与自然、人与自身和谐的理念，完善民主权利保障制度、完善立法制度、完善司法制度，这其中，特别是要注重完善集中体现和谐理念的劳动与社会保障制度、环境与资源保护制度。

再次，要充分发掘传统法律文化的价值。中国古代社会习法、尚法、重法的精神一直占据着重要的位置，唐太宗李世民就曾经说过："禁暴惩奸，弘风阐化，安民立政，莫此为先。"传统法律文化中的许多观念和做法有利于从更广泛的角度缓和社会矛盾、解决社会问题、降低社会成本，从而达致"和谐"的社会理想，在今天看，仍然弥足珍贵。

最后，要重视对外国法制文明的吸收、借鉴。任何一种传统的更新都不可能在故步自封中完成，我们要兼容并蓄、融合中西，在传承中创新，在借鉴中创新。如果我们能以中国法律传统为依托，借鉴、吸收世界各国法治文明的优秀成果，创造出一套融合传统观念与现代精神于一体的有中国特色的社会主义法律体系，将是中华民族一大幸事，同时也将是中华民族对世界法律文化的一大贡献。

李鹏同志在全国人民代表大会九届四次会议上指出，中国特色社会主义法律体系是由七个法律部门、三个层次的法律规范组成的协调、统一的整体。这一宏伟目标的实现任重道远，除行政法规外的其他行政立法是否应纳入社会主义法律体系之中？行政执法以及司法体制机制居于何种地位？具体立法如何规划？诸如此类问题，我们希望能听取各位专家学者的真知灼见。我坚信此次会议定会促进课题研究的深入进行，定会对有中国特色的社会主义法律体系的构建作出重大贡献！

最后，预祝大会圆满成功！谢谢！

先生所撰序跋选录

范忠信、郑定、詹学农《情理法与中国人》^① 序
（1991）

自人类社会步入阶级和国家的历史阶段以来，法律制度一直是不同历史类型、不同组织形态的国家政权控制整个社会、实现国家统治的基本工具。于中国亦然。中国立国已有数千年，作为古代中国文化的重要组成部分，古代中国法律制度亦伴随着古代中国政治、经济、文化的演进而不断发展，形成了自己的独特的风格，铸就了辉煌的历史。特别是在秦汉以后，中国的法律制度不仅在法典编纂、立法技术等方面有了长足的进步，而且经过长达数百年的法律儒家化即儒家伦理道德观念与国家法律制度不断相互渗透和融合的历程之后，形成了中国古代法制融"天理、国法、人情"于一体的基本特征。我的学生范忠信、郑定、詹学农君合著的《情理法与中国人》一书，正是一部对这一基本特征进行初步阐述、分析的好书，是一部颇有创新、颇有学术价值的著作。

首先，该书注意把古代中国内在的法律思想理论与外在的法律规范制度有机地结合起来进行研究，深入地分析了古代中国人在法的性质、法的功能与作用、法律与道德的关系、罪与非罪的标准、刑罚轻重的适用以及民事、诉讼等方面的观念和制度。在论述时，注意以思想理论来阐述制度，又以制度规范来印证思想理论，避免了过去的法史著作把二者割裂开来的缺陷，从而能够比较完整地把握中国古代法的整体生命形态和一些主要特征。

其次，该书注意把握中国法律传统的重点问题，进行深入的分析。全书分"法理"、"刑事"、"民事"三篇，重点论述了法与天理、法与人情、法与道德、孝道与犯罪、服制与刑罚以及仁政与司法、无讼、息讼等一系列最能体现传统中国法律制度特征的基本问题，揭示了中国法律传统的典型特征。全书深入浅出，详略得当，避免了平铺直叙、面面俱到，看不出什么弊病。

再次，该书注意从历史上的一些典型的案例出发进行分析和论证，在考察成文的静态

---

① 选自《情理法与中国人》，中国人民大学出版社 1992 年版。

法律制度的同时，注意从司法实践的角度来分析阐述中国古代的法律观念和法律制度的实际运作。这也是很可贵的。

从总体上看，全书风格清新活泼，行文流畅，引证论述也颇为生动。既不失作为学术著作的严肃性，又饶有趣味，具有较强的可读性。可以说是一部别具一格的法律史著作。

本书的三位作者系英山同乡，曾同时就读于同一所大学，又都有志于法律史的研究工作；数年来潜心读书，累有心得，共同写成了这本书。在本书即将付梓之际，索序于我。我一口气通读完毕后，感觉不错，欣然为之作序。

曾宪义
辛未年冬十月
于中国人民大学

赵晓耕《宋代法制研究》^① 序

(1993)

中华法系作为世界五大法系之一，曾对东亚法律制度及法律文化的发展产生过重大的影响。中华法系历史悠久又卓尔不群，及其所代表的中国传统法律文化，作为中国传统文化的一部分，日益受到国内外研究者的关注。

宋代在中国两千余年的封建社会中，占据七分之一的历史岁月。对宋代这一中国"现代的拂晓时辰"的研究，将有助于解决中国近代开端的一系列重大问题。两宋三百年间，异族边患不断于外，百姓暴动时生于内，加上长期财政拮据状况始终如鬼魅般缠身不去，遂使其以积贫积弱著称于史。然而正是这三百年，却是中国封建社会文化和科学技术发展最为繁盛的时期，中国古代的几大发明，如印刷术、航海罗盘、火器、算盘等等，均发端于宋代。其中宋代文化堪称辉煌（有论者认为中国文化迄今出现过三次高潮，即春秋战国时期的百家争鸣、两宋时期的文化复兴、本世纪初叶的新文化运动）。正如唐代佛教的禅宗、南宗曾吸取儒学而战胜儒学一样，宋代以后的宋学则吸取佛道而战胜了佛道。而宋学中居首的理学，更成为继两汉经学、魏晋玄学、隋唐佛学之后，对先秦子学的扬弃和儒学的更加哲学化，从而成为宋以后元、明、清历代封建统治阶级的正统思想。两宋以其积贫积弱的命运竟维持了三百多年（汉代以后所未有），并形成了如此巨大的历史成就，以至于其影响至今时有所见。这其中与宋代频繁的社会、政治、经济的变革改制是分不开的，而这一系列的社会、政治、经济的变革与其时的法制形成了一种怎样的相互关系，其中又有哪些值得我们今天记取的经验和教训，无疑是一个很值得认真探讨的问题。

在中国法律史学科中，宋代法制的研究较之汉唐、明清法制的研究来说，仍有待深入。赵晓耕同志所著《宋代法制研究》一书，作为这方面断代性研究的论著，据我所知在国内至今尚属鲜见。

作者是中国法律史学界的青年学者，他在攻读研究生和从事教学工作的十年间，潜心于宋代法制研究，累有心得。在把握大量古代典籍资料的基础上，吸收前人的研究成果，而又不囿于已有的成见，勤于探索，对宋代民事特别是债法规范和财政审计法规这些前人较少涉及的领域，作了较深入的研究。该书以所撷史料翔实，论述上略人所有、详人所无为特点。愿这一著述的出版能成为推动宋代法制研究的引玉之砖。

是为序。

曾宪义
一九九三年九月

---

① 选自《宋代法制研究》，中国政法大学出版社 1993 年版。

叶秋华《外国法制史论》^① 序

（2000）

　　案头上摆放着中国法制出版社送来的厚厚的一摞《外国法制史论》的校样。这部著作的初稿，原本我是先拜读过了的，此次，我为写序又阅读校样，更有一番新的兴味和体会，我的思绪也被引向了外国法制史学科园地漫游、遐想。

　　他山之石，可以攻玉。在人类历史的长河中，不同文明文化间的交流与融合，构成了人类文明不断发展进步的主旋律。欧洲文化之于古希腊、古罗马，日本文化之于古代中国，近代中国之于欧美现代文明，都是不同文化间相互交流、相互促进的例证。世界文明兴衰史雄辩地证明，一个民族、一种文明文化唯有在保持其文化的主体性的同时，以开放的胸襟吸收其他文明的优秀成果，不断吐故纳新，方能保持其旺盛生命力，保持住永续发展的势头，并创造出更加辉煌的文明成果。

　　中国是四大文明古国之一。在数千年的历史发展中，中华民族曾创造了灿烂的中华文明，创造了风格独特、义理精深、体系完备、内容丰富的古代法律制度，为丰富人类的思想文化宝库、为人类的发展进步作出过巨大的贡献。在中国历史上，汉、唐等强盛时期，也曾以泱泱大国的风度，大胆地吸收外来文化，使汉天子的威仪、盛世时代的风韵、完备的文物仪章、系统的法律制度都远播海外。但是，到公元 1840 年以后，西方文化在列强的炮舰掩护下，以一种强硬、野蛮的姿态闯入中国。一连串的野蛮侵略，在客观上改变了中国人对待外来文化的心态。在民族危亡的紧急时刻，被外来文化欺压的屈辱、对本土文化的眷恋、救亡图存的强烈使命感，都不可避免地压缩了理性、柔和地吸纳外来文化的空间，在客观上也为排斥一切外来文化提供了道义上、心理上的支持。对于近代中国人在外来文化面前的这种尴尬心态，鲁迅先生曾有深刻的描述："汉唐虽然也有边患，但魄力究竟雄大，人民具有不至于为异族奴隶的信心，或者竟毫未想到，凡取用外来事物的时候，就像将彼俘来一样，自由驱使，决不介怀。一到衰蔽凌夷之际，神经就衰弱过敏了，每遇外国的东西，便觉得仿佛彼来俘我一样，推拒、惶恐、退缩、逃避，抖成一团，又必想一篇道理来掩饰。"清末以来影响广泛的"中学为体，西学为用"理论，就是这种基于自尊、防卫心态而产生的。这种独特的文化心态，使得近代中国在如何对待外来文化，特别是西方文化包括法律制度方面左右摇摆，在客观上极大地妨碍了中国社会的进步。

　　20 世纪 70 年代晚期，中国人民终于逐渐摆脱了困扰中国大半个世纪的政治、文化的心态问题，在"解放思想、实事求是"的理论和"改革开放"的旗帜下，开始以冷静的头脑理性地思考中国和外部世界的问题，以越来越强烈的自信心，勇敢地面向一切外来文化。在学术界，研究外国文化和外国问题，成为与研究中国国内问题并驾齐驱的两大主流。近年来，随着改革开放的逐步深入，中国的政治、经济、社会各个层面，都面临复杂而困难

---

　　① 选自《外国法制史论》，中国法制出版社 2000 年版。

的问题。这些具有挑战性问题的出现，进一步增强了研究了解外国法律制度的重要性和迫切性。令人欣喜的是，近年来，国内一大批法律学者，基于强烈的使命感，以敏锐的洞察力捕捉到了这种社会现实需要，在各自不同的学术领域潜心研究，或从以法治国等宏观角度，或从民商、财经、刑名、司法等具体问题出发，或系统或单一地介绍外国特别是一些发达国家的理论、制度和做法，发表和出版了一大批颇有分量的外国法律论著，为我国新时期立法和司法工作提供了很好的借鉴。现在摆在面前的叶秋华君的这本《外国法制史论》可以说就是一部颇有学术价值的外国法制史新著。

该书共四十余万字，分上、中、下三篇。上篇综论东、西方法律制度从古代到现代发展演变的过程，勾勒了东西方法律文化发展的宏观线索；中篇分论楔形文字法、古代印度法、希伯来法、古希腊法、罗马法、日耳曼法等古代、中世纪的有重大影响的法律制度；下篇分别以英美法、法国法、德国法和日本法为线索，专论近现代西方国家有代表性的法律制度。从作者写作意图上看，该书并非是一本系统全面的外国法制史教科书，在论述时也不求面面俱到，而是根据在法制历史发展的地位、作用以及前人研究的状况，有重点地进行分析研究。基于这种想法，该书在许多研究点上，都有所突破，提出了新颖而有价值的见解。同时，作者在写作中，也注意避免了传统的教科书式的语言风格，文字清新流畅，令人悦目赏心，读来饶有兴味。

世人敬仰的一位先哲说过："世界史是最伟大的诗人。"而外国法制史则可以说是"伟大的诗人"诗作中的雄奇瑰丽的篇章，内容异常丰富宽广，需要广大学人通力合作，不懈奋斗。本书作者秋华君从事外国法制史教学与研究二十有年，近些年来又兼任了繁重的行政管理工作。所以，这部著作凝结了作者的多年心血，饱含了作者的心智与汗水、真诚与执著。我相信这部内容与文采俱佳之佳作的出版，对于帮助我们了解外国法律制度的发展演变，从中总结完善法制经验，进一步提升我国法制水平，将会有所裨益。我期望今后会有更多的好作品问世。

欣逢祖国盛世，喜遇千禧龙年，余忝列师友，在本书即将付梓之际，有感抒怀，援笔为序。

曾宪义
谨识
庚辰年正月初八日

《中国法学教育走向世界》① 序

（2001）

在人类文明与文化的发展中，中华民族曾作出过伟大的贡献，不仅最早开启了世界东方文明的大门，而且对人类法学教育的生成与发展进行了积极的探索与实践。

早在距今三千年前的西周王朝，已有对基层官吏进行法律教育的制度。自战国时代（公元前475—前221年）著名法家人物邓析开创私家法学教育的先河，数千年来，中国历朝历代的官方与民间均对法律的教育与传播予以不同程度的重视，并逐渐形成为一种治国的方略和传统。"厉行法治"的秦王朝（公元前221—前206年），政府内专门设有职掌法学研究与法学教育的"律博士"。东汉王朝（公元25—220年）私家设馆授徒传授律学知识亦蔚然成风。三国两晋南北朝时期（公元220—581年），中国古代律学的进一步发展以及由此带来的中国古代法律理论与立法技术的进步，无疑也显现出中国法学教育的勃勃生机。隋唐之际（公元581—907年），中国全面推进"科举考试"，专设"明法"为一科，以律典、断案及律学为考试内容选拔官吏，法学教育在社会中的地位与影响由此可知。直至19世纪末以前，中国古代官方与民间这种双轨并行的法学教育体制，始终对发展完善传统的中国法律文化起着重要的作用。

进入20世纪以后，随着西方国家的入侵，西方法学教育体制也"欧风东渐"，开始影响至中国。1906年，中国近代第一所正规的法学教育机构——京师法律学堂由清朝政府设立，随之，中国各省纷纷设立法政学堂。进入民国时代（1912—1949年），随着中国高等教育体制的建立，各大学法学院、系以及公立、私立法律专门学校相继设立，中国法学教育有了较大的发展。

中华人民共和国成立以后，中央人民政府积极创办新中国的教育事业，发展完善中国的法学教育体制。1950年，国家创办了中国人民大学法律系，这是新中国建立的第一个正规的高等法学教育机构。随后，北京大学法律系、北京政法学院（现名为中国政法大学）、复旦大学法律系等高等政法院、系次第建立，新中国法学教育无论在规模、体系及内容上均有了显著的发展。虽然由于各种原因，在"文化大革命"期间（1966—1976年），中国法学教育受到很大冲击，但自20世纪70年代末期以来，随着社会的发展与进步，中国法学教育走进了充满盎然生机的春天，在实现"依法治国，建设社会主义法治国家"的宏伟目标下，不断开拓进取，不断成长壮大，一个从培养法学学士、法学硕士、法律专业硕士、法学博士到法学博士后，具有教学、科学研究、服务社会功能的法学教育的完整体系已在中国建立起来。如今，全国已有三百多所高等院校设置了法学院（系）或法律专业，全国普通高等学校的在校法科学生和全国成人高等学校的法科学生各逾八万余人。

---

① 选自《中国法学教育走向世界——21世纪世界百所著名大学法学院院长论坛暨中国人民大学法学院成立五十周年庆祝大会论文集》，中国人民大学出版社2001年版。

他山之石，可以攻玉。在人类历史的长河中，不同文明文化间的交流与融合，构成了人类文明不断发展进步的主旋律。欧洲文化之于古希腊、古罗马，日本文化之于古代中国，近代中国之于欧美现代文明，都是不同文化间相互交流、相互促进的例证。世界文明兴衰史雄辩地证明，一个民族、一种文明文化唯有在保持其文化的主体性的同时，以开放的胸襟吸收其他文明的优秀成果，不断吐故纳新，方能保持其旺盛的生命力，保持住永续发展的势头，并创造出更加辉煌的文明成果。人类法学教育的发展亦是如此，中国法学教育的发展亦当如此。

在当代中国法学教育的发展历程中，先后由中国人民大学法学院主办的"中美著名法学院院长联席会议暨中美法学教育的未来"学术研讨会（1998 年 6 月）、"中国—欧洲著名大学法学院院长联席会议暨欧洲一体化与中欧法学教育合作"学术研讨会（2000 年 6 月）、在北京庄严的人民大会堂大礼堂隆重举行的"21 世纪世界百所著名大学法学院院长论坛暨中国人民大学法学院成立 50 周年庆祝大会"（2000 年 12 月），是中国法学教育走向世界的三次具有里程碑意义的国际法学盛会，它不仅表明中国社会主义法学教育的蓬勃发展已为世界各国肯定，而且架起了东西方法学教育交流合作、相融相进的桥梁，对中国、对世界法学教育都具有不可估量的深远意义。

人类历史发展的经验已然证明，健全的法律制度是现代社会文明的基石。而健全法制的首要性工作之一，在于优秀法律人才的养成，在于法学教育能够不断适应现代化社会的发展。我深信，这卷汇集世界五大洲著名大学法学院院长和著名法学家智慧与经验的论文集，定会带给世界法学教育界一份喜悦，也定会带给法学教育界同仁有益启迪！

曾宪义

2001 年 6 月 23 日

上海交通大学《新世纪法学前沿》^① 序

（2001）

值此新世纪之始，欣闻上海交通大学"985"计划资助的《新世纪法学前沿》（2001）即将付梓，应主办者之约，写几句话，聊表祝贺之意，权充为序。

在过去的一个世纪里，伴随着计算机技术、信息技术、生物工程技术等高新技术的发展，伴随着我国改革开放和建设富强、民主、文明的中国特色社会主义事业的全面展开，法学领域涌现了层出不穷的新课题。

新世纪之初，我国在经历了漫长和艰苦的 15 年"复关""入世"谈判后，终于在 2001 年 11 月 10 日的多哈部长级会议上成为 WTO 的正式成员。在多边贸易体系框架内，如何按照 WTO 的宗旨、原则、制度和规则，发展对外贸易，维护自由、公正的贸易秩序，妥善解决贸易与投资、贸易与知识产权、贸易与环境保护问题，解决国家之间贸易争端，积极参与新轮次的谈判等，还有无数课题需要研究。

在新的世纪里，高新技术的继续发展，经贸全球一体化的增强，中国特色社会主义事业的不断深入，必然还会带来无尽的法学新课题。

《新世纪法学前沿》（2001）在新世纪伊始，对民商法、知识产权法、环境法、诉讼法、宪法、刑法、行政法、经济法、国际经济法和法制史等诸多法学领域的新问题，从新视角、以新论据作了新研究。这是令人欣喜的第一步。我衷心期望她能扎实、稳健、引人注目地一步一步走向成熟、走向成功。

上海交通大学列项资助《新世纪法学前沿》序列，不仅有助于《新世纪法学前沿》序列的成长，也有助于有志法学研究的人们通过《新世纪法学前沿》进行学术交流。因而这项资助不仅是对繁荣法学理论研究的贡献，也使上海交通大学的法学教学研究和师资队伍的成长将会从中受益。

曾宪义

2001 年 11 月 16 日

---

① 选自《新世纪法学前沿》，上海交通大学出版社 2001 年版。

王云霞《东方法律改革比较研究》^① 序

（2002）

在世界法律演进的长河中，东方法律文化以其悠久而绵长的历史、丰富而独特的内涵占据着无可替代的位置。人类最早的一批成文法律就诞生在现今阿拉伯人居住的两河流域。那块被法国人掠去的镌刻着《汉穆拉比法典》原文的黑色玄武石柱一个世纪以来一直静静地竖立在卢浮宫中，仿佛在向世人诉说着古老的东方法律文化的辉煌。中国古代法律从夏商发端，到唐宋时代已形成义理精深、体系完备、内涵丰富、在东方世界独领风骚的法律体系，其完备发达的程度曾令当时来华游历的西方人瞠目惊羡不已。然而，到了 18 世纪、19 世纪，古老的东方法律文化便辉煌不再，在西方法律文化一次又一次的撞击下败下阵来，东方各国都被迫进行了旨在富国强兵的法律改革。从尼罗河畔到中原大地，从恒河之滨到阿拉伯半岛腹地，这股改革浪潮冲击了东方世界的每一个角落，使传统的东方法律变得面目全非。究竟是什么原因，使得拥有古老法律文化的东方各国在经过数千年各自独立的发展后开始了步调一致的变革？东方三大法律文化圈各自采用了什么手段和步骤进行改革？改革的后果和前景有什么不同？青年学者王云霞博士的著作《东方法律改革比较研究》对这些问题进行了有益的探索，提出了自己的见解。

效法外族先进法律文化进行法律改革的做法在中外历史上都很常见。如日本、朝鲜、东南亚各国曾经仿照中国法律文化来改革自己的法律制度，从而形成世界五大法系之一的中华法系。中世纪后期的欧洲各国曾经在商品经济发展需求的刺激下，大规模地采用罗马法，从而形成了当今世界著名的大陆法系。而 18 世纪以来发生在东方国家的法律改革无疑是人类历史上最丰富、涉猎面最广、影响最深远的法律改革之一。对这个问题的深入、系统研究，不仅有助于我们正确理解东方法律文化的内涵、特征、功能及进化轨迹，有利于我们进一步认识东方法律现代化的途径和前景，同时对于我国正在进行的社会主义法治建设也很有借鉴意义。但是对于这样重要的一个课题，国内外法学界的重视程度是远远不够的，至今为止还没有见到全面、系统的专著，现有的研究成果大都只侧重于其中某一个方面。因此，从某种意义上说，本书的出版填补了法学研究领域里的一个空白。

这本书的内容不仅涉及儒家、印度、伊斯兰三大著名东方法律文化圈在近现代的变迁，同时还涉及英美和大陆两个著名西方法系在东方世界的扩张，内容几乎涵盖了世界上最重要的五大法系的发展状况。要驾驭这样复杂而庞大的课题，又缺乏既有的研究成果以资借鉴，难度之大是可想而知的。但作者知难而进，广泛查阅各种中外文原始资料，求教于相关领域的专家学者，结合自己十余年教学和科研的经验积累，扬长避短，以合理的结构、缜密的论证、翔实的资料、流畅而朴实的文字顺利完成了本书的写作。作为导师，我深为学生的勇气和探索精神而欣慰。

---

① 选自《东方法律改革比较研究》，中国人民大学出版社 2002 年版。

云霞是我带的第一位中外比较法律文化方向的博士生。她在大学期间就对东方法产生了浓厚的兴趣，她的大学毕业论文《〈摩奴法典〉的历史地位和影响》就是她早期学习研究东方法的记录。大学毕业后她一直没有放弃这个爱好，并与他人合作出版了《东方法概述》一书。这是国内最早的东方法专著，深受学术界关注和赞赏。在确定博士论文选题时，我鼓励她结合自己的兴趣特长，选择对中国法治建设有重要影响的课题来做。她以"近现代东方国家的法律改革"为题，完成了一篇出色的博士论文，在答辩时，得到 7 位答辩委员会委员的一致好评。

诚然，她当时的博士论文也存在一定的不足之处，有些内容的论述略显单薄，最明显的缺陷是很少涉及当代中国的法律改革。我认为，当代中国的法律改革不是孤立的，它既是清末以来历次法律改革的有机延续，也是整个东方世界法律改革的一个组成部分。把当代中国的法律改革置于整个东方法律改革的大背景下进行研究，将有利于从东方邻国的经验教训中汲取有益的成分，总结中国法律改革的得失，节省探索中国改革之路的成本和实践。因此，我鼓励她对论文作进一步的修改、补充，尤其要关注当代中国的法律改革问题。如今，她终于完成了这项工作，我很为她高兴。在本书即将付梓之际，援笔为序，以为砥砺。

曾宪义　谨识

2002 年 1 月 6 日

谭世贵《司法独立问题研究》^① 序

（2003）

长期以来，司法独立一直是一个敏感的话题。我国 1954 年《宪法》确立了"法院独立审判，只服从法律"的原则，但很快就在"反右派"斗争中对之进行了批判，主张审判独立被认为是反对党的领导，"以法抗党"。"文化大革命"中，社会主义法治荡然无存，司法独立自然成了学术的禁区。粉碎"四人帮"后，党和国家高度重视社会主义民主与法制的建设工作，恢复人民法院，重建人民检察院，并在 1982 年《宪法》中明确规定，人民法院依照法律规定独立行使审判权，人民检察院依照法律规定独立行使检察权，不受行政机关、社会团体和个人的干涉。但法学界仍心有余悸，在很长一段时间研究工作不敢涉足司法独立的问题。直到 20 世纪 90 年代中后期，随着司法改革的不断深化，对司法独立问题的研究才逐步开展起来，但囿于现代政治体制及思想认识的束缚，对这一问题的研究仍未取得重大突破，一些理论难题尚未得到解决。

谭世贵教授是较早研究司法独立问题的学者之一。近几年来，他先后在《中国法学》、《政法论坛》及《诉讼法论丛》等刊物上发表了多篇论文，并在其主编的几本著作中均用一定篇幅阐述了自己的见解。在此基础上，他继续致力于司法独立这一重大理论问题的研究。在中国人民大学在职攻读博士学位的 3 年里，他刻苦治学，虚心求教，深入调查研究，同时克服了教学、管理任务繁重等诸多困难，如期写出了长达二十余万字的博士学位论文，并在答辩通过后认真修改和补充，终于使其成为一本颇有价值的学术著作。

作为他的导师，我以为谭世贵的这本专著从历史到现实，从理论到实际，从宏观到微观，对司法独立问题作了比较深入的研究和独到的思考，不仅研究了司法独立的基础、功能、构成要素等理论问题，而且研究了司法独立与党的领导、检察监督、媒体监督、司法自律、司法改革的相互关系等实际问题。在此基础上，作者还探讨了司法独立的制度创新问题，对在我国推进司法独立提出了许多有价值的建议。尤为可贵的是，在坚持四项基本原则的前提下，作者还对一些敏感问题如改善党对司法工作的领导和人大对司法工作的监督进行了大胆的探索，提出了一些颇有见地的论点。诚然，该书也存在着某些不足，如对国外司法独立的确立和运作以及我国近代引进司法独立的背景、原因及司法独立的实践等未及作细致的研究，对我国推进司法独立的步骤和方法论述有待深入，个别论点也还不是十分成熟。但瑕不掩瑜，该书以其深入的理论阐述、锐意创新的精神和注重实践的风格，推进了我国司法独立问题的研究。

司法独立是一个国家政治文明的重要标志，也是一个国家司法进步的主要表现。毫无疑问，我国的司法能否独立，直接关系到依法治国基本方略的有效实施和司法公正的切实实现。党的"十五大"和"十六大"报告均明确要求推进司法（体制）改革，从制度上保

---

① 选自《司法独立问题研究》，法律出版社 2004 年版。

障司法机关依法独立、公正地行使审判权和检察权。由此可见，保障和实现司法独立是我国司法改革的重要目标和依法治国的重要举措，理应成为法学界的重要研究课题。我相信，该书的出版对于司法独立研究的进一步开展将起到积极的促进作用，进而会有更多的学界同行和法律实务工作者参加到对这一问题的研究中来。

是为序。

曾宪义

2003 年 9 月 16 日于北京

马小红《礼与法：法的历史连接》^① 序

（2003）

马小红同志从事法史研究和教学近二十年，她的专精覃思、心无旁骛深为法史界同仁所共知，多年来论著颇丰，其中不乏有影响的力作。1997 年她出版了专著《礼与法》，这部书旁搜博采，资料丰富翔实，体例严谨，尤其难能可贵的是，在较为准确地把握住古代社会政治、文化面貌的基础上，以新颖的视角来阐述中国古代法律的特征。因此，无论是这部书还是这一课题都引起了学界的关注。2001 年马小红同志考入中国人民大学，攻读博士学位，作为她的导师，我建议她就此课题继续深化、拓展。围绕"礼法"关系尚有诸多问题需要辨正，需要考探源流，需要东西方对比，研究才能高屋建瓴。比如，法的起源问题是一个古老但又常新的问题，西方学者对这个问题的研究很少使用中国的资料，所以他们总结的法的发展规律有些适应中国，有些则不适应。因此，对中国古代法起源的研究可以更全面地展现不同地区法发展的不同模式。再比如，宗教对西方法治的形成起了很大的作用，在中国，古代"礼"对法的形成、发展起了怎样的作用？礼、法的发展轨迹又是如何？由于"礼"确实是中国法律史研究中的难点，对这一课题的探索显然有待深入。

中国除了拥有延绵两千余年不绝的官修史书，还流传下大量的档案及著述典籍，而且不断有帛书、简牍、纸文书、碑刻等被发现。其中直接、间接涉及古代法律的资料不可胜数，是世界任何一个国家和地区都不具备的。然而传统怎样与现代法律建设、与世界法律研究接轨？这一问题虽已引起某些有识之士的关切，但还远未得到应有的重视。如何梳理把握史料，如何历史地、客观地认知中国古代法律文明则是研究这一问题不可回避的第一步。马小红同志正是在这方面潜心研究了多年，她的博士论文较之《礼与法》，无论是对西方法律史研究的借鉴、对比，还是对中国史料的辨正、征引、运用都有了长足的发展。

英国思想家边沁说过："一部法制史著作，其最通常、最有用的目的，是展示伴随着确立实际有效的法律的那些环境。然而，阐述已被取代了的死法律，同阐述已取代了它们的活法律不可分地交织在一起。这两类科学的大用处，都在于为立法艺术提供实例。"（边沁著：《道德与立法原理导论》，时殷弘译，商务印书馆 2002 年，第 365 页。）希望马小红同志的论著能够起到这种作用。

论文即将出版，甚感欣慰，是为序。

曾宪义

2003 年 12 月

---

① 选自《礼与法：法的历史连接》，北京大学出版社 2004 年版。

胡旭晟《法的道德历程：
法律史的伦理解释（论纲）》[①] 序
（2005）

法与道德的关系，既是自古以来哲学家和法学家研究的重大理论课题，也是各国法制建设和道德建设面临的重大现实问题，本书由人类不同类型法律史的演进过程透视这一主题，从而避免了纯抽象研究的空洞，并充分展示出法与道德关系的历史多样性与丰富性，可谓独辟蹊径。

作者从类型学角度设计出"混沌法"、"道德法"、"独立法"三大类型，再从比较法学角度论述不同文化类型的共性与差异，并运用法学、哲学、伦理学、宗教学、历史学、人类学、政治学等多门学科的知识和原理论证其核心观点，充分显现出思辨的气质、理论的锋芒和创新的尝试。其中提出的"一切法律在根本上不可能与道德无涉；理论上如此，实践上同样如此"、"法律有效性的大小程度取决于它所获道德支持的广泛程度"等观点及其论证方式对法学和伦理学关于法与道德关系的研究，具有较大的启示。

在研究范式与风格上，作者通过定义关键词、划分理想类型、厘定逻辑工具以及明确价值判断的立场等等，建立了独特的研究体系和分析框架。全书选题宏大，论域广阔，但结构严谨，层次分明。作者将历史与逻辑、宏观与微观、法理与伦理、经验与思辨、描述与解释结合一体，颇具开拓性。

我期望本书的出版能有益于我国的法学研究，特别是法史学和法伦理学的发展，同时也有益于现实的法制建设和道德建设。

曾宪义

[①] 选自《法的道德历程：法律史的伦理解释（论纲）》，法律出版社 2006 年版。

张钧《明清晋商与传统法律文化》^① 序

（2006）

中国古代的商人在历史发展的过程中拥有非常特殊的地位，商人的活动对于当时社会的政治、经济和文化无不产生或多或少的影响，而其活动方式及其势力消长又无不受到当时社会条件多方面的制约。商贾兴衰演变之轨迹必然有助于窥探当时整个社会的全貌。因而，传统法律对古代商事关系及商业活动的调整，应当成为我们研究所关注的对象之一。从这个意义上讲，通过对明清山西商人生活全貌的全面考察，应当可以揭示晋商以及其所代表的古代商人阶层与传统法律文化之间的互动关系，即古代法律是如何调整商事关系及商业活动，后者又是如何在实践中逐渐影响到传统法律文化的发展与演变的。当然，晋商研究对于山西的地方法律史研究也具有重要意义。山西是中华文明的重要发源地之一，山西人受到中国传统法律文化的影响较国内其他地区更为浓厚。晋商的兴衰成败与中国传统法律文化之间具有一种天然的关联性，这是晋商研究需要认真探索的一个重要领域。

从现实的角度看，研究中国传统法律文化的目的，是正确认识法律如何在发展中不断地完善自己，以及它在社会的进步过程中所处的位置和所具有的价值，从而把握法律发展的客观规律，借以增强建设社会主义法制的主动性，并弘扬传统法律文化中的优良传统。历史上著名的法家文化发源地就在山西，山西是法律文化地方特色最浓厚的地区之一。山西的文明进程从未间断，其法律文化具有完整的框架结构和清晰的发展脉络，对中华民族法律文化传统的形成产生过重要的影响，这些都是需要我们进一步挖掘的。当然，对晋商现象与传统法律文化的研究也是再次激发山西人民在改革开放中的斗志的有效途径，并能够让更多的人了解山西、关注山西，从而促进山西的发展。

《明清晋商与传统法律文化》是作者求学三年期间努力科研的结晶，是传统法律文化研究领域取得的又一新的学术成果。粗读全书，至少可以发现以下特点：其一，对于晋商五百年兴衰原因有了新的认识。作者认为：从传统法律文化的角度看，晋商的发展可谓成也"守法"、败也"守法"。晋商最初的成功崛起，得益于他们对传统法律文化的一般认同；之后的发展壮大，得益于他们对传统法律文化的深刻理解；而其最终的衰败，也恰恰归因于他们对传统法律文化的固守不渝。其二，《明清晋商与传统法律文化》的研究，从一个特定的社会历史层面，即封建社会的商人阶层向我们清晰地揭示了传统法律文化自身发展过程中所具有的层次感与稳定性兼备的特性。其三，晋商与传统法律文化研究对当今社会也有重要的启示。有助于我们国家社会主义法治建设思路的厘清，有助于当今社会的商家和企业找到自身发展的正途。晋商留给我们的启示更多的不是简单地知法、守法，而是要深入

---

① 选自《明清晋商与传统法律文化》，法律出版社 2006 年版。

把握我们这个社会的法律文化要义，就是要在自身发展过程中，适应社会进步的要求，力求有所创新。

　　统观全书，虽然尚有不少可圈点之处，但仍不失为一部有较高参考价值的学术著作，对传统法律文化研究的继续深入无不裨益。应作者之邀，援笔为序。

曾宪义

陈宇译英人史密斯著《英国法》^① 序

（2007）

摆在案头的这厚厚一摞打印好的清样，我初步翻阅了一下，书稿的体例、内容和标题吸引了我，于是阅读的兴趣被勾起，开始了现代英国法律之旅。

这部题为"英国法"的书稿，是全面介绍英国法的著作，更确切地说，是全面介绍当代英国法的著作。自清末以降，介绍西学，翻译法典，成为中国近现代法制改革与法制现代化发展进程的重要组成部分。其中，作为英美法系源流的英国法，也是吸收、引进的重要组成部分，从法律理念、法律渊源到具体制度层面，都在中国法制现代化进程中或深或浅地留下了痕迹。尤其是近年来，整体上继承大陆法系框架的中国法律体系在其变革发展过程中愈益重视英美法系的传统优势，对于英美法的研究和探讨成为法学界的一个热点。这本由史密斯与基南所著、著名的培生教育出版集团（Pearson Education）出版的《英国法》得以翻译出版，也可以说是英美法系研究整体的一个组成部分。

翻阅这本著作，感觉有几个特点与其他系统介绍英国法的著作存在鲜明不同之处：

首先，对于英国法的介绍往往注重历史源流的介绍，尤其是对君主立宪制的诞生、普通法与衡平法的发展、判例制度的变迁、财产法的演变等具有英美法自身特色的宪政模式、法律制度以及法律理念的历史追溯。但是，这本《英国法》第14版显然更为偏重当代英国法的最新发展，所选取的制定法和判例都体现出了与时俱进的特点，较多的笔墨用于分析制度的最新发展现状及原因和价值判断，从而弥补了既有英美法著作的一个缺憾。

其次，制定法与判例并重，也是这本书的一个特色。由于判例法传统的影响，对于英国法具体制度的分析往往更多借助于判例的分析，尤其是对古老的、不断被援引的经典判例的分析。但是，晚近以来，在英国法律渊源体系中，制定法的地位不断上升，不论是在数量上还是重要性上，都有着鲜明的体现。这部著作也体现和顺应了这种发展趋势，对于制定法的援引和分析居于突出的地位。当然，对于经典判例的援引也没有忽视，而且，更注重判例自身的更新与选择。

第三，在欧洲一体化的背景下分析英国法的发展，也是本书贯穿始终的一条主线。二战以来，尤其是20世纪七八十年代以来，随着欧洲一体化的发展和英国参与欧洲一体化进程的加速，欧洲一体化这个命题影响到了英国法发展的根本，也体现在从宪法到民商事法律的诸多方面。这部著作将欧洲一体化对于英国法的影响，渗透到不同的章节之中，时隐时现，始终未曾间断，更有助于读者全方位了解当代英国法律变迁的整体框架和历史背景。

三年前，陈宇抱着这本厚厚的原著向我汇报翻译想法的时候——当时还是第13版，我虽有怀疑，却又是多么希望他能够坚持把整本书翻译出来。现在看来，这个任务是完成了，

---

① 选自《英国法》，法律出版社2008年版。

对于译者与校对者的这种精神与毅力，深感欣慰。至于翻译的成果如何，需要留待学界检验、评判。

　　是为序。

曾宪义

2007 年 11 月 6 日

宋北平《秋审条款源流考》^① 序

（2009）

　　20 年前，宋北平君还在读硕士研究生的时候，时常来谈一些学术上的问题，当时我觉得他很有做学问的潜质。后来应邀担任了他的毕业论文答辩委员会主席，我讶异于一个硕士生能作出《试论清代秋审制度》这样填补法律史研究空白的长达六万余言的论文，并且言犹未尽，因此鼓励他应该"继续下去"。

　　20 年后，他捧着一叠拟交付出版的书稿叩门要我做个序言。像他这样一个多才多艺的人，此举实属意料之外又在情理之中。聊完阔别这 20 年他既从事律师等事务又做学问的艰辛之后，我深感自己当年一言之失酿成他在故纸堆里的摩挲之苦，有志于斯者，实在不可不鉴。

　　如今的学风，读法律史考据之类的人不多了；写考据之类的人就更少了。因为它不仅要求学问，同时要求毅力，所以能上得了书架的史考之作更是少之又少！这部书稿在我的案头摆了半年有多，仅仅通读一遍，对其高低上下我是不敢妄下断语的。因此，这本书究竟写得如何，它的出版对秋审研究乃至于对中国法律史研究的意义，还是留给有心的读者去评价吧。我只能说：我的书架已经给它留出了位置。

　　在《秋审条款源流考》付梓之时，写了以上的几句话，聊表贺忱，是为序。

曾宪义

2008 年 9 月

---

　　① 选自《秋审条款源流考》，社会科学文献出版社 2009 年版。

中　编

缅怀追思

曾宪义与中国法学教育

　　曾宪义先生是我国著名法学家、教育家。在曾宪义先生逝世一周年之际，我以追思他对中国法学教育的卓越贡献为主题表达对先生的深切怀念和继承先生遗志推进中国法学教育改革发展的信念。

　　新中国的法学教育经历了引进初创（1949—1957）、遭受挫折（1958—1966）、恢复重建（1978—1991）的艰难历程，经过20世纪90年代以来的改革和发展，已经形成了具有庞大规模而且结构比较合理、整体质量稳步提高的教育体系，并在世界法学教育体系中占有一席之地。曾宪义先生经历了这一全部过程，并主导了90年代以来我国法学教育的改革和发展。曾宪义先生对中国法学教育的主要贡献，可以概括为八个"致力于"：

一、致力于法学教育思想理念的创新

　　曾宪义先生指导法学界、法学教育界开展了转变和变革法学教育思想和教学观念大讨论。通过讨论，实现了思想观念的大转变，诸如，从知识传授的教学观转向能力培养的教学观，从教育终身的观念转向终身教育的观念，从专业对口培养的观念转向专业教育与通识教育相结合的观念，由单一的知识传授转向全面素质教育的观念，由学生是客体的观念转向学生是主体的观念，由偏重共性的教学观转向兼顾共性和个性、因材施教的教学观。教育思想和教学观念的转变为法学教育和教学改革提供了舆论准备。特别是曾宪义先生强调法学教育要注重对学生进行马克思主义法律观、中国优秀法律文化传统、社会主义法治理念和法治精神与中国特色社会主义法律制度的教育。

　　在第二十二届世界法律大会"新世纪的法学教育与续职法律教育"专题论坛上，以我们两个人的名义发表的主旨讲演，集中表达了他的法学教育思想。具体来说，法学教育应当做到五个适应：

　　第一，与法治社会相适应。21世纪是走向法治社会的时代。依法治国，走向法治社会，是中国人民追求的理想。中国共产党正在领导中国人民建设这样一个美好的社会。法治社会有很多重要的标志。诸如，社会主要经由法律来治理；社会整合应通过法律实施和实现；立法政策和法律必须经由民主程序制定；法律必须建立在尊重和保障人权的基础之上；法律必须具有极大的权威性；法律必须具有稳定性；法律必须有连续性和一致性；法律必须以平等地保护和促进一切正当利益为其价值目标；法律应能有效地制约国家权力，防止国家权力的失控与异变；法律应力求社会价值的衡平与互补，力求社会的和谐与稳定。在中国的语境下，依法治国，就是广大人民群众在党的领导下，依照宪法和法律规定，通过各种途径和形式管理国家事务，管理经济文化事业，管理社会事务，保证国家各项工作都依法进行，逐步实现社会主义民主的制度化、法律化，使这种制度和法律不因领导人的改变而改变，不因领导人看法和注意力的改变而改变；就是社会主义民主更加完善，社会主义法制更加完备，人民的政治、经济和文化权利得到切实尊重和保障，基层民主更健全，社会秩序良好，人民安居乐业。在法治社会，法律人应当树立立法为公、执法为民的职业宗旨，追求真理、维护正义的崇高理想，崇尚法律、法律至上的坚定信念，认同职业伦理、恪守职业道德的自律精神；应当成为尊重和遵守旨在维护秩序、保障公正、促进效率、实现自由的法律规则的模范，成为抵制和监督一切违法行为、捍卫法律尊严和神圣的英雄。法学教育应该担当起培养这种法律人的历史责任。

第二，与知识经济相适应。21世纪是知识经济的时代。知识经济是继工业经济之后出现的经济形态，是以人类知识精华和最新科学技术为基础，知识和信息的生产、分配与使用为主导内容的经济形态。其主要标志在于：其一，知识资本、知识资源、知识产权、知识产业、知识创新、知识交易成为最基本经济概念，是经济运动的表征。其二，知识资源成为所有资源中最重要的资源，知识要素在经济增长和财富增加方面的贡献率达到50％以上；其三，作为知识资源的主体和载体，人力资源构成一个国家和民族的核心竞争力；其四，知识信息化，信息网络化，网络大众化。与农业经济、工业经济时代的知识形态显著不同，知识经济时代的知识形态往往表现为信息，而且信息的传播、采集、整合、信息的资源化等往往通过网络形式进行，以致有人把知识经济称为信息经济或网络经济。中国互联网信息中心提供的数据表明，2004年中国境内通过网络进行购买的消费者数量居全球第二，仅次于美国。随着世界范围内科学技术的迅猛发展和中国加入世贸组织，中国经济知识化的进程空前加快，知识经济不仅将推动生产力的加速进步，而且将引起生产关系的巨大变革，与生产力和生产关系的进步和变革相适应，法律制度和政治制度必须不断创新。因而法学教育应当高度重视和研究知识经济引发的法制变革和制度创新，培养更多具有现代科学技术知识和知识经济理论基础的法律人才。

第三，与权利时代相适应。21世纪是走向权利的时代。从传统社会走向现代社会，在法律制度和法律生活层面，最主要的标志就是权利的张扬和彰显，具体表现为权利备受关注和尊重，人们越来越习惯于从权利的角度来理解法律问题，来思考和解决社会问题；权利话语越来越彰显和张扬，权利话语成为越来越占主导地位的话语系统，在社会生活、经济交换、政治交往、法律论辩、听证协商中，人们把自己的经济主张、政治要求、精神需要纷纷提升到权利的高度，纳入权利甚至人权的范畴，试图说服立法机关和司法机关承认其正当性、合理性和合法性；权利问题正以几何级数的速度增长，经典的权利在新的时代背景下衍生出许多新的具体的权利问题，而新的社会关系要求在权利大家族中添列新的成员，新兴权利与日俱增；人的权利问题还没有从根本上解决，动物的"权利"、植物的"权利"以及其他自然体的权利已被提到日程；法律权利与"道德权利"、"习俗权利"，国内法的权利与国际法的权利等"权利"形式难解难分地交织在一起；维权成为诉讼的强大动力，以往那种基于伦理道德诉求、讨个说法的情绪、显示抗衡能力的诉讼已经让位给基于维护权利和谋求权利救济的诉讼。面对权利时代，法学教育应当注重帮助受教育者和整个社会树立民主的、理性的、科学的权利观，懂得权利的正当性、可行性、界限性，在法定范围内主张和行使自己的权利，勇敢地捍卫自己的权利，但是不可无视社会所能提供的物质条件和精神条件以及社会的、他人的承受能力而盲目主张权利和超越法定权利界限而行为；同时，对一切合法的权利（包括个人的、集体的、国家的、人类的权利）给予同等的尊重和维护。同时，权利的所有者应当承担起与自己的权利相对应的义务和责任。为此，法学的理论体系和法学教学内容将进一步创新和调整。

第四，与全面建设小康社会相适应。21 世纪是中国全面建设小康社会的时代。经过三十多年的改革开放，中国社会发生了深刻变化，根据对社会转型规律的科学认识和转型后的中国社会发展趋势的科学判断，中国共产党和中国政府提出了全面建设小康社会的总纲领。全面的小康社会是物质文明、精神文明、政治文明和生态文明相互交融、协调发展、互为表征的社会。四种文明的协调发展将使中国社会步入新的文明阶段。全面的小康社会也必将是和谐社会。和谐社会的科学内涵是"民主法治、公平正义、诚信友爱、充满活力、安定有序、人与自然和谐相处"。四大文明的协调发展与和谐社会建构必将深刻地影响到法律的价值体系、制度构成、调整机制，从而对法律教育提出更高的要求。面对中国社会的转型和转型后的中国社会建设与发展目标以及法律的变革，中国法学教育的自身定位也将相应调整，以适应全面建设小康社会对高素质法律人才的需求。

第五，与全球化发展趋势相适应。21 世纪是全球化时代。全球化是我们所生存的这个世界正在发生的伟大历史变革之一。全球化正有力地改变着人类的生产方式、生活样式和生存状况，也正在深刻地改变着法的存在方式、价值取向、运行模式和发展方向。世界范围内的经济贸易一体化、知识产权保护、环境资源合理利用和保护、海洋和空间的合作、世界和平的维护、人权的国际保护、政治领域的对话与合作等等、中国加入世贸组织和全面融入国际社会，所有这一切都在驱使法律发生悄悄的演化或剧烈的变革。这种时代变化要求法学教育必须树立国际意识和全球意识，以具有反映全球化时代精神和国际竞争能力的教育理念、课程设置、教育范式、质量体系来应对全球化，培养出一批又一批具有全球意识、全球视野、全球责任、足于应对经济全球化、公共事务全球化、环境全球化、法律全球化发展趋势的高级法律人才。

科学论证并坚持中国法学教育"以本为本"。关于法学教育的起点，究竟是美国模式（大学后职业教育），还是欧洲模式（高中后素质教育），法学界经过科学论证和充分讨论，进一步明确我国普通高等法学教育应当坚持以本科为基础和"以本为本"的原则，以本科教育为起点，积极推进研究生教育改革和发展，形成由本科、硕士、博士三个层次以及各类法律职业培训构成的法学教育体系。这是符合世界上大多数国家法学教育传统和当代中国国情的，也有利于吸引优秀年轻人报考法学专业、进而加入法律职业共同体。有鉴于此，曾宪义先生不赞成取消法学本科教育的主张。他认为，一个大学与社会的联系，最重要的是通过本科生的联系，本科生来自千家万户。社会大众关注大学的招生、教育质量、校风校貌，最重要的是因为他们的孩子要升大学、接受高等教育，从这里培养成才，并从这里走向社会。如果取消了法学本科毕业生，就等于割断了法学院与社会的直接联系，这对于法学教育来说将是悲剧。在当代中国的高等教育体系当中，如果取消法学本科教育，将严重影响法学研究生的质量，越是重点高校受到的影响越大。

理清高校法学教育与司法考试的关系，推动良性互动关系的形成。关于高校法学教育与统一司法考试的关系，是法学界高度关注的热点问题，二者的关系涉及法学教育的功能和质量，也涉及司法考试的功能和质量；涉及法学教育的理念和法律人才培养模式，也涉及司法考试的理念和制度设计；涉及高校法学本科教育的定位，也涉及司法考试的定位。二者的关系处理不好将严重影响法学教育的质量，也会对统一司法考试带来负面影响。为此，曾宪义先生将法学学科教学指导委员会和法学教育研究会2001年的年会主题定为"统一司法考试与法学教育"。经过讨论，特别是请当时分管司法考试的刘昡同志（原任司法部副部长、现任中国法学会党组书记、常务副会长）到会讲话，参与互动，取得了共识。与会同志认为，司法考试与法学教育的对接，形成司法考试与法学教育的和谐局面。司法考试是连接法学教育与法律职业的通道，对法学教育它是出口，对法律职业它是入口，为此司法考试在功能、效力、时间安排、考生资格等方面，要对法学专业毕业生有指导和引导作用，有更强吸引力，并且是方便高效的；司法考试必须适应法律职业需要，法学教育也要充分考虑法律职业需要，这是司法考试与法学教育的共同前提，在这个前提下二者互相适应、互相促进，司法考试与法学教育之间不存在谁改造谁、谁指挥谁、谁向谁靠齐的问题，而是互相调整，互相适应。从法学教育的功能出发，不能用司法考试来规范或限定法学院的课程设置、教学方法，更不能把法学教育变成应对司法考试的应试教育；把司法考试作为指挥棒，将司法考试的通过率作为衡量法学教育质量的主要甚至唯一标准，对法学教育将产生严重的危害。在法学教育的性质、功能等问题上，应当采用现实主义的观点，而不是浪漫主义的观点。后来，曾宪义先生多次参加司法考试协调委员会会议就二者的关系发表重要观点，多次组织专家学者与实务部门的领导同志座谈讨论，多次建言献策争取司法考试与法学核心课程教学内容的衔接，推动了司法考试与法学教育呈现良性互动、和谐发展的良好局面。

二、致力于法学教育改革与发展的战略研究

法学教育是以实施素质教育、传授法律知识、训练法律思维、造就高级法律专业人才和治国理政人才为内容的教育活动。法学教育是整个教育体系的组成部分，高等法学教育是高等教育的重要组成部分。20世纪90年代中期以后，随着法学教育规模的迅速扩大，我国法学教育中内在的缺点不断凸现，新的问题日益严重。比较突出的缺点和问题是人才培养模式僵化；专业设置过于狭窄；课程体系从科学性看相当零乱，从容量上看却又庞杂无边；教学内容陈旧，特别是理论课的教学内容严重落后于市场经济、精神文明、民主政治和法制建设的现实需要和发展趋势；教学方法单调，说教式、灌输式的教学方法仍然是主导的方法，而案例教学、辩论教学、多媒体教学则微乎其微；教师队伍水平参差不齐，结构失衡，不少院校的法律系仅靠几个教师支撑，教学质量难以保证；素质教育和职业道德教育薄弱，学生难以确立法律工作者的职业良知和素质；法理学与部门法学互相脱节，以致出现法学基本理论上的矛盾……面对上述缺点和问题，法学教育、特别是法学本科教育必须进行战略规划和改革。为此，2000年年初曾宪义先生提出要对中国法学教育改革与发展进行战略研究和谋划。为此，以他为首组成课题组，向教育部申请了"21世纪中国法学教育改革与发展战略研究"课题，得到评审专家的推荐和教育部的批准。这个课题是在

"面向 21 世纪法学课程体系与教学内容改革"系列研究的基础上进行的。

在课题研究过程中，曾宪义先生强调课题组要始终坚持以马克思主义、邓小平理论和"三个代表"重要思想为指导，坚持改革和发展的观点，坚持借鉴外国经验与开发本土资源相结合的观点，坚持理论联系实际、把理论研究与对策设计有机结合的方法，以社会主义市场经济、知识经济、经济全球化、可持续发展、法治国家以及社会主义政治文明和精神文明的建设和需要为参照，对改革开放以来法学教育发展经验进行全面总结，对国外、特别是发达国家法学教育的模式、方法、课程体系等进行了比较研究，对法学教育中存在的普遍问题进行了分析和梳理，从理论上提出和解答了法学教育所涉及的基本理论和重大现实问题。

本课题对 21 世纪市场经济、知识经济、经济全球化和可持续发展的时代条件下法律人才培养的目标和模式进行了积极探索，从法学专业的课程体系与教学内容、法学教育中的素质教育、法学教学方法的改革、法学教育的国际交流与合作、法学教育中的教学队伍建设、法学教育质量的宏观监控与评估等方面提出了我国法学教育改革和发展的总体思路、基本方针；提出了新形势下法律人才培养与法学研究的有机结合、互相促进的模式；提出了经济全球化、法律全球化、高等教育全球化的时代背景中，加强中国法学教育的国际性，扩大和深化中外法学教育的交流与合作的方策；向教育部和有关部门提出了法学教育教学改革的建议和方案；提出了法学教育教学质量的监控与评估的指标体系和程序，为实施质量监控和评估提供了可操作的方案。课题形成的结项成果内容主要包括：中国法学教育教学改革的宏观背景和指导思想、中国法学教育的百年回眸与反思、21 世纪初叶中国法学教育的战略分析与前瞻、中国现代法律人才的培养目标与模式、法学专业的课程体系与教学内容、法学教育中的素质教育、法学教学方法的改革、法学教育中的科学研究、中国法学教育的国际交流与合作、法学教育中的教学队伍建设、法学教育质量的宏观监控与评估。课题的研究成果通过法学学科教学指导委员会已经转化为中国法学教育改革的实践。这项由曾宪义、张文显、李龙、吴汉东、韩大元担任主要完成人的"中国法学教育教学改革实施工程"荣获国家级教学成果一等奖。这是对这项研究成果及其应用效果的充分肯定。

三、致力于法学教育的改革与发展实践

在创新法学教育思想和深入进行战略研究和谋划的基础上，曾宪义先生带领法学学科教学指导委员会和法学教育研究会，扎扎实实地推进中国法学教育的改革和发展。

首先是对法学本科教育进行了科学定位。世纪之交，法学教育的属性与定位成为教育界争论的焦点。为了凝聚共识，曾宪义先生在听取一些同志意见的基础上，提出法学本科教育应当是素质教育，在法学教育的全过程都要注重素质教育。

提出法学教育作为素质教育，乃是因为：第一，素质教育是学习型社会的必然要求。党的十六大提出一个崭新的概念，即"学习型社会"。学习型社会概念是应对突飞猛进的科学技术进步和社会发展而提出来的。现代科学技术进步呈现四大特点：其一，知识积累明显加快，知识总量急剧增加。截至 1980 年，人类获得的科学知识，90% 是第二次世界大战后的五十多年里获得的。其二，科学技术急剧变革。其三，科学技术转化为现实生产力的速度加快。其四，科学技术既高度分化又高度综合，每一项稍微复杂的工程或社会问题的

解决往往需要多个学科的知识。科学技术发展的这些特点使得知识更新的周期越来越短，我们所传授的最新知识无论如何都赶不上科技的进步，何况我们所传授的很多知识本来就是陈旧的、老化的、不中用的。科学技术的迅猛发展使社会变迁和转型加快，从农业社会到工业社会大致经过了四五千年，而从工业社会到信息社会只不过经历了二三百年。不仅科学技术突飞猛进，社会科学知识的积累和进步也呈现出加速度局面。面对知识进步和创新的加速，面对社会变迁加快，我们不得不彻底转变以知识传授为本质的教学观念。传统的教学观把教育的本质理解为传授知识，把教学过程简单地看作知识传授的过程，总是立足于最大限度地教给学生足以使他们终身受用的知识。这种观念出自良好的愿望，但却脱离现实。

高等教育总体上是这样，法学教育更应当是这样。我们知道，随着社会主义物质文明、政治文明、精神文明和生态文明的发展，社会对法律的需要不断增加和变动。与此相适应，新的法律源源不断地制定出来，旧的法律则接连不断地被修改、废止或者清理，有关法律的知识总量日益增加、日益改变。这种情况使得学习成为每个法律人的终身活动，继续学习成为没有终结的过程。既然如此，培养学生学会学习、尤其是学会在工作过程中学习，就应当成为大学法学本科教学的重要目标。我们要树立和强化终身教育的观念，并用这种观念指导我们的教学活动。

第二，素质教育是法律专业教育的基础和核心。职业教育有十分明确的职业定位，诸如石油化工、汽车制造、导弹设计、地质勘探、金融货币、国际贸易等，法学教育则没有这样的明确定位。正如法律调整涉及社会生活的方方面面一样，从法学院毕业的学生可能进入社会政治、经济、文化、内政、外交各个领域，哪里有法律调整，哪里有法律程序，哪里应该依法办事，哪里就有法学毕业生。因此，法学教育不能归结为严格意义的、定向型的职业教育。但是，法学教育又确实有自己的专业领域，有特定的知识范畴，有人才培养的基本目标和规格，属于专业教育。在法学这种特殊的、宽泛的专业教育中，素质教育具有基础与核心的地位，并贯穿法学专业教育的始终。素质教育的目标是使学生首先具有较高的文化素质、思想素质、道德素质、心理素质和身体素质，学会学习，学会做事，学会做人。在此基础上，培养和养成良好的职业品质和能力。素质教育的途径和方法大体上是：立足于培养学生的综合素质进行课程体系的建构和与时俱进的改革；开设文化素质教育专门课程；组织高水平的学术活动；开展优秀的、健康的校园文化活动。法学教育中的素质教育，内容比较广泛，其中包括人文教育、科学教育、法律知识传授、就业和生活能力教育等。但其核心是科学的、理性的、民主的、法治的、不断创新的法学理论教育。对于一名学习法律的人来说，法学理论素质的提高比其他任何事情都更为重要。首先，部门法学和法律实务所要解决的问题大都是实证性、实践性、技术性很强的问题，这些问题的解决需要法学理论作指导。这是因为我们不仅要知道有关的法律规范，而且必须知道它们是怎样成为这样的法律规范以及为什么是这样的法律规范；不仅要知道解释和运用法律规范的技术，而且必须知道解释和运用法律规范时应当坚持的价值标准。在这种情况下，学习法学理论，培养法学理论素质和法律思维能力，比仅仅习得具体的法律知识重要得多。显然，具有较高法学理论素质和法律思维能力的人比起那些仅仅掌握法律的某些细节性知识的人，能更好适应法律和社会的进步和变迁。其次，具体法律工作者容易受自身的法律偏见和法律经验的束缚，容易盲从现行的法律制度。通过学习法学理论而培养良好的法学理论素质和理性思维能力，能够帮助人们超越自身的法律偏见和法律经验的局限性，对现行法律制度保持反思和批判的能力。再次，任何法律的实践问题都不是孤立的，而是同整个法律制度和社会实践连在一起的，需要根据法学的理性来把握和解决，这样才能平衡互相对立的利益，实现各种价值的合成，避免形式主义地对待法律问题，处理具体案件。同时，具体案件的解决固然依据具体的法律、法规，需从具体的法律规定找答案，但是，要能够找到正确的答案，特别是在疑难案件中作出正确裁决，则取决于对法律精神、法律原则、法律价值、法律系统的深刻理解。美国哈佛大学前任校长陆登庭（Neil L. Rudenstine）在论述法学等专业的教育时非常深刻地指出："即使在专业学院，对学习法律、商学、教育、医学、政府管理和其他学科的学生来说，他们也应该集中精力学习这些学科的基本原理，而不是学习非常专门化的专题或培训内容。所谓基础学科领域，是指那些能够提出最根本的和复杂的问题，从而需要认真分析和研究才能解答的领域。再重复一遍，教育的前提是提出问题和集中注意力寻找未知问题的答案。因此，建立在社会需求和人力分析基础上的本科生和专业教育的概念，根本不是优秀大学的教学方法。"[1]

曾宪义先生还认为，法学的素质教育可以分解为两个方面：培养高素质的公民，培养高素质的法律人。就实施公民素质教育而言，法科学生从他（她）报考法学专业的那一天，就立志从事公共事务，无论是做法官、检察官、警官、公务员，还是当律师、法学教师，其职业选择本质上都属于公共事务（既包括政治国家的公共事务，也包括市民社会的公共事务）。从法科学生将来大多数要从事公共事务这个角度，必须注重对学生进行公民教育，将他们培养成为优秀的、高素质的公民。公民教育就是对学生进行公民人格教育和公民能力培养，培养学生牢固树立主体意识、权利意识、参与意识、平等意识、宽容态度、法治观念、义务（责任）观念、理性精神等等。这些要素是一个优秀公民应当具备的品格，更是作为法律人的公民应当具有的基本素质。一个法科学生只有首先成为优秀的公民，才有可能成为优秀的法律工作者。就培养高素质的法律人而言，从法学院走向社会的毕业生，无论是做法官、检察官、公务员，还是当律师和从事其他法律工作，他所面对的都是社会，要处理的问题无不涉及经济、政治和文化，职业的特点要求法科学生比其他学科的学生具有更扎实的文化素质，更宽厚的人文学科知识和社会科学理论，更强的思维能力和表达能力，更高尚的社会公德和职业道德，更健康的心理和精神状态。所以，法学教育自始至终都要体现素质教育。为此，要研究法学教育中的素质教育的特殊性，采取积极有效的措施，实施素质教育。素质教育的素质包括思想素质、文化素质、身体心理素质等。法律职业者必须具备的思想素质至少应当包括以下几个方面，即：立法为公，执法为民的职业宗旨；追求真理，维护正义的崇高理想；崇尚法律，法律至上的坚定信念；认同职业伦理，恪守职业道德的自律精神。法律人的文化素质包括：（1）广阔的知识背景。法律与经济、政治、科技、文化等现象紧密交织在一起，法学与哲学、政治学、经济学、社会学、历史学等其他学科有着密切的联系。如果不熟悉其他领域、其他学科的知识、理论，就不可能真正精通法律和法学。因此，法学院的学生应当具有广阔的知识背景。他们不但需要对人文社会

---

① 《中外大学校长论坛文集》，20 页，北京，高等教育出版社，2002。

科学的知识体系有较为深入的了解，而且还需要对自然科学知识有初步的、重点的了解。(2) 工具性技能。在现代社会中，越来越多的职业需要就业者具备某些特定的工具性技能，法律职业也概莫能外。在这些工具性技能中，外语和计算机知识是最重要、最普遍需要的技能。当今时代是全球化时代。法律事务的国际化、全球化，要求法律职业者、特别是律师具有熟练的外语（主要是英语）交流能力。就律师职业来说，律师如果不能熟练地运用外语处理法律文书，用外语直接与自己的客户交流，而仍然借助于"翻译"，那就不仅抢占不到国际法律服务市场，甚至会不可避免地被挤出原有的法律服务市场，那些高级的、报酬可观的法律服务将被外国律师行垄断。在计算机与网络时代，计算机的知识和能力也显得特别重要。未来的法律事务将越来越数字化、网络化。以律师而言，律师与当事人之间将更多的是通过网络联系，律师将主要通过网络提供法律信息和咨询服务。因此，法学素质教育应使学生熟练地掌握外语和计算机这种两种技能，并且能在实际中加以运用。(3) 人际沟通能力。法律职业者都需要具备良好的人际沟通能力，从某种意义上说，不能有效地进行人际沟通的人不可能成为好的法律职业者，甚至无法从事这种职业。法学教育应当尽可能地使学生在学校学习期间便初步具备进行人际沟通的能力，至少也应当使他们对人际沟通的重要性和进行人际沟通的基本方法有适当的了解，重视人际沟通，并且做好进行人际沟通的心理准备。在人际沟通能力方面，最重要的是群众工作方法。

在法学教育中培养学生基本法律素质至关重要。法律素质是法律人应当具备的职业素质（专业素质），其要素包括法律思维能力、法律表达能力和对法律事实的探索能力。在这三个方面的能力中，法律思维能力是法律素质的核心。(1) 法律思维能力。法律思维能力包含以下几个方面的内容：第一，准确掌握法律概念的能力。法律概念是对各种法律事实进行概括，抽象出它们的共同特征而形成的权威性范畴。概念虽不规定具体的事实状态和具体的法律后果，但每个概念都有其确切的法律意义和应用范围（领域、场合）。能否准确理解和解释法律概念，是法律思维的基础。第二，正确建立和把握法律命题的能力。命题是表达判断的语言形式，由系词把主词（主项）和宾词（谓项）联系而成的陈述，联系的方式或者是肯定（确证），或者是否定（否证）。建立和把握法律命题的能力实际上就是形式推理的能力。第三，法律推理的能力。法律推理属于实践推理的范畴。所谓实践推理，是指法律人从解决法律实际问题出发，运用概念、命题，综合法律因素、道德因素、社会情势、当事人具体状况等多重因素进行的法律推理，是一种解决问题（即关于 What to do）的推理，即把法律的规范或原则适用于具体的案件，使规避法定义务或侵害他人和社会权利的人受到制裁，使正确行使权利或权利受到不法侵害的人得到保护。这样一种推理比科学家的真理推理复杂得多，比逻辑学家关于真实命题的推理困难得多。法律中的实践推理最能体现法律人的综合素质。法学素质教育尤其要重视实践推理能力的培养和训练。第四，对即将作出的法律裁决或法律意见进行论证的能力。法律工作，特别是就法律纠纷作出裁决的工作，是需要充分说理和论证的工作，一个裁决文书对当事人的说服力和对社会的公信力，往往取决于法律人的论证能力。在理性的法治社会（而不是情感、情绪化的道德社会），法律论证的能力对于法律人来说至关重要，对于健康文明的法治生活来说也是必要条件。(2) 法律表达能力。法律表达能力可以分为口头表达能力和书面表达能力两个方面。法律人，无论是法官、检察官，或是律师、法律顾问，在其职业活动中都需要以口头的方式与他人进行交流，表达自己对特定事实或问题的认识和看法，也都需要以书面的形式表达自己的法律意见，记载特定的法律事实和法律关系。因此，法律表达能力是法律人必备的重要能力。（3）探知法律事实的能力。探知法律事实，即调查、搜集、制作、组合、分析、认证法律事实，是法律实践活动的重要环节。对法律事实的分析和认定，直接决定着适用法律的最终结果。探知法律事实也是法律实践活动相当复杂的环节，因为探知法律事实的过程，并非简单地调查搜集客观事实的过程，而是法律人运用法律去判断、分析、确认、选择事实的过程，是一个客观事实与法律事实对立统一的过程。这一过程需要法律人有较强的事实探知能力。因此，对于以培养法律人为己任的法学院来说，应当把培养学生探知法律事实的能力放到与培养其他法律职业能力同等重要的地位来对待。然而，对法律事实的探知能力是目前我国法学教育中普遍被忽视的问题，必须采取切实可行的措施解决这一问题。

在定位法学本科教育为素质教育的同时，曾宪义先生大力倡导法律职业教育，亲自建议设立法律硕士专业，创立法律硕士培养机制。在他担任全国法律硕士专业学位教育指导委员会第一副主任委员期间，中国的法律硕士教育蓬勃发展。除了法律硕士这种职业教育之外，曾宪义还积极参与其他法律职业教育，如国家法官学院、国家检察官学院的在职培训等。

与法学本科专业的素质教育相衔接，法学硕士研究生培养目标定位为：为我国社会主义现代化建设和民主法制建设，培养具有坚实理论基础、宽阔知识结构、学术与实务并重的高级法律人才。法律硕士专业学位研究生的宗旨是为我国社会主义现代化建设和民主法制建设培养应用型、复合型高级法律人才。法学博士研究生培养目标是为我国社会主义现代化建设和民主法制建设培养从事法学教育与研究和高层次法律工作的高级专门人才。

其次，曾宪义先生大力推动法学教育人才培养目标模式的多元化，以适应社会对法律人才需求的多元化。我们需要更多的法律专业毕业生从政、经商、治学，走向各个行业，活跃在党政法工农商学兵等各条战线，这对于建设法治社会、实现法律对社会的引导和规范作用是极其重要的；与法律职业比较，培养各行各业的栋梁之材更为重要。面对宽口径的就业渠道、社会对法律人才的多样化需求，他主张法学教育应当是基本教育与特色教育相结合。基本教育包括五个方面：一是马克思主义法学理论教育，包括法理学（法哲学）理论和各个部门法学的基本理论教育，用科学的法学理论武装学生，引导学生树立正确的法律观、法律价值观，权利义务观。二是社会主义法治理念教育，帮助学生树立先进的、民主的、理性的法治观，养成信仰法治、践行法治、维护法治、为法治而斗争的法律职业精神。三是中国社会主义法律制度教育，使学生深刻理解我国法律制度的核心价值和时代精神，把握以宪法为核心构筑起来的法律体系及其各个主要法律部门的基本制度和原则。四是法律程序和法律方法的教育和训练，培养学生树立程序意识、熟悉法律程序，掌握法律解释、法律推理、法律论证、法律明辨的基本方法和技能。五是比较法律教育和国际法律教育，即培养学生树立法律多元观和国际法治观，认识国际法在构建和谐世界、促进全球经济与社会发展中的重要作用，并运用国际法律维护中国融入全球化和实施和平发展战略中的各种权益。法学专业 14 门核心课程的设置就是为了适应上述五个方面的基本教育。除了这些基本教育之外，不同层次、不同类型、不同特色的法学院系可以实施法学特色教育和拓展教育计划，例如，综合性大学的法学院系可以为学生开设中国法律思想史、西方法律思想史、法律社会学、法学方法论等更多基础性和前沿性的课程；农业院校的法学院系可以为学生开设更多与农业、农村、农民以及土、林、水密切相关的课程；财经类院校法学院系可以为学生开设税法、会计法、财政法、反垄断法等经济法课程；理工类院校法学院系可以开设较多与科学技术和知识产权相关的法律课程；医学类院校法学院系可以开设出较多与现代生物医学技术运用、医患法律关系与医疗纠纷处理相关的法律课程；师范类院校法学院系可以开设更多与教育、教师、学生相关的法律课程，以适应社会对法学专业人才的多样化需求。

再次，彻底改革高校法学专业设置。20世纪90年代中期，根据宽口径、厚基础、高素质、重应用的专业建设思路，教育部实施大规模的专业结构调整。在曾宪义先生的主持下，经过一年多十几次的调研、座谈，充分听取各院校以及政法实务部门的意见，认真研究国内外、新中国成立前后、"文化大革命"前后专业设置的情况，反复进行论证，分清本科生和研究生的不同培养目标，最终达成共识，基于法律素质教育的思想理念，形成了把法学、经济法、国际法、国际经济法、刑事司法等专业整合为法学一个专业的建议，这一建议得到教育部的批准，成为高校专业设置和调整改革中一步到位的典型。当然，每个法学院校可以在法学专业之下设置不同专业方向。但在专业目录上和招生简章上只能写专业，而不能写专业方向。

最后，根据法律人才培养成长规律，对课程体系进行改革，实施法学本科共同核心课程。首批确定的共同核心课程一共14门，即法理学、中国法制史、中国宪法、行政法与行政诉讼法、民法、商法、知识产权法、经济法、刑法、民事诉讼法、刑事诉讼法、国际法、国际私法、国际经济法。核心课程的确定将有利于加强学生的基础知识和基本理论，有利于学生素质的培养。此后，根据建设环境友好型社会、资源节约型社会的基本国策和加强社会建设、保障和改善民生的执政理念，增设了环境资源法和社会保障法两门核心课程。在对专业和课程体系进行改革的同时，着力更新教学内容，包括删除重复，修正不当，剔除陈旧，吸纳新知。

四、致力于法学教育的规范化建设

改革开放以后我国的法学教育发展经历了三次高潮。第一次发生在20世纪70年代末、80年代初，法学教育恢复、重建，到80年代中期全国法学院校达到六十多所。第二次高潮是1992年建立社会主义市场经济体制之后出现的，市场经济的发展增大了对法律人才的需求，所以各地高校纷纷设立法学专业，短短七八年间，新增加设立法学专业的高校一百多家，达到二百多家。第三次高潮是2000年以来高等学校大规模扩招之后出现的。三到四年间新增法学专业的大学389所，由此设置法学专业的院校达到六百多所，本科生招生规模每隔四五年就翻番一次。与法学本科生招生规模的几何级数发展同步，法学研究生教育也以几何级数发展。法学教育出现了速度型规模性发展态势。于是，速度与效率、数量与质量的矛盾日益突出。这些矛盾教师体验到了，学生们体验到了，政法机关体验到了，司法考试机构体验到了，社会也看到了。应对这种局面，引导法学教育科学发展，关键的是加强法学教育的规范化，确立法学教育的准入规则，探索退出机制。

在教育部高教司的直接指导下，曾宪义先生亲自挂帅、亲自调研，与法学学科教学指导委员会、法学教育研究会的同志们有的放矢地制定了《高等学校法学专业设置标准》（后更名为"法学专业规范"）、《高等学校法学专业本科教学工作合格评价方案》、《高等学校法学专业教育优秀评价方案》。这三个方案设定了法学本科教育的培养目标和培养规格，构成了法学教育教学质量监控与评估的指标体系。特别是其中的《高等学校法学专业本科教学工作合格评价方案》为实施质量评估提供了可操作的标准化程序，被教育部所采纳，并得到实际执行。该评估方案定位于合格标准，具体设定了评估指标体系、核心指标、测评标准，解释了评估指标与核心指标的内涵，并规定了评估方法和评估结果的运用等。该评估方案还从中国法学教育的实际出发，以基本规格为主，同时体现不同科类院校中法学专业的特点、反映时代发展的要求，具有一定的导向性。

2003 年受教育部高等教育司委托，由曾宪义先生挂帅，法学学科教学指导委员会和法学教育研究会组织全国三十余所重点法学院校负责人，对抽取的山西财经大学、扬州大学、江南大学、太原重型机械学院、南京理工大学和上海外国语大学共六所高校的法学本科评估专业点进行了合格评估。这是新中国成立后第一次对法学本科专业进行评估，在国内外产生了广泛的影响，起到了"以评促建，以评促改"的良好效果，为今后的工作积累了初步的经验。

五、致力于中国特色法学教材体系建设

法学教育离不开教材。教材是教学内容的主要载体，是一个学科知识体系和理论体系的主要载体，教材也是教学的基本规范。法学教材的水平取决于法学学科的学科体系及其知识体系和理论体系。20 世纪 90 年代中期，在教育部的直接领导下，法学学科教学指导委员会在专业调整的基础上，对法学课程体系进行了改革和规划，实施了统一的核心课程。同时，在教育部的统一规划下，由法学学科教学指导委员会组织全国法学界知名专家学者编写了 14 门核心课程教材。这套教材出版发行以来，在更新教学内容、转换教学方法、保证教学质量和法学专业人才基本规格方面发挥了重要作用。有些教材后来还被纳入国家精品课程项目之中，作为精品课程建设的主要成果；大部分教材获得了国家优秀教材奖以及司法部优秀教材和科研成果奖。这些教材又被列入国家"十一五"教材建设规划之中。

这套教材出版以来，我国社会的经济、政治、文化、对外关系均发生了深刻的变化，社会主义法治建设也取得了新的成就，特别是党的十六大以来在科学发展观与和谐社会理论的指导下，哲学社会科学得到进一步发展和创新，我们的教材当然也需要与时俱进，以适应发展变化了的社会和时代需要。同时，从各地法学院系师生反馈的意见看，这套教材在内容、篇幅、风格、文字等方面都存在一些缺点和不足，需要改进和提高。为此，对这套教材进行全面修订，出版新版本。曾宪义先生直接参与领导和组织教材修订工作。新修订教材坚持这样一些原则：第一，以发展着的、当代中国的马克思主义为指导，坚持邓小平理论、"三个代表"重要思想以及科学发展观和和谐社会理论在教材编写中的指导地位；第二，充分体现建设全面小康社会、构建社会主义和谐社会、建设创新型国家、促进世界和谐发展的理论与实践，充分反映我国社会主义法治建设最新成果，包括法律和法规制定、修改、清理、废止的最新进展，执法和司法改革的成果，以及新作出的立法解释和司法解

释，并将它们升华为法学范畴和法学理论并融入法学理论体系和知识体系；第三，在继承法学教材优秀传统，保持国家"九五"、"十五"规划教材原有优点和特色的同时，充分吸纳全国各高等院校法学教育改革的成果以及法学教学和研究的成果，总结各地法学教材的编写经验，在此基础上力争使本套教材在理论上、体系上、风格上具有先进性；第四，在坚持中国特色社会主义法学话语体系和中华法律文化优秀传统的前提下，认真研究国外法学教材的编写经验，借鉴其具有普适性的概念、理论和方法，集古今中外法学之精华，力争使新版教材在世界范围内有较大的影响力；第五，遵循教材规律，创新教材规格，实现马克思主义法学理论、法学知识体系、法治实践经验的有机结合，通过严谨的逻辑论证、充分的事实说明、正确的法律阐释、精到的判例运用，实现法学教材的科学化和现代化。

新修订教材特别强调以学生为本，从学生的根本利益和知识需要出发。学生是教材这种教育产品的消费者，他们通过教材接受知识思想和方法，他们有权利获得包括教材在内的优质教育产品。供学生使用的教材必须是高质量的，即具有鲜明的理论观点、丰富的思想含量、较高的学术品位，贴近学生，贴近时代，贴近社会，贴近生活，对学生具有说服力、吸引力和亲和力，并能够激发学生的学习动力和兴趣。

新修订教材力求做到内容进步、技术规范、深浅适度。内容进步，意味着要有新的论题，即使原有论题也要有新思想、新语言、新表述，而不是简单"炒剩饭"，或者对原有的教材照抄照搬。技术规范，意味着要按照教材的规格写作，语言一定要规范，要简明扼要，逻辑严谨，层次分明，各种标点符号的使用必须符合国家新闻出版署规定的标准，在技术上与国际出版物接轨。深浅适度，意味着教材既要有较高的学术品位和思想含量，又要与法学专业本科学生的接受能力相适应。

应当提到的是，在14门核心课程教材编写之前，法学学科教学指导委员会组织编写了《全国高等学校法学专业核心课程教学基本要求》。在规划和组织编写教材的基础上，鼓励和支持各个学校根据自己的优势特长编写水平高、特色明显的教材，鼓励选用高水平教材，以保证和逐步提高教学质量。曾宪义先生主编的由中国人民大学出版社出版的21世纪法学系列教材就是其中一套有代表性的教材。

曾宪义先生还直接参加中央实施马克思主义理论研究和建设工程之中有关法学教材体系建设和中央宣传部、教育部负责的重点教材编写的各项工作，协助教育部审定重点教材的编写大纲和文稿，以他为首席专家提出的《中国法制史》大纲通过了专家评审。

六、致力于推动中国法学教育与世界法学教育的交流与合作

新中国创立初期，由于西方国家对我国的敌视和封锁，我们无法开展广泛的对外交流合作。当时对外的法学教育的交流合作，主要是派遣青年学生和青年教师前往苏联以及东欧各个著名大学留学，同时聘请大批苏联专家前来授课。后来法学教育不断萎缩以至中断，法学教育的对外交流便无从谈起。党的十一届三中全会后，面对中国法学教育起点较低的现状，为了加快中国法学教育的改革发展，从法学教育恢复重建之初，就把法学教育的对外开放与国际交流和合作作为法学教育发展的必由之路。曾宪义先生全力推进中国法学教育与世界法学教育的交流与合作，推动中国法学教育走向世界，逐步取得法学教育的发言权和话语权。可以说他是中外法学教育交流与合作的第一推动者。1997年1月法学学科教

学指导委员会成立，曾宪义先生担任主任委员。他深感法学教育的对外开放势在必行，利用中国人民大学法学院的国际影响力和法学学科指导委员会的组织力，大力推动法学教育的对外交流与合作，形成了全面开放、平等对话、有效合作的崭新格局。在对外交流合作过程中，曾宪义先生强调要一方面要扩大视野，树立国际观念和世界的观念；另一方面要坚持中国特色，走自己的发展道路，注重对世界特别是发达国家的法学教育教学开展比较研究，包括对日本、韩国等亚洲国家的法学教育改革的跟踪研究，对美国、欧盟各国法学教育最新发展的观察分析，从中概括出可资借鉴和吸纳的教育思想、教育理念、人才培养模式、教学方法，以适应法律全球化的发展趋势和国际法律人才竞争的局面。

在对外交流与合作中，曾宪义先生组织了一系列具有标志性、里程碑意义的重大活动。

（1）首届中美著名法学院院长联席会议暨"中美法学教育的未来"研讨会。1998 年 6 月 17 日～19 日在中国人民大学法学院举行。美国方面有耶鲁大学、哈佛大学、斯坦福大学、哥伦比亚大学、密歇根大学、印第安纳大学、纽约大学等 10 所著名大学法学院院长参加，中国方面有中国人民大学、北京大学、中国政法大学、吉林大学、武汉大学、复旦大学、中山大学、西南政法大学、华东政法学院、中南政法学院、西北政法学院等 24 所著名法学院校校长参加，教育部、外交部、司法部、国务院法制办公室等部门的领导同志也参加了会议，最高人民法院院长、中国首席大法官肖扬会见了与会中外代表。此次会议是中美两国法学和法学教育领域内最高层次、最高水平的会议，是江泽民主席成功访美、中美两国元首发表联合声明和克林顿总统即将正式访华之际，中美双方第一个启动的交流合作项目。克林顿总统专门给会议写来了贺信，他在贺信中称赞此次会议是中美两国元首会晤后法律合作的"第一件大事"。国内外媒体作了广泛报道。此次会议树立了我国法学教育的良好整体形象，是我国法学和法学教育走向世界的标志，具有深远的影响。

（2）首届中国—欧洲著名法学院院长联席会议和"欧洲一体化和中欧法学教育合作"讲习班。这次会议和讲习班是应欧盟的请求、经中欧双方协商，于 2000 年 6 月 10 日～15 日在中国人民大学法学院举行。出席会议的代表来自欧洲 6 个国家 13 所著名大学法学院的 15 位院长（校长）和知名学者，我国四十多所著名法学院校校长、知名学者以及实务部门的领导同志。

（3）21 世纪世界百所著名大学法学院院长论坛。2000 年 12 月 3 日在北京人民大会堂大礼堂举行。来自世界五大洲 132 所最著名大学法学院院（校）长、法学家和中国法学会暨各专业研究会会长及国际刑法协会、国际宪法协会等国际法学团体的负责人到会，以李鹏委员长为首的 10 名国家领导人和 40 名正副部长出席。李鹏委员长作了重要讲话。12 月 3 日—6 日又在中国人民大学设立 8 个分论坛，就法学教育及"法律与全球化"、"宪政与人权"、"世纪之交刑法学研究的热点问题"、"司法改革"、"经济法在当代"、"诊所式法律教育与 21 世纪法学教育改革"及"中英完善婚姻家庭法律制度"等专题进行了深入探讨。国内外各大媒体作了创纪录的广泛报道。这次论坛无论在中国和世界都是空前盛大的法学家的盛会。

（4）第二届世界百所著名大学法学院院长论坛。曾宪义先生虽然因病住院治疗未能参加这次论坛，但他亲自策划并组织了这次论坛。

（5）第一届亚洲著名大学法学院院长论坛暨 21 世纪亚洲法学教育改革与发展论坛。

2001 年 12 月在中国人民大学举行，主题是"21 世纪亚洲法学教育改革与发展"，来自亚洲 12 个国家和地区近一百所大学的法学院院长及法学家参加了论坛，会议第一次就亚洲法学教育的交流与发展展开全面讨论，并取得丰硕成果。时任最高人民法院院长的肖扬同志以及任全国政协副主席的任建新、罗豪才同志出席论坛并发表了重要讲话，本次论坛对扩大中国法治与法学教育的国际影响产生了积极、重大的影响。

（6）"中国—澳大利亚百所著名法学院院长联席会议"。2006 年 7 月 4 日～5 日在中国人民大学法学院举行。最高人民法院院长、中国首席大法官肖扬和澳大利亚司法部长鲁多克等来自澳大利亚和中国近百所法学院校的一百多位院长和法学家参加了会议，这是中国与澳大利亚法学教育界层次最高、规模最大的一次学术盛会。

（7）中国法学专家代表团参加第二十二届世界法律大会，并承办"新世纪的法学教育与续职法律教育"专题论坛。2005 年 9 月 4 日至 10 日，第二十二届世界法律大会在中国北京、上海两地分阶段举行。本届大会围绕"法治与国际和谐社会"主题，探讨法治的深刻内涵及其在建立和谐的国际社会中所扮演的角色和面临的挑战。来自六十多个国家和地区的一千五百多名代表出席本届大会。曾宪义教授作为中国组委会副主席、法学专家代表团团长，担任"新世纪的法学教育与续职法律教育"专题论坛主席主持会议，并与我共同发表了题为《中国法学教育的现状与未来发展》的主旨讲演。

此外，由曾宪义先生亲自参与组织的重要会议和论坛，还有 2005 年在中国政法大学召开的中美法学院院（校）长会议、2005 年在中国人民大学举行的中俄法学教育研讨会、"中国—非洲法学教育与法律文化论坛"。

在中国法学教育对外交流与合作方面，具有标志性的事件还有：曾宪义先生率领中国法学教育代表团成功访美。这是中华人民共和国成立以来由政府派遣的第一个法学教育代表团。代表团先后访问和考察了耶鲁大学、哈佛大学、斯坦福大学、哥伦比亚大学、密歇根大学、华盛顿乔治敦大学、加州伯克利大学、纽约市立大学等大学法学院，并访问了美国政府教育部、美国联邦最高法院和第 11 联邦巡回法院、全美律师协会与美国法学院协会等机构。所到之处，受到美国各方面空前热烈的欢迎和十分友好的接待。代表团回国后写出的访问报告得到教育部领导的充分肯定和表扬。

曾宪义先生率领中国法学教育代表团于 2004 年 10 月对欧洲进行了为期两周的访问。代表团访问了英国剑桥大学等欧洲最为著名的 8 所大学，进一步拓展了国际交流的空间。

七、致力于法学教育研究与组织体系的建设与领导

在中国法学教育的科学发展中，教育部高等学校法学学科教学指导委员会和中国法学会法学教育研究会，以及国务院学位委员会法学学科评议组、人事部博士后管理委员会法学学科组起着不可替代的重大作用。曾宪义先生是教育部高等学校法学学科教学指导委员会第一届、第二届主任委员，第三届顾问；是中国法学会法学教育研究会第一届和第二届会长；是国务院学位委员会法学学科评议组核心成员；是全国博士后管理委员会法学学科组召集人。此外，他还曾任中国法学会副会长、教育部社会科学委员会副主任。

高等学校法学学科教学指导委员会，是 1997 年 1 月由当时的国家教委（即现在的国家教育部）建立的，其性质是教育部领导下对全国法学教育进行研究、咨询和指导的专家机

构，主要任务有四个方面：第一，就高等教育教学改革与发展的重要问题进行理论与实践研究，为国家教育行政部门和高校提供咨询意见和建议；第二，指导高校的专业、课程、教材和师资队伍等教学基本建设，推动教学改革不断深化；第三，受国家教育行政部门委托制订专业教学的质量标准，协助国家教育行政部门进行专业教育质量的监督和评估；第四，促进信息沟通，推广研究成果，推动国内外的交流与合作。

中国法学会法学教育研究会是在 2001 年 9 月成立的，此前，经过了长时间的酝酿、筹备。时任全国政协副主席、中国法学会会长的任建新同志，于 2000 年 12 月 3 日在人民大会堂大礼堂举行的"21 世纪世界百所著名大学法学院院长论坛暨中国人民大学法学院成立 50 周年庆祝大会"上，代表中国法学会宣布关于成立中国法学会法学教育研究会的决定。2001 年 9 月 25 日，中国法学会党组副书记兼常务副会长孙琬钟同志代表中国法学会主持召开了中国法学教育界代表大会。9 月 26 日，在中国人民大学法学院隆重举行了"中国法学会法学教育研究会成立大会暨 21 世纪中国法学教育的改革与发展战略研讨会"，时任全国政协副主席、中国法学会任建新会长，全国政协罗豪才副主席，最高人民法院祝铭山常务副院长，最高人民检察院张穹副检察长，司法部刘飏副部长，中国法学会党组书记、常务副会长佘孟孝、孙琬钟同志、副会长孙在雍同志等出席大会。法学教育研究会成立以来，在曾宪义先生的精心组织下，高举邓小平理论和"三个代表"重要思想的伟大旗帜，深入贯彻落实科学发展观，在教育部、司法部、中国法学会的指导和中央各政法部门的支持下，与教育部高等学校法学学科教学指导委员会紧密配合，依靠和团结全体理事和全国法律院校，广泛联系法学界和法学教育界的同仁，与时俱进，开拓创新，为建立和健全中国特色法学教育体系，更新法学教育理念，推进法学教育教学改革，优化法学人才的培养模式作了许多有益的探索。

身兼法学学科教学指导委员会主任委员和法学教育研究会会长二职的曾宪义先生，创造性地将"两会"的工作有机结合，形成了团结合作、共赏发展的良好局面。2001 年以来，召开了一系列重要会议和论坛。例如，2001 年在北京召开了"中国法学会法学教育研究会成立大会暨 21 世纪中国法学教育的改革与发展战略研讨会"。这次会议是进入新世纪以后，我国法学教育界召开的第一次、也是新中国成立以来规模最大的一次法学教育改革和发展战略研讨会。2002 年 9 月在上海举行了学术年会暨"法学教育与司法考试"学术研讨会。2003 年 9 月在重庆举行了学术年会暨"法学教育中的素质教育"学术研讨会。2004 年 12 月在海南大学举行了学术年会暨"高级法律人才的培养与中日韩法学教育改革"国际研讨会。2005 年 9 月参加了第二十二届世界法律大会，举办了第二十二届世界法律大会"新世纪法学教育与续职法律教育"论坛。2006 年在成都召开了学术年会暨"强化专业学科建设，提高法学教育质量"研讨会。2007 年在南京举行了学术年会暨"首届中国法学教育论坛"。2008 年在长春举行了学术年会暨"社会主义法治理念教育"论坛。2009 年在西安举行了学术年会暨"中国法学教育的发展走向与法律人才培养改革"论坛。2010 年在北京举行了学术年会暨"全球化背景下的法律人才培养"论坛。2011 年在上海举行了学术年会暨"'十二五'规划与法学教育发展战略"论坛。这些学术研讨会规模大、层次高，全国法律院校和教育主管部门、法律实务部门共同主办、共同参与，紧紧围绕当前法学教育领域的中心问题展开研究和讨论，达成了广泛的共识，取得了重要成果，为推进中国法学教育的改革发展发挥了重要作用。教育部高度评价法学学科教学指导委员会的工作，在 2006 年换届之年曾宪义主任委员代表法学学科教学指导委员会在全国各学科教学指导委员会主任委员会议上作了专题发言，介绍了法学学科教学指导委员会的经验，教育部予以推广。对法学教育研究会的工作，中国法学会给予充分肯定。中国法学会党组书记、常务副会长刘飏同志称："中国法学会法学教育研究会自 2001 年成立以来，不负重托，不辱使命，团结和组织广大法学教育工作者和法律实务部门的同志，适应新的历史时期经济、政治、文化、社会建设和法制建设的需要，以培养高素质法律专业人才为主攻方向，深入开展法学教育理论和实践研究，完成了'21 世纪中国法学教育改革与发展研究报告'等一系列重大课题，举办了一系列重大的学术活动，对法律人才培养的目标和模式、法学的教育思想和理念、法学专业课程体系和教学内容、法学教学方法的改革、法学教育师资队伍建设、法学教育质量的宏观监控与评估等方面进行了富有成效的探索，形成了我国法学教育改革和发展的总体思路、路径设计，并配合教育部高等学校法学学科教学指导委员会提出了一整套改革法学教育的方案和建议，为中国法学教育的繁荣和发展作出了突出的贡献，确实功不可没。在中国法学会下属的各研究会中，法学教育研究会堪称成果最为丰硕、指导实践最为有力、效益最为显著的典范。"

除了上述重要学术组织建设之外，曾宪义还会同法学教育界成立了曾宪义法学教育与法律文化基金会。曾宪义先生亲自筹措基金，亲自进行注册登记等繁杂的事务。基金会主要用于支持、资助中国法学教育与法律文化教育研究领域的活动或项目，对于促进中国法学教育与法律文化的研究工作、培养社会高层次治国法律人才有着重要意义。

八、致力于建设中国领先、世界一流的中国人民大学法学院

曾宪义先生是中国人民大学的一级教授，在他担任中国人民大学法学院院长期间，他倾注自己全部智慧和精神，带领中国人民大学法学院不断创造辉煌。而今的中国人民大学法学院已经成为国内领先、在国际上知名的法学院，成为中国法学教育的品牌。中国人民大学法学院的建设成就的意义绝不限于人大法学院自身，而是对全国法学教育的改革和发展具有示范意义。这也是曾宪义先生对中国法学教育的重大贡献。叶秋华教授的文章记述了曾宪义先生带领中国人民大学法学院改革发展的业绩，这里不再赘述。

吉林省高级人民法院院长
教育部高等学校法学学科教学指导委员会主任
中国法学教育研究会会长
张文显
2011 年 12 月

曾宪义先生与人大法学院二十年

他带领人大法学院走向辉煌
——曾宪义先生与人大法学院二十年

曾老师永远地离开了我们，离开了他所深爱的人大法学院！但我相信，他的名字、他带领人大法学院不断走向辉煌的历史和他崇高的敬业品格会永远在我们心中珍存，也会让几代法律人难以忘记！常常油然地回想起老院长生前对人大法学院和中国法学教育发展的重大贡献，桩桩件件，细细品味，不免对他更加肃然起敬，对他的离世更加深深地惋惜！

作为 1978 年就来到人大法学院的教师，作为曾经和他共同工作十余年的法学院领导班子成员，我见证了曾老师为人大法学院的振兴发展呕心沥血的规划和开拓进取的勇气与胆识；见证了他视法学院为家的真诚的热爱、奉献和无比的辛劳；也见证了他带领全院师生克服种种困难，自强自立，团结奋斗，使法学院发生了物质和精神上的沧桑巨变！我常常觉得，曾老师作为人大法学院的毕业生、教师和 15 年的老院长，似乎与人大法学院有着与众不同的特殊情结，因为以他的能力和才干，据我所知，他曾经有过多次外出升迁的机会，但他都拒绝了。他把刻骨铭心的爱，把他几乎全部的情感、精力和心血都放在了人大法学院这个大家庭里。正是他从根本上改变了人大法学院的地位和面貌，使人大法学院取得全国法学教育界的领先地位，也使人大法学院人获得了良好的工作环境和生活条件。也正是他带领法学教育界同仁，抓住机遇，锐意进取，通过在人大法学院成功举办中美、中欧、中亚和世界百所著名大学法学院院长论坛等具有重大意义的国际法学教育盛会，使中国的法学教育获得了突破性进展，步入了国际化发展的轨道。

应当说，对曾老师敬业的品格、勇于进取的精神以及事业上胸怀的真正了解和理解，还是从我 1994 年担任院领导班子成员后开始的。他也给了我本人很多的教导和工作中的理解与支持。有两件事情让我印象尤为深刻。我还清楚地记得，我是在 1994 年 8 月 29 日被当时担任系主任的曾老师电话叫到他的家里，同去的还有年轻的王新清老师（现在是中国青年政治学院的常务副校长）。我们被告知，由于当时担任我们法学院书记的同志调任北京团市委担任领导工作，学院和学校经过研究，决定让我们两人临时担任学院党委领导工作以解学生工作和人事工作之急。就这样，因为工作急需，我在没有任何心理准备的情况下，懵懵懂懂走进法学院领导班子，第二天参加领导班子会议，第三天就开始准备迎新等项工作，忙得狼狈不堪。我一直觉得自己的性格不善与人交往，而党的工作又是以人为本的工作，这几个月的经历更让我觉得自己不适合，而且那时我在业务上已经有了些积累，也想在专业上发展，所以 1994 年年底进行正式换届前，我鼓起勇气找到曾老师，向他明确表示不想再担任。曾老师针对我的性格很"艺术性"地解决了我的思想问题，至今令我难忘！他一方面态度极其强硬地以民意为由简单地拒绝了我，多一句话也没有；另一方面却让一些老师做我的工作，很真诚地表达信任，此外他自己主动要求和我商讨换届工作报告，不由分说地热情地提建议，积极地肯定，并亲自过问、组织并安排了非常温馨、热烈的换届大会的会场。正是在这些热情的鼓励、热烈的掌声和欢快的笑声中，我的心被深深地感动了，灵魂被涤荡升华，人生观很自然地被改变了。"尽职工作，学院为大"的观念在我心中自然生成。这种让人再无法说"不"的工作方式，体现了曾院长的水平和待人的细腻、真诚，也使我从此无怨无悔在法学院领导工作岗位上一干 15 年。我相信这样的体会肯定很多人会有。

还有一件工作上大事的抉择也让我印象深刻和感动。那是在 1995 年年初我正式担任书记后，对于怎样开展法学院党的工作，我有过一段时间的困惑和思考。那时，党政工作"两张皮"、互不相扰的现象普遍存在，法学院也基本如此。而我对此有不同想法，我认为党和政的工作只是同一目标下侧重点不同的工作，党的工作应当与本单位事业的发展相结合，融于事业的发展中去开展，这样才会有活力和感召力；我也希望法学院党的工作不尚空谈，做些实事。在那个年代的工作氛围中，我这种有违传统的想法和要求能否被曾院长理解、接受，会不会遭到他的拒绝、批判乃至嘲笑，我心里十分地忐忑，很长时间犹豫不敢提及，但最终认为自己想法对和不愿糊糊涂涂工作的心态让我鼓起勇气走进了他的办公室。记得那时我做好了各种准备，认真研究了党章和一些文件，准备了很充分的论证，也带着相关材料以备可能发生不同意见时说服他。但令我完全没有想到的是，他听了我的想法不仅欣然同意而且大加赞赏，认为理当如此，并且一再地说他很感动，认为我是在很负责任地思考法学院的工作和发展。我自然更加地感动和感慨！因为在那个时期，没有一定的境界和高度，这种尊重和理解是很难做到的，这种看法上的一致也是很难达到的！也正是这种工作上的理解和尊重，使我们在十余年的工作中一直配合很默契。在曾院长的赞同、支持下，1995 年我院党委明确提出了法学院党的工作与事业发展相结合的工作宗旨以及为事业的发展团结人、凝聚人的工作思路。那句"用事业的发展激励人，用真挚的感情团结人，用创造出来的较好的待遇留住人"耳熟能详的话语，也是那时法学院党政领导班子达成共识，在曾院长的精心斟酌下提出来的。自此法学院的党政工作有机地结合在了一起，在事业发展上，一个主要谋发展、开拓进取，一个主要铺路搭桥，做黏合剂，团结人，努力形成能为事业发展奋斗的集体，党政班子每个时期确立一个目标，带领大家共同为之奋斗。不盲目工作，有明确目标带领大家去奋斗，这也是曾老师带领下的法学院工作的一个重要特点。总之，正是在这种指导思想和工作宗旨下，我院党委的工作取得显著成效，连续 4 届被评为学校先进党委。

回顾人大法学院在曾老师带领下团结奋斗走向辉煌的历史，就我个人的了解和感受而言，从曾老师担任学院领导的 1990 年到 2000 年 12 月 3 日，以人大法学院在人民大会堂成功举办世界百所著名大学法学院院长论坛暨人大法学院 50 年院庆大会为标志的这段历史，应当说是最令人难忘的。因为在这个时期，法学院在曾老师的带领下，全院上下团结一心，在极其困难的条件下，自强自立，没有舞台自己搭舞台，先后如期地实现了两个重要目标，这就是：第一，在 1997 年前，通过不断的改革进取，我院成功取得了在全国高等院校法学教育界的领先地位和领导地位；第二，1997 年后，通过成功主办中美、中欧和世界百所著名大学法学院院长论坛这些具有重大意义的国际法学教育盛会，让中国的法学教育包括法学研究步入了国际化发展的轨道，走向了世界，也让世界的法学教育包括法学研究走进了中国。而事业的辉煌也展开了我们法学院人的胸怀，升华了我们法学院人的精神追求与思想境界，为我院后来的稳定发展奠定了基础。

下面，分几个方面把那些年人大法学院在曾老师带领下，工作的指导思想以及奋斗的历程做一回顾，以缅怀老院长。

一、他指出"自强"才能"自立"，自强才会有人大法学院发展的前途和命运

在人大法学院的成长与发展过程中，"自强"才能"自立"，自强才会有发展的前途和命运，这个二十多年前曾老师提出并始终坚持的理念，是在经过争论和讨论后达成的共识，而这一共识对人大法学院的崛起和发展十分重要。而如何自强呢，出路何在呢？法学是一门政治性很强的学科，经历了"文化大革命"和极左思潮长期的影响，当时人们的思维还很谨慎不敢轻易冲破以往的禁区。1990 年曾老师担任法律系主任后，面对国家经济改革的浪潮和社会快速发展下的法制建设出现的新形势，以他政治家般的敏感和远见卓识在我院率先进行了法学教育究竟应当"谁适应谁，谁服务谁"的思考与讨论，最终全院上下取得了共识，这就是：法学教育应当主动适应社会的发展和需要，教师的知识结构、学院的专业与课程设置和教学内容、教学手段、教学方法，应该主动适应和服务于建设社会主义法治国家的需要。正是这一共识使法学院获得了脱颖而出、优先发展的机遇，获得了自强自立的条件。在曾老师的带领和谋划下，我院各学科的课程改革随之相继展开，知识产权法、商标法、著作权法、专利法、票据法、保险法、海商法等三十多门新课程开设，许多课程适应我国市场经济的需要，在国内是第一次开设，学科专业面貌焕然一新，我院自 20 世纪 50 年代之后又重新在我国法学教育领域占据了主动的位置，为今后的发展打下了极为重要的基础。

此外，那时，在教学中我院理论联系实际的特色也更为鲜明，经常组织师生到实际工作部门进行教学实习，我院地石律师事务所、物证技术鉴定中心的作用得到充分发挥，成为师生的实践基地。模拟法庭、法律咨询、普法宣传等活动在那时也搞得有声有色。中央立法机关、司法机关、司法行政机关中几十名具有研究能力和学术水平的领导同志被聘为我院的兼职教授，我院与实际部门的联系进一步加强。后来我院还受国家教委、最高人民法院委托，举办了全国高级法官培训班，培训最高人民法院各厅厅长、各省高级人民法院院长及相当一部分中级人民法院院长，把理论与实际的结合推向更高阶段，也使我院的影响日益扩大。

值得一提的是，教学改革也推动了科研工作的开展，其中最具有重要影响的就是我院

与最高人民法院合作编辑出版《中国审判案例要览》。不过，这项工作还是在受到国外人士挑衅时才意识到它的重要性而开展的。因为，西方一些国家往往都定时公布审判案例，但新中国成立以来我国没有开展过这项工作。一些来访的我国台港地区和西方法律界人士讥讽过我们，说：你们自称是民主法制国家，为什么不公布审判案例呢？曾老师受到震动，在思考中下了决心，要为国家的利益和尊严作此事。后来他和当时的最高人民法院副院长祝铭山同志经过多次协商，决定由人大法学院和最高人民法院合作组成联合编委会，从最高人民法院各厅厅长、接受过人大法学院培训的高级法官及人大法学院的骨干教师中，聘请了近两百位编辑和通讯编辑，从全国每年 400 万个案例中，选出四百多个案例，编成《中国审判案例要览》，分别用汉字简体、汉字繁体、英文每年出版一部，一直坚持至今。案例中法官、检察官、公诉人、律师、当事人都用真名实姓。《中国审判案例要览》的编辑出版，对于宣传我国的法制建设、规范各级司法审判、丰富高校案例教学，具有重要意义。英、美法学家看到这部书的英文版，感慨地说：用外国文字出版审判案例，工作量很大，难度也很大，我们还没有做到。你们后来居上，中国法制建设的巨大成就当刮目相看。这个项目荣获了国家新闻出版署组织评选的全国法律图书一等奖第一名和北京市第三届哲学社会科学成果特等奖，曾老师为此付出的心血和努力众所周知。

总之，那些年，我院在曾老师的带领下生机勃勃，在改革中寻机遇，求发展，在自强中自立，经过多年的努力奋斗，成为全国高校博士、硕士等学科点和研究基地最多，承担国家级、省部级和国际合作项目最多，教师在海内外出版学术著作、发表论文、承担项目与获奖项目均居全国法律院校之首的单位。我院教师当时还参与起草了几乎所有国家基本法律和重要法规，有二十多位教师是党和国家有关部门的专家咨询委员。在中共中央政治局和全国人大常委会举办的法制讲座中，我院教师担任主讲人的次数在当时也是最多的。

正是由于在自强中获得自立，获得发展的前途和命运，我院逐渐得到了国内法学教育界的认同，曾老师被确定为国务院学位委员会法学组召集人和教育部高等学校法学教学指导委员会主任委员，法学教学指导委员会的秘书处也设在我院。1998 年 5 月我院荣获国家授予的"全国五一劳动奖状"，这是当时全国高校系统唯一获此殊荣的单位。而与此同步，世界法学界也开始对我们法学院予以密切关注和前所未有的重视。

二、他坚持"以人为本"，用两种意识和两种感情升华法学院人的思想与精神境界，以此为事业的发展提供动力源泉

在工作的实践中，曾老师经常和我们谈道：人是事业发展的主体，人的凝聚力、向心力以及奋斗精神如何，是一个单位事业成败得失的关键。只要把人的工作做成功了，就没有实现不了的成功。法学院这个时期两个目标的成功实现就是例证。

但对于如何做好人的工作，曾老师和党政班子也在不断地思考。1995 年以来，我们法学院凭借自己实干、苦干创建出来的业绩赢得了自己的社会地位和影响，办学的规模越来越大，各方面承担的工作任务越来越重，我院的教师、党政教辅人员几乎人人都在超负荷地运转，我院的学生也为院里的工作付出了很多的努力和辛苦。我校一些外单位的人常常说我们法学院的人干工作像拼命，的确，我们法学院人是在拼死拼活地干事业，为事业的

发展忘我地付出。此外，我院众多出国的人员不留恋国外的高薪待遇和各种优越的生活条件按期回国回院；国内的人也不为当个体律师、下海经商挣大钱所动，专心致志地在这里教书育人，建设法学院。那么，我们法学院人为什么要如此执著地拼命干事业呢？置身在法学院，作为院长的曾老师也一直在和我们一起关注着法学院人的精神追求，思考着如何养成和提升法学院师生的品格与精神境界，为国家和社会培养合格的高素质的法学家与法律人才。

通过与大家的交谈和交流，通过多次的感受，包括我们自身的感受，曾老师和我们一起达成共识，这就是我们法学院人如此努力地干事业，是基于两种可贵的意识和感情。多年来，在他的积极倡导下，我院也十分注意在全体师生中树立和强化这两种意识和感情。曾老师指出，这是法学院事业发展所需要的一种精神力量，对于法律人来说，这种力量甚至比物质的力量还要重要。他指出，我们要使大家普遍认识到，我们不是在糊里糊涂地干事业，不是在糊里糊涂地奋斗，不是在糊里糊涂地付出，而是在为国家的法学教育和法制建设奋斗、作贡献，在为振兴和发展我们的人民大学奋斗、作贡献。这两种意识和感情，一个是中国人的意识和感情，一个是人大人的意识和感情。

从中国人的意识和感情来看，一方面我们常常听曾老师谈到中国民主与法制建设走上正轨的局面来之不易，我们也看到经历了"文化大革命"和人大及法律系停办的浩劫，包括曾老师在内的我院教师都十分珍惜这来之不易的社会条件，真心实意地想为国家的法学教育与法制建设作贡献。但另一方面，在对外学术交流中，我院教师也深刻地感受到，国外并不了解中国，不了解中国的法学教育，甚至认为中国根本没有法制可言。在这方面，作为院长的曾老师自然体会更深。这无疑是作为中国的法律工作者而且民族感情强烈的曾老师绝不能接受的。多次听到他谈起过在诸多场合如何批判那些对中国不尊的言论。与此同时，他也在思考如何通过自己人生中的这个岗位来改变这一现象。那些年，我院积极地开展了对外学术交流，短短几年与二十多个国家和地区建立了学术交流关系，后来又成功地在我院举办中美、中欧和世界百所著名大学法学院院长论坛，为国外博士生开办中国法暑期讲习班，举办美国法、荷兰法讲习班，与欧盟建立欧洲法律培训项目等。曾老师正是通过这种积极的努力，通过开创和建立这些交流活动，让世界了解我们中国的法学教育，包括中国法制建设的发展；同时也让中国的法学教育与世界接轨，从中吸取有益的营养，在变革中不断发展完善。现在，中国的法学教育已在世界上建立了良好的整体形象，毫无疑问，这其中饱含着曾老师付出的无法估量的努力和心血，饱含着他和他带领下的人大法律人对国家对民族法学教育事业的深刻的热爱与厚重的情感，也饱含着曾老师带领下的中国法学教育界作出的杰出而重大的贡献。

从人大人的意识和感情来看，1990 年以来，伴随改革开放，在市场经济体制下，高校的竞争日趋激烈，那时中国人民大学作为文科院校遇到了不少困难，难以得到国家像对待清华、北大那样的扶植。对母校感情深厚的曾老师，从担任学院领导之日起就已经坚定地把内心中渴望人大振兴发展的理想付诸行动。他的这一情怀，还是在 1998 年 5 月初，因我院筹备首届中美著名法学院院长论坛，办会遇到巨大困难，我们两人发生争论时，我才刻骨铭心地领略到的！那次会议是时任美国总统的克林顿第一次访华前中美双方商定的重要学术会议，定在 1998 年 6 月中旬举行。曾老师 1997 年赴美回来后就决定在即将竣工的法学院新址——人大贤进楼内召开此会，并在此楼施工期间，围绕法学院图书馆、信息港、实验室等的建设，带着我们一次次头戴安全帽在工地考察，最终将设计的图纸和我院的要求交给了施工方。但没想到的是，1998 年年初贤进楼竣工后因验收迟迟不能进行一直被封闭、不让进，我们急得没办法。更没想到的是直到 5 月 10 日总算得到允许进楼后，却目瞪口呆地发现我们设计的图纸和提出的要求一个也没照办。巨大的压力下，作为筹办这次会议会务的总负责人，我觉得无论如何一个月内也完成不了法学院新址的改造和搬迁，完成不了全新的法学院图书馆、信息港、教授工作室的建设了，只能找校外条件好的饭店举行。带着想当然的心情，我找到曾老师报告自己的想法，没想到他马上瞪起眼睛勃然大怒，很响地拍着桌子向我大吼："我就要在人大开这个会！我一定要在人大开这个会！"我没有心理准备，又吃惊又委屈，觉得他太不讲理了，这一个月怎么可能完成至少要半年才能完成的工作呢！我也急了，在讲了种种的做不到之后，干脆地告诉他我干不了，不干了！就是那一次，平静下来的他，第一次向我倾诉了他人大人的情怀。他说，他十几岁参加工作后不久，就来到人大读书，人大是他人生中最重要、最热爱、最不能割舍的地方；他还谈到人大解散时他当时的痛苦和无奈；谈到他在人大之外的地方工作时的种种不能适应，也因此拒绝了很多的升迁机遇。最后，他很动情地说：人大目前正处在困难时期，虽然我们物质条件不行，但这绝不是调动人的积极性的唯一因素，人穷不能志短，人大人应该有自己的胸怀，有自己的精神和志气；我们法学院是人大的一部分，法学院的人都是人大人；现在对于我们法学院来说，法学教育的社会机遇和条件好一些，我们法学院有责任有义务通过我们的努力和奋斗，为振兴人大、发展人大、提高人大的社会地位和影响作贡献！这次谈话让我强烈地感受到他渴望人大振兴，渴望人大发展的心情和决心。最终，我当然地理解了他，也从更高更深的角度理解了这次会议对国家对人大的重要意义。那段争分夺秒日夜兼程拼命干的回忆无疑是可歌可泣的！但是，法学院人在曾老师坚定不移的决心感召和带领下成功地创造了奇迹！1998 年 5 月中旬至 6 月中旬，我们为中美会议能在人大召开，仅用一个月的时间，完成了贤进楼 4、5、6 三层的装修，完成了从资料楼向贤进楼的搬迁，建设了面目全新的图书馆和中国法制信息港，成功地在贤进楼举办了这次具有重大政治意义和历史意义的会议。当时又正值论文答辩和各方面工作任务最重的时期，大家真是咬着牙夜以继日地拼命干，保证了这次会议顺利、圆满地召开。时任美国总统的克林顿发来贺信，各大新闻媒体报道了法学教育界这一前所未有的盛会，而中国人民大学也因此在国际社会受到关注和好评，在国内的影响力也得到提升。值得一提的是，为了让新闻媒体在报道中能够显现出中美会议是在人大举行的，曾老师还很细心地让我们把各个讲台都贴上了人大的标志。处在人大发展的困难时期，曾老师这种人大人的境界与心怀深深地感染和教育了法学院师生，人大人的意识和感情在我院也成为推动事业发展的动力源泉。大家真诚地希望通过我们的努力，为提高中国人民大学在国内外的声望和影响作出贡献。此后曾老师带领法学院在人大先后举办中欧著名大学法学院院长会议以及世界百所著名大学法学院院长论坛等一系列重大的国际法学教育盛会，也为的是同一个心愿、同一个目的。这就是曾老师倡导的并用真挚的感情与决心铸就的法学院人的人大人胸怀。也可能，这种胸怀不为人所理解，但是应当说，面对党创建起来的第一所大学，为了中国人民大学的振兴与发展，曾老师和他带领的人大法学院人问心无愧地尽了自己最大的努力！

三、他积极把握机遇，推动中国的法学教育走向世界

1997 年以后，我院在曾老师的领导下取得了在全国法学教育界的领导地位，实现了第一个阶段的奋斗目标，曾老师也相继担任了教育部高等学校法学学科教学指导委员会主任和全国法学教育研究会的会长。由此，他的人生与事业中很自然地又承载起更加重要的推动和发展中国法学教育的国家责任，人大法学院也在他的带领下开始了新的奋斗。

记得在 1996 年年底，曾老师和我在一次讨论工作中，谈到了法学院未来的发展。他很明确表示，中国法学教育的发展必须要让世界了解，中国法学教育的发展走向也必须与世界接轨，我们人大法学院今后要在这方面创造机会和把握机会，作出努力。他说完后，看到我一时无语和思索的表情，就开始分析起我院已取得的成绩和下一阶段的工作方向，并有些激动地和我谈到了他在对外交流中受到的一次次"刺激"和由此不断升华的感悟与坚定的决心。其中，最让他印象深刻的是 1995 年 2 月，那时国家教育部批准我们人大法学院与香港城市大学法学院，在香港联合招收同时攻读两地法学硕士学位的研究生，作为国家在境外办学的试点。同年 3 月，曾老师应邀赴港与香港城市大学校长、法学院院长举行记者招待会。当时众多的香港记者和外国记者连珠炮般地发问："中国内地大学在香港招收并培养法学研究生，可你们有法制吗？你们有现代法学教育吗？"曾老师虽然用生动的事实，介绍了中国法制建设的进步和法学教育的发展，记者们有些豁然开朗，但那些令人啼笑皆非的提问，外界对中国内地法制建设成就、法学教育的厚重隔膜和敌视蔑视，却使得他感到十分地难过和压抑，对国家对法学教育的责任感和民族自尊心从心中油然生起，也使他清醒地认识到了，他和人大法学院下一个阶段的奋斗目标，就是要用开拓者的胆识和智慧，架设起中外法学教育交流的桥梁。而这一点，也很快成为领导班子和全院师生的共识，因为曾老师受到的这种刺激，在我院教师出访国外和我院学生申请出国留学中遭遇众多的尴尬时，不平的心情也是同样强烈的。

正是在这种社会形势下，我院自 1997 年以后，在曾老师的带领下，进入了"推动中国法学教育国际化发展"的第二个阶段的奋斗，并以 1998 年 6 月"首届中美著名法学院院长联席会议"召开为标志，不断深入拓展。而这次具有重大历史意义的会议的召开，也是曾老师适时把握机遇促成的。

1997 年，曾老师应美国耶鲁大学、哈佛大学、斯坦福大学、密歇根大学、哥伦比亚大学、华盛顿乔治敦大学、印第安纳大学共七所大学的邀请，前往访问。在访问华盛顿期间，美国总统克林顿的特别代表耶鲁大学葛维宝教授托人捎来口信，邀请他访问美国国务院。因访问日程安排得很紧，曾老师也考虑此行主要是学术访问，并没有外事任务，所以起初没有答应。后来，葛维宝教授通过多方面的关系再三邀请，经请示我驻美大使馆后，曾老师赴约到美国国务院。见面后，葛维宝第一句话就说：根据我们掌握的情况，知道有关中国法律、法学的很多事情，都同你和中国人民大学法学院分不开，所以必须同你谈。接着，他说出了这次特别邀请曾老师的原因，大意是说，中国国家主席江泽民来美国访问期间，中美两国元首发表了联合声明，美国总统克林顿很快就要回访中国，为了落实联合声明并营造中美之间的良好气氛，我们希望有一个表现中美友好的启动项目，最好是有关中美法学教育交流的项目。就是在这次会谈中，两人在讨论项目细节的时候，不谋而合地想到了

召开中美著名法学院院长联席会议和学术研讨会。这一提议得到耶鲁大学、哈佛大学、斯坦福大学、哥伦比亚大学等一致赞成。曾老师也抓住此次机遇，将这次会议作为推动中国法学教育国际化发展的第一个里程碑。

中美著名法学院院长联席会议于 1998 年 6 月 17 日至 19 日如期在中国人民大学举行。美国总统克林顿向大会发来了亲笔贺信，葛维宝教授以美国总统特别代表的身份参加会议，中国最高人民法院院长、中国首席大法官肖扬以及教育部副部长韦钰，分别会见和宴请中美两国全体法学家。出席会议的美国法学家们，亲眼目睹了中国法学教育界的整体实力，亲耳聆听了中国法学教授们高屋建瓴的发言，心悦诚服地表示要向中国同行学习。他们说："你们法学教育投入少、产出多、发展快，值得我们认真研究学习。"

此后，根据中美两国政府间的协议，由美国联邦政府教育部正式邀请，中国教育部又组织了以曾老师为团长的中国法学教育代表团，于 1998 年 11 月访问美国。这是新中国成立后由我国政府派出的第一个中国法学教育代表团。美国方面对代表团的来访优礼有加，据说，美国法学教育界把接待代表团来访视为一种荣誉，如何婉言谢绝盛情邀请倒成为组织者的一个难题。代表团到了华盛顿后不得不临时改变日程，参加美国方面组织的荟萃当地法律界、政界、商界名流的招待会。

中美法学院院长联席会议的举行和我国法学教育代表团的访美，在国际上树立了中国法学教育的良好的整体形象，不仅积极推动了中国法学教育开始迈步走向世界，同时，也使曾老师带领下的人大法学院在国际上的地位迅速提升。此后不久，欧洲法学教育界主动与人大法学院联系，与曾老师会谈协商，并取得欧盟的支持，于 2000 年 6 月以同样规格在中国人民大学召开"首届中国—欧洲著名法学院院长联席会议"和"欧洲一体化和中欧法学教育合作讲习班"。

在这以后，伴随着国际声望的提高和国际交流渠道的畅通，曾老师又适时地把握和创造一个个机遇，使人大法学院的对外合作逐步走向更深层次。与我院建立合作交流关系的六十多所著名大学和研究机构，遍布于世界五大洲的三十多个国家和地区。前来讲学、进修、参观、访问的国外与境外的学者、法官、检察官、律师、官员和民间团体代表等络绎不绝，每年都有一百多名。我院还同美国印第安纳大学签订了为期 10 年的举办"中国法暑期班"的协议，以满足越来越多的法科博士生来华学习中国法律的要求，每年一期，每期一个月。首期"中国法暑期班"于 1998 年夏季在中国人民大学举行开学典礼。42 名博士生分别来自美国、加拿大、德国、丹麦、英国等 20 所大学法学院。人大法学院教师直接使用英语为学员讲授中国法概论、中国宪法、知识产权法、律师制度等十几门中国法律课程，指导学员考察我国司法、执法机关。"中国法暑期班"一直在持续，学员来自美洲、欧洲、大洋洲的著名大学。也可以说，这是中国法学在真正意义上走向世界。

此外，作为院长的曾老师还以他的远见卓识，促成了人大法学院与美国、荷兰的大学以及福特基金会的合作，相继举办了"美国法暑期讲习班"、"荷兰法讲习班"、"中青年学者诉讼法高级研讨会"、"诊所式法律教育"等，以这种方式让国外法律发展的前沿信息和法学教育的培养模式为国内所知晓，提升法科学生对外国法律文化了解的知识层次。特别是，曾老师为了开拓法学学子的国际视野，推动中国法学教育的国际化发展，在他的积极努力下，我院还成功地与欧盟和法国巴黎第一大学合作创立了"欧洲法律培训项目"，每年选送高校法学专业 10 名研究生，进行为期一年或 10 个月的法语培训，之后到欧洲各国学习和考察一年的时间，费用由欧盟和法国负担。记得第一批从人大法学院选拔出来的 12 名研究生，多数人最初连一个法文字母都不认识，但学生们非常勤奋努力。记得有件事情让曾老师非常得意和欣慰，这就是在培训进行到 3 个月的时候，欧盟驻华大使馆、法国驻华大使馆官员和法国巴黎一大教授、法国最高法院院长，事先不打招呼，突然来到课堂进行检查，他们用法语逐一对学员提问。结果大出考官们的意料，所有学员都能够流利地用法语回答他们提出的各种问题。这些人在惊叹和赞赏之余，连连说"这就是名牌大学法学院的水平"，对中国法学教育和中国大学生的素质心悦诚服。本来 12 名学员中有两名是"替补队员"，但在经过一年强化训练后，因所有学生的法语水平都达到很高程度，欧洲方面舍不得淘汰其中任何一名，最后破例同意人大 12 位学员全部赴欧。在此之前，某重点大学曾经与法国开展过博士生合作交流项目，三批学生据说都没有归国，全部滞留欧洲国家，法国方面对此非常反感，后来中、法两国政府宣布取消了这个项目。曾老师非常重视这个项目对中国法学教育的影响，多次语重心长地与赴欧学生交谈，临走前专门为他们举行欢送会，对他们寄予殷切希望。人大法学院赴欧学生全部如期归国返校，欧盟代表和法国方面对此赞不绝口，认为人大法学院是可以信赖的。人大赴欧学子风度翩翩地在欧洲人权法院做报告，机智灵活地回答听众的提问，彬彬有礼地同高层人士开展讨论，在涉及最敏感的法律问题包括人权问题时，也能够既不失原则，又让对方乐于接受。我国驻法大使馆对此给予很高评价，认为人大法学院的学生政治可靠，头脑清醒，学术水平高，应变能力强。

在曾老师的带领和不断开拓进取下，人大法学院与国外深层次的法学合作与交流成就显著。人大法学院拓展了教育舞台，开阔了学术视野，启迪了创新思维，也在与世界一流大学法学院的比较中汲取了营养，找出了差距，从而获取了如何建成世界一流大学法学院的明确目标和动力。而人大法学院的国际化发展也积极影响和带动了全国高校法学教育界。

四、他带领人大法学院创造了中国法学教育史上的辉煌

——"历史永远记住这一天"

"历史永远记住这一天"和以下这段文字，是我院为纪念 2000 年 12 月 3 日盛会制作的画册栏目标题和部分文稿的摘录。

———————

2000 年 12 月 3 日。

历史，将永远记住这一天。

这一天，是中国人民大学法学院的 50 周年华诞。

这一天，北京庄严雄伟的人民大会堂里充满了欢乐、喜庆的气氛，中国人民大学法学院的师生及校友和世界五大洲 132 所著名大学法学院院（校）长、法学家，在这里隆重举行"21 世纪世界百所著名大学法学院院长论坛暨中国人民大学法学院成立 50 周年庆祝大会"。

这次世界法学家会议可谓盛况空前：中国内地及中国港澳地区和世界五大洲最著名的大学法学院院（校）长到会；四千多名来自包括台湾省在内的全国 32 个省、直辖市、自治区和香港、澳门特别行政区的校友聚会在庄严、神圣的人民大会堂；以时任中共中央政治

局常委、全国人大常委会委员长李鹏同志为首的 10 名国家领导人和 40 名正副部长与会；从中国人民大学到人民大会堂长达 15 公里的路途上，开设了两条专用车道，3 辆警车开道，85 辆大轿车在 20 分钟内安全到达人民大会堂；破纪录的新闻报道：中央电视台在 30 分钟的新闻联播中报道论坛和院庆近五分钟，《人民日报》及《人民日报》（海外版）、《光明日报》、《法制日报》等中央各大报纸以头版头条新闻刊发新华社通稿，中央人民广播电台、中国国际广播电台、中国教育电视台、北京电视台、《中国青年报》、《北京青年报》、《北京晨报》、《北京晚报》以及港澳电视、报刊等几十家新闻媒体进行了报道。

如此壮观、如此规模、如此层次、如此影响的世界法学家学术盛会，在中国、在世界都是第一次。

————————

是的，2000 年 12 月 3 日是我们法学院人永远都难以忘怀的一天！这一天，对我们人大法学院来说，是成功实现将中国法学教育推向世界和推进国际化轨道发展获得最完美体现的一天！这一天，对我们的中国人民大学来说，则是一下子全方位地被纳入了全世界最著名大学关注和景仰视野里的重要一天！国外往昔的不屑被涤荡，国内有了振兴发展的社会影响。而这一天，对于我们的国家来说，也是法治形象和政治影响成功远播海外的意义重大的一天！美国哈佛大学、耶鲁大学、斯坦福大学，英国的牛津大学、剑桥大学，德国的洪堡大学，日本的早稻田大学、东京大学等，这些世界最著名大学的法学大家们的光临以及他们对以人大法学院为代表的中国法学教育的赞美之词，无疑对进一步改变中国法治在世界上的形象有着重要的意义。

是啊，2000 年 12 月 3 日！老院长曾老师带领我们创造的这辉煌的一天，是多么的令人难忘！它让不知多少法律人流下了激动的泪水！它让不知多少法律人的心间如沐春风和豪气升腾！大家都说“历史会永远记住这一天”！而历史也必将永远不会忘怀为创造这一天付出无数心血和辛劳的敬爱的曾老师！这一天与曾老师的名字已经历史地永远地连在了一起！

我也相信，这一天是人大法学院人最值得骄傲的一天！是中国法学教育史上前所未有最辉煌的一天！我更相信，这一天也一定是曾老师人生中最幸福、欣慰的一天！因为这一天不仅是中国法学教育走向世界，被世界认可的最完美的标志性体现，也是当时身担诸多中国法学教育工作领导职务的曾老师尽职履行责任的一份无愧的人生答卷！

曾老师虽然离开了我们，但我深深地相信，人大法学院人永远不会忘记他曾经为学院发展作出的重大贡献！中国法学教育的史册上也会永载着他的卓越功勋！

师恩永铭！

中国人民大学法学院教授　叶秋华

纪念曾老师去世一周年而作

2011 年 12 月

缅怀追思文汇

追求卓越：曾宪义教授与中国人民大学

著名的法学家，杰出的法学教育家曾宪义教授离我们而去了，在这个悲痛的时刻，我们聚集在一起，沉痛地悼念曾宪义教授，深切地缅怀曾宪义教授！

我在中国人民大学工作的时间里，20世纪80年代，就知道曾宪义教授，但是由于不是一个学科，接触不多。2000年我回到中国人民大学工作以后，和曾宪义教授一起共事了十年半的时间。这十年半的时间，他的忠诚、坚定、执著、勤奋、踏实的精神和作风，给我留下了极其深刻的印象。他对中国人民大学的贡献，对中国人民大学法学院的贡献，对中国法学教育的贡献，乃至于对我们国家法制建设的贡献，都是杰出的、持之以恒的。他的积极的、战斗性的人生态度也给我留下了深刻的印象。我从曾教授那里学到了很多东西。在这个时候悼念他、怀念他好像有千言万语要说。因为我们对中国人民大学法学教育的发展，对中国人民大学的发展，曾经有多次的长时间的交谈，他给了我很多支持。我和他共同走过的这新世纪的头十年使我感到，人大法学院有今天固然有几代学人的奋斗，固然有历届领导班子的贡献，但是曾宪义教授的贡献居功至伟，他使中国人民大学法学教育成为中国一流、世界知名，使中国的法学教育走向了世界，同时，推动中国人民大学的法学教育更好地结合中国的实践，也在推动中国的法学教育与我们国家改革开放的进程保持与时俱进，这些方面作出了杰出的贡献。与此同时，他还受到了广大师生员工的爱戴，受到了党和国家领导人、政法战线领导人的高度评价。他为学校、为法学院、也为个人争得了很多荣誉，我认为他不仅仅是一个著名的法学家、一个杰出的法学教育家，也是我们中国人民大学的一个杰出的代表。我们怎么样来纪念他？我认为最重要的是要很好地学习他，继承他的遗志，把中国人民大学办得更好。

曾宪义教授走了后，我就在想，我们第一应该学习他忠于党、忠于国家、忠于人民的精神，中国人民大学有"立学为民，治学报国"这样一种传统、一种精神、一种办学宗旨，我认为曾宪义教授是实践这种办学理念、弘扬这种办学精神的杰出的代表人物。中国的法学教育走过了曲折的历程，受到了"文化大革命"的摧残，在改革开放进程中，中国的法学教育面临许多新的情况、新的问题，曾宪义教授带领法学院的广大教师，共同走过这样一种曲折的历程，使中国人民大学法学院办得越来越好，使人民大学法学院在中国法学教育中的地位越来越重要，进而对整个国家的法学教育作出了自己特殊的贡献。

第二，曾宪义教授坚定执著、追求卓越、勇于创新，不断开拓工作新局面和法学教育新局面，这种精神值得我们学习，在他身上看不到甘于平庸，他始终高标准、高水平、高质量地要求自己、要求自己的工作、要求自己的学院，追求卓越可以说是他一生的写照。他要追求卓越就要勇于创新，敢于打破束缚发展的各种模式，敢为天下先，他的理论勇气、工作勇气都是非常令人钦佩的。正是有这种精神，中国人民大学法学院才能不断开拓进取。他与同事们一起，在建设国内一流、世界知名法学院的进程中，作出了不可磨灭的贡献。

第三，曾宪义教授勤奋好学，追求真理，崇尚学术，孜孜以求，实事求是进行学术研究、教书育人，所以他在学术上也有相当的建树，特别在法制史方面有杰出的贡献。他不仅在法学教育的组织、领导方面显示了卓越的才能，在个人专业领域中也显示了卓越的才能，以他卓越的学术建树为法学学科的发展作出了个人贡献。他也以这样的精神来要求他的学生，培养了一批又一批合格的人才，不仅保证了整个法学院法学教育的质量，更有很多他亲自指导的研究生成为法学教育的骨干力量。

第四，我还想到，曾宪义教授在一生中遇到各种各样的事情，他是如何更好地团结大家呢？他尊重知识，尊重人才，尊敬老一辈、提携后一辈，法学院可以说是几代人聚在一起共同奋斗。由于各种各样的历史原因，怎样将大家更好地团结在一起，为一个共同的目标而奋斗是一个复杂的问题。曾宪义教授用他广博的胸怀，求同存异，尊重知识、尊重人才，将几代人团结在一起，共同为建设一流的人大法学院而奋斗。他不仅政治上严格要求自己，生活上也很关心老师，以建设和谐社会的理念来建设法学院。这种精神是值得我们学习的。

总而言之，曾宪义教授的贡献是多方面的，他的去世是中国人民大学的一大损失，也是中国法学教育的一大损失。我最后见他一面是在12月30日，也就是半个月以前。他躺在床上，既清醒好像又不完全清醒。有人问他：纪校长来看你了，你高不高兴？他睁开眼睛说：纪校长来看我了，我当然很高兴。这是我和他交谈，他和我说的最后一句话。他去世后，我就想他和我说的这句话，表明了他对学校的感情，对学校的一种寄托、一种希望，也是对我本人的一种鼓励、一种鼓舞。我很感动！所以我和法学院的师生一样，和中国人民大学的师生一样，沉痛地悼念曾宪义教授，他是中国人民大学一级教授，我们会永远怀念曾宪义教授，他将永远地活在中国人民大学的校史上，活在中国人民大学师生员工的心中。我们一定继承曾宪义教授办好法学教育的遗志，将中国人民大学法学教育办得更好，将中国人民大学办得更好，谢谢！

中国人民大学校长　纪宝成
（在曾宪义教授追思会上的即兴讲话）
2011年1月17日

深切缅怀老院长曾宪义先生

我们敬爱的老院长曾宪义教授不幸病逝，我深感悲恸！

自 1981 年年底到中国人民大学法律系读书到 1984 年留校任教，我在近三十年的时间中，与曾老师朝夕相处，长期受到曾老师的教诲、指点和帮助，深切感受到了曾老师高尚的品格、正直的人品、严谨的学风，尤其是为他对党和国家法制建设和法学教育事业无比忠诚和热爱，以及实事求是、追求卓越、勇于创新的崇高精神所感染。

曾老师是我国著名的法学家，是新中国法律史学科的开拓者之一，他是立学为民、治学报国的楷模。他对学术孜孜以求，生病期间仍念念不忘法律文化研究和著作的出版，把学术视为生命。他为法律史学科和法律文化研究的繁荣和发展作出了重大的贡献！曾老师是我国著名的法学教育家，为国家培养了大批优秀的法学人才。他对学生无比关爱，对教学工作精益求精。曾老师主持编写了一大批高水平、高质量的法学教材，为保障法学教育质量打下了坚实的基础。为此，他赢得了成千上万名法科学子的尊敬和爱戴。

曾老师是新中国法学教育事业的开拓者和引路人，他长期担任中国法学会法学教育研究会会长和教育部高等学校法学学科教学指导委员会主任。数十年来，他积极推动中国法学教育事业的改革和创新，为提高中国法学教育提升质量、优化法律人才培养模式殚精竭虑。为了法学教育事业，他的足迹和身影遍布众多法律院校，为此，他也赢得了全国法学同仁的尊重和敬仰。

曾老师是新中国法学教育事业走向世界的积极倡导者和推动者。他积极整合全国法学教育资源，创办了"21 世纪世界百所著名大学法学院院长论坛"等一系列高端国际法学教育交流平台，将新中国法学教育的成果向世界同行予以充分展示，使新中国的法学教育在世界范围内受到广泛关注和尊重。为此，曾老师的努力受到了国际上的广泛认可，他先后被多个国家授予名誉法学博士。

曾老师是人大法学院的领路人，他长期担任人大法学院院长，始终把法学院的事业当成生命的全部，一心一意谋求法学院的发展，带领法学院师生团结奋斗、锐意进取，为人大法学院取得法学教育领先地位作出了巨大的贡献。曾宪义教授于我，既是令我尊重的老师，也是一位仁慈的长者。他对我谆谆教诲，言传身教，指点提携，委以重任。在长达三十年的交往中，我们结下了深厚的人生友谊。

我们深切缅怀曾宪义教授，就是要学习他高尚的品格和追求法治矢志不渝的精神，努力为推进中国的法学教育事业和国家的法治建设作出自己的贡献！

中国人民大学党委副书记兼副校长　王利明

（《法制日报》，2011 年 1 月 22 日）

深切缅怀曾宪义老师

我们人大法学院的同仁们还没有从失去桂明教授的悲痛中走出来，前天又失去了深受大家爱戴的老院长曾宪义老师。曾老师住院一年多，病情一直没有好转，他以顽强的意志与病魔进行搏斗，乐观地对待生活。我们虽然知道现代医学对有些病是无奈的，但我们总期盼着在曾老师身上会出现奇迹，因为他在中国的法学教育、法学院发展中把许多不可能的事情变为了可能。但这次他在医学的无奈中带着对法学院的无限眷恋，带着对未竟事业的遗憾永远离开了我们。当我在冰冷的太平间见到一个小时前去世的曾老师时，才相信他确实走了，我们再也见不到他那熟悉的身影，再也听不到他爽朗的笑声了。作为院长，此刻的心情难以言表。

说起曾老师我们每个人都有说不完的话，他对人大法学院发展的贡献、他对中国法治发展的贡献，他对法律史学科发展的贡献，特别是他对新中国法学教育发展作出的杰出贡献，是有大家目共睹的。

曾老师是一位学术造诣深厚、具有社会责任感的著名法学家。他在中国人民大学工作五十多年来，一直坚守学者的良知、追求学术理念，具有强烈的社会责任感和爱国情怀、人文情怀；他忠实于学术自由，所写的论文、学术著作，始终保持了学者本色，无论在法制史领域还是法学教育理论方面，治学严谨，体现了学者的道德与责任。

曾老师是法学教育中国模式的探索者与实践者。他一生献身于法学教育事业，把中国法学教育的发展作为生命的全部。作为一个有学术尊严、有责任感的杰出法学教育家，他系统地探索中国法学教育的发展规律，把法学教育发展提高到国家发展战略的高度，提升了法学教育的地位与影响力。在担任教育部高等学校法学学科教学指导委员会主任、中国法学教育研究会会长期间，团结全国法学教育界的同仁，领导、组织和参与了法学教育改革与发展的重大决策，目前实行的法学教育的基本制度与许多改革措施都是在他的任期内完成的。

曾老师是中外法学教育交流与合作的开拓者。他致力于让中国法学教育走向世界，维护中国法学教育的国际形象。他以非凡的学术勇气、自信与智慧，与国外著名大学法学院院长进行交流，特别是从 1998 年举办中美法学院院长联席会议开始，以大手笔将人大法学院以及中国法学教育真正推向了世界，改变了西方世界对中国法治和法学教育的无知、傲慢，充分体现了他作为一名教育家的远见和爱国情怀。通过中外法学教育的交流与合作，把中国真实的法学教育故事告诉西方世界，使国际社会特别是国际法学教育界充分了解了中国法治建设事业进程和法学教育成果，开拓了中国法学教育对外交流的新局面。现在我们法学教育界所分享的中国法学教育改革与发展成就、法学教育对外交流成果中，无不凝聚着他的心血。他因在推动中外法学教育领域所作出的重大贡献，受到了国际法学界的尊重，先后被授予法国埃克斯-马赛大学名誉博士、日本立命馆大学名誉博士等。中国法学教育国际化进程将记载曾老师的贡献，国内外法学教育界会记住曾宪义这个名字。

曾老师是一位具有敬业精神的法学教育领域的领导者。中国人民大学法学院近十五年来的快速发展，倾注了曾老师极大的心血，他把法学院的发展当作自己的全部事业，带领全院师生，精心谋划，开拓进取，使人大法学院取得了国内领先、世界知名法学院的地位。他对工作是非常认真的，为事业倾注了全部心血，牺牲了很多工作之外的时间，甚至连去医院检查身体的时间也没有。前年9月当他去医院检查时，病情已到晚期。作为他的助手，我感到心痛，也感到很内疚，应该多关心他。平时看到他总是面带微笑、精力充沛，没有人会想到他生病，作为晚辈，我们心中沉痛伤感。我们人大法学院的师生不会忘记他为人大法学院发展所作出的无私奉献。

曾老师是一位追求大度、宽容与和谐精神的院长。作为中国人民大学法学院院长，他关心的不只是人大法学院如何发展，他把国内兄弟院校法学院的发展也作为自己事业的一部分，关心、支持兄弟院校的发展，特别是一些新建的法学院、一些遇到困难的法学院。他在法学界朋友多，大家都爱戴他、尊重他。可以说，曾宪义教授不仅仅是人大法学院的老院长，也是中国法学教育界的一面旗帜，为我们留下了团结、和谐与宽容的法学院文化遗产。

曾老师是我们中青年教师的良师益友。我从1993年开始在曾老师领导下工作，有幸参与了法学院十几年来的发展进程，切身感受曾老师对法学院的爱心，目睹了他为法学院发展付出的艰辛努力。他工作太辛苦、太投入，太爱法学院，太爱法学教育。在工作中，他关心每一位青年学者的成长，为每一个年轻人创造成长的环境，不断让青年人得到锻炼。我们在工作中遇到困难总是向他请教，他每次都愿意花很多时间与我们交流，帮我们解决问题。曾老师保持着民主的作风，在工作中坚持平等、宽容、真诚地对待所有人，即使别人有不同意见，他也从不以权威、长者身份自居，每次都能虚心听取意见、认真交流；即使别人提出的意见不合理，他也能够给予理解，进而一起讨论如何将工作做得更好。曾老师对中青年教师成长的关心、指导和帮助，让我们永生难忘。

曾老师一生为中国法学教育事业鞠躬尽瘁。他虽然离去，但给我们留下了宝贵的精神遗产。他作为一个学者所体现的尊严、爱国情怀，时时激励我们。作为人大法学院院长，我深感责任重大。对我们来说，对曾老师的最好的纪念就是，继续办好法学院，与法学界同仁共同推动中国法学教育事业的发展；继续维护团结合作的法学院文化，关心、爱护我们的老师、学生，让人大法学院继续创造新的辉煌，成为受人尊重的法学院。

我相信，人大法学院、中国法学教育取得的每一点进步，都是对曾老师最好的纪念。

我相信，当他在天之灵看到人大法学院、中国法学教育事业取得新的成就，将会感到欣慰！

愿曾老师一路走好！

中国人民大学法学院院长　韩大元

2011年1月17日

深切的缅怀

曾老师生病住院期间，我一次次去医院看他，尽管他的病情很重，但总相信在他身上会有奇迹发生，相信他会很快出院，回到我们身边，因为曾老师就是一个不断创造奇迹的人，在他身上，几乎没有不可能的事情。就在他临终前的一天，我还去协和医院看望了曾老师，想不到第二天就传来了不幸的消息，心痛难忍，泪如雨下。悲痛之余我又相信，曾老师完成了他在这个世上的光荣使命，他以另一种方式和我们在一起。

曾老师的一生，是极不平凡的一生，是光辉的一生，他与人大法学院、与中国的法学教育紧紧地连在一起。他将自己奉献给了人大法学院、奉献给了中国的法学教育。自担任中国人民大学法律系主任、法学院院长以来，曾老师以法学院为家，他心里装的是法学院事业的发展，装的是法学院全体老师和同学们，却唯独没有他自己，法学院已经融入了他的血液中，融入了他的生命里。他以忘我的精神，全身心地扑在工作上，他几乎每天都工作到深夜，甚至到凌晨，几十年如一日。他为了法学院的事业鞠躬尽瘁，他太累了。曾老师以他博大的胸怀和人格魅力把人大法学院的老师们团结在一起、凝聚在一起，形成了合力，这种团结合作的精神成为了法学院发展之动力。在曾老师的带领下，人大法学院实现了跨越性的发展，有了今天的辉煌。

曾老师是我们的老领导，更是我们可亲可敬的师长。他对后辈的提携和帮助从来都是不遗余力的，在他担任法学院院长期间，致力于为老师创造良好的成长条件，奖掖后学晚辈。在法学院事业发展过程中，他尽力给年轻人提供学术舞台，将年轻学者推出，让他们展示自己的才华，迅速成长。曾老师对学生们倾注了全部的热爱，他对学生有如子女一般，师德风范、道德文章，让学生受益终生。学生们发自内心地热爱他，敬重他。

曾老师虽然离我们而去了，但他为之奋斗的事业与我们同在，他的精神品格将一直激励着我们。

曾老师永远活在我们心中。

中国人民大学法学院党委书记　林嘉

2011 年 1 月

缅怀宪义

惊闻宪义去世的消息，不胜悲痛！不胜惋惜！

宪义 20 岁就来到人大法律系学习，因对中国法制史兴趣浓厚，1960 年毕业后留在法制史教研室任教。我们同事几十年，他的勤奋好学，他的敬业精神，他的志存高远的心怀境界，他的卓越的工作能力和悟性都给我留下了深刻的印象。宪义把人生中最宝贵的时间、精力和心血都放在了人大法学院！他当院长 15 年，胸怀大志，心系师生，锐意改革，积极进取，对人大法学院的发展作出了重要的贡献，对中国法学教育的发展作出了重要贡献！

一直都觉得还很年轻、身体很棒的宪义走了！真不愿相信这是真的！

宪义安息！宪义千古！

中国人民大学法学院教授　林榕年

2011 年 1 月 18 日

悼宪义同志

惊闻宪义同志病逝，不胜悲痛！回想几十年的共事友情，百感交集，不知从何说起。

曾宪义同志，1936年出生于山东济宁，1956—1960年在中国人民大学法律系本科学习时，他深感幼年家境贫寒，组织上推荐到人大学习，机会难得，因而兢兢业业，刻苦攻读，对中国法制史尤为偏爱，曾主动参加师生合作的法制史组的科研"大跃进"，这为日后深造打下有力的基础。1960年毕业留校后，从事中国法制史的教学研究工作，虚心学习，认真备课，努力完成各个教学环节的工作，受到师生的好评。同时还参加了法制史教材的创编工作，对1965年出版的第一代教材《中国国家与法权历史讲义》作出了重大贡献。

1978年人大复校后，宪义同志为新生讲授中国法制史时，善于理论联系实际，用典型案例加深学生的印象。如在讲授中国近代审判制度时，请来《杨三姐告状》的原型人物杨老太太，与同学们一起座谈案情始末，给同学留下了深刻的印象（当时曾有电教室录音录像，现在录像虽已查不到，但录音依然完好保存下来）。后来又积极支持聘请《刘巧儿》的原型人物封芝琴来京给同学讲课（因年高体弱未能成行）。

宪义同志在人大复校后的科研工作起步较早，他参加合著的早期著作有《中国宪法史略》、《中国法制史教程》、《中国法制简史》、《新编中国法制史》等，以后又主编出版了《中国法律制度史研究通览》、《中国法律思想史研究通览》等多种著作，为中国法制史的学科建设作出了重要贡献。

曾宪义同志在担任法学院院长之后，呕心沥血，总揽全局，无论在推动法律学科建设方面，还是在国内外学术交流方面，都是高瞻远瞩，创造出了有目共睹的辉煌成就。宪义同志的逝世，是人大法学院的重大损失，也是中国法史界的重大损失。法律史学界永记不忘的是前些年讨论学科建设与教学计划时，有人提出削弱或取消法律史学科，宪义与其他同志挺身而出，据理力争，才维持住法制史学科的地位。

为了纪念宪义同志，希望法学界，特别是法律史学科的同仁，今后更加努力，拿出高水平的科研成果，培养出高规格的人才，以促进我国法律学科的繁荣与发展。

宪义同志，安息吧！

中国人民大学法学院教授　张希坡

2011年1月15日

沉痛悼念曾宪义老师

曾老师走了！离开了他所深爱的人大法学院和法学教育事业！在无比的悲痛之中，回想起他对人大法学院和中国法学教育发展的重大贡献，不免对他更加肃然起敬，对他的离世更加深深地惋惜。

作为 1978 年就来到人大法学院的教师，作为曾经和他一起共同工作十余年的法学院领导班子成员，我见证了曾老师为人大法学院的振兴发展呕心沥血的规划和开拓进取的勇气与胆识；见证了他视法学院为家的真诚地热爱、奉献和无比的辛劳；也见证了他带领全院师生克服种种困难，自强自立，团结奋斗，如何使法学院发生了物质和精神上的沧桑巨变！我常常觉得，曾老师作为人大法学院的毕业生、教师和 15 年的老院长，似乎与人大法学院有着与众不同的特殊情结，因为以他的能力和才干，据我所知，他曾经有过多次外出升迁的机会，但他都拒绝了。他把刻骨铭心的爱，把他几乎全部的情感、精力和心血都放在了人大法学院这个大家庭里。正是他从根本上改变了人大法学院的地位和面貌，使人大法学院取得全国法学教育界的领先地位，也使人大法学院人获得了良好的工作环境和生活条件；也正是他带领法学教育界同仁，通过在人大法学院成功举办中美、中欧、中亚和世界百所著名大学法学院院长论坛等具有重大意义的国际法学教育盛会，使中国的法学教育获得了突破性进展，步入了国际化发展的轨道。

曾老师虽然离开了我们，但我深深地相信，人大法学院人永远不会忘记他曾经为学院发展作出的重大贡献！中国法学教育的史册上也会永载着他的卓越功勋！

师恩永铭！

中国人民大学法学院教授　叶秋华

2011 年 1 月 16 日

环境法师生永远怀念敬爱的曾老师

　　敬爱的曾老师走完了他光辉、奋斗的一生，他对于人大法学院所作出的贡献堪比邓小平同志对新中国所作出的贡献。他对人大法学院环境法学科乃至全国环境法学科建设的贡献是我亲眼目睹和亲身感受的。从 1997 年开始，曾老师就提出并亲自筹备人大法学院环境法教研室的创建，当时我还在新华社澳门分社工作，曾老师每隔几天就打电话给我，动员我投身这个新学科领域。1998 年教研室成立，曾老师在繁忙的工作中特意安排时间和我几次长谈，从教研室到全国和全球的视野，从当下的任务到今后几十年的发展宏图，曾老师的指导至今历历在目。他极力推动率先在人大法学院把环境法列为必修课，支持环境法学科的一切学术活动，从他自己课题有限的经费中（尤其在十多年前）拨一部分给环境法专业设立子课题，每当我遇到困难的时候，他给我鼓励和支持；我数次顶撞他甚至要离他而去时，他却给予我长者的宽容。没有曾老师的支持，就没有人大法学院环境法专业的建立和发展，更没有我个人的学术成就。如今能告慰曾老师的是，您亲自创建的人大法学院环境法专业，在短短的时间里已经跟上了人大法学院的步伐，一些学术成果已经达到了世界最先进的学术水平，您十三年前向我描绘的图景正在成为现实。敬爱的曾老师，您的学生永远怀念您。

中国人民大学法学院环境法教研室　周珂

2011 年 1 月 16 日

哭宪义

宪义，你走了，走得这么匆忙。你在住院时，我几次打电话向你约定时间准备去看你，你几次托小红给我带信：千万不要来。去年春节，你回家过年，我说去看你，你又说："你那么大年纪，天又冷，千万不要来，等我病好出院后，我一定把你和大嫂接来，咱们好好在一起聚聚。"宪义，我们是多么期待那一天啊！当我听到你去世的消息后，我忍不住哭起来，眼泪止不住地往外流。宪义，你知道吗？我是多么地想你呀！虽然，我知道你患的是现代医学尚未攻克的绝症，但是我感情上总是希望能出现奇迹呀！这样的希望破灭了，留下的是在心中默默地无限怀念。

我跟宪义最早接触是在上个世纪 80 年代初，我们经常在一起为自学考试命题，每次吃住在一起最少一个星期，彼此谈得来，又是同行，时间长了，就经常往来。他在为人为学方面，我很敬佩，而他也很尊重我。记得我长他 9 岁，他总是称我老兄，时间长了，我也就以老兄自居了。

宪义待人诚恳，心胸开阔，关心又乐意帮助别人。当他被推举为法律系主任后，到我家来，我向他祝贺，他说："这是给我为大家办事的好机会！"我半开玩笑地问他："你有什么施政方针？"他说："我想主要是把大家的积极性调动起来，一起把事做好。首先就是要关心离退休老教师的生活，还要为青年教师创造成才的条件。"但是，后来他跟我讲，在给老教师的生活补贴上，有些青年教师想不通。他就跟大家讲："你们知道吗？现在法学院的各种条件都得到很大改善，这都是老教师为我们打下的基础，这里有他们的血汗。你们不知道，在那个年代，他们的教学和生活条件都是非常艰苦的。有的老教师，教一辈子书，最后连高级职称都未得到就退休了。他们的退休金都很少。现在你们的教学生活各方面的条件都很好！不能忘了他们的功劳哦。再说，人总是要老的，你们将来也会老。"宪义这尊老敬老的一席话，使大家非常感动。这种敬老尊老风气，首先在人大法学院树立，对其他法学院等也产生了良好的影响。

宪义在法制史学界，胸怀全局，受到同行的尊重。他考虑专业问题，多从关注法制史整体学科的建设和发展着眼，在经济大潮的影响下，有些人急功近利，在法学教育中对法学基础知识重视不够，忽视法制史在法学学科中的应有地位。经过宪义的不懈努力，中国法制史最终被教育部列为法学学科的核心课程之一。也是由于上述原因，国家统一司法考试一度取消了其中的法制史试题，又是宪义和学会的其他领导，积极呼吁并向有关领导反映。他给的意见，实际上代表法制史学界全体同仁的意志，而最后被领导采纳，是对学界、同仁的极大鼓舞，为学科建设和发展创造了良好的条件。

宪义为法制史学科的建设和发展奔走呼唤以及关心青年教师的成绩等等，作出了重大贡献。宪义走了，我失去了一位好朋友，法制史学界失去了一位出色的学科带头人。宪义，你走了，我很想你。

北京大学法学院教授　蒲坚

2011 年 1 月

永远的小曾叔叔

从上个世纪 60 年代开始，我还在中学时代时就叫他小曾叔叔，这一叫就是 50 年。生气勃勃、无所不能的小曾叔叔，怎么就离开我们了！而与母亲同龄、八九十岁的老人，叫了他一辈子小曾的人都还健在，难怪母亲悲痛，一上午用药物控制心脏。

60 年代我们同住在红三楼，看到年轻的小曾叔叔结婚，由此也认识了小巧、精干的小赵阿姨。1969 年冬母亲去了江西干校，小曾叔叔在校留守，我又同他成为一墙之隔的邻居，他负责所有事务工作，非常忙，他的两个小孩由奶奶照顾，我们邻居都帮忙。我很喜欢曾林，把他打扮成女孩模样，给他照相，他也总追着我，吃我家的饭，不回他家。前几年我找出曾林的儿时相片送还小曾叔叔，他特别高兴。小曾叔叔作为留守人总是尽职尽责的，只要有人回干校，他都事先通知我，给母亲带东西。我家有困难，系里子女生病，他都要管。

90 年代我们两家又同时住到静园 19 楼，来往也很多，如装修房子、布置家具等都互相参照。我的两个女儿同小曾爷爷也非常熟悉。她俩后来先后在法学院读研，都得到过关照。小曾叔叔不但对我家好，他对院里面的老人们都好，极富人情味儿。记得 90 年代，他当系领导，给 80 岁的老教师过生日，不但送蛋糕、寿袍，还送去彩电，这在人大开了先例，只有小曾叔叔能做到这样极致。我家父母年老多病，这二十年来不断生病、住院、手术，他都给予极大的关照，自己不能到就派人帮助解决困难，可以说我们一家三代人都得到过他的恩惠。我们都知道受人滴水之恩当涌泉相报，但小曾叔叔生病住院这一年多，我们没有看到他。夏天的一天我和母亲去协和医院看望他，不巧他在头天晚上住进 ICU 病房。法学院的领导只要到家里来，母亲都要打听、问候小曾叔叔的病情。我们不敢给小赵阿姨打电话，因为不知道用什么语言安慰她。在这里我现在要对小赵阿姨说：失去亲人这种撕心裂肺的痛楚我早已经历过，但我们还要坚强地活下去，因为亲人希望我们幸福，曾楠和壮壮需要你。

我们每个人早晚都有一天要离开这个世界，但小曾叔叔似乎是太早了一些，他还有那么多的事没有做完。但小曾叔叔毕竟已经离去，他这一生事业做得功德圆满，做人完美、极致。小曾叔叔，一路走好！

中国人民大学法学院刘素萍之女

杜雪琪

2011 年 1 月 20 日

怀念曾宪义老师

元月 14 日上午，我们城大法学院几位同事在人大法学院参加"人大法学院与城大法学院合作举办法学硕士课程班工作会议"。我当时就向韩大元教授提出：希望能够在下午去看望曾老师。大元告诉我们：曾老师已经被送入深切治疗室，探望病人时间已经被限制，只有 3 点到 3 点半这段时间，而且，探病时需要采取防感染措施。考虑到下午要与人大法学院联合举办"全球化与当代法律热点问题"学术研讨会以及探望限制，只好让王贵国教授代表我们去看望曾老师了。贵国回来后告诉我们，曾老师的病很重，已经无法睁眼看人了。第二天中午，我收到了胡锦光教授的短信，告知曾老师已经于上午 10 点 45 分与世长辞了。虽然心理上已经有些准备，但还是抑制不住悲伤的心情。

我与曾老师在 1997 年认识。曾老师德高望重，头衔很多，但却十分平易近人，第一次见面，就以"敏康"称呼，顿时消除了彼此间的距离感。曾老师十分关心我在香港的发展，每次见面，均会问长问短。尤其是当知道我和其他同事在香港蒙受不公待遇时，曾老师不遗余力地到处奔走呼吁；当问题解决后，他亲自在北京为我们设宴庆祝。曾老师从第一线退下来以后，依然与城大的老师保持密切的联系。2007 年，我在北京带城大学生去法院实习，曾老师知道了，亲自去人大西门的天使食府预订了一个房间，请我吃晚饭，嘘寒问暖。还有一次，他途经香港，送给我们每个人一副健身按摩棒，嘱咐我们经常锻炼，保护身体。曾老师刚入院时，我正好去清华大学法学院参加会议，顺便代表城大法学院去看望他。那个时候的曾老师气色十分好，我们当时还说定，等适当时候去香港疗养。不想，曾老师进了医院，就再也无法出来了。

曾老师不仅对人如此，对中国的法学教育及交流也作出了极大的贡献。就他对城大法学院的贡献而言，那是不可磨灭的。他高瞻远瞩，在 1995 年就与城大法学院合作，举办教育部认可的"法学硕士学位课程"，并在此基础上与城大法学院建立了坚实的合作联系。曾老师的这种理念也得到了王利明教授和韩大元教授的坚决支持，使得两院的合作巩固、深化。本月 14 日下午，人大法学院聘请王贵国教授、林峰教授和我为"博士研究生指导导师"，这再次表明，两院将在博士项目方面展开实质性的合作。

昨晚，我坐在沙发上看电视，看见沙发上依然放着曾老师送的按摩棒：如今，物在人去，睹物思人，好不伤感。

曾老师虽然离开了我们，但是他留下的精神财富将使后人永远受益。

曾老师，您永远活在我们的心中！

香港城市大学法律学院教授 顾敏康
2011 年 1 月 17 日

清明雨语

曾老师走了，来自全国法学界的精英和学子从四面八方赶到八宝山……学子们拥抱在一起恸哭！无法相信这样的事实。在不久前举行的基金会（曾宪义法学教育与法律文化基金会）座谈会上，著名的叶秋华教授还是按捺不住激动的心情：好端端的一个人就这样不见了……在座的韩大元院长和林嘉书记等又回到了往事的回忆中……

今天是清明节，一年二十四节气中最不寻常的日子，清早我整理好寄语与师弟们一起共同缅怀……

天上的星总是亮晶晶

我能与曾院长有恩缘，始于中国人民大学法学院建院 50 周年庆典前，为"校庆"做了一点微不足道的事情，曾院长给了我很高待遇，特邀我参加"人大法学院首届校友代表座谈会"并在会上发言。当时全国法学界的精英们团聚一堂，王利明教授代表学校的发言、刘佩智先生和吉林先生代表各届校友的发言以及梁美芬代表博士生、孔玲代表研究生和王军霞代表本科生的发言，让我长了知识长见识。会后曾院长还单独邀我在会场中心拍了一张合影照（这也是我认识曾院长的第一张合影照），至今我十分珍惜珍爱和感恩。

初识曾院长的人可能都会有一种感受：大名鼎鼎的中国人民大学法学院院长没有一点架子，曾院长以他超群的人格魅力和正气风范在生命的有限时间里成就了法学院一件件大事，其中 50 周年的庆典活动最值得人大骄子们自豪！

地上的脚印总是第一个人踩出来的

为建设创新型国家，曾老师在国内首次提出开展"法产学研"的合作，此举牵手了新中国成立以来中国最著名的法学院和中国最著名的总医院的联袂，记得当时王利明院长在会上（2007 年 12 月 23 日"法学家 医学家 企业家 合作与对话"）谈过，自从他本人来到人大读书到现在，举办法学家和医学家的合作与对话还是第一次，在会上展示的条幅"法产学研好"这五个大字就是曾老师亲自泼墨的，也是老师留给我最宝贵的财富，因为老师的这句话奠定了我毕生为之奋斗的事业。

举起法学教育与法律文化的旗帜

由全国法学界精英代表发起以曾老师名义创办的"曾宪义法学教育与法律文化基金会"已走过七个年头，这是曾老师后期比较偏爱的工作，也是曾老师未竟的事业。

基金会的工作给了我和曾老师经常接触的机会，曾老师为了澳麦尔公司的发明专利产业化倾注了大量心血。2005 年基金会成立伊始，曾老师首先支持澳麦尔公司与解放军总医院共同开展的产业化项目合作，2006 年 1 月 1 日亲自参加澳麦尔公司网站的开通，2006 年 3 月 2 日亲自为"解放军总医院澳麦尔耳聋基因诊断产业研发中心"挂牌剪彩；2008 年 3 月 2 日以基金会理事长名义亲自发函：祝贺耳聋基因诊断技术项目获得重大突破！2008 年 11 月亲自陪同解放军总医院韩东一将军为澳麦尔公司产业化项目落户东莞松山湖产业园区进行实地考察；2009 年 5 月 6 日亲自参加东莞市人民政府在北京钓鱼台举办的招商推介会；

每当我发明了一项专利，老师就腾出时间一起吃个饭祝贺！

今天告慰恩师：我发明的几十项专利都在产业化实施中，已孵化的三家公司各有建树："三月三"公司（山东三月三基因技术有限公司）已将中国第一个防聋产品产业化（属医用"三类"生物制剂），该产品（从研发到批准上市历经十多年）经过了权威专家严格评审和三家国内著名医院（解放军总医院、北京协和医院、北京儿童医院）的临床鉴定，可以大规模应用；"转化医学"公司（东莞三月三转化医学有限公司）近日（3月18日）也拿到了东莞市第一家生物制剂批准文号可以上市；在"十二五"开局之年1月1日成立的"莞草根"公司（东莞草根生物科技有限公司）集"四头"（田间、工厂、信息、生物）于一身，近期也将会有非凡的表现。

老师在住院治疗期间，一件事让大家难以忘怀，著名的梁美芬教授多次往返北京专程看望老师并请来了香港最好的医生和治疗专家，不名而名的梁教授为基金会的建设和发展作出的突出贡献更是鲜为人知的。

也许是巧合吧！不能倒流的时间却能和我们一起寄托着哀思，自从赵晓耕教授发出倡议（1月21日）到今天刚满75天，在人生的长河中有数不清的75天，但是，人却不能活到两个75年，曾老师走完一生的75年，而留给后人的财富却能传承到永远……恩师千古！

澳麦尔公司董事长
曾宪义法学教育与法律文化基金会理事
金政策
2011年4月5日

怀念曾宪义老师

宪义老师走了，在这个新年的始端，我不愿相信这是真的！他是一位"老人"，75 岁已是古稀之年。然而，他又那么年轻，那么的令人惋惜！所有熟识他的人，都把他视为英年！与哀乐声中时闻的百岁寿者相比，他是多么地充满活力与热情！曾老师是我的老师，还是我们的班主任。

1982 年年初，我刚大学毕业就留校进入法律系任教，由此开始了数十年的法律教育之行。司法部的一张通知将我带到了中国人民大学——当年北京城内特别令人向往的几所学府之一。我参加的由司法部委托中国人民大学法律系举办的首届（中外）法制史助教进修班，有近二十名学员，来自全国各地。为了安排好我们的学习与生活，系里领导极为重视。不仅为我们提供了最为强大的师资阵容，而且还配备了专门的指导教师，曾宪义老师就是我们首期的班主任。初次见到曾老师，他略带地方口音的普通话既亲切又随和，一下子将师生间的距离拉近为零。在为数不多的几次见面中，他谈得最多的是要我们多读书，多做资料的收集工作，抓紧时间做研究。言谈中，"文化大革命"十年被荒芜的焦急之情，溢于言表。上个世纪 80 年代，百废待兴，法学教育更处于草创时期。各地在法学教育与师资培养方面都更多地仰仗北大、人大这些老牌大学。当年的曾老师正处于黄金时期，他默默地承担着繁重的教学和科研工作，偶尔的拜访，看到的都是他伏案疾书的情景，案头书籍堆积如山。对于时间的精贵我们当时并没有他如此深刻的感受！当年作为教材的近四十万字的《中国法制史》第一卷，就是他与教研室的张晋藩、张希坡老师共同完成的。此时，他又在忙于多卷本《中国法制通史》的撰写。这在没有电脑的时代，动辄数十万乃至上百万文字的形成，该要耗费多少的时光啊！

曾老师的为师为人，毕生难忘。一桩小事，至今铭刻我心。初到北京，由于水土不服，我得了感冒，病情迁延加之缺少经验，后转为肺炎。就在这个时刻，曾老师特意登门探视，来到我住的进修生宿舍，随身带来的是一大碗热气腾腾的鸡汤。他亲切地对我说：你们南方人没有经历过寒冬，不要紧。喝了这汤就好了！当时我感动得热泪盈眶，连声道谢。这是只有自己的父母亲才会想到、做到的事啊！这件事不仅使我真实、全面地认识了曾老师，也使我真正认识了中国人民大学，理解了中国人民大学的精神、传统和文化传承。由于专业的原因，此后我与曾老师并没有多少联系，只是从内心久久地关注他、思念他。看到他事业兴旺，看到他日益光彩夺目，看到他带领法学院走向国际大舞台，感到由衷的欣慰和高兴！二十年后他因参加教育部高等学校法学学科教学指导委员会的会议来到杭州，我这个"老"学生才有幸与他重逢，在他下榻的宾馆向他汇报自己的工作和生活情况，并就二十年前的"小事"再次当面向他致谢！

曾老师，你走得太早了！你的家人、你的学生、你的同事、你的同胞都需要你！

你的博识，你的宽厚，你的仁爱，你的坚毅，你的睿智，你的担当，将永远是我人生中的指引，是我为人为师的范式！

方立新

2011 年 1 月 19 日

悼念曾宪义先生

曾宪义先生悄然驾鹤西去，鹤鸣虽悠远但却动地惊天！

我震惊！虽然先生卧床养病已有时日，也曾至榻前问疾，但我一直热望在心：现代的扶伤器物、精心的祈寿安排，加上先生的意志力，我们迎接的应当是，应当依然是那个叱咤风云的山东好汉，那个一呼百应的法学领袖。疾哉，先生！

我惋惜！从中国法学中的"显学"法律史学，到中国法学教育的经久不衰的豪门中国人民大学法学院，从全国法学教育和研究的整体繁荣到国家走上建设法治国家之路，都渗透着先生的思想，伴随着先生的行动。然而，2011 年 1 月 15 日，巨星陨落。惜哉，先生！

我哀伤！虽不是曾先生的弟子，但我从学于先生这一代法学创业人；虽不曾成为人大法学院的员工，但我与人大法学院的师生一起进步。从 1978 年到今天，因有先生这一代人的引领，我才长大、成人、成才。不想悲欢早至，2011 年 1 月 15 日，尊敬的曾老师悄然去了。哀哉，先生！

我悲痛！我走进法学就爱上了法律史学，与曾先生的学缘让我有理由对先生有更多的了解；嘉祥，曾先生的家乡，离我生长的地方仅有五十华里左右，这是一份可以让我们"泪汪汪"的地缘。这些缘让我与先生一再地"会"，格外地亲。天不从人愿，2011 年 1 月 15 日，曾先生溘然长逝！痛哉，先生！

我狂号！记得那是 1985 年，我在自己还不是很熟悉的济南火车站迎接独自到山东大学访问的曾老师，自那时起，我们经历了无数次的迎送。2011 年 1 月 15 日，先生再一次离开了。泪水告诉我这是永别，心声怒吼着说不。呜呼，先生回来，我在等您，我在接您，在迎接过您的那个地方、那些地方！

中国海洋大学法政学院院长　徐祥民

2011 年 1 月 16 日

献身法学教育普度众生的曾宪义教授

昨天下午开完追思会，情绪一直不能平静，坐在电脑前打算写一篇悼念文字，但思绪万千、胸口阻塞、喉头哽咽，一个通宵写不出几句话来，唉……

追思会上的发言，无论是纪宝成校长、王利明副校长、韩大元院长、林嘉书记和王振民、吴汉东等兄弟院校领导同志的高度评价和细节回忆，还是叶秋华教授、赵晓耕教授等同事和门生泣不成声的往事忆述，抑或毕业学生、在读学生的直白倾诉和励志决心……都勾起了尘封记忆，引起了极大共鸣。会场里有二百多人吧，大家身心归一、静默端坐，不断的喘息声、哽咽声可清晰闻见，悲痛伤感的眼泪模糊了、充满着、涌流出人们的眼眶——虽然男儿有泪不轻弹。这是真挚深厚感情的汇聚奔涌啊！大家都经历了一场思想洗礼，得到一次精神升华吧。

才过去几个小时，我已记不清楚自己在追思会上发言说了哪些话，直到现在仍处于伤感痛心的情绪中。我作为新加盟人大法学院团队的一名教师，由于专业方向不同，与曾老师私下接触不多；但结缘人大法学院 15 个年头里，与曾老师见面寒暄，听他演讲谈话，听到他的各种故事，也是非常多了。我觉得——也是先后加盟这个学术团队和精神家园者的共同感受吧——曾老师是一位有大智慧、大修德、大爱心的法学教育家，他和蔼的面容、温暖的目光、爽朗的笑声、张弛有度略带口音的普通话，以人为本的周全事项安排，娓娓道来，远大可行的发展构想，就像一个巨大的磁场，即便像我这样中年加盟的引进人才，身心也会被一下子抓住，让你自觉自愿地喜欢上、献身于、归属于这个团队，以人大法律人为荣，积极工作发挥力量。这就是所谓巨大的人格魅力、领袖磁场吧！

这些年来的接触了解、亲近观察，我觉得曾老师非常敏锐、细心、热情、实干，具有非凡的洞察力、敏锐性、果敢精神、实干精神、饱满热情、持久毅力，既是战略家又是实干家。就像追思会上发言同志们一致的评价那样，曾老师不仅运筹帷幄、殚精竭虑、不断努力，为人大法学学科发展和人大法律人才队伍建设，作出了特殊而重大的贡献，而且他充满理想、胸怀世界、兼济天下，为我国法学教育事业的发展和法律史学的发展，为我国法律制度建设和法律人才培养，为中国法学教育走向世界，赢得国际认知、尊重和地位，都作出了特殊而重大的贡献！记得曾老师在人大法学院教职员工会议上的无数次讲话，每每谈及其他法律院校系科的情况时，是那样地了解和关切，总是说希望各个兄弟院校团结一致共同发展，希望作为强者之一的人大法学院，各个专业、各位教师要多关心、多支持其他兄弟院校的发展进步，资源和好处要与人分享，一花独放不是春，独乐乐不如众乐乐。他不仅把"兄弟院校的发展"、"中国的法学教育"等话语挂在嘴边，时时流露出殷切期盼加快推动中国法学教育事业发展的急迫心情，而且实实在在作出了巨大努力，采取了许多行动，真正践行着"能帮一把就帮一把，能让一下就让一下"的精神——有时是自我谦抑甚至自我牺牲式的退让啊——那种胸怀全局、兼济天下、普度众生、助成他人之心之情，可谓心身皆至，达到了极致！

也许是心灵相通吧，我在整理不好思绪、写不出追思文字的深夜，在随意翻看查找照片的过程中，居然在我那多次遭受病毒攻击严重受损勉强恢复使用的电脑里，一下子找到了几张曾老师同我的合影，以及我为曾老师拍摄的照片。那是曾老师病发前一个月的 2009 年 8 月，那时他 73 岁，我院在北戴河召开发展战略研讨会时的照片。记得那天晚上，曾老师到多功能厅同我们一起唱歌联欢，他唱了好几首歌，还单独同我合唱，兴致很高。在交谈时他还肯定我们宪法行政法专业的教研工作，提醒我们中年教师要特别注意劳逸结合，表现出非常乐观的精神和关心晚辈的爱心。可是现在我来仔细察看面前那张曾老师的独照才发现，实际上，那时已是癌症晚期仍在抓紧工作的曾老师，已明显表现出非常疲惫憔悴隐忧的病容，只可惜当时大家都未察觉，没能更早发现和医治疾病，真是令人懊悔痛惜！可是，那时谁又会朝那种坏的方面去想啊？难道这就是命运的安排？

曾老师是一棵参天大树、仁爱大佛，造福人类、受恩者众，人们敬重他、感念他。作为人大法律人，我为曾经受教、受益于曾老师深感荣幸，为老院长仙逝深感痛惜。最好的感恩是努力工作。晚辈们会承续曾老师的精神、力量和事业，更加努力地学习和工作，不断推动中国的法治事业，逐步实现人类的法治理想。

我请治丧办为 21 日的八宝山告别仪式送了一个花圈，写了如下挽联：

大智大德大爱的法学教育家——曾宪义老师永远活在我们心中

中国人民大学中国行政法研究所所长莫于川教授率众弟子敬挽

先生已逝，精神长存，事业永在，敬请安息！

中国人民大学法学院教授　莫于川

2011 年 1 月

无限情思　深切怀念

1996 年，我怀着一颗虔诚、敬畏的心去法学界最高殿堂——人大法学院打听考研的信息。时值假期，酷暑难耐，大多数老师都休假了，只有一间办公室的门半掩着，我紧张地轻轻敲门，洪亮的声音响起："请进。"推门一看，一位精神矍铄的学者望着我，桌上摆满了文件和书籍。当得知我是外地要来考研的大学生时，那位长者不断勉励我："好好复习，人大法学院欢迎你。"这句话给了我无穷的动力，这句话改变了我的人生轨迹，这句话让我终生难忘。后来我才得知这位慈祥的长者便是法学院院长——曾宪义老师。

1997 年，我顺利地来到法学院读书，见证了人大法学院的辉煌。曾老师战略思维、果断决策、勤奋敬业、为法学院呕心沥血的精神，让我们每一个普普通通的学生深受感动和感染，那时的法学院创造了一个又一个傲人的成绩。每次遇到曾老师，总是忍不住跑过去问候一声，里面有我最深的谢意和无限的敬意。曾老师也总是停下脚步，问问我的学习和生活情况。在人大法学院读书的那三年，因为有曾老师在，感觉到处都是那么温暖。

2010 年，得知曾老师生病了，在去医院看望的路上，我焦虑万分，想象着这么重的病，不知老师怎样了。推门一看，曾老师正坐在床上，和学生们谈笑风生，精神还是那么矍铄、思维还是那么敏捷。那一天，曾老师与我们谈得最多的是 60 年院庆、法学院的发展。一个病重的老人，心中永远是工作，永远是他难以割舍的法学院。临走时，曾老师执意下床要送，我们坚决不同意，老师笑言："你们曾老师如果连床都下不了了，那不就完了吗。"没有想到这句话竟成了谶语。

曾老师走了，我永远永远怀念他。唯愿我们的曾老师一路走好！

孔繁森之女
孔玲
2011 年 1 月

MEMORIAL TRIBUTE FOR ZENG XIANYI

Zeng Xianyi's obituary provides an impressive list of his many important leadership positions in government and academe, recognizing first and foremost his role as "an excellent member of the Communist Party of China." "Excellence" is the standard he brought to bear in every aspect of his professional life, including in his work as the Dean of Law at Renmin University of China. It was in his decanal capacity that I was privileged to know him.

In the mid-1990s I was in China seeking a new partner school for the summer program that my law school in the United States—Indiana University School of Law in Indianapolis—had launched in Shanghai in 1987. Having already met with officials at a number of leading law schools in China, I had the good fortune to be introduced to Dean Zeng. At our first meeting at Renmin in 1997, I proposed the programmatic issues for discussion: curricular design; faculty and administrative staffing; student accommodations; allocation of costs and expenses; sharing of income from tuition and fees; and so forth. After our interpreter finished speaking, Dean Zeng thought for a moment and said, "We should begin with the most important issue—how to create an excellent academic program. Then we can talk about financial matters and other details. Do you agree?" Yes, I agreed. We inaugurated the Renmin-Indiana summer law program on the Renmin campus in Beijing in May 1998.

In the years that followed, Dean Zeng and I were together on dozens of occasions when I was in Beijing and during his travels to the United States and Indianapolis. He was an excellent partner and, as our professional partnership was sealed, the excellent relationship between our schools grew and prospered as other avenues of cooperation were opened.

Dean Zeng was also an excellent and attentive friend. When I arrived in Beijing one cold December and visited him at Renda, he decided that I needed a warmer coat. Heedless of my protestations, he detailed the estimable Ding Xiangshun—then a rising star on the Renmin law faculty and Dean's Zeng's trusted right hand—to accompany me to the Modern Shopping Plaza, just beyond the East Gate of the campus, and to purchase a goose down coat. The next day the temperature dropped to −6 C. My departures from Beijing were sometimes preceded by Zeng's arrival at my hotel to bid me farewell and provide a car for transport to Capitol Airport. At one of our many dinners together, a mild "political" discussion ensued, and I asked him whether he agreed with the proposition often heard in China that Mao Zedong was right 75% of the time. He replied, "Some say 70%; I think 80%." I said, "Speaking of the Great Helmsman, what is name of the ship that never sinks?" It was a confusing transition, but after seeking clarification of my question, and following some discussion in Mandarin with other guests at table, he said, "The answer to your riddle is...Friendship!" Just so.

Dean Zeng possessed an excellent sense of humor that was often on display. Soon after my appointment as an Honorary Professor of Renmin University，I said to him，"Now that I am a Renmin professor，and you are my dean in China，I must ask you something very frankly：What about my salary?" He asked our interpreter to confirm what I had said，quickly concluded that my question was not meant to be taken seriously，and replied breezily："In China，the 'honor，' not the salary，is the better measure of compensation. Therefore，you are richly compensated already. I think you can understand." Next topic!

I do not presume to fully appreciate the value of the many contributions Dean Zeng made to the development of legal education in China，or to understand the significance of his long-time Party membership that spanned both good times and periods of difficulty. I do know，however，that his commitment to the work he undertook in guiding Renmin's law school on its path to excellence was unflagging，and that his belief in China and the promise of its future was unyielding. With all，he practiced steady determination in seeking mutual understanding and cooperation within the wider world of legal education. And he knew how to extend the hand of friendship.

Although Dean Zeng has left the world in which he so fully lived，yet in our memories this excellent Son of China still lives.

Jeffrey W. Grove
January 19，2011

译文：

致曾宪义教授悼词

曾宪义教授的讣告为他在政府、学术等诸多重要领域的领袖性地位提供了一份令人瞩目的名单，更确认了他作为"一名优秀的中国共产党党员"的身份。"优秀"是他在自己的职业生涯中在各个方面都秉持的标准，其间亦包括他在中国人民大学法学院担任院长之职。适逢他担任院长时，我有幸结识他。

20世纪90年代中期，我在寻找我的法学院——美国印第安纳大学法学院的暑期项目在中国的合作伙伴，这一项目于1987年开始在上海举办。在与中国的一些领先的法学院的领导会面之后，我有幸被介绍给曾院长。在我们1997年于中国人民大学进行第一次会面时，我提出了项目的相关事项供讨论：课程设计、教师以及行政职员、学生住宿、成本和开支分配、学费以及其他费用收入分配等等。在我们的译员讲完后，曾院长沉思了片刻，说："我们应当从最重要的事情入手——如何创造一个优秀的学术项目。之后我们再探讨财务问题以及其他细节。您同意么？"是的，我同意。我们在1998年5月份在位于北京的中国人民大学校园内开始了中国人民大学—印第安纳大学暑期法项目。

在随后的数年间，曾院长和我在我前往北京以及他前往美国和印第安纳波利斯的许多场合都在一起。他是一位出色的合作伙伴，当我们的专业合作关系确立之后，我们两个学院之间的卓越的合作关系不断增长，其他的合作机遇之门也渐次打开。

曾院长也是一位卓越以及细心的朋友。当我在一个 12 月份寒冷的日子里抵达北京，前往中国人民大学访问他时，他断定我需要一件温暖的外套。不顾我的抗议，他向尊敬的丁相顺教授详细做了交代——丁教授当时是中国人民大学法学院教员中冉冉升起的明星、曾院长的左膀右臂——陪同我前往就在校园东门外的当代商场，买了一件羽绒外套。第二天温度跌至零下 6 度。几次我离京之前，曾教授都前往我入住的宾馆，同我道别，并派车送我前往首都机场。在一次我们共进晚餐的时候，引发了一次温和的"政治性"讨论：我问他是否同意经常听到的毛泽东 75％ 都是正确的这一论点。他回答道："有些人说 70％，我觉得有 80％。"我说："说到伟大的舵手，什么船（ship）永不沉没呢？"这一转折令人困惑，不过听了我对于问题的解释，在座的其他人也用中文进行讨论，他回答说"你的谜语的答案是——友谊（Friendship）"。正是如此。

曾院长有着极佳的幽默感，并时常流露。在我荣任中国人民大学荣誉教授之后，我对他说："现在我是中国人民大学的教授，您是我在中国的院长，我必须很坦诚地问您一些事情：我的薪水是多少？"他询问了翻译，确认我问的问题后，很快总结说对于我的问题不应当太过严肃，他轻快地回答说："在中国，荣誉，而不是薪水，是更好的报酬方式。因此，你已经报酬丰厚了。我想你可以理解。"下一话题！

我不能假设自己能够完全理解曾院长对于推动法学教育在中国发展的价值，或者理解不论在顺利时或者艰难时长期作为党员的重要意义。但是，我确实理解他对于不断引导中国人民大学法学院走向卓越的承诺所做的工作，以及他对于中国和中国的未来的信心永不衰竭。整体上，他一直在更大的世界范围内寻求法学教育方面的互相理解和合作，一直坚信并为之实践。并且，他也知道如何伸出友谊之手。

尽管曾院长已经离开了他热切生活过的世界，但在我们的记忆中，这位优秀的中国的儿子永生。

原美国印第安纳大学法学院副院长

Jeffrey W. Grove

2011 年 1 月 19 日

先生，走好

曾宪义先生走了。

当蒲坚先生打长途电话告知此悲讯时，我简直不敢相信这是真的。猛闻噩耗，悲痛交集，难以自持。

曾先生一生育人无数，我与郑定最早有幸亲受教诲。

先生授业解惑，循循善诱，严格要求我在中国法制史的学习中，执著一隅，安之若素，掌握大量原始资料，并抉隐发微阐明新义。先生嘱咐我上下求索，不惧枯燥，力争从"小道"得"大道之学"。先生涉猎广博，腹笥渊深，举重若轻，长袖善舞，在先生指导下，我的学位论文获得了一定好评，先生的恩泽此生永铭。

毕业后，我有几次赴京出差，顺道探望先生。先生关心我的工作生活，每每细加指导。记得有一次已是他下班后，在办公室里，师生促膝相谈近两小时。先生教我体味、思考学问、世事中的诸多逶迤、曲折，有时言近旨远，有时委婉、调侃，他的关心如春风、如秋阳，让我感到温暖，也有些沉重。

我知道，先生的众多弟子中，已有不少是学界、政界中承前启后的中坚人物，他们意气风发，摩拳擦掌，在事业上均有创获，众星捧月般为先生增辉。我为先生的成就骄傲。如今，斯人已去，如广陵散，遂成绝响。

桌上放着《中国法律思想史研究通览》和《中国法律制度史研究通览》。

这是离京时先生送我的。

书的封面简单，俭朴。

在灯下含泪展开，字里行间，我静静地凝望着先生的面容，感觉里，他的离去只是一次远行。

路的那头，芳草萋萋，杨柳依依，鲜花竞放，流水潺潺。

先生可以平静地看书、微笑着育人，不再那么辛苦、劳累。我心里默默地说。

先生，走好。

中国人民大学法学院 1991 级博士生弟子

邓奕琦

2011 年 1 月

哭悼恩师曾宪义先生

星城闻噩耗，
涕泪湿三湘。
跪泣遥北望，
历历缅师颜。
国折法界擘，
我失慈严般。
向使身可代，
岂豫易尊安。

中国人民大学法学院 1992 级博士生弟子
中国人民大学法学院教授
朱大旗
2011 年 1 月 16 日泣笔于长沙

悼恩师

曾闻真金无足赤，
宪义士林堪完人，
道德文章垂典范，
运筹捭阖称经纶，
桃李芬芳仰恩泽，
教诲肯切存斯文，
一朝驾鹤竟仙逸，
天下英雄欲断魂。

中国人民大学法学院 1993 级博士后弟子
中山大学法学院教授
马作武
2011 年 1 月

缅怀曾老师

曾老师走了。闭上眼睛，他的音容笑貌，他的点点滴滴，都仍在眼前。

曾老师是个很看重教师身份的人。他担任过许多重要行政职务，但全校上上下下几乎所有师生员工都叫他"曾老师"，从来不以职务称呼他。一开始我有点不理解，有一次听曾老师说："我就喜欢别人叫我'曾老师'，最烦人家叫什么'院长'、'主任'的。"我才明白，在他心目中，其他职务都没啥意思，"老师"才是最重要的。他不仅看重"老师"这个称呼，也很注重"老师"的责任。所有弟子的学术规划、职业规划乃至人生规划，他都一一过问，连哪个弟子交个男朋友或女朋友的，都得他把关。他也很愿意提携后学，谁写文章或著作难以发表、出版，只要他觉得写得好，不管是不是他的弟子，甚至他根本不认识，也会热心地帮着推荐。

曾老师也是个很注重情义的人。2008年春节我与曾老师搭档去香港城市大学讲课，他讲前半段，我讲后半段。我到香港时他已经回北京了。刚进宿舍，他就打电话说冰箱里有吃的，叫我不用跑到外头买了。我打开冰箱一看，水果、蔬菜、面包、鸡蛋、香肠等等一应俱全，让我这个乍到香港、对一切都很陌生的外地人感觉非常温暖。后来与教研室里跟他搭档讲课的其他老师一交流，才知道这是他一贯的作风。大家回忆起这些情节，都觉得曾老师如此有情有义，温暖犹在，却天人两隔，不胜唏嘘。

曾老师走了，但他永远不会离我们而去。

中国人民大学法学院1993级博士生弟子
中国人民大学法学院教授
王云霞
2011年1月16日

悼恩师曾宪义教授词

恩师辞世，悲痛不已，今学生于法律之造诣，无不是受恩师之启蒙、扶助与鼓励，才能获取今天的成就。人生波涛起伏，每次遇到生命中艰难的日子，恩师必挺身而出，助我排难解困，正义凛然，其情操之高尚，教学生铭记于心。

恩师又岂止我的老师，他待我有如女儿般疼爱。无论在学术上或事业上的发展，师生合作无间，为我敞开事业上的大门。

恩师又岂止我的老师，更是挚友，彼此相处的时间，无所不谈，由天文、地理、人生，以至家庭，如慈父一样，为我燃点人生的路向。老师学问之渊博，闻名于法律界，由海外以至两岸均无人不识，我有幸成为老师首名香港博士生，承蒙严加指导，助我成才。与老师结下师生缘，乃我毕生之荣幸。老师引我打开两岸法律之门，予我两岸法律之历史观，导我以并兼包容、广阔之胸怀去看待历史的变迁，恩师作为一代法学泰斗，实当之无愧。恩师在病榻期间，仍与我谈笑风生，每逢见面，必迎以灿烂之笑容，乐向我授予人生最后一课，刻骨铭心。

恩师又岂止我的老师，也是我的亲人。

老师大情大圣，坦荡荡的胸怀，将毕生精力贡献于法律界，周游列国，在全世界培养法律界之人才，桃李满门，不愧为一代宗师。老师爱国之情怀，体现于其在"一国两制"之基础下，贯通两岸四地之法律桥梁。如今老师去矣，但其灿烂笑容与渊博学养将长留人间，永存于世。

曾老师，我们永远怀念您！

中国人民大学法学院 1993 级博士生弟子
香港特别行政区立法会议员
梁美芬
2011 年 1 月

怀念恩师曾宪义教授

在法学界看来，曾宪义教授是当今中国最出色、最具有影响力的教育家，而在我的眼里，他首先是弟子们的领路人，是一位耐心细致、严格严谨，但又宽容宽厚的恩师。

恩师是我学术道路上的领路人。自1980年起，我在人大法学院整整十年学生生涯几乎都在恩师的指导下度过。记得大一首开"中国法制史"，恩师担任近代部分的讲授，恩师颇为精深的讲课，还有他兼具学者和艺术家风度的气质深深吸引了我。现在回想起来，这是促使我后来走向法史学学术道路十分强大的"引力"。随后，大三撰写学年论文，大四撰写毕业论文，恩师都是我的指导老师。也因此，本科毕业，我就自然地考入了恩师门下，也由此走上了法史学的学术道路。

恩师是耐心、细致的教育者。记得1983年春，在写作大三的学年论文时，恩师对我指导之细致用心，至今令我感动，由提纲的反复修改开始，从谋篇布局到材料运用，再到文字斟酌，他不仅向我详细阐释，而且拿出自己的著作作为例证一一讲解。经过手把手的指点和反复的修改、磨炼，我逐渐掌握了写作的基本技巧，应该说我的学术功夫主要得益于恩师当时的耐心指导和悉心栽培。

恩师是严格、严谨的导师。记得1986年春，作为硕士生的我面临例行的教学实习。当时恩师担任教研室主任，他不仅为我们师兄弟每人安排一名老师指导教学大纲和教案的撰写，还规定我们在给本科生正式讲课前要首先在教研室全体老师面前试讲，接受点评。这本已是相当严格的要求。更没想到的是，在给教研室老师试讲之前，恩师竟然将我们师兄弟三人召集到家里，让我们每人轮流给他试讲20分钟，每讲一个，他就详加点评和指导。当时的情形，至今仍然历历在目。那是我第一次真正懂得何为教学艺术，以及自己究竟应当怎样去教学。我后来之所以能在大学讲坛站稳脚跟，并广受学生欢迎，正是得益于恩师当年的严格要求和技艺传授。

恩师也是宽容、宽厚的师长。1994秋，在离别7年之后，我又重返恩师身边攻读博士学位。此时，已获得副高职称的我业已初具自己特有的学术个性，我甚至能够清晰地感受到自己的学术风格与恩师之间已有不小的差异。尽管如此，对于我的学术研究和博士论文的写作，恩师依然自始至终给予了充分的理解、支持和关心、指导。1997年5月，我在博士论文的后记中写道："师恩如海，弟子终生铭记在心！"

博士毕业后，我身在外地，但始终保持一个习惯，即每年至少重返人大一次，去看望我敬爱的恩师。可如今，校园依旧，却再无恩师风度翩翩的身影！他那睿智而气度不凡的音容笑貌已经离我远去⋯⋯

中国人民大学法学院1994级博士生弟子
湖南社会主义学院院长
胡旭晟
2011年1月

恩师垂范

与病魔搏斗一年零三个半月后，曾师宪义先生还是悄然离我们而去了。我们实在难以接受这样残酷的事实——平时没有任何病患迹象，在同龄人中堪称身体强壮、精力充沛（并每天伏案工作或出席学术及公益活动），年届七十还兴致勃勃地学开汽车并不时亲自驾车带着外地归来的弟子们小游校园的慈父般的曾师，怎么就会因为去年9月30日晚在校园散步时晕坐了那么一下（进了医院后还大半年查不出任何严重病症），就竟至于泰山其颓、撒手人寰，与我们阴阳永隔了呢？苍天何其不公！11月29日上午我到协和医院看望恩师，他那绝望的眼神让我锥心！已无力说话的恩师，紧握我的手，眼神充满了对亲人、师友和事业的无限眷恋！我为之潸然泪下！

曾师过去数十年的事业成就，也许数万字长文也难以述说。作为弟子，我最清楚的是曾师2005年辞去院长职务以后，短短四年多时间里的事业开拓和成就——创设了"曾宪义法学教育与法律文化基金会"，创设了"中国法律文化研究成果奖"和"中国法学教育研究成果奖"（各颁奖一届或二届），主编了《法律文化研究》年刊（已出版6卷，约四百万字），主编了《百年回眸：法律史研究在中国》（共四卷五册，约三百万字）法史研究名作选集，主持了国家重大攻关项目"中国传统法律文化研究"（十卷本，一千万字），还主持了"中国—非洲法学教育与法律文化论坛"，创办了"中华法律文化网"……这一切，不用说对一个七旬老人而言，就是对一个三四十岁的青壮年来说，都近乎奇迹！由此我们不能不感叹曾师的人格的伟大和对于学术事业的痴狂！

近半个世纪的法律史学术史、近三十年的中国法学教育史，已经铭记了曾师无可替代的杰出贡献，近二十年的中国人民大学法学学科发展史已经铭记了曾师的无可替代的杰出贡献！作为一个伟大的法学家和法律教育家，曾师的工作狂、事业心、使命感，深深地感染了我们，也将永远泽被法林，垂范后昆！

中国人民大学法学院1995级博士生弟子
杭州师范大学法学院教授
范忠信
2011年1月16日

怀念我的老师

与其他师兄弟们相比，我是与曾老师相处时间最长的一个学生了。从 1980 年入校，至今已三十多年，人生没有几个三十年。回忆起来，我真觉得很幸运，得遇曾先生这样的导师。

记得刚留校备课，每一章的讲稿，曾老师都会逐段看过并加以批改。直到自己也成了指导学生的老师，我才更深切地体会到这其中的不易。忆起读研究生时写文章，也是经老师之手反复修订，并推荐发表的。1987 年留校后，在法律史学科的教学与研究中，我的每一点进步，都离不开老师的帮助，一直得到老师的关爱。这其中的几十年情感，难以言表。

曾老师对事业的用心，我等只能望其项背；他精力过人，给我留下很深的印象。每每想到这些，便深感不肖；几十年来，跟着老师，教书写作，点点滴滴都会念及老师的教诲。

近十几年来，教研室先后已有 4 位老师逝去，其中的梁秀如老师、范明辛老师、叶长良老师和曾老师一样，都教过我。他们先后离我而去，使人有无尽的思念。

几十年来，曾老师为法律史学科的发展用心良多，尤其关注对中国传统法律文化的研究。

在他生前的最后 5 年，念兹在兹的是他主编的《中国传统法律文化研究》十卷本的完成与出版。他将毕生的精力都贡献给了中国当代法学教育与法律史学科的发展。

曾老师还是悄然而去了，但他名重士林的音容将会令我长久地缅怀。

中国人民大学法学院 1995 级博士生弟子
中国人民大学法学院教授
赵晓耕
2011 年 1 月

誉满天下　恩泽四方

　　曾宪义先生是我国著名法学家、杰出的法学教育家，身兼多项社会要职。15 年前，我有幸拜师先生门下，深仰先生崇高的思想品德、独特的人格魅力、执著的事业追求、辉煌的学术业绩，从中感受教益可谓终身。先生是我最为敬仰的一代宗师，他在 75 年的岁月中发挥了自己最大的潜能，谱写了人生最辉煌的篇章。

　　先生把毕生精力敬献给了祖国的法学教育事业。他教书育人，高风亮节，清誉满神州，为学界传诵。园丁辛勤育一堂秀色，桃李芬芳蕴四海春光。他精心谋划，尽其所能，大力推动了中国法学教育的转型与改革，在法学学科建设、专业与学位点建设、核心课程与司法考试改革、研究基地建设等诸多方面作出了杰出贡献。他高瞻远瞩，深谋远虑，开创了中美、中欧、中澳、中非法学教育的广泛而深入的交流，奠定了中国法学教育的国际地位和世界影响。他一生厚德笃学，严谨唯实，不为虚名所累，不为功利所扰，不为权威所惧，不为人情所惑。大德无言，大爱无疆。他集厚道与刚正、谦逊与坚强、无私与正直于一身，令人由衷折服和钦佩，是吾辈学习之楷模。

　　先生把所有智慧贡献给了法律学术研究事业。他造诣精深，思想丰厚，蜚声海内外，为学界共仰。他是我国法律史学、传统法律文化、比较法律文化等学科的先驱者之一，在近现代法制史、传统法律文化、检察制度史、中国法学教育、比较法律文化、台湾法研究等领域卓有建树。先生处世治学的特点在于治学严谨，经世致用。他精勤不懈，几十年如一日，在"道德"与"文章"这两个纵横坐标下确立了自己在学界的崇高地位。先生的道德文章，光如日月，巍如山斗，堪称学界典范，永远激励后人。他将学术和品德融为一体，学识与运用有机结合，是真正通达、智慧的人。

　　先生把全部爱心奉献给了年轻学子、青年教师和法学人才培养事业。在从教生涯中，先生以自己渊博的学识和高尚的人格，言传身教，潜移默化，培养出一批批的精英学子，桃李满天下，恩德泽四方。他不仅在教学上诲人不倦、精益求精，而且十分关心学生思想道德尤其是学术品格方面的修炼。先生在从事法学教育及研究的工作生涯中，用充满真心、爱心和热心的工作，率先垂范，鼓励后学。先生亲切、温和的话语犹在耳畔，句句出自爱国、爱教育、爱法学事业、爱学生、爱学术之心，发自肺腑，真诚感人。教泽长留，风范永存。

　　秉承一份对事业的热忱，先生奉献了自己的大智慧，成就了"将法学服务于社会"的辉煌业绩；怀揣一份对教育的忠诚，先生播撒了"视学生如子女"的教育大爱；担当一份对学术的使命，先生践行了"深厚的文化积淀和崇高的价值追求"下的大学人文精神；谨记一份对国家与民族的责任，先生实现了"从传统中寻找力量"的远见卓识。先生之风，山高水长；思念永在，精神长存！

中国人民大学法学院 1996 级博士生弟子
南京师范大学党委副书记、副校长
夏锦文
2011 年 1 月

为国宪育英才，布情义于四方
——追忆在曾老师身边的岁月

北京的冬夜，暗黑一片。

出差回国，一下飞机，短信就传来先生驾鹤西归的消息。顿觉悲恸万分、创巨至切。脑海中浮现的满是先生生前诸种音容：矍铄而又风度翩翩的身形，自信而又从容的笑脸，刚劲有力而又风格独特的"象形文字"。而这所有的一切，都永远地静止在公元 2011 年 1 月 15 日。

回想 1995 年报考先生门下以来，有幸在先生身边得受耳提面命教导十五载，使我完成了学子到教师的角色转化，虽然没有太大成就，但十余年来游走四方，亦活得充实、自在。十五年来，作为先生的弟子，有机会近距离地接触先生，接受先生逐字逐句的批改。先生西归，我在灯下再次翻看先生留下的墨迹，不禁潸然泪下，这一切都将成为我永远的精神财富。十五年来，作为先生的助理，有机会跟随先生访问各地，接触各方人士，体会先生的辛苦、奉献、挚诚、勇气、果敢、坚毅、仗义、大度。翻检先生一幅幅、一帧帧笑容满面的照片，回想先生充实而又大气的人生，天妒英杰，亦难掩人间无限悲伤、怅然。

先生是一个知识分子，将最宝贵的青春年华和壮年岁月，无私地贡献给了中国人民大学的三尺讲堂。但先生不仅仅是一名普通的知识分子，而是一位放弃了小我、甘于奉献、具有公共服务精神的学者，他将自己的聪明、智慧、才气全部献给了中国法学研究和法学教育事业。先生具有极高的天分，但他并没有躲到书斋中作书立著，而是将主要精力投入宏大的法学教育和法学研究战略发展中，鞠躬尽瘁，贡献毕生。先生对公共事业的奉献，源于他对中国、中国人民、中国人民大学无尽的忠诚和热爱。让他魂牵梦绕的始终是他所关心、所从事的人才培养、法制建设等宏大而又具体的命题。2002 年以来，我先后数次陪同先生出访美国、波多黎各、日本、韩国和我国台湾、香港地区。每次出访，先生既不去品尝当地的美食，亦不欣赏异域的风光美景，仍然一头扎在房间，或者改稿子，或者电话联络国内，安排各种事宜。记得 2003 年春季，日本立命馆大学授予先生名誉博士学位，并顺访东京。热情的主人也安排我们在前往东京的途中游览箱根。但没有想到国内"SARS"疫情日紧，先生立刻指示我改签机票，放弃其他访问日程，回国抗击疫情。于是，我们急忙搭上空空荡荡的返京飞机，回到了疫情的最前线。在机场安检人员不解的眼神中，在一片气氛紧张的北京街头，我也体会了先生帅不离位的义无反顾和英勇果敢，那种义士割腕、慷慨赴阵的决绝永远留在我的脑海。先生风度翩翩、意气风发、中气十足，在课堂上拥有无数的粉丝；先生思路清晰、引古论今，娓娓道来，拥有一大批忠实的读者群。先生躲进书斋，不问世事，亦可作为纯粹学者而扬名立世、声闻内外。但先生没有选择那条普通学者所走过的道路，因为先生不是普通的学者。公共服务不仅意味着舍弃小我，也不仅意味着奉献他人，而是需要高度的指挥、卓越的协调、宽广的胸襟，甚至一点适时的幽默和调侃。先生做到了：作为一位能力卓群的学界领导人，官商学研、内外中西，纵横捭阖，无论是学界权威、晚生后学，还是高官显位、外国政要，先生都从容应对，游刃有余。先生逝去，人们悲伤地怀念先生，不单因为他的成就卓著，更重要的是他为公共事业奉献了一生，为奠基一个时代的法学教育基础作出了孜孜不倦的努力。

先生是一位生长于本土的学者，但其眼界和智识，远远超越了他的经历和时代。他登高望远、高瞻远瞩，不仅凝聚了本土的力量，而且成为平等地引领中国法学界与海外、国外交流和合作的第一人。作为新中国成立初期的法科学生，先生学习俄语出身，但其极高的悟性弥补了英语交流方面的缺憾。先生一手促成的重大国际交流活动和项目，依靠的不单纯是语言的交流，而是坚定的立场、高度的责任、敏锐的洞察、果敢的决定，甚至是勇于承担各种风险的勇气。先生是个路痴，我随先生出访，为先生翻译、联络各种事宜，先生经常说带了一个"拐棍"。但是，在对各种重大国际交流事务作出判断的时候，起作用的实际上不是语言，依靠的是头脑智慧、心灵之间真诚的沟通和交流。先生虽然不精英文，但交结四方，朋友遍天下。大家愿意和他保持联系和交往，除了因为他是院长，是中国法学教育界代表人物以外，最重要的是他对待朋友的真诚。我仍然记得先生亲自布置安排，帮助丢失托运行李的印第安纳大学法学院院长购置必要的生活用品，帮助冬日来访的美国教授购置棉服的情景。先生出国次数不多，但是，对于西服领带的搭配，对于吃西餐的各种讲究，颇为熟悉。因为他认为，礼节仪表代表着中国学者的形象，表现出的是对外国友人的尊重，而只有彼此尊重，才能开展平等的交流。我想这就是先生能够引领中国法学教育走向世界的关键所在吧。

先生一生都在谋大局，做大事，立制度。但对于在其身边学习的弟子来说，先生绝不是一个遥远不可及的存在。对于我们，先生不仅是老师，而且是亲人，是能够关心冷暖的长者。从学生和弟子们的学业进步、婚姻嫁娶，成家立业，发展道路，事无巨细，先生无不过问，尽言尽力。这些年来，承蒙先生关心，能够在竞争激烈的环境中掌握一技之能，有机会先后数十次出国，学习、交流、在外国讲堂上授课，无不凝聚着先生的辛勤指导和帮助。人的一生，关键的只有几步。在我的一生中，从留校任教，到娶妻成家，到出国留学，先生都起了关键性作用。我的学生也同样攻读先生的博士，同样也得到先生如此一般的关爱，而这种情义，使我们永远无法忘怀。

先生治法学，志教育，将一生贡献给了一个制度的成长，奉献给了一个学院、一个学科的崛起和再生。当他回到书斋，重新铺展长卷、挥毫作书的时候，可恶的病魔已经开始侵蚀他的身体；先生一生审时度势、布局谋篇、运筹帷幄，当他再次拿起棋子的时候，生命的无奈已经使他无法再纵横驰骋。斯人已逝，但先生没有写完的长卷仍然会有弟子继续写就，先生没有落下的棋子亦有后继者接承。这是我们对先生最好的纪念。

愿先生安息，一路走好！

中国人民大学法学院 1996 级博士生弟子
中国人民大学法学院副教授
丁相顺
2011 年 1 月 18 日

追忆恩师曾宪义教授

2011 年 1 月 15 日清晨，温暖的阳光送来了冬日里少有的晴朗。然而，在协和医院里，医生们穷尽了所有的努力，还是未能挽住一个老人远去的步履，10 时 45 分我的导师曾宪义教授平静地离开了亲人朋友，离开了他钟爱并为之奉献一生的法学教育事业。我得此噩耗时，正在公务的路上，我让司机停了车，站在路边许久，凝望远山，我希望能目送老人家乘鹤远去的身影。主路上车辆飞驰，辅路上人流熙攘，记忆的时光在那一刻凝固了。

我与导师的最后一面是 10 天前，老人家躺在病床上，清瘦得近乎认不出来。他掩饰了病痛带给他的痛苦和煎熬，慈祥而平静地微笑投向周围的每一个人。我想帮老人家舒活一下手臂，他却握住了我的手，用力地上下抖动了两下，没有语言，却传递了郑重的叮嘱。我与老师道别，快到电梯口时老师差人把我叫回来，我把耳朵靠近老人家的脸颊，想听清老师说什么，老师把手指向旁边的护工，"你是团员吧？"，护工点头回应道"爷爷，我是团员"，老师又指着我对周围的人说"他是团书记"，说到这儿，老师露出来孩子般的微笑，老人家的举动把在场的人逗乐了……

曾老师是我的导师、恩师。从本科到博士阶段，曾老师不仅在专业领域传道授业解惑，更在成长的关键时期教会了我们很多做人做事的道理。曾老师对学生要求严格，他强调年轻人最不可或缺的就是责任心，言必行、行必果，要有勇于担当的意识、朴素的情怀和服务祖国人民的远大理想，成为一个对国家民主法治建设有用的优秀人才。曾老师对学生充满慈爱和关怀。我从小岛渔村到北京读书，懵懵懂懂，许多地方"土得掉渣"，曾老师不仅约我谈心，还拿出自己的奖金接济我，以及其他和我一样清贫的学生。他鼓励我们"青年人要自信，清贫和艰苦的环境可以把一个人的性格砥砺得更加坚强，只要你能正视，所有的挫折和坎坷都会成为你们受益终生的财富"。曾老师注重引导学生们正确认识社会转型时期的中国法制，他常讲，"社会变革和转型时期，有许多负面的东西，书本上的公平正义往往与现实状况不能有效对接，青年人不能气馁，不能世俗，也不能清高和本本主义，要善于从全局和发展的趋势来分析研究中国的问题，要看到社会的进步和法治文明的发展。奉献国家法治总是要一点精神的，只要不放弃，你的贡献哪怕只是一点点，叠加起来就会转化成社会进步的强大动力"。曾老师非常注重实践育人，他强调，"年轻人必须了解国情，'行万里路，破万卷书'，对国情缺乏了解，你报效国家的理想就极易被轻率的浪漫主义和理想主义所取代"。

曾老师是具有国际视野的教育家，在他的努力和推动下，首届中美法学院院长联席会议、首届中欧著名法学院院长论坛、21 世纪世界百所著名大学法学院院长论坛等具有里程碑意义的法学教育国际交流活动获得了巨大的成功。曾老师不仅与法学界的同仁们共同开启了国际交流与合作的崭新篇章，更在"向国外学习什么"和"怎么学"的关键问题上做了务实的引导。他在担任教育部高等学校法学学科教学指导委主任委员期间，大力支持法科人才实务能力的培养，开辟了中国法律硕士专业学位人才培养的路径，更通过支持诊所式法律教育，促进法律实务人才培养的国际接轨。当人们担心在这些领域会被别有用心的力量利用的时候，曾老师强调，"网络和信息化时代要求我们告别在封闭和半封闭的状态下推进高校的科研、人才培养和社会服务，国际化是大势所趋，我们在交流交往的实践中，最核心的是把握主动、为我所用，未来法学人才的竞争不仅在你身边，更在整个世界，法律人才的储备和法律服务的供给能力已经成为国家软实力的重要组成部分"。

曾老师是有亲和力的领导，在他担任中国法学学科教学指导委员会主任委员期间，法学教育界的专家学者精诚合作，关系融洽和谐，很多人都称赞曾老师做事不忽略细节，善于替他人着想，在协调和平衡关系方面有超常的智慧，他的人格魅力推动着中国法学教育的发展。在工作中，曾老师既举重若轻又举轻若重，他在部署工作的过程中强调执行力，他习惯的用语是"推进任何工作都会遇到困难，我不问过程，只看结果"。在检查工作过程中，曾老师不忽略任何细节，他强调"细节决定成败，细节决定人们的感受，我们开展的任何工作、举办的任何活动，要让每一个参与者感觉到自己是主人，情感上丢了分意味着发生了无法弥补的损失"。曾老师重视团队的意志和干部个人的精气神，他不知疲倦，总是精神饱满，浑身有使不完的劲。但曾老师毕竟不是超人，当他有机会休息和调整的时候，病魔却悄然而至，在做完心血管手术时，他对我们讲，"我很快就会出院，还有好多事情要做呢。"在做过肺部手术之后，曾老师忍受着常人难以想象的病痛。但就是弥留之际他仍然是坚定和乐观的，医生和护士都说："曾老师的生命力和乐观感染了我们每一个人！"

曾老师是一个非常注重情感的人，他热爱家庭，关爱生活、工作中的每一个人。在担任院长期间，他非常关心院里的老领导和老同志，不仅常去看望他们，而且注重发挥老教师在教师队伍建设中的积极作用，请老教师担任青年导师，每年组织尊老敬老的各种活动，老教师生病他都坚持第一时间看望，安排好对他们的照顾。

曾老师走了，一个生活中最平凡、最普通、最亲切的老人离开了我们，一个中国高等教育和法学教育领域伟大的教育家离开了我们……追思和回忆无法抚慰痛失亲人的痛苦，无法按捺夺眶而涌的泪水。我亲爱的老师，您的叮嘱我都会铭记在心，您一路走好！！

中国人民大学法学院 1998 级博士生弟子

北京市人民检察院副检察长

高祥阳

2011 年 1 月 16 日

永远怀念永远的导师

向来以为我的导师曾宪义先生是用特殊材料制成的杰出的法律教育家、法律史学家，他一直工作，他从不停息。从来不曾料想，有一天先生他会放下工作，他会离开法律，他会离开我们。当这个日子倏忽而至，我已泣不成声，恸不息继。但觉天地茫茫兮默哀不语，北风凄凄兮催寒成悲。先生此去，天人永隔，留下的是无尽的悲痛与怀念。

十年教育，恩重如山，令我终生不忘。从进大学到博士后出站，我在人大学习、生活和做研究长达十二年，其中在法学院和先生身边学习的时间，从认识先生到博士毕业，是整整十年。先生先是我的任课老师，继而做我的学士论文导师，后来是我的硕士生导师和博士生导师。可以说，在人大法学院学习的十年，是先生引导我做人修为、做事治学的十年；是亲历先生耳提面命、言传身教的十年。这十年，对我的生活影响深远，对我的事业影响深远，对我的人生影响更为深远。先生是我终生一贯制的导师，他指导我完成了学习生涯中的本科、硕士和博士论文的写作，也是人生中全部学位论文的完成。在我的履历表上，攻读学位各个阶段的指导老师只有一位，那就是一个代表中国法律教育制高点的名字——曾宪义。一位老师作为一个学生一生所有学位的导师，在法学界是少有的，在其他任何一个学科恐怕亦不多见。

十年里，先生琢玉成器，谆谆以教。本科学生期间，先生指点我从中西文献索引到古籍点校，从马列经典到西方法律著述，全面学习，增加修养；硕士学生期间，先生指导我从法律制度史到法律思想史，从中外法律史到当代法律制度，以学促研，融会贯通；博士学生期间，先生鼓励我从单一制度到"一国两制"，从法律通史到部门法史，统揽格局，重点深研。这样的历练，为我后来的实务工作和教学科研工作打下了坚实的基础。先生教学，也重因材施教。当年我喜静处读书，先生命我要学会放下书本，走出校门去读社会。后来有学友工作后入师门，曾闻先生教导要离得开社会，读得进书本。

二十年多来，感受先生关怀他人，如沐春风。先生居一级教授之尊，德高望重，对生活条件要求却极低，粗茶淡饭从来不在意，身体健康状况很少关心，但对他人、对学生关怀备至。当年郑师兄身患绝症，先生不仅时时关心治疗情况，也亲自过问治疗费用和家庭情况。郑师兄入院后，先生多次吩咐我帮助协调医院以治病为主，尽可能把病房条件安排得好一点。1965级的杨福坤学长英年早逝，先生闻讯很悲伤，坚持到家中吊唁。我定做了一个花篮，先生执意由他付款，还教导我说："吊唁要心诚，虽至亲不能代付。"灵前，先生只一句"白发人送黑发人，心里不好受啊"，竟尔老泪纵横。送先生回家，我与师母均不能劝说先生用餐，可见何其悲也。我晋升职称，从升讲师、副教授，到升教授和申报政府特贴，一次也不敢让先生知道，更不敢请先生做推荐人，不是担心先生不写，而是担心通不过而愧对先生。每每先生问起，才敢据实相告某年已晋某职。最后的一次过关后即告先生，先生很开心，随即轻声说道："你该找我推荐的。"这一句，竟让一阵心酸，好生难受。先生公务繁忙，门下诸多弟子，我怎能以一己之私再加繁扰？但毕竟，我读出了先生由衷的关心。日常生活中，他十分关心学生的生活情况。2007 年前后我因体重偏重，导致血压升高，医生建议我减减肥。不久与先生同时参加一次博士生答辩，先生见到我就问我是否家庭或工作有什么问题，担忧之情溢于言表。先生听了我的解释后，一下子释怀了，脸上露出轻松的微笑。

先生虽然堪称法学界的泰斗，但他却极富生活情趣。记得在他年近古稀时，考取了汽车驾照，而且十分热情地鼓励我也去考取驾照。正是在他的督促下，我也考取了驾照，又多了一项生活技能。也记得他发过的一条有关开车的手机短信："晓耕开路，某某断后，我坐镇居中。"原来先生不知什么时候也学会了用手机发短信。

这十五个月，我们每天都在祈祷先生早些回来。从先生入院治疗，到先生离开我们，大约是十五个月。这十五个月，最让人揪心，也最让人期盼奇迹。为了那份奇迹，我许愿下厨为先生做一回锅贴。那时，听说先生摔倒了，虽然很担心，但总以为老年人在所难免，觉得先生一定会好起来的。在第一间医院的时候，先生自觉行走无碍，但由于医生考虑身体原因，不能如愿。眼见先生被"困"在医院里，以他几十年操劳成性，怎能不急不躁？每次探望先生，先生说得最多的就是"让我回家"、"回去上班"。到第二间医院的时候，记得先生说得最多的一句话是"曾老师一辈子不住院的"。我常探望先生，但真能宽慰先生的，恐怕是法学院在人民大会堂举办院庆活动的那个上午，我接到请柬准备参加，但突然觉得该到医院看看先生。在病房里，我始终回避着院庆活动这个话题。没想到先生已然洞悉我的心思，很轻松自然地谈到了法学院的过去、现在和将来，以及对某个二级学科前景的隐忧。先生刚入院时，我曾对先生说"等您出院了，接您和师母到我家去，我给您和师母做锅贴"。先生在第一间医院术后，我又对先生说了这句话。先生到第二间医院时，我第三次对先生说了这句话。那一回，先生谈到学科问题时，我第四次对先生说了这句话。再后来，再也没有说过这句话了。

然而，先生终究还是去了。充耳犹闻谆谆音，眼前已是两世人。先生留下的是他对中国法律教育和中国法治建设事业生而有涯的奉献和未有止境的热爱。我辈祭奠先生、怀念先生的最好方式，当是继续做好他致以毕生精力去热爱、去奉献的中国法律教育和中国法治建设事业。

先生永远与我们同在！

中国人民大学法学院 1999 级博士生弟子
国家法官学院教授
王立
2011 年 1 月

在追思会上的发言

尊敬的老师们、亲爱的同学们、朋友们：

今天，我们从四面八方聚集母校，以追思的形式向我们最敬重的曾老恩师作集体心灵念别。师恩如山，血脉相连。一日为师，终身为父。此刻，任何言语都无法表达我们的哀思。今天，我们聚在一起，每个人心里都为老恩师默默燃起一丝心火，幻想着能簇拥在一起，能够照亮和温暖恩师远行的魂灵。

自从惊闻恩师逝世，几日来一直夜不能眠。恩师的音容笑貌不断闪现在脑海中：恩师在讲坛上儒雅的身影，恩师伏案治学耕耘的身影，恩师在学界为中国法学事业的繁荣而殚精竭虑奔走呼告的身影，恩师在我婚礼上作主婚致辞时风度翩翩的身影，恩师在病榻上依然谈笑风生的身影。历历在目，恍如昨日。

我在报考法学院硕士研究生时就对恩师的大名仰慕已久。数十个头衔、等身的著作、不计其数的奖项、德高望重的美誉足以说明他的杰出和卓越，但他并不就此止步，"追求卓越"是他的毕生追求。他一直潜心从事法律史专业的教学与研究工作，为中国法律史学科发展的从无到有、从弱到强作出了重要贡献。他不但是学术的带头人，还是法学院的"领头羊"。他具有高超的领导能力，带领法学院的全体师生共同努力，实现了法学院的大跨越、大发展，创造了中国人民大学法学院的辉煌。他还具有非常深远的国际视野，注重加强同国外同行的交流与沟通，他的个人魅力和治学精神在国际上久负盛誉，开创了中国法学教育走向世界的崭新局面。

我有幸拜在恩师门下后，更是从近距离感受到了恩师伟大的人格魅力。恩师虽然对我们的治学要求非常严格，但对我们的生活非常关心。还记得入学后过的第一个中秋佳节。为了排解学生的思乡之情，恩师和法制史教研室的所有老师们放弃了同家人团聚的机会陪我们学生一起度过。还记得我参加工作以后，恩师对我遇到的困惑反复点拨，使我茅塞顿开、豁然开朗。还记得我离开人大后，恩师指点我学无止境，仍鼓励和支持我报考博士研究生。

不仅是我承蒙师恩，我们教研室的所有同学都得到过恩师的帮助和支持。

恩师就是这样伟大。萦绕着他的光环，他从不吝惜地给予我们这些弟子。但恩师走得这样匆忙，还没等到我们好好报答他，他就驾鹤西去，再不能见了。我去年怀孕生子，未能经常在恩师病床前侍奉，提及此事顿感终身抱憾。

恩师走了，留下的，只有深切的哀痛和无尽的思念。

恩师走了，师母健在，请恩师放心，我们一定会陪伴在师母左右，照顾、侍奉好师母。

恩师走了，他的精神与我们同在，我们将继承他构建法治社会的理想和衣钵，为中国法治社会、法治政府的发展贡献力量。

昨夜感伤至深，做一小诗，特以纪念：

　　　　　恩师长逝，再不能见，日夜思念，泪洒心田。

恩师如父，慈祥仁爱，严谨治学，挚诚坚强。

培育深恩，终生不忘，嘱吾儿孙，教诲铭心。

一觞薄酒，表吾衷肠，叩祭恩师，在天安康。

衷心祝福我们最敬爱的曾老师、曾教授、曾院长，一路走好。

中国人民大学法学院 1999 级博士生弟子

周玲

2011 年 1 月 17 日

因材施教，有情有义

人生苦短，又很漫长。人生经历的许多事，在当时甚至是感到很重要的事，过一段时间也许就会被遗忘。但，有些不经意，甚至也就是一两句话，却会深深地印在人的脑海中。从报考曾老师博士到拿到博士学位，一直到现在，我们聚到一起时，总会说起曾老师对我们的"因材施教"。

2000年，我们都已是年过不惑，平常的工作虽然并不轻松，但都还保留着学校中养成的习惯，而且对学生生活充满着美好的记忆。在曾老师的鼓励下，决心报考博士，将学位拿到圆满。当时，我们并不相识，只是从曾老师那里知道了彼此。心中不免也有疑问，都认为对方没有必要再费劲地去拿什么学位。但曾老师说，好学是一件好事，学位在将来的工作中总是用得到，不管什么岗位。

2001年，在新生会上，我们见了面，就岁数而言，我们在班上"数一数二"。在迎新会上曾老师说，到了这里，就是学生，要严格地遵守学校的规章制度。不管你是局长、部长还是教授，在学期间，首先都是学生。散会后，教务黄晓蓉老师把我们叫住，说："曾老师特意交代我'关照'你们两个人，因为你们工作都忙，学校的一些规定你们可要好好地看一看。"黄老师的关照使我们感到压力。看着精力充沛、一脸无忧的小同学，我们真感到这个学位可不是好拿的。最后，黄老师提醒我们："你们注意到你们学号的尾数了吗？曾老师说于敏从政，要顺顺溜溜地进步，溜一溜，所以是616；马小红做学术，但也要发一发，所以是818。"我们大笑。从此以后，每次见面我们都会说到这件事，黄老师也总会打趣地说你们跟着曾老师果然是"溜一溜"、"发一发"了，而曾老师会说要继续"溜"和"发"。那个充满压力与欢乐的迎新会，仿佛就是昨天的事情。

曾老师对每一个学生都寄予希望，作为教育家，曾老师的高明在于他对学生的希望是因材而设的，所以每一个学生都能从老师那里得到切合实际的教诲与启发。在学位论文的设计上，曾老师说，马小红的毕业论文就原来的礼与法问题往深度做一做，看看西方学者对宗教与法律的研究，中国的礼法关系是不是有些类似，理论上要有提高。于敏的外语是强项，又搞实际工作，做一个比较法的题目，拓展眼界，将来在工作上也能用得上。按照曾老师的布置，我们共享彼此间的外文与古籍资料。这种交流，不仅节省了时间，而且更重要的是能通过多角度的讨论，对所要运用的资料有更深入的理解和更准确的把握。

因材施教在曾老师身上并不只是发挥每一个学生的长处，在"扬长"的同时，曾老师还注意到引导学生"补短"。他注意用一个学生的长处去教导另一个学生，使学生能全面发展。我们很少听到曾老师的当面表扬，但经常从对方的谈话中听到曾老师对自己的肯定。曾老师对马小红会说："于敏对工作非常投入，而且肯动脑筋，会与人沟通。有什么想法，可以与他多聊。"对于敏说："马小红心静，专心学术。对人真诚，学校有什么事情可以托付给她，让她通知你。"正是在曾老师的这种"调教"下，我们有意无意地吸取对方的长处，成为志同道合的学友。

毕业后，曾老师会经常地与我们谈及对方的情况，我们也常常联系，见面时必不可少的话题是要谈到曾老师对我们的教诲与希望，彼此鼓励在各自的岗位上努力工作，让老师满意。几年中，似乎养成了习惯，无论工作，还是生活，碰到问题总习惯向曾老师讨教。而曾老师会以他丰富的人生阅历、工作经验和广博的学识对我们进行指点。但曾老师对学生绝少居高临下地训诫，他是"性情"中人，真的是急学生所急，有时看到我们不开窍，会冲口而出："你傻啊？""你这不是傻了吗？"他甚至会教给你怎么样，用什么样的语气来说话。曾老师说：我做了几十年的老师，学生的事就是我自己的事。我就是希望你们积极做事，认真工作，成就一番事业。

回想起来，我们对曾老师的关心真的太少，因为总是看到他精力充沛，身体健康。即使这次生病，之初，我们也总认为他不久就会康复。当确知他已身患不治之症时，我们也还是不能相信像他那样一个活力四射的人会被疾病击倒。去年国庆，又值法学院六十年院庆，于敏从广州到北京，同班同学一起去医院看望曾老师，那天曾老师的精神格外好，虽然身体虚弱，但还是与我们谈了半个多小时。因为于敏远道而来，曾老师先将于敏叫到病床前，殷殷嘱托。临行前，曾老师挥了挥手，恋恋不舍。

曾老师走了，我们因为各自的工作，远在南国，不能赶回北京，不能最后送一送曾老师，这真是我们人生中的一个遗憾。我们想，老师会理解并原谅我们的，我们将会在今后的工作中，以更加的努力来报答老师，告慰老师的在天之灵。

中国人民大学法学院 2001 级博士生弟子
中共广东省委副秘书长
于敏
中国人民大学法学院 2001 级博士生弟子
中国人民大学法学院教授
马小红
2011 年 1 月

怀念恩师曾宪义先生

1月15日上午我正在备课，11点左右，手机响了，收到"曾老师逝世"的短信。虽然有些思想准备，但心中的哀伤仍然无法遏止。这是我第三次来香港城市大学讲学，往年都是来接曾老师的课，基本是曾老师课结束返回时，我就到了香港。记得2007年第一次来时，刚进了公寓，就接到曾老师从机场打来的电话。曾老师嘱咐我讲课时话要说得慢一些，因为香港有些学生听普通话吃力。又说，冰箱里准备了一些食品，在我熟悉环境前别饿着。放下电话，我哑然失笑，对接我的学生说，曾老师怎么也知道我是个"路盲"。

作为教育家，曾老师对学生的关心与提携，不仅真诚，而且真正做到了因材施教。记得1988年在香山参加自学考试的会议，中国法制史学科有十个人参加，我作为蒲坚老师的助手也参加了会议。每当对问题有分歧时，蒲老师就会让曾老师"拍板"，让我记录。而曾老师在"拍板"前总是能统一大家的意见。我很赞叹。会议结束，曾老师对蒲老师说："小红不错，干事很认真。"得到意外的表扬，我很高兴。那是第一次与曾老师近距离地接触，尊敬、亲切之感已是油然而生。后来，不断地从蒲老师那里听到曾老师的消息，也看到中国人民大学法学院不断地取得成就，成为全国法学教育的重镇。转眼十年过去，在许多前辈、老师的栽培下，在同仁的帮助下，1998年我晋升为中国社科院法学所教授。说实话，人在缺少必要压力的情况下，很容易放松甚至放任自己，一年过后，猛然发现荒废了很多的时间。于是，想到了一直耿耿于怀的问题，即硕士毕业后没有考博士。蒲老师说："要考就考宪义的。"我当时心里很没有底，曾老师还记得我吗？没想到，当我通过蒲老师与曾老师联系上后，曾老师见面就说起了十多年前在香山开会的事。他告诉我，欢迎我报考，因为他了解我的专业。但他又说，专业好也不可掉以轻心，外语关一定要努力地过，不能畏难而退。整整三个月的时间，我几乎是废寝忘食地恶补外语，没想到的是考试竟然以不低的成绩通过。曾老师笑着说："世上无难事。"新世纪的第一年（2001年）我如愿以偿成为曾老师门下的学生。

曾老师是为工作而活着的，是为人大法学院而活着的，只要对工作有利，对人大法学院的发展有利，曾老师就会不计得失地去做。2004年我调入中国人民大学法学院，与曾老师有了近距离的接触。曾老师说你是带艺投师，好好发挥特长，把法律文化往深处做一做。几年来，曾老师带领我们完成了教育部重大攻关项目"中国传统法律文化研究"（十卷本），出版了《法律文化研究》专刊和四卷本《百年回眸——法律史研究在中国》。每当工作遇到困难时，曾老师就会说你只管做，其他问题我解决。到人大这几年，可以说是我最安心学术的几年，因为曾老师给了我安心学术的环境。但曾老师似乎并不满意我醉心学问的状态，曾老师对学生的要求和关心是全方位的。记得第一次来香港讲学，回校后与曾老师说："城大到处都写着'敬业乐群'，是不是他们的校训？"曾老师没有正面回答，却问："敬业好解释，乐群不知是什么意思？"我一愣，感到曾老师话中有话。曾老师说：讲好课，研究好专业是做教师的本分。但让社会承认法律史学科的价值，必须要沟通，说话要有影响力。我想这也许就是"乐群"吧。有时不可避免的同事间的工作摩擦，我也会到曾老师那里讨个"公道"。这可能也是曾老师学生的共同特点。遇有这种情况，曾老师一般会简单地说"小事情"。但过后，他会给你不同程度地解决。一次一次，你会感到惭愧，会把心思放到正事上。几年下来，我知道在曾老师眼中值得去计较的事，只有法学教育、法文化研究和法学院的发展。

曾老师走了，教研室嘱写一篇怀念文章，说实话，这个时候纷至沓来的思绪是最无法用文字甚至语言表述的。对曾老师更深切的悼念和报答，会在我今后的工作中见到。哀伤之中，谨以此表达我对恩师的缅怀。

中国人民大学法学院 2001 级博士生弟子

中国人民大学法学院教授

马小红

2011 年 1 月 16 日

追思恩师点滴往事

　　曾老师走了，一直不愿意相信这是真的，不愿意去接受这个残酷的现实，能够做的就是每天到曾老师家里，和师兄弟们一起陪着师母聊聊天，做些力所能及的事情，把家里填得人气足些，让师母的哀伤之情多少有些平复。师母知道我不能熬夜，特意对我说都熬了几天了，明天是曾老师的追悼会，早点回家休息吧，于是就把我"轰"回家来。可我怎么也无法早早入睡。回想自己从1998年起跟随曾老师读硕读博，一直到如今留校任教，一晃已经十几年了。往事历历在目，这里写下点滴，寄托自己的哀思。

　　曾老师是学界的大师泰斗，为人大气，做事业也是大手笔。在我心中曾老师是山一样伟岸的人。可和曾老师的接触中，我切身感受到的曾老师极为仔细、极为严谨。还记得自己在试讲之前，曾老师专门让我给他一个人讲一遍。我讲稿的开头就是简简单单介绍我要讲的题目是什么，本以为这句话曾老师不会在意，曾老师却一下子挑出了好几处毛病。我一边讲，曾老师一边找不足，哪个字说得轻了、哪个字说得重了，站姿有什么不对的，手势怎么配合，眼神往哪里看，语速要多快，每一句话怎么抑扬顿挫，在哪里要加一个小高潮，曾老师都一一指点。原本是15分钟的试讲，就在曾老师反反复复叫停，指出毛病改了再重来的过程中，一下子持续了一个小时，直到每一个细节曾老师都满意为止。曾老师就是这样的一个人，他对任何一项工作都要求把每一个细节做到最好。他所书写的宏大篇章，正是建筑在对细微之处追求完美、精益求精到甚至有些苛刻的自我要求之上。

　　说到苛刻，曾老师对自己的身体，对自己的健康更为苛刻。他并不在乎自己的身体，他在意的是自己的工作。他常说，做事要有一股坚忍不拔的劲头，累点有什么大不了的，我身体棒，咬咬牙就挺过去了。曾老师工作起来达到了忘我的境界，干到深夜是家常便饭。为此，我经常揶揄曾老师是不是有不睡觉的特异功能。还记得陪同曾老师访问欧洲，15天的行程，访问了10个学校，在小小的中巴上往返奔波几千里，大家都已是疲惫不堪。在从伦敦飞往北京的航班上，曾老师还在起草访问的总结报告，又是十数个小时在工作，不曾有时间眯一小会儿。当我帮着曾老师把行李送到家的时候，我几乎难以理解下面发生的一幕：曾老师简单洗了把脸，拿起自己的公文包，对师母说已经安排好了一个会，马上要赶过去，学校派的车就在楼下等着，过两天开完会再回来，然后就直接按电梯下楼了。那一年，曾老师已是68岁！

　　如今曾老师已经驾鹤西去，谨以此文寄托哀思无限，愿恩师安息！

中国人民大学法学院2001级博士生弟子

中国人民大学法学院副教授

姜栋

2011年1月20日

长忆先生泪满襟

1月15日11时，我在家中接到朝骥师弟的电话，告知先生驾鹤仙去的消息，我不相信，大声追问了两遍。接着又紧张地与晓耕老师联系，得到确切的答复后，泪水已布满了脸颊。我静坐在客厅，听凭泪水无声地滴落，窗外虽有冬日的暖阳，我却深深地体会着千年的"极寒"！

我追随先生，始于15年前。那是1997年的深秋，抱着对法学研究的浓厚兴趣，我冒昧地写了一封信给先生，希望能到先生身边做访问学者。一周过后，我尝试着拨了电话，第一次聆听到先生温和的声音。先生说正想着给我回信，欢迎我到人大来。然后又关切地叮嘱，要我尽快跟教务处联系，不要错过了时间和宿舍安排。从此，在一年多的时间里，我穿行于贤进楼、静园（先生的居所）和培一之间，在先生的指引下幸福地求知问学。

1999年初冬，我参加了南京大学的博研考试，并以第一名的成绩入选。当我把结果报告给先生，先生非常高兴，连说两个好：一是南京大学学风扎实，可以学到很多东西；二是南京史料丰富，可以掌握大量的一手资料。先生知晓我未能来人大法学院攻读博士学位的遗憾，宽慰我说：没有关系，好好学习，三年后还可以来北京从事博士后研究。从此，在三年的时间里，虽然我与先生天隔南北，但先生的目光却始终未离我左右，关注我的学习，关心我的生活。

2003年春天，我带着全优的成绩来申请先生名下的博士后岗位。先生在办公室微笑着听我汇报博士后研究的设想，之后告诉我，这次申请的有北大、南开、社科院等单位的同志，大家选题都很好，嘱我认真准备，力争通过专家组的遴选。当先生得悉我还没住下来，当即找来一位学弟，要我在他们宿舍挤一下。先生怕我晚上着凉，又打电话给师母，要我到家里抱一床被子。先生日理万机，还费心为我张罗住宿，至今忆起这一幕，阵阵暖流依然流淌心中。

从先生门下学成归来，我在江西担任教职。2007年夏天，南方某大学章校长力邀我南下，从事科研和学科建设。我拿到商调函后，正忐忑如何向先生汇报此事。出访明州大学期间，熟悉的电话响起，我小心地向先生解释南下任教的想法。先生要我回国后即到家中来。而后在先生的书房里，先生跟我谈了两个多小时：江西是革命老区，现在法学研究的力量也较弱，你应该留在家乡，为家乡做贡献。先生怕我盛情难却，又专门找了该大学的相关同志，让他们支持我为家乡建设服务。先生的高瞻远瞩、语重心长，让我顿时抛却了很多小我的想法，立志报效家乡。

先生热爱生活！在我再三的恳请下，先生和师母时隔三十多年后（先生早年在江西余江的五七干校下放），携孙儿壮壮两次踏上红土地，赏山乐水。在革命摇篮井冈山，先生与师母并肩黄洋界，师母红歌嘹亮，先生笑意盎然；在匡庐奇秀的仙人洞，先生与师母携手同游，留下恩爱的身影，成为全程走完锦绣谷的年岁最长者之一；在最美的乡村婺源，小桥流水的李坑有一座明朝的"申明亭"，先生引经据典，思考明代"里老调停"的和谐意义；在道教圣地三清山，孙儿壮壮陪着先生，拾阶而上，登上了海拔1 819.9米的主峰玉京峰……

噫，先生仙去，此恨无期！当我在泪眼中写下这些文字，我愿用一生来祈愿，愿先生在极乐的天堂永远健康！

中国人民大学法学院2003级博士后弟子

江西省社联党组成员、副主席

吴永明

2011年1月

永远的遗憾——怀念曾老师

　　从中国人民大学毕业后我一直想找个机会回母校去看望曾老师、感谢曾老师，但是很长时间没有实现这个愿望，后来得知他生病住院了又不方便去看他，所以就一直等着他回家后再看望他老人家的，没想到今天上班打开中国人民大学法学院的网站时，发现曾老师已离我们而去，想起曾老师曾给予我的关照、帮助我却无以为报，心里很不是滋味，整个上午，我的脑海里装满了对曾老师的追忆和怀念。

　　曾老师很谦和也很重情义。2005 年 9 月份，我陪同朝阳法学研究中心的熊先觉老师参加朝阳大学校友会与法学院领导的一个座谈会，在贤进楼六楼的走廊上曾老师和熊老师碰见了，曾老师称熊老师为老师，问及近况，相聊甚欢，并嘱咐熊老师多联系，有事情老师尽管吩咐。严格意义上讲，曾老师不是熊老师的学生，最多也就在辈分上称得上是个老师，并且熊老师已经退休在家，而曾老师当时还是一流法学院的院长，位高权重，但是在权势和情义之间，曾老师更看重的是情义。

　　曾老师对我等学子多有帮助。2008 年我博士毕业，当时找工作已经不是那么容易，我当时想去深圳证券交易所做博士后，我就请我导师赵中孚教授给他打声招呼，请他推荐一下。当曾老师知道我的想法后，很高兴地为我写了推荐信，并我解释说赵老师本想让我留校工作的，但学校的现有政策不让本校生留本校工作，交易所也是个好去处，在交易所认真钻研业务，将来一定有更大的作为。从他家出来的时候他还把我送到电梯口，把电梯门打开，送我出门。更令人感动的是，隔了几天他又主动打电话问我工作的事情怎么样了，当他得知工作的事情还没有最终结果时，他又赶在出国之前写了第二封信给深圳证券交易所的主要领导，推荐我去深圳证券交易所工作。一个本不相干的门外弟子，曾老师却将我当成自己的弟子、孩子一样地关心和提携，让人感激不尽。可惜，我毕业后到上海工作了，阴差阳错，一直没有再回母校去看望、感谢曾老师。

　　谢谢曾老师，祝您一路走好！

中国人民大学法学院 2005 级博士生　刘运宏

2010 年 1 月 17 日

念恩师

惊闻恩师仙逝，犹如霹雳，肝肠寸断，心痛不已。回首往事，先生的音容笑貌，仍历历在目。

初识先生是在 1994 年 3 月的一个星期天。出于对先生的敬仰，我拜谒了先生。那时，自己还是一名未进法学领域的懵懂之人。下午 3 点，我准时敲响了先生的家门。这一敲，敲开了我致力于法律史的大门。先生的热情和宽厚，消解了我初次见面的紧张和局促。谈话中，先生的循循善诱和高屋建瓴的点拨，坚定了自己从事法律史工作的决心和信心，开启了我人生的新里程。从先生家里出来，已是下午 4 点多。虽然一晚上的旅途使身体有些疲惫，但，先生的鼓励和指引，已使我精神为之一振，敬仰和感激之情油然而生：先生之恩，恩重如山；先生之情，情深意长。

十多年后，有幸考取了先生的博士研究生，成了真正的曾门弟子。学习期间，能经常聆听先生的教诲，感受一代宗师的风范。最让我敬佩的是，先生对中国传统法律文化所独有的情怀。2006 年 5 月 12 日至 13 日，在南京举行了"中国传统法律文化研究"课题实施研讨会，该项目是由先生担任首席专家的教育部哲学社会科学研究重大攻关项目与国家新闻出版总署国家重大图书出版项目。会议期间，先生作了热情洋溢的讲话，并以"朝闻道，夕死可矣"激励同仁，其场景甚是感人。其实，先生不仅得道，而且传道。但，先生的传道不仅仅靠自己去传道，更在于依靠制度去弘道。有人说，先生的贡献主要在三个方面：使中国人民大学法学院跻身于世界著名法学院之列，发展了法律史学科，发展了中国的法学教育。但是，在我看来，先生最大的贡献则是传承了中国法律文化、弘扬了中国法律文化。孔子说"人能弘道"，先生就是这样的"弘道"之人。

先生走了，在熙熙攘攘的人群中，在人大的校园里，学生再看不到先生那慈祥的面容，在电话的那端再听不到先生那亲切的嘱托；先生也再不能用那慈父般的爱心指点学生，再不能用那颤抖的手为学生修改论文了。阴阳分隔，两不能见。每念于此，不禁会潸然泪下。但是，先生之思想和精神不会因先生的离去而终结，它们会与天地同久，与日月同辉，也许，这就是老子所谓的"死而不亡者寿"吧。历史永志那些为大众作出贡献的人们，社会赞誉那些为民族谋求进步的人们！

恩师，安息吧！您的弟子永远怀念您！

中国人民大学法学院 2006 级博士生弟子

山西大学法学院副教授

周子良

2011 年 1 月 16 日

悼念敬爱的曾老师

2011 年 1 月 15 日中午，我正带着毛毛在外面玩耍，随身带的手机响了。一接，得知曾老师去世了！

曾老师最近情况不好，我知道这是真的！

匆忙来到学院，一场关于身后事的会议已在静静地开着。

我坐到我的办公位上，等待着能够做点什么。

不是至亲，体会的不是至亲的痛苦，我们感受的，是属于我们自己的脆弱，那一刻，这一刻，便是脆弱的出口。

窗外一片下午的光亮，阳光之下万物静美，考场上学生们手中的笔在纸上刷刷行进着，一切，却是不一样了！

对我来说，曾老师一直是权威的长者，是我心中那个无所不能、运筹帷幄的长者。2001 年，我进入法律史教研室，在叶老师门下攻读硕士研究生。对教研室的学生来说，曾老师是一个传奇，是每位学生仰视和无比崇拜的对象。学生时代对曾老师的感情，敬畏占据了大部分情感，每次跟曾老师说话，总是需要在心中打上多遍腹稿，然而总是在见到曾老师后，腹稿的内容会在顷刻间成了空白。

留院里工作之后，曾老师在心中逐渐多面起来。威严、风趣、大度、睿智……记得刚搬到明德法学楼的时候，有一次，我到曾老师办公室，曾老师让我帮着看看家具摆放，我看见手边有一根绳子，顺手拿过来量起来。自己觉得很有办法，正得意间，却听曾老师说"傻姑娘，什么年代了，还用绳子量东西"。我窘得脸红了，曾老师却哈哈大笑。

我一直觉得，疾病是世间很残忍的东西，摧毁人的尊严、摧残人的意志，让所有曾经追求的一切都变成可笑的强求。曾老师病后，记得有一次，离开医院前，我说："下次再来看您。"曾老师说："什么下次，很快我就出去了！"回想起来，最深刻的是这句话，而这句话，因为心中坚信，曾老师一定对许多人说过。随着曾老师的病情加重，我愈来愈不敢去医院。之前的郑老师，现在的曾老师，病重之时，我都觉得内心是那么不敢面对。

现在，这一切，在这个寒冷的冬天，永远定格。

我们心中，那些与长者的时光，一个个片段、一个个瞬间，每个真切的感受都成为了永恒！

曾老师一路走好！

中国人民大学法学院 2007 级博士生弟子

中国人民大学法学院办公室副主任

洪荞

2011 年 1 月

大家·慈父·严师——怀念恩师曾宪义先生

　　曾老师有恩于中国法学教育事业，有恩于中国人民大学，有恩于人大法学院，有恩于我们所有的弟子，更有恩于我。

　　每当我走进书店，看到许多法学论著都是曾老师任主编时，我都会满怀豪情，于是常常自豪地领着别的院校的同学去参观曾老师的大作。中国人民大学校庆期间，在校部展览橱窗陈列的校内科研成果，有一半是老师任主编或总主编的，看到这些成果，作为一个学生，我由衷地感到自豪。我们不会忘记2005年人大法学院50周年院庆，世界百所著名法学院院长云集人大，当党和国家领导人都来参加法学院的院庆时，每位人大学人特别是人大法学院学人是何等地骄傲和自豪，人大让其他兄弟院校羡慕和称道。曾老师从教这几十载，无愧于国家法学学科带头人，无愧于国家一级教授，无愧于法学教育事业，无愧于人民教师的光荣称号，是一代大师。可他唯一亏待的，就是自己的身体。

　　俗话说，一日为师，终身为父。这一点对我来说一点也不为过。曾经许多次，每到过节，老师都会把所有的同学叫到一起聚餐，在饭桌上，我经常和他用山东话说些笑话，他会非常开心地大笑，有时也会讲一些有趣的事，目的是缓和一下严肃的气氛。这一点曾老师每年必做，让我们感到非常温暖。我们去老师家时，每次老师都像父亲一样关心和教育我们，我们离开时，已过七旬的曾老师都会亲自送我们出门，而且每次都为我们开好电梯，目送我们下去后再回家。他的每一个做法都在不断地影响着我，还有我的人生。2009年，我即将博士后出站面临二次就业，而时下就业压力之大人尽皆知，我找到曾老师谈了我就业的想法，他说我考虑一下再说。就在那天下午，曾老师打我电话让我到家去一趟，他说他给几位政法系统的领导分别写了推荐信，不知道是否可以，让我马上把信送给他们的秘书。看到老师亲笔写的推荐信，我手心全是汗，眼泪也快要流出来……一个农村的孩子能去这样的机关工作是最大的梦想，而老师什么也不图，仅仅是希望自己的弟子有一个好的归宿，这让我激动得不知说什么才好。过了一个月左右，我在等待各方信息时，曾老师又给我打来电话，问我前一段的工作是否有着落，我说需要一段时间没有这么快，于是老师让我马上带两篇文章到他家去。到了曾老师家，我说要不还是再等等吧？曾老师急了，说不要再等了，他又给其他人打了电话，让我明天把我的简历送一份去，并一再叮嘱我注意事项。没过多久，我幸运地收到了最高人民法院的接收函，曾老师为我感到非常高兴。临去上班之前，他对我一再叮嘱，要高调做事、低调做人，男人一要有责任，二要好学习，三要谋大事。这些教导我会铭记终生！

　　刚去最高人民法院时，由于业务和环境不熟悉，我在工作一时有些不适应，心里非常苦闷。去医院看望曾老师时，曾老师了解了这些情况，非常语重心长地教育我成大事者要从小事做起，要耐得住寂寞，踏实做事；还特意叮嘱我在工作上要虚心向其他同事学习，和大家融洽相处。去年7月，我想参加支援青海的挂职锻炼，需要给领导推荐信。当时，曾老师的癌细胞已经扩散，吃饭已经很困难。我不忍心再让他给我写推荐信，只是在老师的病榻前和他谈了谈自己的想法。没想到，曾老师对我的决定非常支持。他说年轻人就应该有远大的志向和崇高的理想，青海是少数民族聚居区，从各方面看，发展都比内陆地区滞后，支援青海，不仅有利于民族团结，对自己也是一种锻炼。他趴在床上，用颤抖的双手主动替我写了推荐信。看着曾老师瘦弱的身体和颤抖的双手，那一刻，平日里一直坚强的我不禁落下了眼泪。我扭过头，偷偷擦了眼睛，怕被老师看见。师恩似海深，在我的成长道路上，如果没有曾老师，就没有我的今天。

曾老师是一位大家，但他从来不以此居功自傲，对其他人颐指气使。恰恰相反，在他重病在床期间，曾老师更加爱护自己的亲人、朋友和学生。为了更好地照顾曾老师，我们这些弟子曾商量好了轮流守夜看护曾老师。曾老师得知后，很怕我们会因此影响正常工作。他不但不同意我们前去值班，而且一定要看着我们离开了，他才放心地回病房休息。在曾老师最后的日子里，在病痛的折磨下，曾老师一如既往地平静，他仍然怕给其他人增添麻烦，尽量地坚持自己做力所能及的事情。曾老师非常注意自己的仪表，即使在病榻上，他的头发也总是梳得整整齐齐，一丝不苟。他始终微笑着面对所有人，直到他生命最后时刻的来临。

曾老师已经离我们而去，但他并没有走远。曾老师以身作则，为我们树立了一位德行高尚的法学家形象。他一生刚直不阿，严于律己，宽以待人。他一辈子勤勤恳恳，培养了一批又一批扎根于各级政法机关与法律院校的中坚力量。曾老师走了，但他留下的更多。他在法学领域所留下的宝贵财富，将哺育一代又一代中国法学界的莘莘学子。

曾老师，您开创的法律事业我们一定会继承下去！您的家人，我们一定会像自己的家人一样好好照顾！您的弟子们，将会更加努力地学习与工作，不辜负您的期望与重托！老师，您一路走好！

中国人民大学法学院 2007 级博士后弟子

最高人民法院研究室

江继海

2011 年 1 月 16 日

曾老师，您走好

曾老师走了，走得那么突然，以至于到现在我都无法接受这一事实。往事一幕幕浮现眼前，好像发生在昨天。

2006 年年底，我决定考博，出于提高自己对法制史专业研究能力的追求，带着对曾老师的尊敬，尽管明知报考曾老师的博士生被录取的几率极小，我仍毅然决定报考曾老师的博士生，以至于当时我们法学院院长汤唯教授在给我签同意报考证明时还劝我要多考虑，说曾老师的名气太大，你基本不可能考上，会浪费一年时间的，是否考虑报考其他院校或其他导师。我很坚定地拒绝了。至今，我仍为坚持这一决定而庆幸，这是我这一生做得最正确、最值得骄傲的决定。能够得到曾老师的垂青，能够投入曾门，是我这辈子最大的幸事，直到我将来离去的一刻我也会为是曾门弟子而自豪。

2007 年 9 月，带着一颗敬畏的心我来到人大。终于能在曾老师门下读书，我异常兴奋。从进入人大的那一刻起，我已下定决心，要珍惜在曾老师身边学习的日子，三年不再回原单位任教，陪在曾老师身边。也许是上天眷顾我，非常幸运的是，曾老师也给了我这样的机会，在曾老师最后的这几年里我能服侍左右，略尽我的孝心。

多少次，夜已深，曾老师仍在家里书房挑灯夜战，笔耕不辍。

多少次，夜已深，曾老师的办公室仍然灯火通明，仍在指导我们学习。

多少次，夜已深，稿件已改过多遍，但曾老师仍会因为一个标点、一个符号、一点不通顺而坚持再次修改、完善，精益求精。

多少次，夜已深，大家都很疲劳，曾老师仍然精神矍铄。

这让我们相信曾老师是累不倒、打不垮的，曾老师是我们的偶像、我们的支柱，他会倒下让我们实在无法从内心接受。

依然清晰记得每次去曾老师家中，曾老师每次都会将我们送到楼梯口。即使病中，一直到他卧床养病之前，他都坚持将探望他的客人送到医院电梯口。

依然清晰记得每年开学之初或者临近毕业之时，曾老师总会召集我们同门一起聚餐，却不让我们掏钱。

依然清晰记得每年下半年，曾老师总会写很多推荐信，只要有学生找到他，不论是否是我们同门，只要是找到他，他都会尽心尽力去给予帮助。

依然清晰记得每次有客人来，当其给曾老师带一些贵重的礼品或者现金、银行卡等时，曾老师都会坚决拒收，有一次甚至让我们将物品送到飞机场。

依然清晰记得曾老师在阜外医院坚持要回家，说自己身体很棒，没有问题。

依然清晰记得曾老师在协和医院手术成功后积极恢复锻炼，准备出院，准备继续工作，继续为中国法学事业而工作。

依然清晰记得在病中，曾老师一直催促《中国传统法律文化研究》（十卷本）的进展情况，并且亲自改稿。最后曾老师看到了已经印刷出版的《中国传统法律文化研究》（十卷本）。

依然清晰记得在病中，曾老师一直关心我和郑重、余钊飞、郭成龙的博士论文写作情况，关心我们的工作。

依然清晰记得在病中，曾老师一直关心我们陪护学生，多次赶我们回校，甚至发火。

依然清晰记得在病中，曾老师与师母通电话，特别在最后的这段时间里有一次电话中，曾老师称呼师母"亲爱的"，让我眼泪夺眶而出。

依然清晰记得曾老师昏迷前一天晚上他还在和我们挥手道别，还在和我们相约明天再聊。

曾老师，您走好。我一定不会辜负您的期望，我一定会以您尚未完成的志向为自己的志向，努力工作，我也一定会多去看望师母，请您放心走好。

中国人民大学法学院 2007 级博士生弟子

国务院法制办

冯勇

2011 年 1 月 18 日

慷慨有大节　度量雄天下——怀念恩师曾宪义先生

　　15日中午，接到同门成龙的信息，说老师上午走了，真是沉痛万分！去年的1月13日，老师在协和医院还指导我、冯勇、郑重、成龙的博士论文，那个时候虽然先生病了，但精神状态还是很好，思路也很敏捷，对我们每个人的论文都提出了相关的指导意见。我们也觉得老师的状态还不错，应该很快就可以出院回到学校。当时我正在谋划自己的毕业挂职事宜，和先生陈述了自己"大而空"的发展思路，先生非常高兴，鼓舞我大胆去闯。对我而言，先生的鼓励就是巨大的力量，推动自己去奋勇前进。

　　接到消息，总感觉是幻觉。因为先生永远是强者的化身，永远是尊者的形象；他一定会回家过年，一定会快乐安享晚年。但残酷的现实告诉我们，在未来的岁月中我们无法在明德楼、宜园见到我们敬爱的曾老师了；这真的是莫大的悲伤！先生是值得载入中华人民共和国国史的人物，因为他对中国法学教育事业作出了巨大的贡献，也许在未来的三五十年将无出其右者！先生的离开是国家的巨大的损失，也是我们这些徒子徒孙的巨大伤痛。

　　来人大之前，早已久闻曾老师大名，并且总是将曾老师想象成武林盟主。由于大学时候看武打小说有点中毒，总是把法学界想象成江湖，总是把各位法学界的大佬看成各门派的掌门人。当时我总是将人大比喻成少林，将武大比喻成武当，将五大政法学院比喻成五岳剑派；在自己想象的法林江湖中，总是把曾老师想象成武功盖世的少林寺老方丈。在读大学的时候，恰好听说人大法学院举办世界百所著名法学院院长论坛，更是印证了自己想象的法学江湖论。觉得在曾老师的带领下，这法学界的"武林大会"已经漂洋过海，居然有西洋剑客（西方学者）和东洋武士（日本学者）参加了。法林江湖已经范围不断扩大，用"江湖"很难形容走向世界的中国法学界了。而这位带领中国法学走向世界的就是我们敬爱的曾老师。

　　2007年，怀着对曾老师的无限尊崇，我报考了曾老师的博士生，并被先生招入门下。考人大法学博士并非易事，更何况是报考享誉全国的曾先生。所以在报考时我总是忐忑不安，出于敬意和胆怯，我也不敢贸然拜访曾先生，直到进入面试，我极为紧张地打老师办公室电话，说我是余钊飞，今年报考您的博士。曾老师极为爽朗和热情的回复使我倍感亲切，没想到著名法学家是如此地平易近人。老师直接让我去办公室见他，当时我正在人大西门城乡超市麦当劳啃汉堡，激动之下吃了半个就狂奔到明德楼下。昔日早就听说曾老师特别注意自身仪表，总是保持着奋发向上的精神面貌，这对于一向邋遢惯的我而言无疑提出了新的要求。所以在见先生前的几天我一直穿着西服并打上我的虎皮领带（这是我最喜欢的领带，看上去像老虎尾巴，有虎虎生威的感觉，是我专门用来见自己最尊重的亲朋好友用的）。先生在他的办公室接待了紧张又激动的我，因为此时此刻我已经感觉到这是我人生的一次重大机遇。先生看出了我的紧张，说你和郑重都坐一会，并和我们聊起家常，然后就告诉我们好好准备就行。一场在我想象中当是紧张的见面会就这么轻松结束，令我出门之后还感觉诧异，没想到大师级的老师是这么地亲切。

求学期间，总是感觉自己不学无术，水平太差；不敢过多联系曾老师。没想到老师对我们总是十分关心，中秋节总是召集我们这些在校的学生一起吃饭，没送老师月饼反而先吃老师的饭，总觉得十分不妥。没想到老师总是说，你们现在还是学生，用钱都很紧张，饭还是我来请。就这样，我们这群三十不能立的人吃了七十多岁老师几年的中秋饭，结果没有任何报答老师的任何机会！老师离开我们了，但愿在天国的中秋节，老师能吃上我们遥祝的月饼，在异乡也不孤单！

三年来，自己总是以混为主，写博士论文只求无过，不求水平；力保通过，追求平稳。心里虽有对不住恩师教诲、对不住恩师大名的谴责，但惰性发作，懒惰战胜理智，自己不愿在学术的田地里安心耕种。今天想来实在对不住恩师这位"老农"的教诲，对不住人大法学院这片厚重的沃土！想着自己随着大流混，想着三年没作出点研究来，总是觉得有愧于当年恩师招我这个平庸之辈啊！想想恩师七十多岁高龄并承受着病魔的岁月，还牵挂着十卷本的《中国传统法律文化研究》，真是觉得十分愧疚！自己虽然平庸、不学无术，但总不能有辱师门啊！对此，我想将来自己无论走向何处，无论走到何地，一定会努力进取，不辱没先生之名！

山有林兮木有枝，曾老师是林中大树，我们这些枝叶小草在他的庇护之下成长着，享受着他打下的基业，是多么地幸福啊！先生在世时，真是"譬如大川乔岳，不见其运动，而功利之及于物者，盖不可以数计而周知"。先生恩德，泽被之人众也！而我们可能从来就没去想过曾老师的辛酸和苦痛。1月17日下午在明德楼601报告厅的追思会中，从叶老师那里我第一次听说了曾老师为学院事业发展而放弃他那高昂的脊梁骨！我真是十分地惊讶！作为学生我们对曾老师真是很不了解，我们无法知道先生为学院、为老师、为学生以及为中国的法学教育事业作出了多少牺牲！希望在天国的曾老师不再那么地辛苦，好好休息吧，敬爱的曾老师！

中国人民大学法学院2007级博士生弟子

中国浦东干部学院博士后

余钊飞

2011年1月18日

宪章法典扶行政，义士德仁腰刹刀
——缅怀敬爱的曾老师

敬爱的曾老师永远离开了我们，多年来在曾老师身边学习、生活的点点滴滴都在脑海中浮现，他的学术让人敬佩，精神令人动容，品格使人折服，仿佛就在昨日。

在博士二年级时我选择了香港廉政公署制度作为博士论文研究方向，我和曾老师说想到香港去做短期的访问研究。曾老师知道后非常支持，二话没说就让我准备好材料，他帮我写推荐信。当时曾老师正在外地开会，因为申请期限将至，他说两天后回来马上找我。两天后等到晚上 10 点曾老师都没有打电话来，我以为曾老师可能忘了，准备第二天再说。11 点半曾老师打电话给我，说他刚从机场到家让我马上过去，还连连抱歉说这么晚才叫我。一出电梯门看到曾老师已把房门打开在等我，他不顾旅途劳顿，详细询问我准备申请的学校和条件要求，连我写的简历曾老师都仔细地帮我修改，还和我说申请香港学校需要注意的事情。所有材料准备完，离开曾老师家已近凌晨 1 点，曾老师把我送到电梯口摁好电梯，等我下楼了才转身回家。第二天早上 9 点不到，曾老师又打电话给我问我推荐信是否已经寄出。当时我还没起床，曾老师责怪我说："简直是胡闹，耽误了申请怎么办！"我的感激之情，无以言表！平易近人，这就是曾老师的待人风范！

曾老师学术、社会职务众多，有时会让我协助他起草一些会议材料，对于这些会议材料，曾老师都会首先对我大致交代内容要点，让我先写，写完后曾老师会逐字逐句修改，往往一个标点、一个排序、一个缩写都有深刻的道理。曾老师修改文章非常细致，有时候稿纸上全部写满了修改的内容。我如果出现了什么错误，曾老师从来都是毫不留情地批评，但事后他又总会和善地告诉我应该怎么做得更好。曾老师亲笔修改的稿件，我至今都珍藏在文件袋中，睹物思人，怆然泪下！我在法学院担任学生工作时，曾老师多次叮嘱我，可以好好锻炼一下行政方面的能力，但也要把学业上的时间安排好，一来怕身体吃不消，二来不要因此影响学业，但做就要做好。一丝不苟，这就是曾老师的处事态度！

去年春节前，毕业论文开题后曾老师住院治疗，但对我们将毕业的四名学生的论文写作始终牵挂。因曾老师健康原因，教研室安排其他几位老师指导我们的论文，但曾老师仍然几次亲自召集我们到医院讨论论文写作情况。我清楚记得当时曾老师召集我和余钊飞、郭成龙、冯勇四人到他病房，一一向他报告论文大纲、材料收集情况、写作进度等各方面情况，他逐一提出指导意见。曾老师特别叮嘱我们毕业论文是博士生涯中最为重要的事情，要静下心去写，要把工夫下足，要严格学术规范。讨论完论文我们陪曾老师在医院大厅散步，曾老师又一一询问我们的工作情况，帮我们出谋划策。言传身教，这就就是曾老师的治学态度！

去年 8 月，我将要离开北京到上海高院报到，临行当天我到协和医院和曾老师道别。曾老师已经再次住进重症监护室，师母得知我将要离京，给了我特殊待遇，让我在每天只有 10 分钟的间隙进入监护室探视曾老师。曾老师已经不能说话，看到我进来，曾老师对我点头微笑，我俯下身握着曾老师的手，凑在曾老师耳边说让他一定安心养病，等我下次回来看他时他就能回家了，让他放心我一定会安心工作。曾老师不能说话，用力握着我的手，对我微笑点头，我知道曾老师这是在对我鼓励和鞭策。我在监护室只待了5分钟，走的时候回头看曾老师，曾老师还不忘朝我挥挥手。此情此景，终生难忘，这竟是我和曾老师的永别！奖掖后进，这就是曾老师为师的境界！

忘不了的人和事是我们的真生命，以上只是在曾老师身边学习、生活的一些片段，但此刻却都纷纷明晰起来，无数的点滴汇聚了曾老师对学生的严厉、关爱和提携，也体现出曾老师"宪章法典扶行政，义士德仁腰刹刀"的人格魅力。曾老师在，有一盏明灯指引我们前进，我们有什么困惑和烦恼都可以向他倾诉，听他批评教诲；曾老师走了，他将是我们永远的精神支柱，教我们自新，催我们奋进！

曾老师安息吧！

中国人民大学法学院 2007 级博士生弟子

郑重

2011 年 1 月 17 日

追忆曾宪义老先生的二三事

　　我17日上午刚刚在东四环的朝阳区郡王府参加完中石油公司的入职体检，早饭午饭顾不得吃，急急忙忙打车赶回西三环的人大明德楼，为的就只是能按时参加我敬爱的曾宪义老先生的追思会。作为2008年秋季入学后才有幸亲近曾宪义先生的一名普通硕士生，赵栋比徐孟洲、朱景文、赵晓耕等诸位老师晚来人大法学院整整30年，也晚接触曾先生30年，然而在过去这三年时间里，除官方公开场合外，赵栋曾有幸两次和曾先生私下接触并长聊。接触不算多，然而，曾先生的人格魅力、曾先生的悉心指导让我获益无穷。

　　在赵栋心目中曾宪义先生不仅是著名法学家、杰出法学教育家，中国人民大学一级教授、中国人民大学法学院名誉院长、博士研究生导师，教育部人文社会科学委员会副主任、教育部高等学校法学学科教学指导委员会名誉主任，中国法学会法学教育研究会会长、全国法律硕士专业学位教育指导委员会第一副主任、中国海峡两岸法学促进会副理事长，最高人民法院特邀咨询专家、最高人民检察院专家咨询委员会委员、司法部国家司法考试协调委员会委员、中国人民大学学位评定委员会副主席、中国人民大学学术委员会副主任、《法学家》杂志社社长兼主编，还是人大法学院的中兴之主、在任长达15年的老院长、统筹全国法学学科良性发展的谋划者、推进中外法学双向平等交流的开拓者，更是一名真真正正践行"立学为民，治学报国"办学理念和坚持"有教无类"教育理念富有人格魅力的好老师。

　　第一次直接接触曾先生是2008年12月底台湾地区法学名家张伟仁先生来人大做报告，当时曾先生是评议人。报告的主题是"读书与研究"，报告互动环节，赵栋向张伟仁先生和曾先生分别提了一个相关的问题，二位先生做了很全面的回应和极精准的解答。会后张先生被法史的同学们围着问问题，曾先生在一旁如弥勒佛一般地微笑着望着大家，我冒昧地将进人大几个月来的疑惑向曾先生发问："……曾老师，您觉得作为一名功底尚浅的法硕生怎么更好地阅读书目、提高自己的法学素养，以便在毕业时能达到人大法律人应有的水平和专业技能？"曾先生听后，仍然是微笑，在进一步询问了我的基本信息之后，慢慢地答道："小赵，不要急、不要怕，一年打基础、两年三年去超越，要积极主动地去做一些事。多听讲座、多发言、多写点东西，不一定要发表但一定要写，在写的过程中、在研究的过程中理清思路、进一步提高对问题的认识水平和思维层次……""……要多参加法律援助，提高技能、培养爱心、锻炼口才……"长达二十几分钟的交流，曾先生没有因为我是法硕生而有任何偏见，更没因为我的冒昧提问而草草作答，没有鄙夷、没有匆忙、没有蜻蜓点水，更没有官方套话，有的只是对无知学生的爱护、对迷途羔羊的点拨、对好学之士的教诲，他的回答耐心、细致，饱含深情而又富于鼓励。事后参照曾先生的回答、结合自身情况，我再一次思考并重新规划了自己硕士期间的学习、发展路径。

　　第二次和曾先生接触是在2009年秋季的一个晚上，当时我在人大操场上跑步，跑了几圈之后，隐约看见先生在第四道散步，我跑上去和先生打了招呼并提及我曾经在张伟仁先生的报告会后向他请教过问题。"小赵，那你最近学习和生活怎么样了？有没什么新的困难？法律援助有没有去做？……"当时我真的很诧异、很震惊，事隔快一年时间，曾先生竟然还记得一个普普通通的提问学生的姓名和基本情况，这需要怎样的胸怀和注意力啊！虽说彼时先生已经卸任院长了，但社会活动、学术科研任务繁重的曾老先生却能记得学生并马上想起当时一个普通学子的困惑！在倍感荣幸和激动万分之余，我一边陪先生散步一边向先生汇报了一年来我在法律援助、学术科研、社会活动方面的体验和感悟，先生则边听边时不时地指出下一步该怎么走、如何改进，"……困境总归有，但内心要强大"，先生不止一次地谈到。散步、聊天过程中，师生两人的笑声响遍半个操场……

写到这里我的泪不禁又来了，下午叶秋华教授、赵晓耕教授回忆时我已经哭过好几次了，此刻，曾先生的音容笑貌又一次浮现眼前、宛如昨日。如今稍可告慰曾先生的是，受益于人大法学院这个广阔坚实的平台，当年那个对学习充满困惑、对前途感到迷茫的小赵，法律技能正一步步地提升，专业功底也不断夯实，内心更是前所未有的平静、坦然与强大。在过去几年里，我选定公司法、经济刑法为研习方向，有针对性地参加了不下百场讲座和研讨会，在《科技与法律》、《广西政法管理干部学院学报》、《湖南法学》、《南京大学法律探索》、《人大法学》、《朝阳法律评论》等校内外刊物发表专业论文、法学随笔近十篇，并多次在全国性的法律实务征文中获得较好的名次和奖项，专业综合排名也提升至第六位；法律服务方面，是极少数能三年一直坚持做法律援助的硕士生，曾面对面地答疑二百余件常见法律案件咨询，全程代理案件五件，获得过学校的好评、当事人的锦旗和中国法律援助基金会的专项办案补助；校园活动方面，本着服务同学、提高自身的宗旨，曾先后（或现任）担任本科生东风五楼公寓辅导员、心理访谈室主任（2008 年 10 月至 2009 年 7 月）、法律英语协会拓展部部长（2009 年 9 月至 2010 年 7 月）、人大法律援助中心诉代部出庭应诉骨干成员（2008 年 9 月至今）、法苑杂志社责任编辑（2009 年 9 月至今）、人大法学论坛民商法学版块版主（2008 年 9 月至今），工作得到过相关部门的肯定和表彰。在刚刚过去的毕业生求职季中，赵栋经过近三个月的四处奔波终于在年前顺利签约中石油法务部，薪资福利待遇均超出预期，做的也是自己很喜欢也较为擅长的法务工作。能通过海量简历筛选和三笔三面的惨烈竞争并有幸成为全国四个候选人之一，除了诸多师长亲朋的悉心栽培外，我想很大程度上取决于曾先生 2008 年为我"量身定做"的研究生发展方案和 2009 年"内心要强大"的鼓励与教诲！

如今，曾宪义先生已经驾鹤西去，作为一名唯物主义者，纪念曾先生最好的方式莫过于好好学习曾先生——学习先生大局着眼、宏观统筹的气魄，学习先生爱岗敬业、严谨治学的态度，学习先生平易近人、圆融通会的风度，学习先生有教无类、爱生如子的理念，学习先生追求卓越、勇于改革的精神……曾先生是走了，走的是物质性肉体；但曾先生又没有走，他未竟的事业、他高尚的人格和无尽的魅力，这些精神性财富都没有走，这些财富需要新一代的人大法律人甚至全中国的法律学人去挖掘、继承和发扬！

曾宪义教授千古！

曾先生一路走好！

中国人民大学法学院 2008 级硕士生弟子

赵栋

2011 年 1 月 17 日

归来吧，曾老师！

1月16日上午9：00，我正在四川革命老区——巴中查阅川陕苏区档案，突然收到您逝世的消息，让人不寒而栗。与您相处的一幕幕顿时再现，恍如就在眼前，怎么您就离我们而去了？随即与马老师电话联系，马老师说她正在香港讲学，曾老师走了，是离开我们了。我分明听到了马老师哽咽的声音。挂上电话，抬头向窗外望去，阴雨绵绵，天空黑压压的，让人感觉到这个冬天特别的寒冷。

清楚地记得与您的第一次见面。2009年4月初，我到人大法学院参加博士后面试，地点在法学院的601国际会议室。在听完我的研究计划后，有一位老师问我："你在西华师范大学工作吗？西华师范大学在哪里？"言语和蔼，倍感亲切。后来才知道问我第一个问题的就是您——曾老师，一位在海内外享有崇高声誉的法学家、法学教育家。您的风范，您的平和，您的微笑，您对晚辈的提携，我都一直铭刻于心，心存感念。

9月初，您在815会议室连续两次给我们讲了《中国法律文化》课。

10月，我到医院看您，您当时精神很好。知道我现在主要在利用《南部档案》做研究时，还向我提起曹培当年用《宝坻档案》做研究的情况，鼓励我要多做实证研究，并嘱咐我不要再去看您，多花些时间查资料。

元旦，我和东海一起去看望您，特地在楼下买了几份报纸，您都一一翻阅，并给我们讲您的看法，声音洪亮，思维敏捷。您还说要尽快出院，为我们上课。

我们利用"曾宪义法学教育与法律文化基金会"的经费办了几期"明德法律文化沙龙"，还协助马老师做了几期"明德法律文化论坛"。

在您的催促下，我们分头校对《中国传统法律文化研究》（十卷本），您还不时关心出版进展。

…… ……

曾老师，您可知道，中国法学的发展、法律史的未来，我们的成长是多么需要您呀，可您却撇下我们匆匆地走了，怎能不让人揪心，不让人伤悲，不让人落泪！

归来吧，曾老师！

中国人民大学法学院2009级博士后弟子

吴佩林

2011年1月

"儒之大者"——纪念恩师曾宪义先生

我是 2009 年才来到曾师身边随他做博士后研究的。据说来前他向忠信老师反复了解我的人品和学问情况，总算让我通过了遴选。终于做成了先生的弟子，却又是名副其实的关门弟子（包括博士生在内）。

2009 年 9 月底，先生就生病住院，除了 2010 年春节短暂的几天外，就再也没有离开过医院，直至去世。而我也几乎全程与师母、师兄弟们一起陪他走完最后的一程。那些日子里，我们总是六点钟匆匆步出人大东门，乘地铁四号线，到西单转一号线，东单东北口出，然后步行十分钟到协和医院国际医疗部八楼。先生刚刚洗漱完毕，正目光炯炯而清澈地注视着门口呢。"你去看书"，"你先回去做自己的事情"，"我这里很好，我很快就要回去上班了"，是他常说的话。是的，常常，我们甚至忘记了命运的卑鄙窥伺，以为这样的日子还能一直持续。

这一切是幸耶，不幸耶？我能在他老人家最后的时间里，随侍左右，从学问道、不时请益，可说是个人大幸。但又何其不幸？我们却只能眼睁睁地看着这个杰出的、不同凡俗的伟大心灵，像美丽的彗星划过苍穹，再也挽留不住！我们总以为，还有时间、还有机会。却不料，时间就在 1 月 15 日那天戛然而止！

先生的人格，是我之前从未领略过的高贵。他永远是一腔大爱，积极进取，真心诚意地对待每一个人、做好每一件事情的。在他面前，我们不敢言倦，不敢苟且，更不敢胡作非为。即便在最后的日子，即便只能进行目光交流，只要不是昏迷，他仍然顽强地抖擞精神与人互动。目睹那清澈如水的眸子闪亮，人一下子就放下心来。他永远把最好的一面展现给别人，他总想把最好的东西给予他人，却不希望给别人增添任何麻烦。总有人说他有强大的气场，我反复想过，这其实来自他对人对事总能以无出其右的分寸感来拿捏和把握，也来源于他对人性和社会深刻的洞察和理解，更来自他对朋友、对学生、对家庭、对社会的无私的爱。先生虽然宗奉马列，却无疑是儒者气象，而且是真正的"儒之大者"。他出身的清贫是我过去无论如何想象不到的，他生活的简朴也是大家有目共睹的，但儒家所讲究的"敬"、"诚"和积极淑世，却是一般人无论如何想不到、做不到的，而他毫无疑问地做到了。

高山仰止，望之肃然起敬，却即之也温。我曾一次一次地被他送至电梯口，目送离开；又一次一次地被他激发和鼓励，鞭策向上："东海，学问的事不要怕，憋住了，会想通的。不着急，学问的事，自己心里有把握就行，不要随人俯仰。""啊，小曹的事情解决啦？那是好事，那是好事！"我也听到叶老师泣不成声地谈到，他为了工作和别的老师的职称向人鞠躬，作出多少努力和自我的牺牲。可是，那么多年他为什么就没有花哪怕一点点时间关爱过自己的身体呢？

先生明亮的眸子清澈如水，我在绝大多数成人眼中没有发现过。他不像很多别的人，人还没有老，貌似已经洞明世事，目光却早已混浊和迷离。先生生活极其简朴和简单，简单得吃了一辈子食堂，却一辈子没有离开他的大学和他的法学院。

　　大学之道，在明明德，在止于至善。他为着一个目标而来，只为一件事情。他舍弃了，他忽略了，他遗漏了，他却得到了，然后立刻就离开了。这也是我们会一直缅怀他的理由。敬爱的先生永垂不朽！

中国人民大学法学院 2009 级博士后弟子

黄东海

2011 年 1 月

万里缅怀曾先生

当我正和朋友坐在柏林冬日的阳光下畅谈中德文化差异时，突然接到国内朋友发来的消息说，曾先生走了。刹那间阳光黯淡下来，声音静止了，朋友还在我耳边说着她的经历，但我已听不进去……先生走得如此匆忙，竟来不及听我讲述洪堡大学的故事吗？还记得临行前最后一次探望先生时，先生虽然有些疲惫，但仍然强撑着听我们说话。我说回来会跟他讲德国的奇闻趣事，他欣然答应了，还亲切地嘱咐我在国外好好生活学习，没想到这一别竟成永别！我再也见不到那亲切的面容了……

准备出国前，我还犹豫地问先生，是否有必要出去学习一年，因为我想当然地认为中国法制史在中国就好了，但是没想到先生竟然愉快地说，这是好事啊，学习中国法律史也需要世界性的视野。接着他就讲起了洪堡大学的校史和他在欧洲访问的经历，我惊异于先生的视野和胸怀如此宽广！

先生一生璀璨，担任职务无数，却能事无巨细，即使一篇小小的讲稿也会认真到每一个标点符号。记得有一次，先生要发送一份关于法学教育的讲稿，让我把它敲进电脑，我用了大概半个小时就敲完了，之后还仔细看了两遍，认为无误后交给先生。没想到先生竟还发现了两处标点错误，最后还嘱咐我到接收邮件的老师那里改过来。先生的认真和执著直到生病入院后依然如此。那时《中国传统法律文化研究》（十卷本）的编辑工作依然在继续，我们每次探望先生时，他总不忘询问工作进行到何种程度，还叮嘱我们一定要认真校对每一个注释。

先生常怀仁爱之心。每次给我们上完课后总会亲切地关心我们的生活，问我们住得好不好，在北京生活是否习惯。即使在生病住院的那些日子里，先生还不忘关心身边的人，不让我们经常探视，免得影响学习。先生的那些叮咛和关切至今回忆起来仍让人觉得无比温暖。

逝者已逝，精神长存。先生留给我们的财富除了做学问，还有做人的道理，更有儒家的仁爱精神。

先生，您一路走好，我们一定谨遵教诲，继续努力……

中国人民大学法学院 2009 级博士生弟子

张玲玉

2011 年 1 月 16 日

您没有离开，我们永远爱您！

您与病魔顽强地斗争了一年三个月十七天以后，永远地离开了我们！
在我的心目中，您像父亲。
我亲爱的伯伯，十几年来我一直这样亲切地称呼您。
心中有千万般无奈，紧握住的您的手，您怎么就舍得这样离开。
我们想您！

在校园里再也看不到您的身影，
在法学院的办公室里再听不到您的声音，
在家里再也感受不到您的关爱和呵护。
我们想您！

您把全部的心血和精力投入您热爱的法学院，您热爱的法学教育事业。
您忘我的工作、呕心沥血、铸造辉煌。
您关心同事、关心学生，胜过关心您自己。
我们想您！

您坚强不屈、您热情自信、您勇敢忠诚、您慷慨仁爱……
这一切成就了您璀璨的一生、桃李满天下，赢得了大家对您的爱戴！

佛说：超度、轮回、来世……
只企盼，那一天，在某个地方，蓦然再能听见您的声音……

中国人民大学法学院 2011 级博士研究生

杨梅

2011 年 1 月

下　编
事功汇志

曾宪义先生获奖及荣誉汇目

2009 年 6 月，被中国人民大学研究生院授予"优秀指导教师奖"。

2009 年 3 月，被中国人民大学评为一级教授。

2008 年 1 月，被中国人民大学评为二级教授。

2007 年，主编的《法律科学文库》荣获国家级首届"中华优秀出版物奖"。

2007 年，获法国埃克斯—马赛大学名誉博士。

2005 年，主持的"中国法学教育教学改革实施工程"获"国家级优秀教学成果一等奖"。

2005 年，主持的"21 世纪法学核心课程教材建设"获"2004 年北京市教育教学成果（高等教育）二等奖"。

2005 年，获"全国优秀博士学位论文指导教师奖"。

2004 年，主编的《中国法制史》荣获 2004 年中国人民大学优秀教学成果鼓励奖。

2003 年，获日本立命馆大学名誉博士。

2002 年，主编的 21 世纪法学系列教材（14 门核心课）获教育部"全国普通高等学校优秀教材一等奖"。

2002 年，主编的教育部高职高专法律类规划教材（9 本）获教育部"全国普通高等学校优秀教材一等奖"。

2000 年 5 月，被北京市人民政府授予"北京市先进工作者"称号。

1999 年，获"宝钢教育基金优秀教师特等奖"。

1994 年，主编的《中国审判案例要览》获"北京市第三届哲学社会科学优秀成果特等奖"、"1983—1993 优秀法学著作一等奖"第一名。

1993 年，主持的项目"创建教学实践基地，培养高级法律人才"获"国家级优秀教学成果二等奖"。

曾宪义先生历任职务汇目

1988 年 5 月起兼任中国人民大学台湾法律问题研究所所长。

1989 年 3 月～1990 年 10 月担任中国人民大学法律系副主任。

1990 年 11 月～1994 年 10 月担任中国人民大学法律系主任。

1990 年 3 月～1996 年 3 月任中国法律史学会第四届理事会会长。

1992 年～1997 年任中华人民共和国国务院学位委员会第三届学科评议组成员。

1994 年 11 月～2005 年 5 月担任中国人民大学法学院第一届、第二届、第三届院长。

1994 年 12 月起担任中法法律文化研究中心主任。

1995 年起任中华人民共和国人事部"全国博士后管委会专家组召集人"。

1995 年 2 月～1997 年 12 月担任中国全国法律硕士专业学位教育领导小组组长。

1995 年 12 月～2004 年 12 月任中华人民共和国教育部人文社会科学咨询委员会委员。

1997 年～2004 年任中华人民共和国国务院学位委员会第四届学科评议组成员。

1997 年 1 月～现在担任中华人民共和国教育部全国高等学校法学学科教学指导委员会主任(第一届)(第二届)、名誉主任。

1998 年 1 月～2004 年 10 月担任中国全国法律硕士专业学位教育指导委员会第一副主任。2004 年 11 月～现在连任中国全国法律硕士专业学位教育指导委员会第一副主任。

2001 年 5 月起担任中国人民大学法律文化研究中心主任。

2001 年和时任日本早稻田大学校长奥岛教授共同建立了中日法学会,分别担任中方会长和日方会长。

2001 年 10 月起任中国法学会法律教育研究会会长。

2001 年起担任中华人民共和国司法部"国家司法考试协调委员会委员"。

2003 年 11 月起任中国法学会副会长。

2003 年起担任中华人民共和国最高人民检察院专家咨询委员会委员。

2004 年 9 月起任中华人民共和国最高人民法院特邀咨询专家。

2004 年起担任海峡两岸法学交流促进会副理事长。

2005 年 1 月起任中华人民共和国教育部社会科学委员会副主任。

2005 年 5 月起担任中国人民大学法学院名誉院长。

曾宪义先生学术论文汇目

《法学教育六十年》，载《法学家》2009 年第 5 期。

《关于中国传统调解制度的若干问题研究》，载《中国法学》2009 年第 4 期。

《会通中西，兴盛法学》，载《中国社会科学报》2009 年第 1 期。

《法学院校要成为培养法律人才的摇篮》，载《法学家》2008 年第 4 期。

《中国法学教育辉煌三十年》，载（香港）《中国法律》2008 年 6 月号第 3 期。

《中国法律史研究 2007 年热点之分析——以 2007 年发表的论文为中心》（合著，第一作者），载《法学家》2008 年第 1 期。

《论传统法的反思》，载《法学家》2007 年第 5 期。

《中国法律硕士专业学位教育的创办与发展》，载《法学家》2007 年第 3 期。

《中国法律史学术研究成果之分析》（合著，第一作者），载《法学家》2007 年第 1 期。

《2005 年中国法律史学学术研究回顾》（合著，第一作者），载《法学家》2006 年第 1 期。

《试论古代法与传统法的关系——兼析中西法传统在近现代演变中的差异》（合著，第一作者），载《中国法学》2005 年第 4 期。

《2004 年中国法律史学学术研究回顾》（合著，第一作者），载《法学家》2005 年第 1 期。

《加强教材建设，推动军事法学的发展》，载《中国司法》2004 年第 10 期。

《中国传统法的"一统性"与"多层次"之分析——兼论中国传统法研究中应慎重使用"民间法"一词》（合著，第一作者），载《法学家》2004 年第 1 期。

《法学本科教育属于素质教育——关于我国现阶段法学本科教育之属性和功能的认识》（合著，第一作者），载《法学家》2003 年第 6 期。

《中国传统法的结构与基本概念辨正——兼论古代礼与法的关系》（合著，第一作者），载《中国社会科学》2003 年第 5 期。

《中国传统法研究中的几个问题》（合著，第一作者），载《法学研究》2003 年第 3 期。

《完善审计法制是审计工作迈向现代化的基础和保障》，载《中国审计》2003 年第 Z1 期。

《构筑法学教育与司法考试的新型互动关系》，载《法制日报》2002 年 3 月 28 日第 1 版。

《司法公正与司法效率的保障机制研究》，载《法律适用》2002 年第 1 期。

《2001 年中国法律史研究的回顾与展望》（合著，第一作者），载《法学家》2002 年第 1 期。

《法律硕士专业学位教育的创建与发展》，载《学位与研究生教育》2002 年第 1 期。

《司法独立必须真正落实》，载《人民法院报》2001 年 12 月 13 日第 3 版。

《推进司法改革实现司法公正》，载《中国律师》2000 年第 8 期。

《新中国法治 50 年论略》，载《中国人民大学学报》1999 年第 6 期。

《十一届三中全会与中国法学 20 年》，载《法学家》1999 年 Z1 期。

《中国的法学教育体制及改革》，载《法学家》1998 年第 5 期。

《我国法学高层次人才培养规划的必要调整》，载《学位与研究生教育》1997 年第 5 期。

《唐律研究的新成果：〈唐律与中国现行刑法比较论〉评介》，载《法学家》1994 年第 3 期。

《略论两岸关系的立法与前途》（合著，第一作者），载《法学家》1992 年第 4 期。

《评陈鹏先生的〈中国婚姻史稿〉》，载《中国人民大学学报》1992 年第 1 期。

《海峡两岸法律界学术交流的回顾与展望》，载《法学家》1992 年第 1 期。

《"中学为体，西学为用"——沈家本与清末法制变革再评说》（合著，第一作者），载《法律学习与研究》1991 年第 1 期。

《中国法制史学的十年回顾与前瞻》，载《法律学习与研究》1990 年第 6 期。

《台湾现行特别法规及其对发展两岸关系的困扰》（合著，第一作者），载《法律学习与研究》1990 年第 1 期。

《评海峡两岸关系条例》，载台湾蔚理法律出版社《论文集》1989 年 11 月。

《宋代改制与更法的历史启迪》（合著，第一作者），载《政法丛刊》1988 年第 2 期。

《论明律与唐律的比较》，载《法学论丛》1986 年第 2 期。

《中国法制史学科的历史与展望》，载《法律学习与研究》1986 年第 11 期。

《中国半殖民地半封建法律制度论略》，载《政法丛刊》1985 年第 2 期。

《宪法在中国的由来和发展》，载《法律学习》1985 年第 4 期。

《论清末法制改革》，载《法律史论集》1983 年 11 月。

《清末修律初探》，载《法律史论丛》（第三卷，1982 年）。

《知法与执法》，载《北京日报》1980 年 1 月 31 日。

《彻底批判林彪、"四人帮"的株连刑罚制度》，载《北京日报》1979 年 1 月 7 日。

《新宪法继承和发展了革命法制建设的优良传统》（合著，第一作者），载《光明日报》1978 年 4 月 20 日。

《人治与法治问题初探》（合著），载《学习与探索》1979 年第 5 期。

《人治与法治的历史剖析》（合著），载《法学研究》1979 年第 5 期。

《关于法律的阶级性与继承性问题》，载《法学研究动态》1979 年第 2 期。

《五四时期争取民主与法治的斗争》，载《学习与研究》1979 年第 3 期。

《五四时期关于民主问题的论争》（合著），载《北京日报》1979 年 5 月 15 日。

《关于惩罚思想的问题》（合著），载《新时期杂志》1979 年第 1 期。

《浅谈文字狱》，载《中国青年报》1979 年 10 月 6 日。

《浅谈株连》，载《中国青年报》1979 年 10 月 20 日。

《封建特权和八议》，载《中国青年报》1979 年 11 月 7 日。

《健全社会主义法制与加速实现四个现代化》（合著），载《北京晚报》1978 年 11 月。

《剖析陈伯达投降主义的国防哲学》，载《北京日报》1972 年 7 月。

曾宪义先生专著教材汇目

（一）专著及合著

《中国宪法史略》（合著），北京出版社 1979 年版。

《中国国家与法权历史》（第二卷），中国人民大学出版社 1963 年版。

《中国法制简史》（合著），法律出版社 1983 年版。

《外国国家与法律制度史》（译著），中国人民大学出版社 1985 年版。

《新编中国法制史》（合著，第一作者），山东人民出版社 1987 年版。

《中国法律制度史研究通览》（合著，第一作者），天津教育出版社、天津古籍出版社 1989 年版。

《中国法律思想史研究通览》（合著，第一作者），天津教育出版社、天津古籍出版社 1989 年版。

《海峡两岸交往中的法律问题》（合著，第一作者），河南人民出版社 1992 年版。

《检察制度史略》（合著，第一作者），中国检察出版社 1992 年版。

《台湾律师制度》（合著，第一作者），法律出版社 1993 年版。

《中国法学专业教育教学改革与发展战略研究》（合著，第一作者），高等教育出版社 2002 年版。

《中国法制史》（合著，第一作者），北京大学出版社、高等教育出版社 2000 年版。

（二）总主编的书目

21 世纪法学系列教材，中国人民大学出版社。

法律科学文库，中国人民大学出版社。

新版以案说法，中国人民大学出版社。

《中国民法、刑法案例与学理研究》，法律出版社 1998 年版。

《法律硕士专业学位研究生联考考试指南》，中国人民大学出版社 1999 年版。

《2003 年法律硕士专业学位研究生联考配套用书 自测试题题解（共两册）》，法律出版社 2002 年版。

《全国法律硕士专业学位研究生入学联考考试指南（第七版）》，中国人民大学出版社 2006 年版。

《自测试题题解（法律版）——2007 年法律硕士专业学位研究生联考配套用》，法律出版社 2006 年版。

《2007 年在职攻读法律硕士专业学位研究生招生联考专业综合考试教程》，中国人民大学出版社 2007 年版。

《全国法律硕士专业学位研究生入学联考考试指南（第八版）》，中国人民大学出版社 2007 年版。

《2009 年在职攻读法律硕士专业学位研究生招生联考专业综合考试教程》，中国人民大学出版社 2009 年版。

《全国法律硕士专业学位研究生入学联考考试指南（第十版）》，中国人民大学出版社 2009 年版。

《2010 年在职攻读法律硕士专业学位研究生招生联考专业综合考试教程》，中国人民大学出版社 2010 年版。

《中国传统法律文化研究（十卷本）》，中国人民大学出版社 2011 年版。

（三）主编

《中国法律史简明词典》，中国人民大学函授学院 1986 年版。

《新编中国法制史》，山东人民出版社 1987 年版。

《中国法制史教程》，文化艺术出版社 1987 年版。

《海峡两岸交往中的法律问题》，河南人民出版社 1992 年版。

《中国法制史》，中国人民大学出版社 2000 年版。

《法律硕士专业学位研究生联考考试指南（第三版）》，中国人民大学出版社 2002 年版。

《2006 年法律硕士专业学位研究生联考配套用书：自测试题题解》，法律出版社 2005 年版。

《中国法制史（第二版）》，中国人民大学出版社 2006 年版。

《2000—2006 历年法律硕士联考试题汇编及答案解析（法律版）》，法律出版社 2006 年版。

《2007 年法律硕士联考最新试题分析及考点解析》，中国人民大学出版社 2006 年版。

《2008 年法律硕士专业学位研究生联考配套用书：自测试题题解》，法律出版社 2007 年版。

《历年法律硕士联考试题汇编及答案解析（2000—2007）》，法律出版社 2007 年版。

《台湾法概论》，中国人民大学出版社 2007 年版。

《全国法律硕士联考历年试题及考点归类精讲（2003—2008）》，法律出版社 2008 年版。

《历年法律硕士联考真题汇编及答案解析》，法律出版社 2009 年版。

《2010 年全国法律硕士专业学位研究生入学联考大串讲》，中国人民大学出版社 2009 年版。

《中国法制史（第二版）》，北京大学出版社、高等教育出版社 2009 年版。

《中国法制史（第三版）》，中国人民大学出版社 2009 年版。

《法律硕士联考重要法条释解》，中国人民大学出版社 2010 年版。

《法律文化研究》（第一辑），中国人民大学出版社 2006 年版。

《法律文化研究》（第二辑），中国人民大学出版社 2006 年版。

《法律文化研究》（第三辑），中国人民大学出版社 2007 年版。

《法律文化研究》（第四辑），中国人民大学出版社 2008 年版。

《法律文化研究》（第五辑），中国人民大学出版社 2010 年版。

《法律文化研究》（第六辑），中国人民大学出版社 2011 年版。

《百年回眸：法律史研究在中国（四卷本）》，中国人民大学出版社 2009 年版。

《中国审判案例要览》（1992～2010），中国人民大学出版社、人民法院出版社，Butter-worths 出版公司出版英文版。

主编（与韩大元）：

《2007 年全国法律硕士专业学位研究生入学联考模拟试卷及解析》，中国人民大学出版社 2006 年版。

《法律硕士联考重要法条释解（第二版）》，中国人民大学出版社 2006 年版。

《2007 年法律硕士联考考试大纲配套练习》，中国人民大学出版社 2006 年版。

《2008 年法律硕士联考考试大纲配套练习》，中国人民大学出版社 2007 年版。

《2008 年法律硕士联考最新试题分析及考点解析》，中国人民大学出版社 2007 年版。

《法律硕士联考重要法条释解》，中国人民大学出版社 2007 年版。

《2008 年全国法律硕士专业学位研究生入学联考大串讲》，中国人民大学出版社 2007 年版。

《2008 年法律硕士联考最新试题分析及考点解析（含大纲变化与新增知识）》，中国人民大学出版社 2007 年版。

《2008 年全国法律硕士专业学位研究生入学联考模拟试卷及解析》，中国人民大学出版社 2007 年版。

《法律硕士联考重要法条释解》，中国人民大学出版社 2008 年版。

《2009 年法律硕士联考最新试题分析及考点解析》，中国人民大学出版社 2008 年版。

《2009 年法律硕士联考考试大纲配套练习》，中国人民大学出版社 2008 年版。

《2009 年全国法律硕士专业学位研究生入学联考大串讲》，中国人民大学出版社 2008 年版。

《2009 年全国法律硕士专业学位研究生入学联考模拟试卷及解析》，中国人民大学出版社 2008 年版。

《法律硕士联考重要法条释解》，中国人民大学出版社 2009 年版。

《2010 年法律硕士联考最新试题分析及考点解析》，中国人民大学出版社 2009 年版。

《2010 年法律硕士联考考试大纲配套练习》，中国人民大学出版社 2009 年版。

《2010 年全国法律硕士专业学位研究生入学联考模拟试卷及解析》，中国人民大学出版社 2009 年版。

《2011 年法律硕士联考考试大纲配套练习（适用于非法学）》，中国人民大学出版社 2010 年版。

《2011 年全国法律硕士专业学位研究生入学联考模拟试卷及解析》，中国人民大学出版社 2010 年版。

《2011 年全国法律硕士专业学位研究生入学联考大串讲》，中国人民大学出版社 2010 年版。

主编（与赵秉志）：

《法律硕士专业学位入学考试辅导 法学科目》，中国人民大学出版社 1998 年版。

《法律硕士专业学位研究生入学联考模拟试题》，中国人民大学出版社 2000 年版。

《历年法律硕士联考试题汇编及答案解析（2000—2005）》，法律出版社 2005 年版。

《2005 年法律硕士专业学位研究生入学全国联考模拟试题及解析（第五版）》，中国人民大学出版社 2004 年版。

《2005 年法律硕士专业学位研究生入学全国联考同步辅导》，中国人民大学出版社 2004 年版。

《2005 法律硕士专业学位研究生入学全国联考大串讲（第三版）》，中国人民大学出版社 2004 年版。

《2006 年全国法律硕士专业学位研究生入学联考模拟试卷及解析（第六版）》，中国人民大学出版社 2005 年版。

《2006 年新大纲全国法律硕士专业学位研究生入学联考大串讲（第五版）》，中国人民大学出版社 2005 年版。

曾宪义先生年谱初编

范忠信、赵晓耕、范依畴编

【编者按】曾宪义先生一生，经历坎坷，工作勤谨，著述丰硕，成就斐然，堪称一部人生传奇。作为弟子，我们有义务为先生编制一份完整的年谱，记录先生辛劳而传奇的一生。但由于先生未留下日记，且平时亦不喜与亲友弟子们谈论自己的经历和成就，所以可供我们据以编辑年谱的资源相对较少。根据我们平时掌握的先生经历成就之零星信息，要编出一个完整的生平大事记或年谱来确非易事。没有办法，我们只好通过查阅曾师人事档案，查阅人大法学院五十周年、五十五周年、六十周年三次院庆所编大事记，查阅自创刊以来的人大法学院院报，查阅中国法律史学会建会三十周年纪念画册，通过"百度"、"谷歌"搜寻近二十年来所有网页中涉及曾师之报道文字，并请师母赵淑慧教授帮助零星回忆，搜集关于曾师的生平、活动、工作、交往、著述、成就、荣誉的所有信息，总算勉强勾画出曾师伟大而辛劳的一生之粗略梗概。之所以命名曰"年谱初编"，乃因不讳粗简、疏漏，陈诸公众，聊充同门师兄弟及曾师生前好友未来补充、完善之对象而已。

1936 年　1 岁

1 月 31 日（农历正月初八），先生诞生于山东济宁一个贫苦家庭。父曾昭祥先生，操木匠手艺为生，母刘长珍女士，务农。兄弟姐妹共五人：兄曾耀山，弟曾宪礼，姐曾淑英，妹曾宪云。据济宁《曾氏家谱》记载，远祖系孔子弟子曾子（曾参，字子舆，前 505 年—前 432 年，被尊为四圣之一）。先生为曾子 74 世孙。

关于出生时情形，先生曾自述："1935 年春起山东大灾。先是百日干旱，继以连续暴雨。饿殍浮尸，随处可见。夏秋之际，灾民大规模向西南逃难。1936 年正月初八逃难途中，母亲生我于一马棚。母亲折高粱秆皮为刀，自割脐带后，将我裹于免裆裤腰中继续随众人前行逃难。"

1943 年　7 岁

2 月，入山东省济宁市吕公堂初级小学读书。

1947 年　11 岁

2 月，入山东省济宁市冰窖高级小学读书。先生曾忆，上高小时，正值解放战争期间国共两军"拉锯战"激烈之际。解放军一来就分粮食，老百姓就兴高采烈地往家里扛，此为小时候记忆最深刻之事。

1949 年　13 岁

2 月，入山东省济宁市济宁初级中学读书。

11 月，在济宁初级中学加入中国新民主主义青年团。

1950 年　14 岁

在济宁初级中学读书期间，被评为一等模范生。

1951 年　15 岁

1 月，初中毕业，被政府录用为山东省济宁市公安局第二派出所户籍警员，正式参加革命工作。在该所工作期间曾被评为三等优良工作者。

10 月，入济宁市公安局警训班学习。

11 月，调至济宁市公安局治安科，任内勤办事员。

1952 年　16 岁

2 月，调至济宁市公安局第五派出所任文书；

9 月，调至济宁市公安局治安科任内勤办事员。

1954 年　18 岁

6 月，加入中国共产党。

12 月，调至济宁市公安局政保股任内勤股员。

1955 年　19 岁

在济宁市公安局工作期间，因工作业绩突出，获得二等功臣奖励。

1956 年　20 岁

8 月，考入中国人民大学法律系。在校期间，曾获"优秀大学生"称号。

1960 年　24 岁

8 月，大学毕业，留校任教，在中国人民大学法律系国家与法权历史教研室任助教。

1962 年　26 岁

1 月，与赵淑慧女士结婚。

1963 年　27 岁

6 月，参编的《中国国家与法权历史讲义》（第二卷，张晋藩先生主编）一书，由中国人民大学出版社出版。

1965 年　29 岁

6 月，长子曾楠出生（现在北京市三露厂工作）。

1969 年　33 岁

6 月，中国人民大学革命委员会成立，调至校革委会政工组工作。"文化大革命"期间曾任校革委会写作组组长、校党的领导小组办公室副主任等职。

1970 年　34 岁

2 月，次子曾林出生（现在美国思科公司工作）。

1972 年　36 岁

7 月某日，发表《剖析陈伯达投降主义的国防哲学》一文，载《北京日版》理论版。

1974 年　38 岁

4 月，因中国人民大学停办，调至中共北京市委政策研究室工作。

1976 年　40 岁

10 月，参加"普及大寨县工作队"，赴福建同安县古庄大队锻炼一年。

1978 年　42 岁

4 月，发表《新宪法继承和发展了革命法制建设的优良传统》（与张晋藩先生合著）一文，载《光明日报》1978 年 4 月 20 日。

秋，中国人民大学复校，自北京市委研究室调回至中国人民大学法律系法制史教研室任教。

11 月某日，发表《健全社会主义法制与加速实现四个现代化》（与张晋藩、张希坡先生合著）一文，载《北京晚报》理论版。

1979 年　43 岁

1 月，发表《关于惩罚思想的问题》一文，载《新时期》杂志 1979 年第 1 期；发表《彻底批判林彪、"四人帮"的株连刑罚制度》一文，载《北京日报》1979 年 1 月 18 日。

3 月，晋升为讲师；发表《关于法律的阶级性与继承性问题》一文，载《法学研究动态》1979 年第 2 期。

5 月，发表《五四时期争取民主与法治的斗争》（与张晋藩先生合著）一文，载《学习与研究》1979 年第 3 期；发表《五四时期关于民主问题的论争》（与张晋藩先生合著）一文，载《北京日报》1979 年 5 月 15 日。

9 月，著作《中国宪法史略》（与张晋藩先生合著），由北京出版社出版；发表《人治与法治问题初探》（与张晋藩先生合撰）一文，载《学习与探索》1979 年第 5 期；发表《人治与法治的历史剖析》（与张晋藩先生合撰）一文，载《法学研究》1979 年第 5 期。

10 月，发表《思想犯与文字狱》一文，载《中国青年报》1979 年 10 月 6 日；发表《浅谈株连》一文，载《中国青年报》1979 年 10 月 20 日。

11 月，发表《封建特权和八议》一文，载《中国青年报》1979 年 11 月 9 日。

1980 年　44 岁

1 月，发表《人治与法治问题》（与张晋藩先生合著）一文，载《人民日报》1980 年 1 月 18 日；发表《历史的借鉴：只有知法才能执法》一文，载《北京日报》1980 年 1 月 3 日。

9 月，任中国人民大学法律系法制史教研室副主任。

1981 年　45 岁

秋，与张晋藩、张希坡先生合著《中国法制史》第一卷，由中国人民大学出版社出版。

1983 年　47 岁

5 月，晋升为副教授。

8 月，参加编写的《中国法律简史》（与王英昌、饶鑫贤、张晋藩合著）一书由法律出版社出版。

11 月，发表《清末修律初探》一文，载《法律史论丛》（第三卷），中国社会科学出版社 1983 年版。

1984 年　48 岁

3 月，出任中国人民大学法律系法制史教研室主任。

9 月，开始在中国政法大学研究生院兼职讲授中国近代法制史课程。

秋，始任法律史专业硕士生导师，开始指导硕士研究生。

1985 年　49 岁

3 月，发表《中国半殖民地半封建法律制度论略》一文，载《政法丛刊》1985 年第 2 期。

4 月，翻译苏联学者康斯坦丁·奥格尔·费多罗夫的著作《外国国家与法律制度史》，由中国人民大学出版社出版。

7 月，发表《宪法在中国的由来和发展》一文，载《法律学习与研究》1985 年第 4 期。

1986 年　50 岁

1 月，发表《中国法制史学科的历史与展望》一文，载《法律学习与研究》1986 年第 1 期。

3 月，发表《明律与唐律的比较》一文，载《法学论丛》1986 年第 2 期。

10 月，主持编写的《中国法律史简明词典》，由中国人民大学出版社出版。

1987 年　51 岁

7 月，主持编写的《新编中国法制史》，由山东人民出版社出版。

8 月，主持编写的《中国法制史教程》（与范明辛、张希坡合著），由文化艺术出版社出版。

1988 年　52 岁

3 月，发表《宋代改制与更法的历史启迪》（与赵晓耕合撰，第一作者）一文，载《政法丛刊》1988 年第 2 期。

5 月，中国人民大学台湾法律问题研究所成立，先生出任所长。

6 月，晋升为正教授。

1989 年　53 岁

4 月，出任中国人民大学法律系副主任；与郑定合作编写《中国法律制度史研究通览》（第一作者）一书，由天津教育出版社、天津古籍出版社出版。

5 月 26 日，以中国人民大学台湾法律问题研究所所长身份在全国政协礼堂主持"评析《台湾两岸关系条例》研讨会"。全国人大常委会万国权副委员长、最高人民法院祝铭山副院长、最高人民检察院梁国庆副检察长，及北京大学法律系主任张国华教授，中国政法大学校长江平教授与副校长陈光中教授、曹子丹教授，中国社科院法学所王家福教授、刘海年教授，国务院台办所属部门负责人邹哲开、周宁等五十余人出席。

7 月，与范忠信合作编写《中国法律思想史研究通览》（第一作者）一书，由天津教育出版社、天津古籍出版社出版。

11 月，与郑定等合撰《评海峡两岸关系条例》（第一作者）一文，载《海峡两岸关系条例论文集》，台湾蔚理法律出版社出版。

1990 年　54 岁

1 月，发表《台湾现行特别法规及其对发展两岸关系的困扰》（与郑定等合撰，第一作者）一文，载《法律学习与研究》1990 年第 1 期。

3 月，当选为中国法律史学会第四届理事会会长。

4 月，在北京主持首届海峡两岸法学家学术研讨会，台湾大学、政治大学、文化大学等台湾地区高校著名学者刘清波、王泽鉴等及台湾地区知名律师范光群等人出席。

6 月，发表《中国法制史学的十年回顾与前瞻》一文，载《法律学习与研究》1990 年第 6 期。

11 月，出任中国人民大学法律系主任；始任法律史专业博士研究生导师，开始指导博士研究生。首届招收郑定为博士研究生。

1991 年　55 岁

1 月，发表《中学为体，西学为用：沈家本与清末法制变革再评说》（合著，第一作者）

一文，载《法律学习与研究》1991 年第 1 期。

6 月，赴香港大学、香港城市大学等校访问讲学，此后每年均到香港访问讲学一次。

1992 年　56 岁

1 月，《法律学习与研究》更名为《法学家》，先生兼任首任社长；发表《评陈鹏先生的〈中国婚姻史稿〉》一文，载《中国人民大学学报》1992 年第 1 期；发表《海峡两岸法律界学术交流的回顾与展望》一文，载《法学家》1992 年第 1 期。

3 月，在汉城与日本东京大学副校长兼法学部部长石井紫郎教授、韩国汉城大学法学部部长朴秉浩教授等共同主持召开法律史学国际学术研讨会。其间，还与韩大元教授访问韩国汉城大学法学部，并应邀为该部新落成的研究楼题字留念。

4 月，当选国务院学位委员会第三届法学学科评议组成员（1992—1997）。

5 月，主持编写的《检察制度史略》（与郑秦合编），由中国检察出版社出版；同月，与王益英教授等随黄达校长赴奥地利维也纳大学法学院访问。

7 月，发表《略论两岸关系的立法与前途》（与郑定合撰，第一作者）一文，载《法学家》1992 年第 4 期。

9 月，主持编写《海峡两岸交往中的法律问题》（第一作者）一书，由河南人民出版社出版。

12 月，主编《中国审判案例要览》（1992 年卷），由中国人民公安大学出版社出版。此后每年编辑出版。该书于 1994 年 4 月获国家新闻出版署主办的首届全国法律图书一等奖，1994 年 12 月获"北京市第三届哲学社会科学优秀成果特等奖"。

同月，应台湾东吴大学章孝慈校长等邀请，作为中国大陆法学家代表团团长率团（成员包括陈光中、王家福、沈宗灵、张文显、种明钊、冯大同、曹子丹、高尔森、史焕章、王耀梁等）访台，同台湾东吴大学合作举行海峡两岸法学教育学术研讨会，并作重要学术讲演。

1993 年　57 岁

1 月，受国家教委的委托，率专家组到西安政治学院对该校军事法学学科建设进行考察评估。

6 月，主持编写的《台湾律师制度》（第一作者），由法律出版社出版。

9 月，主持研究的"创建教学实践基地，培养高级法律人才"教研课题项目（参加人高铭暄、孔庆云、徐立根、叶长良等），获"国家级优秀教学成果二等奖"和"北京市优秀教学成果一等奖"。

1994 年　58 岁

2 月 17 日，在香港主持司法部律师资格考试中心、中国人民大学法学院和香港树仁学院联合举办的"中国律师课程培训班"之开学典礼，并作为主办方代表致辞。

5 月，发表《唐律研究的新成果：〈唐律与中国现行刑法比较论〉评介》一文，载《法学家》1994 年第 3 期。

6月，指导首届博士研究生郑定、邓奕琦通过论文答辩，获博士学位。

11月，法律系与法学研究所合并成立法学院，出任首任法学院院长。

12月，中法两国法学交流合作平台中法法律合作研究中心成立，兼任主任；应法国艾克斯-马赛大学邀请赴法国访问，并作学术讲演，与该校路易特校长及法学院院长签署合作协议；访问巴黎第一大学，并与马瑞莉·戴尔玛斯·玛蒂教授等商谈合作项目。

1995 年　59 岁

1月，被聘为国家人事部全国博士后管理委员会专家组成员兼召集人。

2月，被聘为司法部全国法律硕士专业学位教育领导小组组长（1995—1997年）。

3月，偕同李文海校长到香港，与香港城市大学郑耀宗校长、法学院王贵国院长签订联合培养法学硕士学位研究生协议，协议商定由中国人民大学法学院和香港城市大学法学院在香港联合招收培养法学硕士学位的研究生，同时在内地和香港两地攻读，该协议执行至今。

6月，指导博士研究生朱大旗顺利通过论文答辩，获博士学位。

12月，任国家教育部人文社会科学咨询委员会委员（1995—2004年）。

1996 年　60 岁

3月，率领人大法学院代表团（成员赵秉志、韩大元、赵秀文等）访问澳门，先后造访澳葡政府、立法会和澳门大学等，与澳门大学校长、法学院院长签署合作协议。

6月，指导博士研究生王云霞、梁美芬（香港）、李晓斌、丁利明通过论文答辩，获博士学位。

9月，主持中日法律文化交流研究项目"中国传统法律文化研究"开始启动，召集课题组成员会议并就研究思路方法作出了重要说明。

1997 年　61 岁

1月，当选国务院学位委员会第四届法学学科评议组成员（1997—2004年）；当选国家教育部全国高等学校法学学科教学指导委员会委员，并被聘为首届主任委员（第二届为名誉主任委员）。

5月，发表《我国法学高层次人才培养规划的必要调整》一文，载《学位与研究生教育》1997年第5期。

6月，指导博士研究生胡旭晟、董茂云、郭禾、李哲宇通过论文答辩，获博士学位。同月，指导博士后研究人员马作武通过考核顺利出站。

11月，应美国哈佛大学、耶鲁大学、哥伦比亚大学、斯坦福大学、印第安纳大学、华盛顿乔治敦大学六校邀请，赴美国访问考察，并作学术讲演。其间访问美国国务院，与克林顿总统特别代表葛维宝（Paul Gewirtz）先生举行会谈，商议次年6月举办首届中美著名法学院院长和著名法学家联席会议暨"中美法学教育的未来"研讨会相关事宜。

1998 年　62 岁

1月，当选全国法律硕士专业学位教育指导委员会委员（1998—2004年），并被推选为第一副主任委员。

5月1日，国务院授予中国人民大学法学院"国家五·一劳动奖状"（集体奖），先生代表全院教职员工在人民大会堂领奖。

同月，率领法学院完成从资料楼（现文史楼）至贤进楼的搬迁工作，并建立了法学院图书馆、中国法制信息港以及教授工作室。

6月，在北京主持"中美著名法学院院长联席会议暨中美法学教育的未来"研讨会，中美两国三十多所著名大学法学院院长及知名法学家出席，美国总统克林顿致函祝贺。

同月，指导博士研究生范忠信、赵晓耕、秦惠民、徐孟洲、朱伟雄、梁镇荣通过论文答辩，获博士学位。

7月，率团访问澳门大学，签订中国人民大学与澳门大学合作交流合作协议。

9月，根据中美两国政府协议，应美国联邦政府教育部邀请，作为中国法学教育代表团团长，率团（成员有刘凤泰、王亚杰、张文显、吴志攀、余劲松、吴汉东、徐显明、李静、方昕等）出访美国，先后访问考察了耶鲁大学、哈佛大学、斯坦福大学、哥伦比亚大学、华盛顿乔治敦大学、密歇根大学、加州大学伯克利分校、纽约市立大学等著名学府，其间先生多次作学术讲演。

9月，发表《中国的法学教育体制及改革》一文，载《法学家》1998年第5期。

11月，赴美国访问，与美国印第安纳大学法学院院长莱夫斯坦教授及项目主管格鲁夫教授签订为期十年的合作协议，商定中国人民大学法学院和美国印第安纳大学法学院合作举办"中国法暑期讲习班"，该项目由美国律师协会批准并被正式列入美国律师协会和全美法学院协会承认学分的正式课程，由美国方面负责在世界各国著名法学院招收研究生每年暑期到中国人民大学法学院参加中国法律培训。

1999年　63岁

6月，指导博士研究生夏锦文、欧阳淞、丁相顺、张世明、李峰鑫顺利通过论文答辩，获博士学位。9月，荣获"宝钢教育基金"教育奖之优秀教师奖特等奖。

11月，发表《新中国法治50年论略》一文，载《中国人民大学学报》1999年第6期。

年末，发表《十一届三中全会与中国法学20年》一文，载《法学家》1999年第1期。

2000年　64岁

4月1日，在京主持纪念香港特别行政区基本法颁布十周年学术研讨会。研讨会由中国人民大学法学院与香港城市大学法学院暨中国法与比较法研究中心共同主办。全国政协副主席罗豪才、全国人大常委会法工委副主任胡康生、国务院法制办副主任曹康泰及来自中国内地、香港及澳门特别行政区的学者一百多人出席。

5月，被北京市人民政府授予"北京市先进工作者"称号。

6月，策划和主持"欧洲一体化与中欧法学教育合作论坛暨中国欧洲著名法学院院长联席会议"在北京举行。来自法国巴黎第一大学、德国慕尼黑大学、英国剑桥大学、荷兰莱顿大学、意大利欧洲大学等著名大学和中国四十多所高等院校的法学院院长出席了会议。最高人民法院院长肖扬出席会议并讲话。最高人民检察院常务副院长梁国庆、教育部副部长韦钰等出席会议。

同月，指导博士研究生肖周录顺利通过论文答辩，获得博士学位。指导博士后研究人员崔永东通过考核，顺利出站。

7月，主持编写教育部全国法学专业核心课程教材《中国法制史》，由北京大学出版社、高等教育出版社联合出版。

8月，发表《推进司法改革实现司法公正》一文，载《中国律师》2000年第8期。

10月，主持编写21世纪法学系列教材《中国法制史》（副主编郑定、赵晓耕），由中国人民大学出版社出版。同月，赴香港与香港城市大学法学院史达伟署理院长续签两院合作协议。

12月3日，策划和主持的"21世纪世界百所著名大学法学院院长论坛暨中国人民大学法学院成立50周年庆祝大会"在人民大会堂举行，来自全球五大洲以及我国内地及港澳地区132所著名大学法学院院（校）长和著名法学家出席，出席者包括美国哈佛大学、耶鲁大学、斯坦福大学、哥伦比亚大学、纽约大学、密歇根大学、印第安纳大学，加拿大多伦多大学、蒙特利尔大学，英国剑桥大学、牛津大学，法国巴黎第一大学、艾克斯-马赛大学，德国洪堡大学、慕尼黑大学，奥地利维也纳大学，俄罗斯莫斯科大学，荷兰莱顿大学，比利时鲁汶大学，丹麦哥本哈根大学，希腊雅典大学，芬兰赫尔辛基大学，日本东京大学、早稻田大学、京都大学，韩国汉城大学、延世大学、高丽大学，澳大利亚新南威尔士大学、非洲南非大学，内地的中国人民大学、北京大学、清华大学、吉林大学、武汉大学、中国政法大学，香港地区香港大学、香港城市大学、香港树人学院和澳门地区澳门大学等著名大学的法学院院长或校长、法学家，以及国际宪法协会、国际刑法协会等国际法学团体的负责人，中国法学会各个专业研究会的负责人。全国人大常委会委员长李鹏、国务委员罗干、全国人大常委会副委员长姜春云、最高人民法院院长肖扬、最高人民检察院检察长韩杼滨和全国政协副主席任建新、张思卿、罗豪才等出席了大会。中国法学会会长任建新在大会上宣布成立中国法学会法学教育研究会的决定。这一盛会扩大了中国人民大学法学院、中国法学教育的国际影响。

2001年　65岁

1月，被聘为司法部"国家司法考试协调委员会"委员。

5月，兼任中国人民大学法律文化研究中心主任；同月，赴土耳其伊斯坦布尔大学出席法学教育国际研讨会。

6月，指导博士研究生李利军、高祥阳、姚欢庆顺利通过论文答辩，获博士学位。

9月，与日本早稻田大学校长奥岛教授共倡创建中日法学会，分别担任中方会长和日方会长。

10月，中国法学会法律教育研究会在北京举行首届年会，先生当选会长。

12月，发表《司法独立必须真正落实》一文，载《人民法院报》2001年12月13日第3版。

12月17日，策划和主持的"21世纪亚洲法学教育改革和发展论坛"在北京举行。来自亚洲十个国家和两个地区近百所大学的校长及法学院院长和知名法学家参加了论坛，先生在开幕式上发表重要讲话。

2002 年　66 岁

1 月，发表《司法公正与司法效率的保障机制研究》一文，载《法律适用》2002 年第 1 期；发表《2001 年中国法律史研究的回顾与展望》（合著，第一作者）一文，载《法学家》2002 年第 1 期；发表《法律硕士专业学位教育的创建与发展》一文，载《学位与研究生教育》2002 年第 1 期。

3 月，发表《构筑法学教育与司法考试的新型互动关系》一文，载《法制日报》2002 年 3 月 28 日第 1 版。

4 月 28 日，江泽民总书记视察中国人民大学，先生作为中国人民大学教师代表之一，向总书记介绍中国人民大学法学院的法学教育成就。

5 月，赴美国波多黎各大学出席法学教育国际研讨会，并作大会发言。

6 月，主持编写《中国法学专业教育教学改革与发展战略研究》一书，由高等教育出版社出版。

同月，指导博士研究生王立、余辉、王源扩、刘建丰、肖光辉通过论文答辩，获博士学位。

秋，任总主编之"21 世纪法学系列教材"（中国人民大学出版社出版，包括 14 门法学核心课程）获教育部"全国普通高等学校优秀教材一等奖"。

2003 年　67 岁

1 月，被聘为中华人民共和国最高人民检察院专家咨询委员会委员。

2 月，被日本立命馆大学授予名誉博士学位。

5 月，发表《中国传统法研究中的几个问题》（与马小红合撰，第一作者）一文，载《法学研究》2003 年第 3 期。

6 月，指导博士研究生史彤彪、徐凌云、谭世贵、李力、李冰通过论文答辩，获博士学位。

9 月，发表《中国传统法的结构与基本概念辨正——兼论古代礼与法的关系》（与马小红合撰，第一作者）一文，载《中国社会科学》2003 年第 5 期。

11 月，当选中国法学会副会长；发表《法学本科教育属于素质教育：关于我国现阶段法学本科教育之属性和功能的认识》（与张文显合撰，第一作者）一文，载《法学家》2003 年第 6 期。

11 月 16 日，出席山东大学法学院成立二十周年庆典，代表法学界来宾致辞，高度评价法学院创始人乔伟教授的人格和贡献。

秋，任总主编之教育部高职高专法律类系列规划教材（共 9 本）获教育部"全国普通高等学校优秀教材一等奖"。

2004 年　68 岁

1 月，海峡两岸法学交流促进会成立，先生出任副理事长；主编的教材《中国法制史》获 2004 年中国人民大学优秀教学成果鼓励奖；发表《中国传统法的"一统性"与"多层次"之分析——兼论中国传统法研究中应慎重使用"民间法"一词》（与马小红合撰，第一作者）一文，载《法学家》2004 年第 1 期。

6 月，指导博士研究生马小红、姜栋、于敏、陈洁通过论文答辩，获博士学位；指导博士后研究人员于语和、韩秀桃、曹刚、孟欣通过考核，顺利出站。

9 月，被聘为最高人民法院特邀咨询专家。

10 月 1 日，代表教育界出席北京北海公园国庆联欢活动，与温家宝总理比席而坐并亲切交谈，温总理通过先生向中国人民大学师生问好。同月，发表《加强教材建设，推动军事法学的发展》一文，载《中国司法》2004 年第 10 期。

10 月，作为中国法学教育代表团团长，率团（成员系教育部召集之全国高校法学院校长）访问欧洲，考察了德国的海德堡大学、慕尼黑大学、柏林大学、洪堡大学和英国的牛津大学、剑桥大学、伦敦大学、伦敦政治经济学院和曼彻斯特大学。

11 月，赴美国耶鲁大学、乔治·华盛顿大学和印第安纳大学访问，签订关于中美两国共同举办"中国法律暑期培训班"的新十年协议，同时还应邀同美国大学法学院协会举行会谈，并签署了关于次年在中国举办第二届中美法学院院长联席会议和学术研讨会的合作协议。同月，连任全国法律硕士专业学位教育指导委员会第一副主任。

12 月，主持人大法学院新办公楼——明德法学楼的装修设计以及建设现代化图书馆等相关工作。

2005 年　69 岁

1 月，当选国家教育部社会科学委员会委员，并被推选为副主任委员。同月，发表《2004 年中国法律史学学术研究回顾》（与丁相顺、陈宇合撰，第一作者）一文，载《法学家》2005 年第 1 期。

3 月，率中国大陆法学家代表团（由教育部、司法部召集全国 66 所法律院校负责人组成，先生任团长）赴香港、台湾地区进行学术访问交流，先在香港举行了学术研讨会，后去台湾地区举行"海峡两岸法学教育研讨会"，并应邀作学术讲演。

4 月，辞去中国人民大学法学院院长职务（王利明教授继任院长），被聘为中国人民大学法学院名誉院长。

同月，由先生上年度与美方签署协议确定的第二届中美法学院院长联席会议和学术研讨会在京举行。本届会议由教育部教学指导委员会和美国法学院协会联合主办，由中国政法大学承办。先生出席并发表讲话。

5 月 10 日，出席内蒙古大学法律硕士教育中心成立暨首届法律硕士开学典礼并致辞。

6 月，应韩国法科大学协议会会长、韩国庆熙大学法学院院长李英俊教授邀请，赴韩国进行学术访问和交流活动。同月，指导博士研究生张育军、陈智彪、史广全、蒋燕玲、张钧通过论文答辩，获博士学位。

7 月，发表《试论古代法与传统法的关系——兼析中西法传统在近现代演变中的差异》（与马小红合撰，第一作者）一文，载《中国法学》2005 年第 4 期。

9 月 5 日，在北京出席第二十二届世界法律大会开幕式。近六十个国家的一千五百多位高级法官、法学家出席。本次会议，先生为重要策划人之一。

同月，主持教研课题项目"中国法学教育教学改革实施工程"（参加人张文显、李龙、吴汉东、韩大元等）之研究成果获"国家级优秀教学成果一等奖"。

10 月，创办"曾宪义法学教育与法律文化基金会"，在北京市民政局正式登记注册。该基金会设立"中国法律文化研究成果奖"和"中国法学教育研究成果奖",致力于促进中国法学教育与法律文化研究事业。

12月25日,在北京主持"中国传统法律文化研究"教育部重大课题攻关项目实施研讨会第一次会议,就"中国传统法律文化研究"十卷本之编写思路发表重要讲话。此后至2009年年底,先生先后在北京、南京、廊坊等地先后主持7次课题项目组研讨会议,商讨十卷本编写事宜。

12月30日,出席中国人民大学法学院成立55周年庆祝大会暨明德法学楼启用典礼,与最高人民法院院长肖扬,全国政协副主席罗豪才,全国人大法律委员会负责人杨景宇、胡康生、祝铭山,最高人民检察院副检察长朱孝清,中国法学会常务副会长刘飏和中国人民大学校长纪宝成、法学院院长王利明等共同为明德法学楼落成启用剪彩揭牌,并在典礼上发表讲话。

年末获优秀博士学位论文指导教师奖;所指导博士研究生李力的博士论文《清代民间契约中的法律——民事习惯法视角下的理论构建》获2005年度全国优秀博士论文奖;主持的"21世纪法学核心课程教材建设"课题项目获"2004年北京市优秀教育教学成果二等奖"。

2006年　70岁

1月,先生主编、由中国人民大学出版社出版的"法律科学文库"系列丛书荣获首届"中华优秀出版物奖"。同月,发表《2005年中国法律史学学术研究回顾》(与郑定、马小红合撰,第一作者)一文,载《法学家》2006年第1期。

3月,出席教育部全国专业学位教育指导委员会联席会议,代表全国法律硕士专业学位教育指导委员会作工作报告。

5月9日,出席河北大学法律硕士教育中心成立暨河北大学首届法律硕士研究生开学典礼并发表讲话。

6月,指导博士研究生徐彪、许水俊、黄长杰、刘绍武、陈宇、魏强通过论文答辩,获博士学位;指导博士后研究人员吴永明通过考核,顺利出站。

8月9日,在成都出席新一届教育部高等学校法学学科教学指导委员会第一次会议,被聘为委员会名誉主任。

9月,率教育部本科教学评估专家组赴吉林大学进行评估。同月,先生主编的《法律文化研究》学术年刊第一辑由中国人民大学出版社出版。此后至2011年10月,该年刊编辑出版至第六辑。

10月,率教育部本科教学评估专家组赴中国人民公安大学进行评估。

同月,在北京主持首届"中国—非洲法学教育与法律文化论坛"。非洲的南非、纳米比亚、博茨瓦纳、坦桑尼亚、加纳和乌干达六国著名大学法学教授和高级官员二十余人及国内各高校的学者百余人参加研讨。

11月17日,佟柔民商法发展基金会设立的"佟柔—曾宪义奖学金"(捐赠人李晓斌律师)捐赠仪式在明德法学楼1001会议室举行,先生出席并发表讲话。

11月20日,出席厦门大学法学院成立80周年庆典并发表讲话。

11月25日,出席中国人民大学法律硕士教育10周年庆典并发表讲话。

12月20日,率中国人民大学法律史教研室全体教师出席中南财经政法大学法律文化研究院(范忠信教授任院长)成立典礼,与吴汉东校长共同为该院揭牌,并对中南学子作名为"中国法制发展的传统基础"之学术讲座。

12 月 31 日，出席"全国法律硕士专业学位教育实施十周年纪念大会暨法律硕士教育论坛"，代表指导委员会作名为"关于法律硕士专业学位教育实施十周年的工作报告"。

2007 年　71 岁

1 月，发表《中国法律史学术研究成果之分析》（与马小红合撰，第一作者）一文，载《法学家》2007 年第 1 期。

3 月，主持编写《台湾法概论》（副主编赵晓耕、范忠信），由中国人民大学出版社出版。

5 月，经法国政府 2002 年 3 月 21 日第 2002—417 号法令批准，法国埃克斯-马赛大学授予先生荣誉博士学位，先生亲赴法国接受学位并发表演讲。同月，发表《中国法律硕士专业学位教育的创办与发展》一文，载《法学家》2007 年第 3 期。同月，率教育部本科教学评估专家组对西北政法大学进行考察评估。

6 月，指导博士研究生张宜、聂铄、郭冰九通过论文答辩，获博士学位；指导博士后研究人员张晓勇通过考核，顺利出站。

7 月，中国人民大学文化遗产法研究所成立，先生任名誉所长，叶秋华教授和王云霞教授分任所长、副所长。

8 月 19 日，在廊坊天下第一城主持"中国传统法律文化国家重大课题攻关项目实施研讨会"第七次会议，与弟子们深谈对编写出版"中国传统法律文化"十卷本工程的高度重视和期待，深情感言"朝出书，夕死可矣"。

9 月，发表《论传统法的反思》一文，载《法学家》2007 年第 5 期。

11 月 30 日，在南京师范大学主持教育部高等学校法学学科教学指导委员会、中国法学会法学教育研究会 2007 年年会暨"中国法学教育论坛"，再次当选中国法学会法学教育研究会会长；在 12 月 2 日的闭幕式上，主持颁发"第一届中国法学教育研究成果奖"，该奖以教育部高等学校法学学科教学指导委员会、中国法学会法学教育研究会、全国法律硕士专业学位教育指导委员会、曾宪义法学教育与法律文化基金会的名义共同设立，由曾宪义法学教育与法律文化基金会出资。王健、霍存福、孙笑侠 3 人荣获一等奖，其他十多名学者分获二、三等奖。

2008 年　72 岁

1 月，发表《中国法律史研究 2007 年热点之分析——以 2007 年发表的论文为中心》（与马小红合撰，第一作者）一文，载《法学家》2008 年第 1 期。

3 月，在中国人民大学教师分级定岗中，被评定为二级教授（文科最高级）。

6 月，发表《中国法学教育辉煌三十年》一文，载（香港）《中国法律》2008 年第 3 期。同月，指导博士研究生阎巍、庞朝骥、李巍涛、庄少绒通过论文答辩，获博士学位。

7 月，发表《法学院校要成为培养法律人才的摇篮》一文，载《法学家》2008 年第 4 期。

9 月 19 日，在吉林大学主持教育部高等学校法学学科教学指导委员会、中国法学会法学教育研究会 2008 年年会暨社会主义法治理念论坛。在其间的教育部社会科学委员会会议上，先生连任教育部社会科学委员会副主任委员。

11 月 2 日，在北京出席由曾宪义法学教育与法律文化基金会资助、中国人民大学法律文化研究中心承办的第二届法律文化全国博士论坛，并在开幕式上发表讲话。

12 月 15 日，由教育部高等学校法学学科教学指导委员会、中国法学会法学教育研究会、中国法律史学会、全国外国法制史研究会和曾宪义法学教育与法律文化基金会联名设立，由曾宪义法学教育与法律文化基金会出资的"中国法律文化研究成果奖"首届颁奖典礼暨"改革开放三十年法律文化研究回顾与展望研讨会"在中国人民大学明德楼举行。先生主持致辞，并亲自向一等奖获得者霍存福、李贵连、王云霞，二等奖获得者吴汉东、范忠信等二十多位获奖者颁奖。

12 月 16 日，在中国人民大学明德法学楼主持《中国传统法律文化研究》十卷本第二次审稿会议。

2009 年　73 岁

1 月，发表《会通中西，兴盛法学》一文，载《中国社会科学报》2009 年第 1 期。

3 月 1 日，主持以教育部高等学校法学学科教学指导委员会和曾宪义法学教育和法律文化基金会名义发出第二届"中国法学教育研究成果奖"申报通知。

5 月，被聘为中国人民大学首批一级教授，同时被聘为一级教授的有方立天、刘大椿、纪宝成、吴易风、宋涛、张立文、李文海、陈先达、周新城、郑杭生、胡乃武、黄达、戴逸共 13 人。

6 月，被中国人民大学研究生院授予"优秀指导教师奖"。同月，指导博士研究生周子良、董长春、杨和义、李放（辽宁籍）、李放、李彤、李哲通过论文答辩，获得博士学位；指导博士后研究人员江继海通过考核，顺利出站。

7 月，开始主持审读《中国传统法律文化研究》十卷本全部电子稿，并委托庞朝冀、冯勇、蒋家棣、黄东海、吴江、马慧玥、袁辉、郭萍、张玲玉、王祎茗等博士研究生组成秘书处，负责审校全部书稿，特别是逐一核对全部引文。

8 月，发表《关于中国传统调解制度的若干问题研究》一文，载《中国法学》2009 年第 4 期。

8 月 13 日，由中国人民大学法学院办公室副主任郝晓明陪同，应邀访问江西上饶师范学院，并由吴永明陪同在江西多处考察。

9 月 30 日，先生在中国人民大学校园散步时昏厥，坐草坪休息，被校园保安发现并送回家中；次日由校医院王桂云院长联系，去北医三院检查。

9 月，接受黄东海为博士后研究人员，开始指导。

10 月，发表《法学教育六十年》一文，载《法学家》2009 年第 5 期。

12 月，主编《百年回眸：法律史研究在中国》（百年优秀法律史研究论著大型选辑，全 4 卷，共 5 册），由中国人民大学出版社出版。

2010 年　74 岁

年初，先生指令《中国传统法律文化研究》（十卷本）秘书处将全书 850 万字电子书稿交反抄袭电子软件系统进行付费检测，并将检测结果发还每一位作者；先生在医院亲自向各分卷主编写信就修改事宜作严肃指示。

1月15日，在病中指示以教育部高等学校法学学科教学指导委员会、中国法学会法学教育研究会、中国法律史学会、全国外国法制史研究会、曾宪义法学教育与法律文化基金会名义发出第二届"中国法律文化研究成果奖"申报通知。

2月，受聘为最高人民法院第三届特邀咨询员。

5月，转往北京协和医院就医。

6月，指导博士研究生冯勇、郑重、郭成龙、余钊飞通过论文答辩，获博士学位。

10月3日，第二届21世纪世界百所著名大学法学院院长论坛暨中国人民大学法学院成立60周年庆祝大会在北京人民大会堂隆重举行。中共中央政治局常委、中央政法委书记周永康出席大会并发表重要讲话。中共中央政治局委员、中央政法委副书记王乐泉，中共中央政治局委员、国务委员刘延东，全国人大常委会副委员长蒋树声，最高人民法院院长王胜俊，最高人民检察院检察长曹建明，原最高人民法院院长肖扬，原全国政协副主席罗豪才等出席会议。法学院院长韩大元致辞中强调："我们要感谢过去60年来为法学院发展辛勤工作、付出巨大努力的法学院历任领导和老同志。特别感谢名誉院长曾宪义教授在担任法律系主任、法学院院长期间为法学院发展作出的杰出贡献。"会上，与会党和国家领导人还向自1950年中国人民大学法学院创办以来作出重要贡献的曾宪义、高铭暄、许崇德、孙国华、王作富、关怀、刘新、陈一云、林榕年、郑立、赵中孚、韩铭立、曹重三共13位老师颁发"中国人民大学法学教育发展贡献奖"。

2011年　75岁

1月10日，先生主编的《中国传统法律文化研究》（十卷本）前六卷由中国人民大学出版社赶时印出，并送协和医院先生病床前，先生甚为欣慰。

1月15日上午10时45分，在协和医院病逝，享年75岁。

1月21日上午10时30分，中国人民大学在八宝山革命公墓举行先生遗体告别仪式，中国人民大学师生员工和先生的亲属、友人、弟子共千余人出席了仪式。中共中央政治局常委周永康，原中共中央政治局常委李鹏，中共中央政治局委员刘延东，国务委员孟建柱，最高人民法院院长王胜俊，最高人民检察院检察长曹建明，原最高人民法院院长肖扬，中国法学会会长韩杼滨，原最高人民检察院检察长刘复之，十届全国政协副主席罗豪才等领导人献花圈致悼并向家属表示慰问。

2月1日，先生主持的教育部哲学社会科学研究重大课题攻关项目及国家新闻出版总署"十一五"国家重点图书出版规划项目最终成果、凝聚了全国五十多位法律史学者十多年心血的《中国传统法律文化研究》十卷本（总字数850万字）正式出版发行。曾师除作为总主编以外，还亲自担任第一卷《礼与法：中国传统法律文化总论》、第六卷《律学与法学：中国法律教育与法律学术的传统及其现代发展》两卷的主编并执笔撰写其中部分章节。马小红、赵晓耕、胡旭晟、范忠信、王健、阎晓君、夏锦文、史彤彪、叶秋华、王云霞、夏新华等出任其他各卷主编并执笔撰写，五十多位中青年学者参与撰写。

2月20日，由赵晓耕、叶秋华、王云霞、范忠信、胡旭晟、夏锦文、马作武、吴永明等发起设立"曾宪义先生法律史奖学金"并正式募捐。

附　录　一

吊唁致哀电汇

周永康、李鹏、罗豪才等领导同志表示深切哀悼

中共中央政治局常委、中央政法委书记周永康同志对曾宪义教授逝世表示深切哀悼

1 月 17 日，中共中央政治局常委、中央政法委书记周永康同志通过教育部办公厅致电曾宪义同志治丧委员会，对曾宪义教授逝世表示深切哀悼，向曾宪义教授家属表示慰问，并请治丧委员会代送花圈。

原中共中央政治局常委、全国人大常委会委员长李鹏同志对曾宪义教授逝世表示深切哀悼

1 月 19 日，原中共中央政治局常委、全国人大常委会委员长李鹏同志通过办公室致电曾宪义同志治丧委员会，对曾宪义同志逝世表示沉痛哀悼，向曾宪义同志家属表示慰问。

中共中央政治局委员、国务委员刘延东同志对曾宪义教授逝世表示深切哀悼

1 月 20 日，中共中央政治局委员，国务委员刘延东同志通过教育部致电曾宪义同志治丧委员会，对我院曾宪义教授逝世表示深切哀悼，向曾宪义教授家属表示慰问，并请治丧委员会代送花圈。

最高人民法院原院长肖扬同志对曾宪义教授逝世表示深切哀悼

1 月 17 日，最高人民法院原院长肖扬同志对曾宪义教授逝世表示深切哀悼，向曾宪义教授家属表示慰问，并请治丧委员会代送花圈。

国务委员、公安部部长孟建柱同志对曾宪义教授逝世表示深切哀悼

1 月 21 日，国务委员、公安部部长孟建柱同志对我院曾宪义教授逝世表示深切哀悼，向曾宪义教授家属表示慰问，并请治丧委员会代送花圈。

最高人民法院院长王胜俊同志对曾宪义教授逝世表示深切哀悼

1月19日，最高人民法院院长王胜俊同志通过最高人民法院办公厅致电曾宪义同志治丧委员会，对曾宪义同志逝世表示沉痛哀悼，向曾宪义同志家属表示慰问，并请治丧委员会代送花圈。

最高人民检察院检察长曹建明同志对曾宪义教授逝世表示深切哀悼

1月17日，最高人民检察院检察长曹建明同志对我院曾宪义教授逝世表示深切哀悼，向曾宪义教授家属表示慰问，并请治丧委员会代送花圈。

原全国政协副主席罗豪才同志对曾宪义教授逝世表示深切哀悼

1月21日，原全国政协副主席罗豪才同志对我院曾宪义教授逝世表示深切哀悼，向曾宪义教授家属表示慰问，并请治丧委员会代送花圈。

最高人民法院办公厅唁电

曾宪义同志治丧办公室：

请以最高人民法院办公厅名义赠送花圈，并以下列领导个人名义赠送花圈，对曾宪义同志的逝世表示沉痛哀悼，向曾宪义同志家属表示慰问。

王胜俊	最高人民法院院长	副总理级
沈德咏	最高人民法院常务副院长	正部级
张　军	最高人民法院副院长	副部级
万鄂湘	最高人民法院副院长	副部级
江必新	最高人民法院副院长	副部级
苏泽林	最高人民法院副院长	副部级
奚晓明	最高人民法院副院长	副部级
熊选国	最高人民法院副院长	副部级
南　英	最高人民法院副院长	副部级
景汉朝	最高人民法院副院长	副部级
张建南	中央纪委驻最高人民法院纪检组组长	副部级
周泽民	最高人民法院政治部主任	副部级
黄尔梅	最高人民法院审判委员会专职委员	副部级
刘学文	最高人民法院审判委员会专职委员	副部级

最高人民法院办公厅
2011 年 1 月 18 日

最高人民检察院唁电

中国人民大学法学院：

惊悉尊敬的中国人民大学法学院名誉院长曾宪义教授不幸逝世，深表悲痛，并向曾宪义教授的家属表示最深切的哀悼与慰问。

曾宪义教授是我国著名的法学家、杰出法学教育家，毕生献身于法学理论研究和教育事业，曾宪义教授治学严谨，理论研究结硕果；教书育人，桃李芬芳满天下。身为最高人民检察院专家咨询委员会委员，曾宪义教授始终关注检察事业，重视检察理论和检察实务研究工作，为检察工作的不断发展作出了重要贡献。

曾宪义教授的逝世是我国法学界、教育界和司法界的重大损失。

再次对曾宪义教授的逝世表示最深切的哀悼。

曾宪义教授千古！

最高人民检察院

2011 年 1 月 19 日

教育部部长袁贵仁同志对曾宪义教授逝世表示深切哀悼

1 月 18 日，教育部部长袁贵仁同志通过教育部人事司致电曾宪义同志治丧委员会，对我院曾宪义教授逝世表示深切哀悼，向曾宪义教授家属表示慰问，并请治丧委员会代送花圈。

司法部部长吴爱英同志对曾宪义教授逝世表示深切哀悼

1 月 21 日，司法部部长吴爱英同志对我院曾宪义教授逝世表示深切哀悼，向曾宪义教授家属表示慰问，并请治丧委员会代送花圈。

中央党史研究室主任欧阳淞同志对曾宪义教授逝世表示深切哀悼

1 月 18 日，中央党史研究室主任欧阳淞同志对我院曾宪义教授逝世表示深切哀悼，并请治丧委员会代送花圈。

北京市委市政府等相关单位对曾宪义教授逝世表示深切哀悼

北京市委副书记、市委政法委书记王安顺，北京市委常委、北京市人民政府常务副市长吉林以及北京市委政法工作委员会、北京市委教育工作委员会、北京市教育委员会等相关单位通过曾宪义同志治丧委员会，对曾宪义同志的逝世表示深切哀悼，向曾宪义教授的家属表示慰问，对曾宪义同志为国家法治和法学教育事业发展所作出的卓越贡献表示敬意。

最高人民检察院常务副检察长胡泽君唁电

惊悉曾宪义教授不幸病逝，深表哀悼，请向其家属表示深切慰问。

最高人民检察院　胡泽君

2011 年 1 月 18 日

中华人民共和国国务院学位委员会唁电

曾宪义同志治丧委员会：

惊悉曾宪义同志不幸因病逝世，我们谨表深切哀悼。曾宪义同志曾任第三届、第四届国务院学位委员会学科评议组法学分组成员，为我国学位与研究生教育事业的发展和高层次人才的培养作出了重要的贡献。请以国务院学位委员的名义敬献花圈并对他的亲属表示慰问。

国务院学位委员会

2011 年 1 月 17 日

国务院台湾事务办公室法规局唁电

中国人民大学法学院、曾宪义先生治丧委员会：

惊悉曾宪义先生逝世，我们无比悲痛！

曾先生学识渊博，德高望重，关心祖国统一大业，在两岸法律问题研究领域进行了开拓性探索，为推动两岸法学交流作出了突出贡献。18 年前曾先生带领研究团队完成的调研报告，至今仍是我们时时翻阅的宝贵资料。曾先生是中国法学会海峡两岸法律问题研究会副会长、中国海峡两岸法学促进会副理事长，曾任大陆最早成立的研究台湾地区法律的学术机构——中国人民大学台湾法律研究所所长，是促进两岸法学学术交流的先行者，两岸法律问题研究的带头人。曾先生还培养了大陆第一位以台湾法为研究方向的法学博士郑定教授。

令人无比心痛的是，2007 年 10 月 26 日，郑定教授英年早逝！2011 年 1 月 15 日，曾宪义先生辞世！不到四年，连续失去两位台湾法律问题研究领域的杰出代表，我们悲痛无限，遗憾无以言表！

逝者长已矣，生者如斯夫！我们将以加倍的努力，为先生所关注的事业而继续奋斗！

祈望亲属、友好，节哀珍重！

国务院台湾事务办公室法规局

2011 年 1 月 20 日

司法部国家司法考试司唁电

中国人民大学法学院：

惊悉贵院名誉院长曾宪义教授因病逝世，谨致沉痛哀悼。

曾宪义教授是中国法律硕士专业学位教育的杰出开拓者和领导人，为法律硕士工作的创建和发展居功至伟；国家统一司法考试制度建立以来，担任了国家司法考试协调委员会委员，倾力推进法律职业人才培养和选拔科学化，为国家司法考试制度建设和发展贡献卓著。曾宪义教授政治坚定、胸怀远大，学识卓越，学力渊深，师表懿范，他的逝世是国家司法考试工作和法律硕士工作的重大损失。

请贵院代向曾宪义教授的亲属致以真挚的慰问。

司法部国家司法考试司

司法部国家司法考试中心

全国法律硕士专业学位教育指导委员会秘书处

2011 年 1 月 17 日

司法部研究室科研管理处唁电

中国人民大学法学院：

惊闻曾宪义教授不幸逝世，深为悲痛，谨致电表示沉痛哀悼，并向曾宪义教授的亲属致以真挚的问候。

曾宪义教授是我国杰出的法学家和教育家，他的一生为我国法治建设和法学理论研究发展作出了卓越贡献。曾宪义教授的去世，是我国法学界和教育界的巨大损失，更是司法部"国家法治与法学理论研究项目"工作的巨大损失。

曾宪义教授千古！

司法部研究室科研管理处

任永安

2011 年 1 月 19 日

教育部社会科学司唁电

曾宪义教授治丧委员会：

惊闻曾宪义教授辞世，不胜悲痛！

曾宪义教授是我国杰出的法学家、法学教育家、教育部社会科学委员会副主任委员，教育部高等学校法学学科教学指导委员会名誉主任。曾宪义教授一生致力于法学研究和法学教育事业，功绩卓著，桃李满天，受到了国内外法学界的高度评价。

曾宪义教授的逝世是我国法学界、教育界的巨大损失，其著述精神必将泽惠后学，流芳百世！曾宪义教授千古！

教育部社会科学司

2011 年 1 月 19 日

教育部高等教育司唁电

曾宪义同志治丧委员会：

惊悉曾宪义教授不幸逝世，深为悲痛，谨致电表示沉痛哀悼，并向曾宪义教授亲属致以亲切慰问！

曾宪义教授作为我国著名法学家、法学教育家，在担任教育部高等学校法学学科指导委员会主任委员、名誉主任期间，为我国法学教育事业的改革和发展作出了重要贡献！

曾宪义教授千古！

教育部高等教育司

2011 年 1 月 17 日

教育部高等学校法学学科教学指导委员会唁电

中国人民大学法学院韩大元院长：

惊悉我国著名法学家、法学教育家、社会活动家，中国法学会法学教育研究会会长，教育部高等学校法学学科教学指导委员会名誉主任委员，中国人民大学法学院名誉院长曾宪义教授不幸去世，万分悲痛，我们以教育部法学学科指导委员会的名义向您并通过您向曾宪义教授的家人表示衷心的哀悼和诚挚的慰问。

曾宪义教授毕生从事法学教育工作，桃李天下，他对于中国法学教育事业的改革与发展作出了突出贡献，尤其是担任法学学科教学指导委员会主任委员期间，呕心沥血，开拓进取，实现了中国法学教育的历史性腾飞和改革发展，实现了法学教育界空前的团结，实现了与世界法学教育界的对接与沟通，其历史功勋必将名垂史册，激励后人。

曾先生走了，但他留给我们取之不尽的巨大精神财富，他的人格魅力和奋斗精神将会永远发扬光大，鞭策我们向更加伟大的目标前进，曾先生的去世，是中国法学教育界的重大损失，我们失去了一位令人尊敬的长者和开拓者，我们无不感到哀痛悲伤。

我们一定要化悲痛为力量，不断推动中国法学教育事业的改革与发展，培养更多有作为的法学人才，将曾宪义先生终生奋斗的伟大事业推向更高的发展阶段。

教育部高等学校法学学科教学指导委员会

2011 年 1 月 18 日

社会各界人士唁电、挽词选录

江苏省高级人民法院公丕祥院长唁电

北京中国人民大学法学院院长韩大元教授：

惊悉享誉海内外的当代中国著名法学家曾宪义先生不幸因病去世，我深为悲痛，请您代向曾先生的家人表示深切悼念，尚望节哀保重！

江苏省高级人民法院

院长：公丕祥

2011 年 1 月 16 日

南京市人民政府季建业市长唁电

曾宪义同志治丧委员会：

惊悉曾宪义同志不幸逝世，噩耗传来，不胜悲痛！

曾宪义同志是中外享有盛誉的法学专家，法学教育家，其毕生精力都奉献给了法学教学与研究工作，一生荣誉等身，成就非凡。曾宪义同志带领和团结中国法学教育界，对中国法学教育进行了全面改革，推动了中国法学教育与法学研究的繁荣，开创了中国法学走向世界的新局面。曾宪义同志虽已逝世，但他的学识、风范、崇高品德、优良作风，将传承于世，教益后人。谨以南京市人民政府和我个人的名义致以沉痛哀悼！并向曾宪义教授家属表示深切慰问！

曾宪义同志永垂不朽！

南京市人民政府

市长：季建业

2011 年 1 月 17 日

司法部霍宪丹局长唁电

大元：

惊闻曾老师离我们西去不胜感怀！

忆往昔音容笑貌历历在目，曾几何团结带领法学教育界共同向前谋改革图发展。曾老师不仅属于人大法学院，更属于中国法学教育；不仅是法学家、法学教育家和社会活动家，更是中国法学教育的旗手和领军人物，创下了具有里程碑意义的成就，他为中外法学教育的交流发展、为高层次法律人才培养和建设法治国家作出了卓越贡献！

在与曾老师交往的二十多年里，我们之间建立了高度互信和深厚感情，今天他离我们而去真是令人不愿相信也不能接受，我相信在今后的岁月里他会始终与我们同往同在。请替我向曾老师的家人转达问候和哀思！

霍宪丹

中共广东省委副秘书长于敏唁电

曾宪义教授治丧委员会办公室：
韩大元院长、林嘉书记：

惊闻我的博士生导师、我国著名法学家、杰出法学教育家曾宪义教授于 2011 年 1 月 15 日上午 10 时 45 分在北京因病逝世的噩耗，我万分悲痛！

恩师一生献身于人大法学院建设，献身于中国法学教育事业，献身于中国法治建设。他治学有板有眼，成绩卓著；待人有情有义，温暖无限。他的学术风范、道德文章，使我受用匪浅，享用终生！

恩师的逝世是我国法学界不可弥补的重大损失，也使我们永远失去了一位宽厚仁慈的长者、学问高深的导师！恩师永远活在我心中！

请向师母——赵老师转达我的哀悼和慰问，并请其节哀保重！

恩师千古！

中共广东省委副秘书长　于敏

中国警察协会副主席朱恩涛唁电

致曾宪义家属：

对著名法学家曾宪义教授逝世表示哀悼，对其家属表示慰问。
并敬献花圈。

中国警察协会副主席（公安部原副部长）
朱恩涛
2011 年 1 月 19 日

法制日报社贾京平社长唁电

曾宪义教授治丧委员会：

惊闻我国著名法学家曾宪义教授仙逝，心中十分悲痛。

自从 1979 年考入中国人民大学法律系，就与曾宪义教授有了近距离的接触，后来大学毕业工作直至曾老师离世，无论是从私人情谊还是工作关系，一直都与曾宪义教授保持着亲密的联系。

曾宪义教授在为人、为师方面堪称典范。他的离去不仅是人大法学院的损失，也是中国法学教育界的巨大损失。

沉痛悼念曾宪义教授！

曾宪义教授千古！

法制日报社
社长：贾京平
2011 年 1 月 17 日

中国证监会法律部黄炜主任唁电

曾宪义教授治丧委员会并曾宪义教授亲属：

惊悉我国著名法学家、杰出法学教育家曾宪义教授仙逝，甚为悲痛，谨表沉痛悼念并向他的亲属表示慰问。曾教授一生致力于中国法治建设与法学教育，著作等身，桃李天下，以法结缘，垂范后世，为中国法治发展和法学教育事业作出了重要贡献。曾宪义教授的不幸逝世，是我国法学界的重大损失。

曾宪义教授千古！

中国证监会法律部

主任：黄炜

2011 年 1 月 19 日

江西省人民检察院张国清副检察长唁电

曾宪义同志治丧委员会：

惊悉我国著名法学家、杰出法学教育家曾宪义教授因病逝世，特表示深切的哀悼，并请向曾宪义教授家属表示慰问，曾宪义教授的杰出贡献，将铭记在我们心中。

江西省人民检察院

副检察长：张国轩

2011 年 1 月 19 日

黑龙江省人民检察院姜伟唁电

曾宪义教授治丧委员会：

惊悉敬爱的恩师曾宪义教授不幸逝世，悲痛之至！

曾宪义教授是杰出的法学教育家、著名的法律史学家，毕生致力于中国的法制建设和法学教育，学术文章卓著，道德风范高尚。

恩师仙逝，是悲恸法学界的噩耗，使我痛失良师益友，也是中国法律史、法学教育领域不可弥补的重大损失！

我曾有幸作为学生聆听曾宪义教授的教诲；作为教师在曾宪义教授主持的法律系工作，恩师的敬业态度、开拓精神、人格魅力，对我影响甚深，一直是我人生的导师、学习的楷模，迄今，我仍不敢相信恩师已经驾鹤西去，恩师的音容笑貌犹在眼前。

谨此表达沉痛哀悼，并向曾宪义教授家属致以深切的慰问，望节哀保重！

恩师曾宪义教授永远活在我的心中，永远铭记在中国法律人的心中！

恩师曾宪义教授千古！

黑龙江省人民检察院

姜伟

2011 年 1 月 18 日

中央政府驻香港联络办宣文部郝铁川唁电

曾宪义教授治丧委员会：

惊悉曾老师仙逝，不胜悲痛！若方便，请代送花圈。

中央政府驻香港联络办宣文部

郝铁川

中央办公厅保健处王伟夫处长唁电

中国人民大学曾宪义教授治丧委员会：

惊闻著名法学家曾宪义先生逝世，甚觉悲痛。谨此表达沉痛哀悼，并向曾宪义先生亲属表示诚挚的慰问！

曾先生毕生致力于中国法治建设和法学教育事业，为培育法治英才殚精竭虑，取得成就有目共睹。曾宪义先生的逝世，实为我国法学界难以弥补的巨大损失！

曾宪义先生千古！

中央办公厅保健处

处长：王伟夫

2011 年 1 月 19 日

最高人民法院研究室孙佑海唁电

曾宪义先生治丧委员会：

惊悉曾宪义先生仙逝，极为悲痛！

半个多世纪以来，曾宪义先生全心全意致力于法学研究和法学教育事业，著作等身、成绩斐然。他在推进中国法学教育发展，推动中外法律文化交流等方面均作出了杰出贡献，受到社会各界高度评价。

曾宪义先生对我的工作帮助很大，他的离去令我追思无限。相信今后岁月里他会在天堂保佑全家，保佑我们大家。请代我向曾先生的家人转达问候和哀思！

曾宪义先生千古！

最高人民法院研究室

孙佑海

2011 年 1 月 19 日

中国人民大学出版社贺耀敏社长唁电

大元院长：

获悉曾老师不幸去世，谨向您、贵院和曾老师家人表示哀悼，请转达问候。并填词一首致哀。

平生漠视锦衣衫，俯首育中坚。事业敢争先，苦与乐、难离教鞭。长留十卷，楷模风范，功誉铸峰巅。且忍泪连天，信驰骛，魂归大千。

太常引——悼曾宪义老师

中国人民大学出版社

社长：贺耀敏

《当代中国法学名家》编委会秘书长任东杰唁电

曾宪义教授治丧委员会：

惊闻曾老师不幸仙逝，心中感到万分悲痛。

曾老师是我国当代著名的法学家、法学教育家，他为我国的法学科研和法学教育事业以及国家法治建设作出了重要贡献。

因为遴选"当代中国法学名家"和编辑法学文献《当代中国法学名家》的缘故，我有幸与曾老师多次接触。他对我的鼓励、关心和帮助，我将永远铭记。曾老师的学识和人品为人所敬仰，堪为楷模。

向曾老师的逝世表示沉痛哀悼，向曾老师的家属致以亲切的慰问。

曾老师千古！

《当代中国法学名家》编辑委员会

秘书长：任东杰

四川大学法学院李平教授唁电

中国人民大学法学院：

惊闻曾宪义教授不幸病逝，深感痛惜！曾先生为我国法学教育事业贡献了毕生精力和全部智慧，推动了我国法学教育事业极大发展，功不可没。曾先生辞世，是我国法学教育界的重大损失。我作为教育部高等学校法学学科教学指导委员会的成员和中国法学会法学教育研究会理事，有机会多次与曾先生在一起，十分感佩先生敬业精神、高尚品格和宏大智慧。先生辞世，使我等晚辈痛失良师。我等只有继承曾先生推进我国法学教育事业的精神，努力奋进，才可告慰先生的在天之灵。

曾先生千古！

四川大学法学院教授

李平

2011 年 1 月 15 日

西北政法大学王健教授唁电

中国人民大学法学院韩大元院长暨曾宪义先生亲属：

惊悉曾宪义先生不幸离去，恸切万分！

曾宪义先生把毕生心血都奉献给了中国的法学教育、法学研究和法治事业，在复兴中国传统法律文化、引领当代中国法学和法治走向世界，在改革中国法学教育制度、构建和创新社会主义法律人才培养模式，在深入推动司法改革和促进和谐社会构建，在团结和凝聚中国法学的各种资源为我国现代化事业发挥积极作用等方面都作出了卓越的贡献。曾宪义先生的离去，是中国人民大学法学院和我国法学界、法学教育界难以估量的损失！是我国人文社会科学领域的重大损失！

曾先生宽容、博大的理想情怀和人格魅力，与时俱进的思想信念，科学严谨的治学态度和学术品质，奖掖后进的高尚风范，凝聚各方面力量向世界展示中国法学良好形象的责任感和使命感，必将成为法学界宝贵的精神财富！作为晚辈末学，我们将努力学习和继承曾先生优秀的精神品质，赓续推进他未竟的法学教育事业和法治事业，为曾先生毕生致力追求的美好理想贡献绵薄之力。

谨此表达深痛哀悼，并向曾宪义先生的亲属致以亲切慰问。

曾宪义先生千古！

西北政法大学教授
王健
2011 年 1 月 15 日

北京工商大学法学院院长李仁玉教授唁电

中国人民大学法学院并曾先生家属：

惊悉曾宪义先生不幸辞世，我院全体师生深感悲痛和哀悼！

曾先生一生治学严谨、学术造诣精深，把毕生精力奉献于我国法学教育事业。曾先生为人师表，德高望重，为中国法史学科和法学教育事业的发展作出了重大贡献。

先生虽然离开了我们，先生高尚的人格品质、严谨的治学风范、卓越的学术成就将永远激励我们不断前进。

曾宪义先生千古！

北京工商大学法学院
院长：李仁玉
2011 年 1 月 16 日

北京理工大学法学院谢晖教授唁电

沉痛悼念曾宪义先生：

一位以自己的人格魅力和敬业精神，使一个法学院稳立中国法学研究、法学教育、法学学术交流鳌头的人；一位以自己的组织能力和崇高信念，为中国法学教育的改革和发展作出了杰出贡献，并让世人进一步了解中国法学教育的人；一位以自己的卓越创造和不懈追求，为一个大国的法律发展和社会进步贡献了毕生智虑的人；一位以自己的渊博知识和深刻思想，影响了无数后学新进人生理想和道路的人……

曾宪义先生永垂不朽！

北京理工大学教授
谢晖
2011 年 1 月 16 日

长安大学公路法研究所所长贺宏斌教授唁电

曾宪义教授治丧委员会：

惊悉曾宪义教授不幸逝世，十分难过。曾宪义教授是德高望重的著名法学家，在学界享有崇高的威望。先生仙逝，不仅仅是贵校及其家庭的损失，也是共和国法学界的重大损失。相信先生的学术风范与治学精神将成为其重要的文化遗产，继续昭示法学界同仁以法治精神服务社会。请转达对先生家人的问候！

曾宪义教授千古！

长安大学公路法研究所所长
长安大学政治学院法学系
贺宏斌教授
2011 年 1 月 16 日

湖南工业大学法学院副院长谭建华唁电

曾宪义同志治丧委员会办公室：

惊闻我的博士后导师、我国著名法学家曾宪义教授不幸逝世的噩耗，使我十分悲痛！回想前年我博士后出站前夕，曾老师对我循循善诱，精心指导，同时教了我很多做人做事的道理。其时他精神矍铄，言谈稳重，学者风度犹历历在目，而今骤然逝世，怎不令人惆怅惋惜！曾老师是我的博士后导师，他治学严谨，学问高深；他待人热情诚恳，修养颇深；他教学有方，爱生如子，堪称道德学问的楷模。我有幸拜师于他门下，受益匪浅，终身享用。

曾老师的不幸逝世，不仅是我国法学界的巨大损失，同时也使我失去了一位令人尊重的长辈和良师益友，我一定牢记导师教诲，化悲痛为力量，努力工作，争取工作和事业有更大的进步。曾老师永远活在我心中！

请转达我的哀悼之意和对曾老师家属表示慰问之心，并望节哀！

顺致敬礼！

湖南工业大学法学院

副院长：谭建华

2011 年 1 月 16 日

湖南商学院法学院龚志军唁电

中国人民大学法学院：

惊悉贵院曾宪义先生不幸病逝，深感悲痛！曾宪义先生是我国著名的法学家，杰出的法学教育家。他一生奋斗在中国法学教学研究第一线，为中国法学和中国法学教育的发展，为中华民族的法制现代化事业，作出了卓越的贡献。他真诚无私地提携后学，培养了大批优秀人才。他的逝世，是我们的巨大损失。特此，我谨向贵院并通过贵院向曾先生的家属表示沉痛哀悼和深切慰问！我等将继承曾先生之遗志，发扬曾先生之精神，在法学教育和法学研究的路上继续前行！恳切希望曾先生的家属节哀顺变，保重身体！

湖南商学院法学院

龚志军

2011 年 1 月 16 日

华东政法大学张伯元教授唁电

曾宪义治丧办公室：

惊闻噩耗，心情沉痛，谨以个人名义对曾宪义先生的逝世深表念悼，并向其家属表示慰问。特此唁之。

华东政法大学教授

张伯元

2011 年 1 月 16 日

华中科技大学近代法研究所俞江教授唁电

中国人民大学曾宪义教授治丧委员会：

曾宪义教授千古！

华中科技大学近代法研究所

俞江率全体同仁敬挽

2011 年 1 月 16 日

南京财经大学焦富民唁电

中国人民大学曾宪义同志治丧委员会：

惊闻曾宪义教授逝世，不堪伤心。曾先生为我国学术所作之巨大贡献，学界所共敬仰。曾先生为学术献身之崇高精神与巨大之人格力量将沾溉学林，永垂不朽。望家属节哀。

南京财经大学

焦富民

2011 年 1 月 16 日

南京大学法学院院长李友根教授唁电

中国人民大学法学院：

惊闻敬爱的曾宪义先生不幸逝世，作为中国人民大学法学院的校友，谨此表达无限哀痛之情。先生的逝世，不仅是中国人民大学的损失，更是中国法学界和中国法学教育界的重大损失，也是中国人民大学法学院校友们的重大损失。我们失去了一位令人尊敬的家长，我们也只能在永远的缅怀中感他曾经给予学生后辈们的关爱。

敬请向先生的家属转达校友的慰问，诚望节哀保重。

南京大学法学院

院长：李友根

2011 年 1 月 16 日

南京师范大学江苏法治发展研究院龚廷泰院长唁电

中国人民大学法学院并韩大元院长：

惊悉一代法学教育宗师、蜚声海内外的我国著名法学家曾宪义教授不幸逝世，我们感到无比悲痛。我谨代表南京师范大学江苏法治发展研究院全体同仁，通过您向贵院全体师生和曾先生的亲属转达我们对曾宪义先生不幸逝世的诚挚哀悼！

曾先生是中国法学教育的领军人物。他不仅带领中国人民大学法学院发展成为中国领先、世界一流的法学教育和科学研究的重镇，而且为中国法学教育的复兴和发展作出了杰出的贡献。曾先生是中国法学研究的开拓者。他在法学理论和法律实务研究领域作出骄人的研究成果，特别对中国法制史学科的发展贡献非凡。曾先生是推动中外法学交流与合作的先行者。他为中国法学走向世界，让中国法学影响世界，让世界了解中国的法学研究、法学教育和法治发展建立了功勋。曾先生是中国法学界德高望重的大师。他为人以仁，提携后生，道德文章，完美统一，因此深受中国法学界、法律界和社会各界的广泛尊重和敬仰。曾先生是南京师大法学学科发展的无私支持者。他自始至终关心、关爱、扶持、协力南京师大法学学科的发展，为南京师大法学学科的人才培养、科学研究、学科建设和师资队伍的建设和发展倾注了大爱，南京师大法学学科的全体晚辈将铭记曾先生的恩德！

曾先生的仙逝，不仅是中国人民大学法学院和中国人民大学的重大损失，不仅是中国法学界的重大损失，也是南京师大法学学科的重大损失！我们要学习曾先生的优秀品质和高尚情操，缅怀曾先生的历史贡献和丰功伟绩，化悲痛为力量，为中国法学研究的繁荣和发展，为中国法学教育的发展与振兴，为中国法治国家的早日实现而励志奋斗！

敬爱的曾先生安息吧！

南京师范大学江苏法治发展研究院

院长：龚廷泰　敬哀

2011 年 1 月 16 日

清华大学法学院王晨光教授唁电

曾宪义教授治丧委员会：

惊闻噩耗，万分悲痛。请向曾宪义教授家属致以诚挚的慰问。

清华大学法学院教授

王晨光

2010 年 1 月 16 日

山西大学法学院教授、前任院长王继军唁电

曾宪义同志治丧委员会：

惊悉曾宪义教授不幸去世，万分悲痛！

曾宪义教授不仅为人民大学的法学教育作出了重要贡献，为全中国的法学教育也作出了杰出的贡献，为地方高等法学教育也作出了巨大贡献！我们山西大学法学院的今天倾注了曾宪义教授无微不至、无私的关怀和支持，我们将永远铭记！

山西大学法学院教授、前任院长

王继军

2011 年 1 月 16 日

武汉大学李龙教授唁电

曾宪义教授治丧委员会：

惊悉曾宪义先生逝世，悲痛万分！

我与宪义兄相识多年，深感他对中国法学界所作的杰出贡献！曾先生的丰功伟绩，将铭记在中国法律人的心中！安息吧，中国法学界的巨人！

武汉大学教授

李龙

2011 年 1 月 16 日

西北大学法学院段秋关、刘丹冰教授唁电

中国人民大学法学院并曾宪义先生亲属：

惊闻噩耗，不胜悲伤！中国法学失去一位领军人，高等法学教育失去一位组织家，法律史学失去一位宗师，国际法学教育失去一位活动家，我们亦痛失一位可敬可亲的良师益友！

先生在世对我等眷顾有加，先生辞世令后辈追思无限。愿先生在天之灵安息永恒！愿先生之亲属节哀珍重！愿人大法学院诸师友成先生之未竟！

西北大学法学院教授
段秋关　刘丹冰
2011 年 1 月 16 日

西南政法大学法律史学科带头人曾代伟教授唁函

中国人民大学法学院，并转先生亲属：

惊悉噩耗，不胜悲伤！

一直以来，先生对地处僻远之地的西南同行后学，至为提携和关照。我们每每铭感于心，而无以为报。不想而今已成永远的遗憾！惟以数言寄托哀思。

学界梁柱，呕心沥血，力擎学科一爿天（为法律史学科生存和发展竭尽全力）

良师典范，无私忘我，德泽后学播千秋

曾宪义老师千古！

西南政法大学法律史学科带头人
曾代伟　敬挽
2011 年 1 月 16 日

郑州大学法学院院长田土城教授唁电

中国人民大学法学院及曾宪义老师亲属：

惊悉著名法学家曾宪义老师仙逝，万分悲痛！

曾老师毕生致力于中国的法制建设与法学教育、中国法学教育的国际交流与合作和中国法律史的教学、研究工作，对促进中国法学事业和法学教育事业的发展、扩大中国法学教育的国际影响和提升中国法律史的学科研究水平，作出重大的贡献。我们聆听曾老师的教诲，拜读曾老师的著述，学习曾老师的思想，受益匪浅，感戴非常。现在痛失良师，大失所望，泪流沾襟。

曾宪义老师千古！

郑州大学法学院
院长：田土城
2011 年 1 月 16 日

郑州大学法学院副院长沈开举教授唁电

中国人民大学曾宪义同志治丧委员会：

惊悉我国一代大学大家曾宪义先生溘然长逝，深感悲痛惋惜！

曾宪义先生作为我国当代著名的法学家和杰出的法学教育家，为人师表，道德高尚，以睿智的学术思想、求实求真的淳朴学风、卓越的史学成就，深深地影响和推动了我国法学研究，他的逝世，是我国法学界的巨大损失。

巨星陨落，令世人痛心！在此，谨向曾宪义先生的家属表示真挚的慰问，遥致最沉痛的哀悼，并请节哀。

曾宪义先生千古！

郑州大学法学院

副院长：沈开举

2011 年 1 月 18 日

郑州大学法学院副院长宋四辈教授唁电

曾宪义同志治丧委员会：

惊悉曾宪义教授与世长辞的噩耗，心情十分悲痛。在此，向他老人家表示沉痛的哀悼！同时，向你们并通过你们向家属表示深切的慰问！

曾宪义教授，是我们的好会长，在学术功利化的时代，他力挽狂澜，使法律史同仁保住了三尺讲坛和学术阵地；他创办《法律史研究》，把学术研究引向深入，带领全国的法律史同仁，向学术进军，闯过了一个个难关，攻克了一个个堡垒。

曾宪义教授，是我们的好老师，1985 年春天，他老人家在司法部与西北政法学院举办的"高校教师《中国法制史》学习班"上授课的渊博知识、风趣语言和儒雅风度，使我至今难以忘怀。

曾宪义教授，是我们的好师长，他平日的教学、学术研究、管理工作和社会活动那么繁忙，还能在我们这些晚辈进京晋见求助时拨冗接见并一同进餐，他严于律己、宽以待人、助人为乐的精神，值得我们永远学习。

曾宪义教授虽然逝去，但精神永存！

曾宪义老师，您安息吧！

郑州大学法学院

副院长：宋四辈

2011 年 1 月 20 日

中国青年政治学院法律系林维教授唁电

中国人民大学曾宪义教授治丧委员会：

惊闻法学泰斗、著名法学教育家曾宪义先生遽归道山，中国青年政治学院法律系全体师生不胜悲恸。

曾宪义先生是我国法制史研究领域的一代宗师，他治学严谨，思想深邃，成就卓著，享誉中西。先生毕生情系我国法学教育事业之发展，居功至伟。先生一生虚怀若谷，德高望重，对中国青年政治学院法律系的成长和发展一直给予了极大的关心和支持，我谨代表法律系全体师生对曾宪义教授的逝世表示最深切的哀悼。

曾宪义教授千古！

中国青年政治学院法律系教授

林维

2011 年 1 月 16 日

中国人民大学宪政与行政法治研究中心中国行政法研究所所长莫于川教授唁电

曾宪义教授治丧委员会暨曾老师家属：

惊悉噩耗，深感痛惜！多年来，曾院长运筹帷幄、殚精竭虑、不断努力，为人大法学学科发展和人大法律人才队伍建设，作出了特殊而重大的贡献！为我国法学教育、法学研究的发展特别是法律史学的发展，为我国法律制度建设和法律人才培养，都作出了特殊而重大的贡献！先生是一棵参天大树，造福人类，受恩者众，我们非常敬重他，感激他，怀念他！作为人大法律人，我们为曾经受教和受益于曾老师感到万分荣幸，为老院长的仙逝深感惋惜和悲痛。学术晚辈们一定会认真承续先生的精神、力量和事业，更加努力地学习和工作，不断推动中国的法治事业，实现人类的法治理想！先生已逝，精神长存，事业永在，敬请安息！

中国人民大学宪政与行政法治研究中心中国行政法研究所所长

莫于川教授率门下博士后、博士生、硕士生和访问学者敬挽

2011 年 1 月 16 日

澳门科技大学法学院怀效锋院长唁电

中国人民大学法学院：

沉痛哀悼曾宪义教授逝世，请帮我敬献花圈。

澳门科技大学法学院

院长：怀效锋

2011 年 1 月 17 日

重庆大学法学院陈忠林院长唁电

曾宪义教授治丧委员会：

惊悉我国著名法学家、法学教育家曾宪义教授不幸逝世，不胜悲痛，谨代表重庆大学法学院全体教职员工，并以我个人的名义向您们，并通过您们向曾宪义教授的亲属表达我们对曾宪义老师的无限悼念与哀思之情。

曾宪义教授毕生致力于中国的法制建设与法学教育，对中国法治现代化和法学的繁荣作出了极其卓越的贡献。曾宪义教授为中国法学研究和法学教育所奉献的一生，将永远成为激励我们的精神力量。

曾宪义教授千古！

重庆大学法学院

院长：陈忠林

2011 年 1 月 17 日

复旦大学法学院刘士国教授唁电

曾宪义先生治丧委员会：

惊悉先辈曾宪义教授逝世，不胜悲痛。曾宪义教授是我国杰出的法学家、教育家，为中国法学作出卓越贡献。他的逝世是中国法学界的重大损失。谨对先生的生前教诲和关心表示无限怀念，对先生的逝世表示深切哀悼。

曾宪义先生永垂不朽！

> 复旦大学法学院教授
> 刘士国
> 2011 年 1 月 17 日

广西师范大学法学院周世中教授唁电

中国人民大学法学院、曾宪义老师家属：

惊闻我国著名法学家、杰出法学教育家曾宪义老师不幸病逝，深感震惊和悲痛！作为中国人民大学法学院的学生和法学教育工作者，我有幸多次聆听曾老师的教诲，可谓受益终身！先生的敬业精神、高尚品格和宏大智慧将永远鞭策着我辈努力奋进，为培养法律人才作出绵薄之力。

曾老师千古！请先生家属节哀！

> 广西师范大学法学院教授
> 周世中
> 2011 年 1 月 17 日

贵州民族学院法学院张艾清院长唁电

中国人民大学法学院曾宪义同志治丧委员会：

顷承讣告，惊悉曾宪义先生不幸病逝，不胜悲痛！作为我国著名的法学家，曾宪义先生为中国法学事业和法学教育事业的发展呕心沥血、栉风沐雨，倾注了毕生精力，作出了不可磨灭的贡献，堪称法学界之楷模。作为杰出的法学教育家，曾宪义先生治学严谨，他为人大法学院的发展殚精竭虑，带领全体师生团结奋斗，使法学院实现了跨越式发展，奠定了人大法学院在全国法学教育领域的领先地位，在国际法学教育界拥有较高声誉和影响力，开始跻身于世界一流法学院行列。他的逝世是我国法学界的一大损失！我谨代表贵州民族学院法学院向贵院表示对曾宪义先生的沉痛哀悼，并向他的亲属表示慰问之心，并望节哀。

肃此电达。

> 贵州民族学院法学院
> 院长：张艾清
> 2011 年 1 月 17 日

福建江夏学院副院长屈广清唁电

中国人民大学曾宪义教授治丧委员会：

惊悉曾宪义教授不幸辞世，深感哀痛！

曾宪义教授是中国共产党的优秀党员、著名法学家、杰出的法学教育家，他在法学界的论著，鼓励和支持了法学教育教学改革和法律文化领域的原创性学术研究，推动了我国法学教育的深化改革和法律文化研究。曾宪义教授的不幸辞世是中国法学界的重大损失。他对中国法学的贡献将永载史册，未竟志业将由后随着完成！

尊敬的曾宪义教授千古！

福建江夏学院
副院长：屈广清
2011 年 1 月 19 日

湖北大学政法与公共管理学院法律系主任邹爱华唁电

曾宪义同志治丧委员会：

惊闻曾宪义先生因病仙逝，万分悲痛！

虽然不曾作为学生直接聆听曾宪义先生的教诲，但通过阅读先生撰写的著作，深受教益。虽然不曾与先生谋面，但先生的光辉事迹早已如雷贯耳，颇受鼓舞。

作为著名的法学家、杰出的法学教育家和大力推动中外法学教育交流的领军人物，先生的逝世乃我国学术界、教育界的巨大损失。先生为中国法治建设和法学教育事业的发展作出的杰出贡献将永载史册，先生献身法学事业的精神将激励千千万万的后辈奋力前行。

请向先生的亲属转达诚挚的慰问！

曾宪义先生千古！

湖北大学政法与公共管理学院法律系
主任：邹爱华
2011 年 1 月 17 日

济南大学法学院院长杨士林教授唁电

中国人民大学曾宪义同志治丧委员会：

惊悉我国著名法学家、杰出法学教育家曾宪义教授逝世，噩耗传来，不胜悲痛！我谨代表济南大学法学院全体师生向先生深致哀悼，并向先生之家属致以诚挚的慰问。

先生一生精勤不倦，奋斗不懈，治学严谨，学贯西中，为中国法学教育事业作出了巨大的贡献，为我国法学学科的繁荣和发展作出了卓越的功绩。学界泰斗，一代宗师曾宪义先生与世长辞，这是我国法学界的巨大损失，也是我国学术文化界的巨大损失。

先生主编之《中国法制史》哺育了我院一届又一届的法科毕业生，先生治学之态度、学问之精深，令我辈景仰不已。我们将永远铭记先生的丰功伟绩，为我国的法学事业奋斗不已。

曾宪义先生千古！

济南大学法学院
院长：杨士林
2010 年 1 月 17 日

南京财经大学法学院院长陶广峰教授唁电

中国人民大学法学院：

惊闻我国著名法学家、杰出法学教育家曾宪义先生不幸辞世的噩耗，我院全体师生感到无比悲痛！在此，特致电贵院转达我院全体师生的哀悼之情，并通过贵院向曾宪义先生的家属转达我们的衷心哀悼。

曾宪义先生的逝世，不仅是中国人民大学法学院的重大损失，也是中国法学界的重大损失。

曾宪义先生永垂不朽！

南京财经大学法学院

院长：陶广峰

2011 年 1 月 17 日

南京大学法学院法律史教研室教授张仁善教授唁电

曾宪义先生治丧委员会：

惊闻曾宪义先生去世的噩耗，我十分悲痛。在此谨代表南京大学法律史同行、《南京大学法律评论》编辑部以及我个人的名义，向曾宪义先生的不幸去世表示沉痛哀悼，并对曾先生的家属表示慰问。

曾先生毕生致力于中国法律史及法律文化研究，为推动中国法律史学科建设、提升法律史学科地位以及推进法律史人才培养作出了不可磨灭的贡献，他的去世，是中国法律史、法律文化研究领域的重大损失，曾先生留下的若干学术成果，必将泽被学界后进，延续学术薪火。

南京大学法学院法律史教研室教授、《南京大学法律评论》主编

张仁善

2011 年 1 月 17 日

南开大学于语和教授唁电

致中国人民大学法学院并转曾宪义教授家属：

惊闻业师曾宪义先生逝世，痛悼心颜。

曾宪义教授是我国著名的法学家、杰出的法学教育家，为我国法学的繁荣与发展所作出了不可磨灭的贡献。先生逝世，中国法学界痛失一领军人物。

作为曾宪义教授的弟子，痛彻五内，唯有遥祷恩师一路走好，请先生家属节哀顺念。

南开大学法学院教授

于语和

2011 年 1 月 17 日

内蒙古法学会法学教育研究会理事长郭连恒唁电

中国人民大学法学院韩大元院长：

敬爱的曾宪义老师的亲人们：

昨晚听到曾老师病逝的消息，就如五雷轰顶，难以置信；震惊之余，泪流满面，嘘叹不已，捶胸顿惜！

我惭愧，怎能如此晚知噩耗？没有在第一时间获悉并追思！

我惭愧，怎能不知先生病况？没有赶赴病榻前探视并送终！

我惭愧，怎能不去问候先生？没有早一点给先生求医问药！

呜呼哀哉！难道繁忙的工作真可以作为借口？我愧对先生对我的好、对我的提携、对我工作的鼎力支持。曾老师，我虽然不是您的亲传弟子，但我早已经把自己当做了您的亲传弟子；我一直是这样称呼您的，就让我永远这样的称呼您吧！以此寄托我的痛楚、我的哀思、我的缅怀！

曾老师，您驾鹤西去，就请一路走好；您笑入仙境，必将功照西天。

内蒙古法学会法学教育研究会理事长

郭连恒

2011 年 1 月 17 日

山东大学法学院院长齐延平教授唁电

曾宪义同志治丧委员会：

惊悉曾宪义教授不幸逝世，不胜痛惋！我谨代表山东大学法学院并以我个人的名义特致电表示最沉痛的哀悼！

曾宪义教授是我国著名的法学家、杰出的法学教育家，毕生致力于中国的法制建设和法学教育，为中国法律史学科的发展、中国法学教育与法学研究的繁荣作出了重大贡献。他德高望重，学养深厚，誉满学林；他一生从教不辍，著述等身，桃李满天下，对中国现代法学教育惠泽恩深。长期以来，他关心、支持山东大学法学院的建设和发展，是我们事业发展的重要支持力量。

曾宪义教授的逝世，不仅是中国法学界的重大损失，也是中国法学事业的重大损失！

曾宪义教授千古！

肃此电达。

山东大学法学院

院长：齐延平

2011 年 1 月 17 日

外交学院江国青教授唁电

中国人民大学曾宪义先生治丧委员会：

惊悉曾宪义先生不幸逝世，深为悲悼！

曾宪义先生为当代中国的法学教育和法治建设殚精竭虑，猝尽心血，以致过早离开了我们，曾宪义先生的领袖精神及其所作出的卓著贡献将泽林万世，永垂青史！

曾宪义先生的英魂在天安息吧。

外交学院国际法教授、联合国研究中心主任

江国青

2011 年 1 月 17 日

武汉大学国际法研究所所长曾令良唁电

中国人民大学法学院：

惊闻我国著名法学家、法学教育家，中国人民大学法学院名誉院长、一级教授、教育部人文社会科学委员会副主任、教育部高等学校法学学科教学指导委员会名誉主任，中国法学会法学教育研究会会长，全国法律硕士专业学位教育指导委员会第一副主任曾宪义先生因病与世长辞，我谨代表武汉大学国际法研究所并以我个人名义，对于曾宪义先生不幸逝世深表哀悼，对曾宪义先生亲属表示亲切慰问！

曾宪义先生毕生致力于中国的法制建设与法学教育，为中国法学事业和法学教育事业呕心沥血，作出了重大贡献。他曾多次来武汉大学国际法研究所指导工作，大力支持我所作为全国文科重点研究基地的建立和发展。他将永远活在我们心中。

曾宪义先生永垂不朽！

武汉大学国际法研究所

所长：曾令良

2011 年 1 月 17 日

香港大学法学院陈弘毅教授唁电

曾宪义同志治丧委员会：

关于曾宪义教授之噩耗传来，悲痛万分，仅此向你们和曾教授的家人致以深切的哀悼和衷心的慰问。

曾教授是我十分尊敬的中国法学界的前辈，也是我最早有缘认识的中国内地资深法学学者之一。20 世纪 90 年代初，我们香港大学法学院第一次组织代表团到访内地的法学院校，便是到访曾宪义院长领导下的中国人民大学法学院。从那时起，我们法学院便开始和人大法学院的交流和合作，直至今天。当时我们代表团的领队是我们法律系的主任 Raymond Wacks 教授，由于他不懂中文，我便代他与曾院长接触，曾院长非常热心接待我们，我们感激不尽。

20 世纪 90 年代中期，我首次接受中国内地院校任命为客座教授，便是在曾院长邀请下出任中国人民大学法学院的客座教授。曾院长安排我到人大法学院以客座教授身份作一次学术讲座，并亲自介绍我给听众认识，他的诚恳和亲切的态度，我永远铭记于心。曾院长不断支持我们港大和人大的学术交流和合作，我们和人大合办过学术研讨会，曾院长也曾亲临港大法学院作关于中国法律传统的学术讲座。我还记得当时讲座以普通话进行，我就当曾院长的翻译，受益不浅。

近年来，虽然和曾教授见面的次数不多，但每一次见面，曾教授对我都是那么诚恳、友善和关心，对我的工作给予鼓励和支持。虽然他身兼多方面的重任，但是他对每一件事、每一个人，仍然能悉心和充分的照顾，令我万分佩服。

如今，曾教授永远离开了我们，这是我国法学界和法学教育界的重大损失、香港和内地法学交流事业的损失，也为他的亲人、朋友、学生和同事们带来莫大的悲伤。曾宪义教授的音容将永远留在我们心中，我们永远深切地怀念他，并珍惜他曾经和我们共度的日子。

香港大学法学院教授

陈弘毅

2011 年 1 月 17 日

西南财经大学法学院高晋康院长唁电

尊敬的韩大元院长：

惊闻敬爱的曾宪义先生不幸逝世的噩耗，不胜悲痛！曾宪义先生是我国著名法学家、杰出法学教育家；是改革开放以来中国法律教育的领航者；也是将中国人民大学法学院带到世界一流法学院的主要开创者；同时还是沟通中外法学界、法律界的主要推动者。他为中国法律人才的培养和中国法治建设作出了不可磨灭的重大贡献。他胸怀广阔、海纳百川；为人正直、治学严谨；诲人不倦，桃李满天下，在中外法学界和法律界久负盛名。曾先生的逝世，既是我国法学界的重大损失，也是我国法治建设事业的重大损失。在此，我代表全院师生向您表示沉痛的哀悼，并通过您向其家属表示亲切的慰问！

沉痛悼念曾宪义先生！

曾宪义先生千古！

西南财经大学法学院

院长：高晋康

2011 年 1 月 17 日

延安大学政法学院刘向林教授唁电

曾宪义同志治丧委员会办公室：

惊闻我国著名的法学家、杰出的法学教育家曾宪义教授不幸逝世的消息，使我十分悲哀！

曾宪义教授毕生致力于中国的法制建设与法学教育，积极探索法学教育发展的中国模式，为中国法学事业和法学教育事业的发展呕心沥血，浸入了全部精力，作出了重大贡献。他政治立场坚定，坚决拥护党的路线方针政策，实事求是，坚持真理，为中国法治建设和法学教育事业的发展作出了杰出贡献。他长期从事法律史的教学与研究工作，为中国法律史学科的发展和法律文化的繁荣作出了重要贡献。他的逝世，不仅是中国人民大学的重大损失，也是中国法学界、法学教育界的一大损失。

请转达我的哀悼之意和向曾宪义教授家属表示慰问之心，并望节哀。顺致敬礼！

延安大学政法学院教授

刘向林

2011 年 1 月 17 日

烟台大学房绍坤、郭明瑞教授唁电

中国人民大学曾宪义同志治丧委员会：

惊悉曾宪义教授仙逝，我们深感悲痛，谨表示深切的哀悼！

作为我国杰出的法学家和教育家，曾宪义教授毕生致力于法学研究和教育，为我国法治建设和法学教育事业作出了杰出的贡献。曾宪义教授治学严谨、著作等身，在法律史学研究和推动中外法律文化交流、推进中国法学教育事业进步方面都作出了具有开创性意义的贡献，堪称世范。曾宪义教授生前一直关心、支持烟台大学法学学科的建设与发展，在我们学术研究和法学教育工作中也给予了亲切关怀和无私帮助。

曾宪义教授的逝世是我国学术界、教育界的巨大损失。曾宪义教授的德泽，必将流芳千古！

烟台大学教授

房绍坤　郭明瑞

2011 年 1 月 17 日

云南大学法学院方慧教授唁电

中国人民大学法学院：

惊悉曾宪义教授乘鹤西去的消息，不胜震惊和悲痛。曾先生是法史学界泰斗，在法学界多个领域作出过杰出贡献，是值得后人永远铭记和学习的。因路途遥远，无法亲自到京参加先生的追悼会，请代我向曾先生的家属表示最深切和真挚的慰问，并愿曾先生一路走好。

云南大学法学院教授

方慧

2010 年 1 月 17 日

中国法学会行政法学研究会副会长杨海坤教授唁电

中国人民大学法学院：

惊闻著名法学家、杰出法学教育家、中国人民大学法学院名誉院长曾宪义教授不幸逝世，不胜哀痛！

曾宪义教授的一生是追求真理的一生、追求法治的一生。他生前对我的母校——人民大学之法学院作出了杰出的独特的巨大贡献。在他任法学院院长期间，尊敬老同志、关心年轻同志，曾带领全院师生为人大法学院赢得国内外广泛声誉。他胸怀宽广，待人宽厚，对包括苏州大学法学院在内的众多兄弟院校都给予了无私的帮助，因此，人们都会永远怀念他。

他的音容笑貌永远留在我们的心中，他的助人为乐的高尚精神永远使我们感动。我相信：他的事业必将在人民大学法学院新一代领导带领下继续发展，并创造更辉煌的成就！

曾宪义教授安息吧！

中国法学会行政法学研究会副会长

山东大学法学院特聘教授

杨海坤

2011 年 1 月 17 日

中国青年政治学院王新清教授唁电

曾宪义同志治丧委员会：

惊悉中国人民大学法学院名誉院长曾宪义先生不幸逝世，深感悲痛。谨向曾宪义先生致以深切悼念。

曾宪义先生是我国著名法学家、杰出法学教育家，他造诣精深，成果卓著，为我国法学教育的发展与进步、法律文化的国际交流和法学研究作出了突出贡献，向为学界同人所景仰。先生的逝世，是我国法律界、教育界的重大损失。

我曾受先生教海并有幸与先生共事多年，先生学问弘博，著述精湛，教书育人，提携后辈，性情豪爽，待人真诚，道德文章，堪为世范。我在向先生学习，并同他一起工作的过程中，获益良多，与先生结下了深厚的情谊。我为失去这样一位前辈感到深深痛惜。

先生溘然长逝，悲痛之情难以言表，谨向先生家属表达诚挚的慰问，并祈节哀。

曾宪义教授千古！

中国青年政治学院教授

王新清

2011 年 1 月 17 日

中国人民大学法学院孙国华教授唁电

曾宪义教授治丧委员会：

惊闻曾宪义教授不幸辞世，深表哀痛！请以朝阳大学校友会的名义，送一花圈，并请向曾老师的家属、亲戚表示慰问！

"曾宪义教授千古！朝阳大学校友会敬挽"

中国人民大学法学院教授

孙国华

2011 年 1 月 17 日

北京师范大学刑事法律科学研究院暨法学院院长赵秉志教授唁电

曾宪义教授治丧委员会：

惊闻曾宪义教授不幸病逝，我院全体师生深感悲痛！

曾宪义教授是我国著名的法学家，长期从事法律史的教学与研究工作，成果丰硕，为我国法律史学的发展作出了重要贡献。

曾宪义教授是我国著名的法学教育家，为我国法学教育事业呕心沥血，奉献了毕生精力，作出了重要贡献。曾宪义教授十分关心北师大刑事法律科学研究院的建设，为北师大刑事法律科学研究院学术事业的发展给予过诸多宝贵的支持和指导。

曾宪义教授的逝世是我国法学界、法学教育界的重大损失。我们对此深表哀悼，并向曾宪义教授的家属致以诚挚的慰问。

曾宪义教授千古！

北京师范大学刑事法律科学研究院暨法学院

院长：赵秉志

2011 年 1 月 18 日

大连海事大学法学院司玉琢教授唁电

曾宪义教授治丧委员会办公室：

惊闻我国著名法学家曾宪义教授不幸逝世的噩耗，使我十分悲痛，请转达我的哀悼之意和对曾教授家属的慰问！

　　曾教授一生致力于中国的法制建设与发展，他治学严谨，学问高深，待人热情诚恳，修养颇深，堪称学界楷模。

　　曾教授的不幸逝世，不仅使我失去了一位良师益友，也是我国法学界的巨大损失。

　　曾宪义教授千古！

大连海事大学法学院教授

司玉琢

2011 年 1 月 18 日

湖南师范大学法学院李双元教授唁电

曾宪义同志治丧委员会：

　　惊闻曾先生不幸长逝，深感震惊和悲痛。请代向曾先生家属表示慰问。

　　先生将毕生心血奉献给中国法学教育和民主法制建设事业。道德文章令人敬仰；学界泰斗英名永存。

　　曾先生千古！

湖南师范大学法学院教授

李双元

2011 年 1 月 18 日

郑州大学正校级调研员宁金成唁电

中国人民大学曾宪义教授治丧委员会：

　　惊悉曾宪义先生不幸因病逝世，深感悲痛！

　　曾宪义先生作为我国当代著名的法学家和杰出的法学教育家，为人师表，德高望重；学历艰深，笔耕不辍。曾宪义先生的逝世，不仅是中国人民大学的重大损失，也是中国法学界、法学教育界的重大损失。

　　谨向曾宪义先生的家属表示诚挚的慰问和深切的哀悼，并望节哀。

　　曾宪义先生千古！

郑州大学正校级调研员

宁金成

2011 年 1 月 18 日

昆明理工大学法学院院长曾粤兴教授唁电

曾宪义同志治丧委员会：

　　晚生在人大法学院求学期间，曾宪义先生正担任法学院院长一职。先生不仅给晚生等博士生开设前沿讲座，而且在生活上、工作上给晚生诸多关心和帮助。在晚生回到云南后，先生又欣然出任晚生供职学校的学报（社科版）之顾问工作，在人生道路上给了晚生许多温暖、教益和启迪。先生不仅于中国法学教育之宏观架构贡献良多，也不仅于两岸法学院校之合作交流贡献卓著，更可贵于在地方院校之发展所需时倾力相助，足具中国法学教育领袖风范。先生致力于通过法学教育改革促进中国法治建设的伟大实践和高尚精神，定将开出灼灼英华、结出累累硕果！

因受风寒，不能前来为先生送行。谨颂先生千古！

昆明理工大学法学院

院长：曾粤兴

2011 年 1 月 19 日

南京大学范健教授唁电

曾宪义同志治丧委员会：

惊闻曾宪义教授辞世，甚为悲痛。曾先生为中国法学事业和法学教育事业作出了杰出贡献，令后辈景仰。敬爱的曾宪义教授千古！

南京大学教授

范健

2011 年 1 月 19 日

山东建筑大学法政学院院长隋卫东唁电

中国人民大学法学院及曾宪义老师亲属：

惊悉著名法学家曾宪义老师仙逝，万分震惊与悲痛！我谨代表山东建筑大学法政学院全体师生向先生致以深切哀悼，向先生亲属致以诚挚慰问！

先生作为学界泰斗，毕生致力于我国的法制建设和法学教育事业，为我国法学学科的振兴与发展作出了重大贡献！先生的逝世，实是我国法学界乃至我国学术界的巨大损失！缅怀先生，我辈将遵循先生教诲，继承先生遗志，为我国的法学教育事业奋斗不止！

曾宪义先生千古！

山东建筑大学法政学院

院长：隋卫东

2011 年 1 月 19 日

西南科技大学法律硕士教育中心主任廖斌唁电

中国人民大学法学院：

惊悉曾宪义教授因病逝世，谨致沉痛哀悼！

曾宪义教授是我国法律硕士专业学位教育的杰出开拓者，为法律硕士工作的创立和发展作出了卓越贡献。作为全国法律硕士专业学位教育指导委员会第一副主任，曾宪义教授非常关心我国西部地区法律硕士教育事业的发展，特别是对我校的法律硕士的建立与发展给予了宝贵的指导、支持和帮助，让我们深受感动，先生的崇高品德和敬业精神永远值得我们继承和发扬光大。

曾宪义教授千古！

西南科技大学法律硕士教育中心

廖斌主任携全体职工敬挽

2011 年 1 月 19 日

校友周大伟唁电

中国人民大学法学院：

惊闻母校法学院前院长曾宪义教授不幸病逝，深感痛惜！曾老师为我国法学教育事业，特别是人大法学院的快速发展贡献了巨大精力和智慧，功勋卓著，名垂青史。曾先生辞世，是我国法学教育界的重大损失。我作为人大法学院的校友和一位曾经在 80 年代在人大法学院工作过的普通教师，尽管过去没有很多机会与曾先生在一起相处，但在仅有的几次接触中，深感曾先生的热情敬业、平易近人和领导智慧。曾先生辞世，几乎令人难以置信。我等晚辈，唯为中国的法治事业继续努力奋进，才可告慰先生的在天之灵。

曾先生安息！

中国人民大学法学院校友、旅美学者

周大伟

2011 年 1 月 19 日

于美国斯坦福大学胡佛研究所

北京大学李贵连教授唁电

曾宪义教授治丧委员会暨曾宪义教授家属：

惊闻曾宪义教授不幸病逝，学界同悲，痛悼殊深！

曾宪义教授是我国著名的法学家、法学教育家，毕生奉献于中国现代化法治建设，辛勤耕耘于法学教育园地，成就非凡，蔚为大家！

曾宪义教授的逝世，是中国法学界难以弥补的巨大损失！

谨此表达沉痛哀悼，并向曾宪义教授家属致以亲切慰问。

斯人已逝，风范长存。曾宪义教授的学术风范，道德文章，将是学界永远的财富！

曾宪义教授千古！

北京大学法学院教授

李贵连

北京大学法学院孙家红唁电

曾宪义教授治丧委员会暨曾宪义教授家属：

惊悉曾宪义教授驾鹤西去，法史学界痛失一巨擘也！曾宪义教授在七十五年的人生历程中，为中国现代法治、法学教育、法律史研究倾注满腔热血，作出了不可磨灭的贡献。

为表崇仰之情，谨撰一联，以致哀悼，并请家属节哀顺变。

懋学伟略五十年法史耕耘功比前贤

大业盛德七五载学林奉献泽被后昆

北京大学法学院法律史博士

孙家红

上海师范大学戴建国教授唁电

曾宪义同志治丧委员会：

惊闻曾宪义教授因病逝世，至为痛惜！曾宪义教授的逝世，是中国人民大学的巨大损失，也是法学界的巨大损失。谨表示我们的深切哀悼！并向曾宪义教授的家属表示亲切慰问。

上海师范大学教授

戴建国

苏州大学法学院常务副院长胡玉鸿教授唁电

曾先生治丧委员会：

惊闻曾宪义先生不幸仙逝，苏州大学法学院不胜悲恸。我院已于前几日发去唁电，寄托哀思，21日我们将委派法学院副院长周国华先生与法律史教授高积顺先生专程前往北京参加吊唁活动。因我人在境外，不能亲自前往，十分遗憾，请向韩院长说明一下并请向曾先生家属表示哀悼。

曾宪义先生千古！

苏州大学法学院

副院长：胡玉鸿

同济大学法学院朱国华教授唁电

品高自风流，学问贯中西

曾先生是我在人大读经济法博士后时的流动站站长，当时进站前有个选拔环节，曾老师让我们见识了人大法学院的好多的先贤，有了这个环节，由于过去学史的缘故，一来二往，就有了更多接受了曾先生的教育的地方。以史为鉴，可以知兴替。先生待人宽厚，平常显得特有精神，有一种特有的学者大师风范，我总认为先生身体好，总有机会，七月的一次通话如今竟成为永别，怎不让人扼腕。在站期间，经常地仰望先生为我们博士后们描绘的美丽的法治蓝图；经常地聆听他老人家的美丽心灵故事。向他老人家学年轻——卸任后开始学电脑，学开车，多好的人生导师啊。而今却成千古。我有幸成为人大的博士后并成功改变自己的人生轨迹，先生之功德至伟。

先生仙逝，是中国法学界的巨大损失；是我们法学博士后的重大损失；我们痛失尊敬的老师和朋友；我们痛失我们精神的灯塔。曾先生，我一定会努力的，您永远活在我的心中。

品高自风流，学问贯中西。伟大的法学教育家曾宪义先生永垂不朽，流芳千古！

同济大学法学院、知识产权学院教授

同济大学发展研究院副院长

朱国华

西南政法大学俞荣根教授唁电

中国人民大学曾宪义教授治丧委员会：

惊悉宪义先生仙逝，不胜悲惊！先生乃我国著名法学家、杰出法学教育家，一生著述如林，门生广布，为中国法学教育事业的发展和法学学术的繁荣，作出了卓越贡献。作为先生的后进学友，常得抵砺提携，相与谈法论道，收获良多，今痛失良师益友，泪沾双襟！哀彻心肺！

先生之崇高品德与学术功绩有口皆碑！鹤驾道山，泽惠永存！先生德风草偃，后学景行！先生事业，必将发扬光大！

曾宪义先生千古！

西南政法大学

俞荣根率众弟子挽

敬挽曾宪义先生

长院一十五载，身和院俱荣，生平应无憾事；
治史五十一年，名与史同光，学界信有完人。

中国政法大学

林鸿潮

敬悼曾公宪义先生

曾研学海推法史
宪刑民政伴涛声
义勇仁爱真品性
公平笃信志如鸿
精诚持业五十载
神采飞扬明德翁
长云浩气动天地
存名后世立师宗
曾宪义尊师浩气长存天地间

田文利

俞荣根教授挽词

以一院之长身系全国法学教育
尽一专之能弘大传统法律文化
曾宪义先生千古

西南政法大学

俞荣根

外交学院江国青教授挽联

殚思极虑，瘁尽心血！
领袖贡献，永泽法苑！

外交学院教授

江国青

曲阜师范大学法学院院长袁兆春教授唁电

中国人民大学法学院：

惊闻著名法学家、杰出法学教育家，尊敬的曾宪义教授不幸逝世，学生不胜悲痛！

先生长期致力于中国法学研究和教育事业，成绩卓然，桃李满天下。作为曲阜师范大学的兼职教授，先生对坐落于其家乡的曲阜师范大学法学院一直关怀备至，指导和帮助着曲阜师范大学法学院的发展。作为先生的弟子，对恩师的逝世，痛莫大焉！

先生辞世是中国法学界、中国法学教育界的重大损失。谨以此唁电，表达学生的沉痛哀悼之情，并请向先生亲属转达慰问，尚祈节哀保重！

曲阜师范大学法学院

院长：袁兆春

2011 年 1 月 18 日

辽宁大学法学院国家法与基础理论教研室张锐智唁电

中国人民大学法学院：

曾宪义教授治丧委员会：

惊悉中国人民大学法学院老院长、我国著名法学家、法学教育家曾宪义教授不幸逝世，我深感震惊与悲痛！

曾宪义教授是我国现代高等法学教育的开拓者和领导人。长期以来他致力于我国高等法学教育体系设计与改革，为我国高等法学教育繁荣和发展作出了巨大的贡献。曾宪义教授是我国法律史学界德高望重的专家和带头人。他在中国法制史方面的研究成果，受到国内外同行高度肯定和赞誉。他在推进中国法制史研究成果走向世界、增进中外法律文化交流作出了杰出的贡献。

曾宪义教授的不幸去世是我国法学教育、法律史研究一个无法弥补的损失！我们对此深感痛惜。

辽宁大学法学院法律史学科设立和发展始终得到曾先生指导和关怀。曾先生的去世使我们深为惋惜、深感悲痛！

在此，我代表辽宁大学法学院国家法与基础理论教研室、辽宁大学法律史学科并以我个人名义，对曾先生去世致以深切悼念，并向曾先生的亲属致以真诚慰问！

曾宪义教授永垂不朽！曾宪义教授永远活在我们心中！

辽宁大学法学院国家法与基础理论教研室主任

张锐智

2011 年 1 月 20 日

上海证券交易所张育军唁电

曾宪义教授治丧委员会暨曾宪义教授家属：

仅数月不见，惊悉曾先生病逝，我辈同悲，痛悼殊深！

曾先生是我敬仰的法学史家，更是我所敬仰的法学教育家！曾先生毕生呕心沥血，奉献于中国现代化法治建设，耕耘于法学教育园地，桃李天下，著述等身！

曾先生的逝世，不仅是人民大学的损失，更是法学界难以弥补的巨大损失！

谨此表达沉痛哀悼，并向曾宪义先生亲属表示衷心的慰问！

曾宪义先生千古！

上海证券交易所

张育军

2011 年 1 月 18 日

中国冶金地质总局高东旭唁电

曾宪义老师治丧委员会并转曾老师家属：

惊闻尊敬的曾老师仙逝，亦痛亦憾。作为一名法学专业的学生，我有幸进入人大法学院法律史专业学习，并曾得到曾老师的指点。曾老师的道德文章泽被后世，令我辈受用不尽。如今曾老师已离我们远去，祈愿老人家一路走好，并请曾老师家属节哀。

曾宪义老师千古！

学生：高东旭

2011 年 1 月 18 日

复旦大学董茂云唁电

曾宪义同志治丧委员会：

惊悉恩师仙逝，不胜悲痛。表示沉痛哀悼。

学生：董茂云

2011 年 1 月 20 日

学生王源扩唁电

中国人民大学法学院并曾宪义教授家属：

惊悉先生逝世，悲痛万分！中国法学界失去了一位巨擘，我亦痛失一位德高望重的好老师！先生培养之情永远铭记在心，愿先生在天之灵安息！愿先生亲属节哀珍重！

学生：王源扩

2011 年 1 月 17 日

香港大学法学院张宪初教授唁电

中国人民大学法学院：

惊悉曾宪义教授病逝，非常悲痛，谨致最诚挚的哀悼。曾教授对中国法学发展贡献良多，他的去世不仅是人民大学，也是全国法学界的重大损失。我和我的同事们深切缅怀曾教授。只是因为我们这边新的学年已开始，教学行政工作很紧张，不能前往北京参加追悼活动，万望见谅。

愿曾老师一路走好。

香港大学法学院教授

张宪初

台湾"中央研究院"历史语言研究所张伟仁教授唁电

赵老师：

今晨接到宪义先生的讣文，我去年在京未能去问候，现在又不能来吊祭，深感哀伤。想到他毕生为中国法学所做的贡献，便觉得应该振作起来，循着他开辟出来的路继续向前推进，以我们的成绩来纪念他。

时值隆冬，祈望珍重！

伟仁书

2011 年 1 月 16 日

中国法学会、中国法律史学会等学术团体唁电

中国法学会唁电

曾宪义同志治丧委员会：

惊悉曾宪义教授因病逝世，我们不胜悲痛！

曾宪义教授是我国著名的法学家、教育家，杰出的社会活动家，是中国人民大学法学院在全国法学教育领域处于领先地位的奠基人，是我国法学教育走向世界的开拓者。

曾宪义教授曾任中国法学会副会长，筹建成立中国法学会法学教育研究会并担任会长至今，积极探索法学教育发展的中国模式，为中国法学研究事业和法学教育事业的繁荣与发展倾注了毕生精力。

曾宪义教授的逝世，不仅是中国人民大学的重大损失，也是中国法学界、法学教育界的重大损失。他的爱国情怀、崇高品德和敬业精神永远值得我们继承、发扬、光大。

沉痛悼念曾宪义教授！

曾宪义教授千古！

中国法学会

2011 年 1 月 16 日

中国法学会法学教育研究会唁电

曾宪义同志治丧委员会：

惊悉曾宪义教授不幸逝世，中国法学教育界深感悲痛。在此向曾宪义教授的逝世表示沉痛哀悼！向曾宪义教授家属表示最深切的慰问！

曾宪义教授是我国著名法学家、杰出法学教育家，曾宪义教授为中国法学教育事业终生奋斗，鞠躬尽瘁。曾宪义教授创建了中国法学会法学教育研究会，并长期担任会长，他领导和团结法学教育界同仁，积极探索法学教育发展的中国模式，推动了中国法学教育与法学研究的繁荣；开创了中国法学教育走向世界的崭新局面，引领了"世界法学教育走进中国，中国法学教育走向世界"的进程。曾宪义教授为促进中国法学教育繁荣，推动中国法学教育走向世界作出了卓越贡献。

曾宪义教授的逝世是中国法学界和法学教育界无可挽回的巨大损失。中国法学会法学教育研究会将继承和发扬曾宪义教授的思想和精神，为我国社会主义法治建设和法学教育事业作出新的贡献。

中国法学会法学教育研究会

2011 年 1 月 16 日

中国法学会航空法学研究会唁电

中国人民大学并曾宪义教授家属：

惊悉曾宪义教授遽归道山，中国法学会航空法学研究会全体同仁骇悒莫名，谨向贵校及教授家属表示深切慰问！

曾宪义教授毕生致力于中国的法制建设与法学教育，致力于中国法学教育的国际交流与合作，积极推动了"世界法学教育走进中国，中国法学教育走向世界"的进程，长期从事法律史的教学与研究工作，为中国法律史学科的发展作出了重要贡献。曾宪义教授的一生，是奋斗的一生，奉献的一生，也是追求法治的一生，为中国的法学研究和法学教育鞠躬尽瘁。他政治立场坚定，坚决拥护党的路线方针政策，实事求是，坚持真理，为中国法治建设和法学教育事业的发展作出了杰出贡献。他的逝世，不仅是中国人民大学的重大损失，也使我们失去了一位好老师、好朋友，同时也是中国法学界的重大损失！

中国法学会航空法学研究会全体同仁对此深表哀悼，请向曾宪义教授家属转达我们的慰问，敬请节哀！

中国法学会航空法学研究会

2011 年 1 月 16 日

中国法律史学会唁电

曾宪义教授治丧委员会：

著名法学家和法律教育家曾宪义先生不幸逝世，是法学界的重大损失，我们深感悲痛。在此谨代表中国法律史学会的全体会员表示深切的哀悼，并对曾先生家人和同事表示亲切的慰问。

曾宪义先生是中国法学大家之一，很早就投身法律史研究和教学事业，著述颇丰。他的中国法制史重要著述和教材，影响了几代法学学子。曾先生也是当代中国最杰出的法律教育家之一，改革开放三十年来的法学教育发展壮大，凝聚了曾先生的大量心血和杰出贡献。特别值得一提的是，法律史学科和课程在中国法学教育体系中能保持今天的地位，有赖于曾先生长期不懈的仗义执言！曾先生还是中国法律史学会的重要创会成员之一，曾担任本会的负责人。多年来，为本学会的组织完备及学术活动开展，曾宪义先生也作出了重大的贡献，我们永远不会忘记这些贡献。

我们沉痛地悼念曾先生，并将继续致力于完成曾先生未竟的法律史学术和法学教育事业，以告慰先生在天之灵！

曾宪义先生永垂不朽！

中国法律史学会

2011 年 1 月 19 日

中国法学会环境资源法学研究会唁函

曾宪义先生治丧委员会：

惊悉曾宪义先生逝世，不胜哀痛，谨致深切悼念。曾宪义先生毕生为中国法制建设和法学教育呕心沥血，鞠躬尽瘁，对环境资源法学教育亦作出巨大的贡献，他的光辉业绩永存，并永远激励我们前进。

中国法学会环境资源法学研究会

会长：蔡守秋

2011 年 1 月 20 日

全国律师协会宪法与人权专业委员会唁电

曾宪义教授治丧委员会：

惊闻我国著名的法学家、杰出的法学教育家曾宪义教授不幸逝世的消息，我们感到十分悲伤！

曾宪义教授毕生致力于法学教育工作，为中国法学教育事业的发展呕心沥血，作出了重大贡献。他同时长期从事法律史的教学与研究工作，为中国法律史学科的发展和法律文化的繁荣作出了重要贡献。

曾宪义教授长期关心全国律师协会宪法与人权专业委员会的建设和工作，为全国律师协会宪法与人权专业委员会的发展提供了很多支持。

曾宪义教授的逝世是我国法学界、法学教育界的重大损失。我们对此深表哀悼，请转达我们对曾宪义教授的家属诚挚的慰问。

曾宪义教授千古！

全国律师协会宪法与人权专业委员会

主任：吴革

山东省法学会唁电

曾宪义教授治丧委员会：

惊悉著名法学家、法学教育家曾宪义教授驾鹤西去，遽归道山！山东省法学会致以沉痛的哀悼，并向曾教授的亲属致以亲切的慰问。

作为在齐风儒韵熏染下成长起来的一代法学名家，多年来曾宪义教授以他高尚的做人品格、严谨的治学态度、优雅的长者之风，为我国法学事业的发展栉风沐雨，殚精竭虑，贡献了毕生精力，作出了突出贡献，产生了深远影响。

曾宪义教授的逝世使我国法学界失去了一位重要的领军人物，是我国法学界的重大损失，是法学教育事业的沉痛之殇！为表达我们对曾教授的深切哀悼之情，烦请治丧委员会以山东省法学会名义代为敬献花圈一个，我们不胜感谢！

曾宪义教授千古！

山东省法学会

2011 年 1 月 20 日

北京市法学会环境资源法学研究会的唁电

曾宪义先生治丧委员会：

惊悉曾宪义先生逝世，谨致深切悼念。曾宪义先生毕生致力于中国法制建设和法学教育，作为国内外最著名的法学家和教育家，他对我国环境资源法学教育亦作出巨大的贡献。北京市法学会环境资源法学研究会是他亲自创办并担任名誉会长，他关心和指导研究会的发展，亲自参加研究会的各项活动。长星陨，砥柱倾，研究会全体会员为失此良师益友悲痛万分。我们将继承先生的遗志，光大先生开拓的事业，告慰先生的英灵。

北京市法学会环境资源法学研究会

会长：周珂

2011 年 1 月 20 日

中国法律咨询中心唁电

中国人民大学曾宪义同志治丧委员会：

惊悉曾宪义教授仙逝，谨致悲痛哀悼。宪义教授是今世杰出的法学家、教育家，一生著述如林，桃李天下，为新中国法学研究事业和法学教育事的繁荣，作出了重要贡献。请代向宪义教授家人转达慰问，望节哀保重。

曾宪义教授千古！

中国法律咨询中心

2011 年 1 月 20 日

山东嘉祥曾子研究会唁电

曾宪义同志治丧委员会：

惊闻曾宪义教授因病不幸逝世，我们深感悲痛。曾宪义教授是我国著名法学家、杰出的法学教育家。他大力支持山东嘉祥曾子研究会的工作，为弘扬祖国优秀传统文化，服务于社会主义现代化建设作出了积极贡献。请传达我们对曾宪义教授的沉痛哀悼和对曾宪义教授家属的亲切慰问，并望节哀。

顺致崇高的敬意！

山东嘉祥曾子研究会

2011 年 1 月 18 日

山东省、济宁市、嘉祥县三级党政机关唁电

中共山东省委办公厅唁电

曾宪义同志治丧委员会:

惊悉曾宪义同志因病逝世,我们深感悲痛,特致电表示沉痛哀悼,请向曾宪义教授的亲属致以诚挚的慰问。

请以中共山东省委办公厅的名义送花圈。

中共山东省委办公厅
2011 年 1 月 18 日

山东省人民政府办公厅唁电

曾宪义同志治丧委员会:

惊悉曾宪义同志因病逝世,我们深感悲痛,特致电表示沉痛哀悼,请向曾宪义同志的亲属致以诚挚的慰问。

山东省人民政府办公厅
2011 年 1 月 18 日

济宁市人民政府唁电

曾宪义同志治丧委员会:

惊悉著名法学家、杰出法学教育家曾宪义先生不幸逝世,谨表沉痛哀悼,并向曾宪义先生的亲属致以亲切慰问!

我市是曾宪义先生的故乡,曾先生生前情系桑梓,为家乡建设作出了应有贡献。家乡人民永远怀念他!

曾宪义先生千古!

济宁市人民政府
2011 年 1 月 17 日

济宁市委、市政府,嘉祥县委、县政府唁电

曾宪义同志治丧委员会办公室:

惊悉曾宪义同志逝世,我们感到十分悲痛,曾宪义同志一生勤勤恳恳,任劳任怨,为中国法学和法治的发展作出了重要贡献,曾宪义同志是曾氏后裔中的著名法学家、杰出法学教育家,近年来他时刻关注和支持曾子故里——嘉祥的发展,作出过无私奉献,谨以至诚电唁,并向曾宪义同志的家属表示诚挚慰问。

肃此电达。

济宁市委、市政府

嘉祥县委、县政府

2011 年 1 月 17 日

中共嘉祥县委、嘉祥县人民政府唁电

中国人民大学法学院曾宪义先生治丧委员会：

惊悉著名法学家、杰出法学教育家、中国人民大学一级教授、法学院名誉院长曾宪义先生不幸逝世，嘉祥县 83 万人民深感悲痛！特向曾宪义先生家属表示慰问，望节哀！

曾宪义先生是我国著名的法学教育家，他用自己毕生精力教育了一批又一批法学工作者，为法学事业发展作出了杰出贡献，曾老生前十分关心家乡的发展，积极为家乡的发展建言献策，为宣传家乡不遗余力，是家乡人民的骄傲。

曾宪义先生的不幸逝世，使我们失去了一位好党员、好同志，作为曾老家乡人民，我们要学习和继承他的高尚品德和对事业执著的精神，化悲痛为力量，为加快建设惠及全县人民的小康社会而努力奋斗。

中共嘉祥县委

嘉祥县人民政府

2011 年 1 月 17 日

北京各高校及科研机构唁电

北京大学法学院唁电

中国人民大学法学院，曾宪义同志治丧委员会：

惊悉尊敬的曾宪义教授不幸逝世，我院师生十分悲痛。

曾宪义教授作为我国著名的法学家、杰出的法学教育家，不仅在法史学的研究方面成就卓著，而且为我国法学教育事业的发展倾注毕生精力，作出了卓越的贡献。

曾宪义教授长期担任领导工作，身兼数职，他的崇高品德、学术成就和杰出的领导能力为学界所景仰，他的逝世不仅是中国人民大学的巨大损失，也是全国法学教育界的巨大损失。在此，谨表达我院师生对曾宪义教授的深切哀悼，并请贵校转达对曾教授家属的亲切慰问。

曾宪义教授千古！

北京大学法学院

张守文　潘剑锋

2011 年 1 月 17 日

北京大学近代法研究所唁电

曾宪义教授治丧委员会并曾宪义教授的亲属：

惊悉曾宪义教授不幸病逝，不胜悲痛。曾宪义教授作为全国著名的法学教育家和法史学者，对中国法学的发展和法史学研究走向深入作出了很大贡献，生前对北京大学近代法研究给予了很大支持。谨向你们表示对于曾宪义教授的沉痛哀悼，并请其亲属节哀！

曾宪义教授千古！

北京大学近代法研究所全体同仁敬唁

2011 年 1 月 19 日

清华大学法学院唁电

中国人民大学曾宪义同志治丧委员会：

惊悉曾宪义先生不幸病逝，清华大学法学院全体师生员工万分悲痛！曾宪义先生是我国杰出的法学家，也是著名的教育家。他不仅为中国人民大学法学院的发展作出了无可替代的特殊贡献，而且对近三十年中国法学教育的改革发展发挥了领军作用，在他的带领下，开创了中国法学教育的新局面，大大提升了中国法律人才培养和法学理论研究的质量和水平。他的逝世不仅是中国人民大学的损失，也是中国法学教育和整个高等教育界的一大损失。

清华大学法学院自 1994 年筹备复建，曾宪义先生就给予极大的关心和支持。他多次参加专家论证会，后来又慷慨应允担任清华大学兼职教授，参加了我们许多重要会议。他就清华大学如何开展法学教育提出了许多真知灼见，至今我们受益无穷。他对兄弟院校无私的帮助支持，体现了他的慷慨大度和高风亮节。我们永远怀念他！

曾宪义先生学术精神长存，教育思想长青！

清华大学法学院

院长：王振民

书记：车丕照

2011 年 1 月 16 日

中国政法大学唁电

曾宪义同志治丧委员会：

惊悉中国共产党优秀党员，著名法学家，杰出法学教育家，中国人民大学法学院名誉院长曾宪义先生逝世，中国政法大学全体师生及广大校友深感悲痛，谨表沉痛哀悼和深切怀念，并通过委员会向先生家属致以真切问候。

文章传千古，德操永流芳。先生知识渊博、学力深厚、学问精深，著述精辟，推动了我国法律史学理论的创新与发展，可谓贡献卓越；先生情怀朴素、师德高尚、传道授业、桃李天下，促进了法学研究和法学教育事业的发展与繁荣，深具大家风范。

曾宪义先生的逝世，不仅是中国人民大学的巨大损失，更是我国法学界和法学教育事业的巨大损失。但先生的辉煌业绩及奋斗精神，必将激励一代代人大师生及广大教育界、学界同仁砥砺奋斗，奋勇向前！

曾宪义先生千古！

中国政法大学

2011 年 1 月 18 日

中国人民大学历史学院唁电

曾宪义同志治丧委员会：

惊闻曾宪义先生辞世，不胜哀痛。

曾先生在中国法制史领域取得巨大成就，为中国法律史学科的发展作出重要贡献，卓然名家，道德文章，素为世人所敬仰。作为国际知名的教育家，曾先生为推动中国法学教育走向世界立下殊勋。曾先生的辞世，不仅是中国人民大学法学院的重大损失，也是我国法学界的一大损失。谨此，我们致以深切哀悼，并向曾先生的家属表示诚挚问候。

曾宪义先生永垂不朽！

中国人民大学历史学院

2011 年 1 月 17 日

北京师范大学法学院唁电

曾宪义教授治丧委员会：

惊悉著名法学家、法学教育家曾宪义教授不幸辞世，北师大法学院全体师生深表悲痛！

曾宪义教授毕生致力于我国法学教育事业和国家法治建设，为我国法学教育事业的发展作出了重要的贡献。曾宪义教授生前十分关注北师大法学学科，尤其对法学院的发展给予很多指导。曾宪义教授的逝世使我国法学界失去了一位重要的领军人物，是我国法学界的重大损失！我院全体师生沉痛悼念曾宪义教授，并请向其亲属转达诚挚的慰问！

曾宪义教授千古！

北京师范大学法学院

2011 年 1 月 18 日

对外经济贸易大学法学院唁电

中国人民大学曾宪义同志治丧委员会：

惊悉曾宪义先生辞世，我们感到无比悲痛。

曾先生是我国著名法学家和教育家，为中国法治现代化建设鞠躬尽瘁，功勋卓著。曾先生是中国法律史学的开创者之一，他的精深学术研究为中国法学贡献了宝贵的智慧。

先生才高德厚，以先生名义建立的法律、法学界唯一的基金会——曾宪义法学教育与法律文化基金会，资助法学交流和研讨，鼓励原创性学术研究，奖励法律优秀人才，泽被后世，影响深远。曾先生的辞世，是中国法学界的重大损失。

先生西去，风范长存，愿先生往生极乐。

对外经济贸易大学法学院

2011 年 1 月 18 日

北京航空航天大学法学院唁电

曾宪义教授治丧委员会并转其亲属：

惊闻我国当代著名法学家、法学教育家曾宪义教授病逝，我院全体教职工十分悲痛，谨在此致以沉痛哀悼，并向其亲属表示慰问，敬请节哀。

曾宪义先生将毕生精力和心血献给了我国法学教育事业和中国法律史学研究事业，为我国法学教育事业的蓬勃发展和中国法律史学科的繁荣强大作出了卓越的贡献，取得了卓著的成就。曾先生品格高尚，大行德广，治学严谨，泽被后进，为中国法学培养了万万千千优秀人才。我们为中国法学界痛失一位如此卓越的法学家而感到无限悲痛！

曾宪义先生千古！

北京航空航天大学法学院

院长：龙卫球

2011 年 1 月 17 日

北京理工大学法学院唁电

尊敬的韩大元院长：

惊闻贵院名誉院长、我国著名法学家、杰出的法学教育家曾宪义教授今天上午因病逝世，我们不胜悲痛！曾宪义教授的去世，是法学界的巨大损失，是法学教育界的巨星陨落！

曾宪义教授一生致力于中国法学教育的发展，除了将人大法学院办成国内一流的法学院以外，还大力发展中国的法律硕士教育，促进中国和美国、欧洲、日本、韩国等世界各国法学教育界的沟通与交流。对于我国法学教育水平的发展和提高，以及我国法学界在世界范围内声誉的提升，曾宪义教授可谓居功甚伟！

北京理工大学自1994年成立法律系以来，经过十几年的发展，于2008年成立法学院，并在2010年获批法学一级硕士点。北京理工大学法学院的成长和发展，一直都受到了曾宪义教授的亲切关怀和大力提携，对此我们深怀感激！如今曾宪义教授的逝世，使我们失去了一位良师益友、失去了一位关怀我们学院发展和成长的长者，这也是我们学院的重大损失！

曾宪义教授毕生所致力的中国法学教育事业已经走向繁荣发展的大道，无数的法学界同仁一定会将中国的法学教育事业继续发扬光大，以告慰曾宪义教授的在天之灵！

曾宪义教授千古！

北京理工大学法学院

2011年1月15日

国家法官学院唁电

曾宪义同志治丧委员会办公室：

惊悉曾宪义同志因病不幸逝世，我院高憬宏院长和全体教职工表示沉痛哀悼，谨向曾宪义同志家属表示深切问候！

国家法官学院

2011年1月18日

国家行政学院法学部唁电

中国人民大学法学院：

惊悉曾宪义教授不幸病逝，深为哀痛。

曾先生是我国著名法学家、杰出法学教育家，他在法律史等领域著述丰硕，论述透辟，影响深远。曾先生担任中国法学会副会长、教育部高等学校法学学科教育指导委员会主任、名誉主任和中国法学会法学教育研究会会长期间，求实创新，不断推动中国法学教育与法学研究的繁荣。

曾先生为中国法学事业和法学教育事业的发展殚精竭虑，忘我工作，为中国法治建设作出了突出贡献，他的逝世，是我国法学界的重大损失！谨此表示沉痛悼念，谨向家属致以深挚的慰问。

国家行政学院法学部

2011年1月19日

北京工商大学法学院唁电

中国人民大学法学院并曾先生家属：

惊悉曾宪义先生不幸辞世，我院全体师生深感悲痛和哀悼！

曾先生一生治学严谨、学术造诣精深，把毕生精力奉献于我国法学教育事业。曾先生为人师表，德高望重，为中国法史学科和法学教育事业的发展作出了重大贡献。

先生虽然离开了我们，先生高尚的人格品质、严谨的治学风范、卓越的学术成就将永远激励我们不断前进。

　　曾宪义先生千古！

北京工商大学法学院

2011 年 1 月 16 日

中国人民公安大学法律系唁电

中国人民大学法学院曾宪义教授治丧委员会办公室：

　　惊悉曾宪义教授病逝，我们深感悲痛。曾宪义教授是我国著名法学家、杰出法学教育家，是中国人民公安大学法律系的好朋友，曾宪义教授长期从事法律史的教学与研究工作，为中国法律史学科的发展作出了重要贡献。他毕生致力于中国的法制建设与法学教育，为中国法学事业和法学教育事业的发展呕心沥血，浸入了全部精力，作出了重大贡献。他的逝世，使我们失去了一位可敬的好师长、好朋友，这不仅是中国人民大学的重大损失，也是中国法学界、法学教育界的一大损失。

　　在此，我们对曾宪义教授的病逝表示深切的哀悼。请代我们向曾宪义教授的家属表示亲切的慰问。

中国人民公安大学法律系

2011 年 1 月 17 日

外交学院国际法系唁电

中国人民大学法学院并曾宪义先生亲属：

　　惊悉我国著名法学家、杰出法学教育家曾先生不幸病逝，我们全体师生无比悲痛和惋惜。曾先生为我国法学教育事业的发展和法学学术的繁荣，贡献卓著。先生的离去是我国法学界和教育界难以估量的损失。

　　曾先生虽然离开了我们，但先生的形象将永远留在我们心中！

　　曾宪义先生永垂不朽！

外交学院国际法系

2011 年 1 月

中国青年政治学院唁电

中国人民大学并曾宪义同志治丧委员会：

　　惊悉贵校法学院名誉院长曾宪义教授不幸仙逝，我校全体师生无不深感悲痛。谨对曾宪义教授的逝世表示深切悼念，向家属表示诚挚慰问。

　　曾宪义教授是我国著名法学家、杰出法学教育家。教授学问弘博，造诣精深，毕生致力于我国法学教育事业，为推动中国法学教育走向世界作出了巨大贡献，在国内外法学界享有盛誉。

　　曾宪义教授的逝世，是中国法律界和教育界的重大损失。教授的治学风范、学术精神必将永远激励我们不断前进。

曾宪义教授千古！

中国青年政治学院

2011 年 1 月 17 日

中央财经大学法学院唁电

中国人民大学法学院：

惊悉曾宪义教授不幸病逝，谨致最沉痛的哀悼！并向其家属转致诚挚的慰问！

曾宪义教授为中国法学事业和法学教育事业的发展作出了重大贡献。他领导中国人民大学法学院取得了在全国法学教育领域的领先地位；带领法学教育界积极探索法学教育发展的中国模式，推动了中国法学教育与法学研究的繁荣。

曾宪义教授始终坚持在教学第一线，传道授业，荫泽后学，为国家培养了一大批优秀法律人才。

曾宪义教授千古！

中央财经大学法学院

郭锋

2011 年 1 月 17 日

北京外国语大学法学院唁电

曾宪义同志治丧委员会：

惊悉曾宪义教授不幸逝世，我院同仁万分悲痛，在此深表哀悼！

曾宪义教授集德、才、识于一身，诚为中国国法学之巨擘，为中国法学研究、法学教育事业作出了卓越贡献。今遽归道山，实为我国法学界一大损失，我们将追随先生之风，上下求索，为完成先生未竟之事业而努力！

玉台未远，音容宛在。智者长逝，精神永存。

谨向曾宪义教授的亲属致以最深切的慰问！

北京外国语大学法学院

2011 年 1 月 18 日

中国传媒大学政治与法律学院法律系唁电

中国人民大学法学院并曾宪义教授亲属：

惊悉国内杰出的法学教育家、法学家曾宪义教授不幸辞世，我们感到无比悲痛！

曾宪义教授一生锐意进取，鞠躬尽瘁，为推动中国法学教育事业和法治进程作出了重大贡献，他的仙逝是中国法学界的巨大损失！我们中国传媒大学政治与法律学院法律系全体师生将学习和继承曾教授的崇高品质，沿着曾教授未竟的法治建设和法学教育事业的道路继续前进！

曾宪义教授千古！请曾教授家属节哀！

中国传媒大学政治与法律学院法律系

主任：李丹林 敬哀

2011 年 1 月 18 日

北方工业大学法律系唁电

曾宪义教授治丧委员会并转曾宪义教授家属：

惊悉曾宪义教授不幸逝世，我系师生不胜悲痛。我们对曾宪义教授的逝世表示深切哀悼，并向曾宪义教授家属表示慰问。

曾宪义教授是我国著名的法学家、法学教育家，他为我国的法学研究事业和法学教育事业作出了卓越的贡献，深受学界同仁的景仰。他的逝世是我国法学教育事业的巨大损失。

曾宪义教授生前一直关心、支持我校法学学科建设，值得我们永远铭记在心。

曾宪义教授安息！

北方工业大学法律系全体师生

2011 年 1 月 17 日

北京交通大学人文学院唁电

曾宪义教授治丧委员会：

惊悉曾宪义教授辞世，我们深感悲痛！谨对曾宪义教授的逝世表示深切的悼念并向家属表示诚挚慰问。

曾宪义教授是我国著名的法学家和教育家，长期致力于中国法学教育和法律史学研究，为我国的法治建设事业和法学教育事业作出了卓越的贡献。

曾宪义教授的不幸辞世，是我国法学界的巨大损失。曾宪义教授的治学风范和学术精神必将流芳百世，惠及后人。

曾宪义教授对我院法学教育给予的鼎力扶持，我院师生将永远铭记。

曾宪义教授千古！

北京交通大学人文学院

副院长：毕颖

首都经济贸易大学法学院唁电

中国人民大学法学院并曾宪义教授家属：

惊悉曾宪义教授仙逝，我院师生深表悲痛与哀悼。

曾宪义教授是我国著名的法学家、杰出的法学教育家，其一生为法学史学科的发展作出了重要的贡献，推动了中国法学教育进步，为中国法学教育事业走向世界作出了不可磨灭的贡献。

曾宪义教授为人师表，为我国培养了大批法学人才。曾宪义教授支持和关心全国各地法学院的成长和发展，首都经济贸易大学法学院在发展中曾得到了曾宪义教授的无私帮助。曾宪义教授的逝世，是中国法学界、法学教育界的重大损失，我们代表首都经济贸易大学法学院，谨致唁电，以申沉痛悼念之忱。

曾宪义教授千古！

首都经贸大学法学院

中华女子学院社会与法学院唁电

曾宪义同志治丧委员会：

惊悉我国著名法学家、法学教育家曾宪义教授不幸逝世，深感悲痛，谨向曾宪义教授致以深切悼念。

曾宪义教授毕生致力于中国的法制建设与法学教育，致力于中国法学教育的国际交流与合作，积极推动了"世界法学教育走进中国，中国法学教育走向世界"的进程，长期从事法律史的教学与研究工作，为中国法律史学科的发展作出了重要贡献。曾宪义教授的一生，是奋斗的一生、奉献的一生，也是追求法治的一生，为中国的法学研究和法学教育鞠躬尽瘁，他的辞世，是我国法学界、教育界的重大损失！

谨以此唁电，表达我院师生的沉痛心情，并请向曾宪义教授家属转达慰问，尚祈节哀保重。

中华女子学院社会与法学院

2011 年 1 月 17 日

北京市邦盛律师事务所唁电

致：中国人民大学法学院

并：曾宪义教授至亲好友

邦盛律师事务所全体同仁对伟大的法学家曾宪义教授的逝世万分哀痛！

曾教授既是我们的良师，也是我们的益友。曾教授对我们如何做法律人、怎样做法律事的谆谆教诲，我们将永远铭记在心中。

曾宪义教授千古！

北京市邦盛律师事务所敬挽

2011 年 1 月 17 日

京外高校及科研机构唁电

山东大学唁电

曾宪义同志治丧委员会：

惊悉曾宪义教授不幸逝世，悲痛之至！我谨代表山东大学并以我个人名义致电表示最沉痛的哀悼，并向曾宪义教授的亲属致以最深切的慰问！

曾宪义教授是我国著名的法学家，他长期从事法律史教学研究工作，为中国法律史学科的发展作出了重要的贡献，曾宪义教授还是我国杰出的法学教育家，他积极探索法学教育发展的中国模式，推动了中国法学教育的发展与繁荣。

曾宪义教授品德高尚，正直不阿，学养深厚，泽被法界，他的逝世是中国法学的巨大损失！

曾宪义教授千古！

山东大学校长　中国法学会副会长

徐显明

山东大学宪政与政治文明研究中心唁电

中国人民大学曾宪义同志治丧委员会：

惊悉曾宪义教授不幸逝世，不胜悲痛。

曾宪义教授是我国著名的法学家，长期以来致力于中国法律史、比较法律文化研究，笔耕不辍，思想深刻，学识卓越，被海内外公认为杰出的法律史研究专家，为中国法律史学术研究的进步和法律史学科的发展作出了重要贡献。曾宪义教授还是杰出的法学教育家，毕生致力于中国的法学教育事业，积极探索法学教育发展的中国模式，推动了中国法学教育与法学研究的繁荣。曾宪义教授的逝世是我国法学界的重大损失。我们对教授的逝世表示沉痛的哀悼，并通过治丧委员会向他的家人表示深切的慰问。

山东大学宪政与政治文明研究中心

2011 年 1 月 17 日

中国海洋大学法政学院、中国海洋大学法律硕士教育中心唁电

曾宪义先生治丧委员会：

惊悉著名的法学家、杰出的法学教育家，中国人民大学一级教授、法学院名誉院长、博士研究生导师曾宪义先生不幸逝世，中国海洋大学法政学院徐祥民院长及全体师生深感悲痛，并向曾老的亲属表示沉痛哀悼和诚挚慰问！

作为我国法学界的泰斗，曾宪义先生毕生致力于社会主义法治建设，成就卓著、影响深远，推动了中国法学教育与法学研究的繁荣；曾宪义先生始终坚持在教学第一线，培养

了一大批优秀法律人才，桃李满天下；曾宪义先生领导中国人民大学法学院锐意进取，开拓创新，使人大法学院跻身于世界一流法学院行列。一代宗师，举世齐仰！

曾宪义先生的逝世是我国法学界和教育界的重大损失！

曾宪义先生千古！

中国海洋大学法政学院

中国海洋大学法律硕士教育中心

2011 年 1 月 19 日

烟台大学唁电

中国人民大学曾宪义同志治丧委员会：

惊悉曾宪义同志不幸逝世，深感悲痛，谨向你们并通过你们向曾宪义同志的亲属致以深切的哀悼！

作为我国杰出的法学家和教育家，曾宪义教授把毕生精力都奉献给了我国法治建设和法学教育事业。曾宪义教授生前一直关心和支持烟台大学法学学科的建设与发展，学校在成长的历程中多次得到曾宪义教授无私的帮助。

曾宪义教授的一生是奉献的一生，是奋斗的一生，是全心全意为人民服务的一生。他的不幸逝世，不仅是中国人民大学的重大损失，也是我国法学界的重大损失。我们要化悲痛为力量，继承曾宪义教授的遗志，为中国法学教育事业的发展作出新的贡献。

曾宪义同志千古！

烟台大学

2011 年 1 月 17 日

青岛大学法学院唁电

中国人民大学法学院：

惊悉著名法学家、杰出法学教育家曾宪义教授逝世，我青岛大学法学院全体师生万分悲痛，曾宪义教授生前对青岛大学法学院学科建设和队伍建设作出了重大贡献；我们永远铭记先生伟大人格和崇高形象，我们一定在先生的家乡——山东把法学教育事业做好，告慰先生英灵。

曾宪义先生千古！

青岛大学法学院

2011 年 1 月 17 日

山东经济学院法学院唁电

致中国人民大学法学院曾宪义同志治丧办公室：

惊闻曾宪义老师不幸逝世的消息，我们法学院全体同志十分悲痛！曾老师亲切的音容笑貌还仿佛历历在目。而今骤然谢世，令人悲伤。曾宪义老师是杰出的法学教育家，他为中国法学教育所作出的贡献必将对中国的法治建设产生深远的影响！他将是我们法学教育者永远的榜样！

请转达我们的哀悼之意，向曾老师的亲属表示慰问之心，并请节哀！

顺致敬礼！

山东经济学院法学院

2011 年 1 月 17 日

曲阜师范大学法学院唁电

中国人民大学法学院：

惊闻著名法学家、杰出法学教育家、尊敬的曾宪义教授不幸逝世，曲阜师范大学法学院全体师生不胜悲痛！

曾宪义教授长期致力于中国法学研究和教育事业，成就卓然，桃李满天下。作为曲阜师范大学的兼职教授，先生对坐落于其家乡的曲阜师范大学法学院一直关怀备至，指导和帮助着曲阜师范大学法学院的发展。

先生辞世，是中国法学界、中国法学教育界的巨大损失，谨以此唁电，表达我院师生的沉痛哀悼，并请向先生亲属转达慰问。祈节哀保重！

曲阜师范大学法学院

2011 年 1 月 18 日

山东农业大学文法学院唁电

中国人民大学法学院：

曾宪义同志治丧委员会：

惊闻曾宪义教授逝世，不胜悲痛。曾先生为学术献身之崇高精神与巨大之人格力量将沾溉学林，永垂不朽。

山东农业大学文法学院

2011 年 1 月 21 日

南开大学法学院唁电

致中国人民大学法学院并转曾宪义教授家属：

曾宪义先生逝世，噩耗惊闻，学坛震悼。

曾宪义教授是我国著名的法学家、教育家，为我国法学的繁荣与发展所作出的贡献不可磨灭。先生逝世，法学界失一巨擘。我院师生全体沉痛悼念，对其家属表示慰问并请节哀。

悼曰：

曾公宪义，学坛巨擘。植槐葳蕤，传承薪火。

盈城桃李，忧民忧国。法学斯盛，功高业桌。

齐钟召鼎，颂满饶歌。先生今去，悼其光德。

天心漠漠，徒增奈何。哀哉哀哉！志科继矣。

南开大学法学院

2011 年 1 月 17 日

天津师范大学法学院唁电

中国人民大学曾宪义教授治丧委员会：

惊悉曾宪义教授逝世，不胜哀痛！

曾宪义教授是我国当代著名的法学家和杰出的教育家，毕生致力于法律史研究和法学教育事业，潜心治学，为中国法学教育事业的发展和法学学术的繁荣，作出了重要贡献，曾先生的为人和为学都是中国学者的典范。

天津师范大学法律专业的创建得到了曾宪义先生的大力支持，后又应邀担任我院兼职教授，对我院学科建设及法律硕士人才培养提出了许多宝贵建议。

曾宪义教授的逝世是我国学术界、教育界的巨大损失。我代表天津师范大学法学院并以个人名义，谨致唁电对曾宪义先生仙逝表示沉痛哀悼，并请贵治丧委员会向曾宪义先生的亲友、同事表达我们的哀悼之情。

曾宪义先生千古！

天津师范大学法学院
院长：梁津明
2011 年 1 月 18 日

天津商业大学法学院唁电

曾宪义同志治丧委员会办公室：

惊闻法学家曾宪义教授不幸逝世，我院师生十分悲痛！曾宪义教授毕生致力于中国的法制建设与法学教育，学者风范，犹在面前，今骤然谢世，令人惋惜！曾宪义教授一生严谨治学，精勤不倦，法学造诣，世所公认，不幸逝世是我国法学界的巨大损失！曾宪义教授千古！

请转达我院师生哀悼之意。

天津商业大学法学院
院长：齐恩平
2011 年 1 月 19 日

河北科技大学文法学院唁电

中国人民大学法学院曾宪义同志治丧委员会：

惊闻曾宪义同志逝世，万分悲痛。先生多年以来，致力于中国法学教育事业的发展，为中国法学教育作出了杰出的贡献。先生的英明与业绩将流芳千古，永垂不朽。

深切缅怀曾宪义先生！

河北科技大学文法学院
李克荣　胡慧英　刘武朝
2011 年 1 月 18 日

河北经贸大学法学院唁电

中国人民大学法学院:

惊悉中国人民大学法学院名誉院长曾宪义先生不幸逝世,深感悲痛!曾宪义先生是中国共产党优秀党员、著名法学家、杰出法学教育家。他一生奋斗在中国法学和法律教学、研究领域。为中国法学与法学教育事业的发展,作出了巨大的贡献。他真诚无私地提携后学,培养了很多优秀人才。他热忱地指导、支持兄弟法学院系的发展,促进了全国法律教育事业的繁荣,他的逝世,是我国法学与法律教育界的巨大损失。值此之际,我们谨向贵院并通过贵院向曾宪义先生的家属表示沉痛悼念和诚挚慰问!恳切希望曾宪义先生的家属节哀顺变,保重身体!

河北经贸大学法学院

2011 年 1 月 18 日

河北联合大学人文法律学院唁电

中国人民大学法学院曾宪义教授治丧委员会:

惊悉曾宪义教授逝世,本院师生不胜悲悼!本院师生素来仰慕先生提携后学、关心兄弟院校之大师风范,突闻噩耗,深感哀痛!

曾宪义教授是优秀的中国共产党党员、闻名海内外的法学家。他一生投身于法学教研事业,在我国法学专业领域内的教学、研究、建设各方面都取得了卓越的成绩,是推动我国法学教研走向繁荣的前辈,是全国法学界共同尊敬的学术泰斗。他的逝世,是中国法学界的巨大损失。但先生的精神,必将永存史册,嘉惠后人!值此之际,本院全体向贵院并通过贵院向曾宪义先生的家属表示沉痛悼念和诚挚慰问!

曾宪义教授千古!

河北联合大学人文法律学院

2011 年 1 月 18 日

石家庄铁道大学人文学院唁电

中国人民大学法学院:

惊悉我国著名法学家、中国人民大学法学院教授曾宪义先生不幸逝世的消息,十分悲痛!曾宪义先生的不幸逝世是法学界的一大损失。谨表达我们的哀悼之情及向曾宪义先生家属转达我们的慰问之意,并望节哀。

特致慰问!

石家庄铁道大学人文学院

2011 年 1 月 17 日

中国民航大学法学院唁电

中国人民大学并曾宪义教授家属:

惊悉曾宪义教授遽归道山,中国民航大学法学院全体师生员工、广大校友骇惋莫名,谨向贵校及教授家属表示深切慰问！

　　曾宪义教授毕生致力于中国的法制建设与法学教育，致力于中国法学教育的国际交流与合作，积极推动了"世界法学教育走进中国，中国法学教育走向世界"的进程，长期从事法律史的教学与研究工作，为中国法律史学科的发展作出了重要贡献。曾宪义教授的一生，是奋斗的一生，奉献的一生，也是追求法治的一生，为中国的法学研究和法学教育鞠躬尽瘁。他政治立场坚定，坚决拥护党的路线方针政策，实事求是，坚持真理，为中国法治建设和法学教育事业的发展作出了杰出贡献。他的逝世，不仅是中国人民大学的重大损失，也使我们失去了一位好老师、好朋友，同时也是中国法学界的重大损失！

　　中国民航大学法学院对此深表哀悼，请向曾宪义教授家属转达我们的慰问，敬请节哀！

中国民航大学法学院
2011 年 1 月 16 日

山西大学法学院唁电

曾宪义同志治丧委员会：

　　惊悉中国人民大学法学院名誉院长曾宪义教授病逝于京，我院全体师生不胜伤心。曾先生为我国法学和教育所作之巨大贡献，世人所共景仰。曾先生为中国法学研究和法学教育事业献身之崇高精神与巨大之人格力量将永为师范，传世不朽。曾先生的辞世，是我国法学界和教育界无可挽回的重大损失。我们将永远铭记曾先生对我院学科建设和跨越发展的鼎力支持。请向曾先生的家属转达真挚的问候。

山西大学法学院
2011 年 1 月 15 日

山西财经大学唁电

中国人民大学曾宪义教授治丧委员会：

　　惊闻曾宪义教授仙逝，不胜悲痛。

　　曾宪义教授是中国法学界杰出的法学家、法学教育家，半个世纪以来致力于我国的法学研究和法学教育事业，尤其对我校法学学科的建设和发展给予了无私的帮助，他的离去是中国法学界的重大损失，我们甚为怀念。

　　曾宪义教授安息！

山西财经大学
2011 年 1 月 16 日

太原理工大学政法学院唁电

曾宪义先生治丧委员会：

　　惊闻曾宪义先生病逝噩耗，不胜悲痛！曾宪义先生作为我国法学界的领军人物之一，为我国的法学教育、法学研究和法律人才的培养作出了杰出的贡献，先生的不幸离世，无疑是我国法学界的一大损失。太原理工大学政法学院全体师生对先生的不幸离世表示沉痛的哀悼！并通过你们对先生的家属表示亲切的慰问！

太原理工大学政法学院

2011 年 1 月 18 日

安徽大学唁电

曾宪义教授治丧委员会：

惊悉我国著名法学家、法学教育家曾宪义教授仙逝，深感悲痛，谨表哀悼！

曾宪义教授毕生致力于法学教育和研究，为中国法学事业和法学教育事业的发展，作出了突出贡献，尤其在推动中国法律史学科的发展，促进中国法学教育走向世界等方面作出了卓越贡献。曾宪义教授长期关心并支持安徽大学的发展，为我校培养了一批高素质的学术骨干，对我校学科学位点建设特别是法学学科的建设与发展发挥了重要指导作用！

曾宪义教授的逝世，是中国法学界、法学教育界的重大损失。我校全体师生沉痛悼念曾宪义教授，并请向其亲属转达诚挚的慰问！

曾宪义教授千古！

安徽大学

2011 年 1 月 17 日

安徽大学法学院唁电

中国人民大学法学院并转曾宪义教授家属：

惊闻我国杰出法学家、杰出的法学教育家、当代法学教育事业的领导者曾宪义教授不幸去世，无尽悲痛！

曾宪义教授毕生致力于我国法学事业的发展，作出了不可磨灭的贡献，其卓越成就、道德文章世人景仰。曾宪义教授对我院的学科建设和人才培养一直予以热忱的关怀与无私的帮助，我们将永远铭记。曾宪义教授待人接物，坦荡敦厚。学问人品，皆称楷模。曾宪义教授的仙逝，是我国法学界无法弥补的重大损失！

请曾宪义教授家属节哀！

曾宪义教授安息！曾宪义教授千古！

安徽大学法学院

2011 年 1 月 16 日

安徽财经大学法学院唁电

中国人民大学法学院：

惊悉曾宪义先生溘然长辞，我们感到无限悲痛！

曾先生为贵院的发展作出了重大贡献，也为全国的法学教育事业作出了重大贡献，他的逝世不仅是贵院的重大损失，也是全国法学教育事业发展的一个重大损失。曾先生生前对我院的发展曾经给予过热情的关心和支持，我们学院全体师生对于他的逝世表示沉痛的哀悼！

愿先生之魂与我们长存！

谨此致悼！

安徽财经大学法学院

2011 年 1 月 17 日

淮北师范大学政法学院唁电

曾宪义教授治丧委员会：

惊闻我国著名法学家曾宪义教授逝世，深感悲恸。

曾宪义教授德高望重，治学严谨，为我国法学学科建设、法学教育事业作出了突出贡献。先生的辞世是我国法学界、法学教育界的重大损失。

淮北师范大学政法学院全体师生对曾宪义教授的逝世表示沉痛悼念，并向先生家属表示诚挚的慰问。

曾宪义教授千古！

淮北师范大学政法学院

2011 年 1 月 18 日

南京大学唁电

中国人民大学曾宪义教授治丧委员会：

惊闻曾先生遽归道山之讣告，骇惋莫名，痛悼实深。

曾先生学贯中西、著作等身，是我国著名的法学教育家，为我国法学事业和法学教育事业付出大量的心血，倾注了毕生的精力，道德文章皆为世人敬仰，他的逝世，是我国法学界和高等教育界的重大损失。

我谨代表南京大学并以我个人名义致以深切的哀悼，并向曾先生的家人转达诚挚的问候。

专此致唁。

南京大学

党委书记：洪银兴

2011 年 1 月 18 日

南京大学法学院唁电

中国人民大学法学院：

惊闻我国著名法学家、杰出的法学教育家、尊敬的曾宪义先生不幸逝世，南京大学法学院全体师生不胜悲痛。

曾先生长期致力于中国法学研究和教育事业，成就卓著，桃李天下，恩泽学界。先生对南京大学法学院一直关爱有加，指导和帮助着南京大学法学院的事业发展。先生的逝世，是中国法学界、中国法学教育界的巨大损失。谨以此唁电，表达我院师生的沉痛心情，并请向曾先生家属转达慰问，尚祈节哀保重。

南京大学法学院

2011 年 1 月 16 日

南京师范大学法学院唁电

惊悉曾宪义先生逝世，我们扼腕叹息，悲痛之情，无以言表。仅以此函，表达对先生的无限追思，和对先生亲属的真挚慰问。

曾宪义先生是中国共产党的优秀党员，对党的事业的无限忠诚构成了他人格魅力中最核心的价值内涵。作为著名的法学家，他终其毕生的经历，直至生命的最后一刻，贡献于中国法律史的研究工作；作为杰出的法学教育家，他不仅把中国人民大学法学院带到了一个令人瞩目的高度，而且成为中国法学教育的旗帜，引领着一个时代的进步。先生一生的成就，将永载史册。先生的逝世使我们失去了一位良师，一位智者，一位受人尊敬的领导者，无疑是中国法学界和法学教育界的重大损失。

曾宪义先生生前对南京师范大学法学院的发展给予了特别的关注和鼓励，在学院的队伍建设、学科发展、对外交流等各个方面都给予了许多具体的指导和帮助，这些都使我们永远铭记。在追思先生之际，我们唯有奋力实现先生对我们的期望，唯有奋力将学院建设推向新的高度，以慰先生之英灵！

曾宪义先生已去，但他的事业永存！

先生安息！

南京师范大学法学院

院长：李力

2011 年 1 月 17 日

苏州大学法学院唁电

中国人民大学法学院并转曾宪义教授家属：

惊悉曾宪义教授不幸逝世，我院师生深感悲痛和惋惜。在此我们对曾宪义教授的逝世表示哀悼，对曾宪义教授的家眷表示慰问。曾宪义教授是我国杰出的法学家和教育家，是我国法学研究和教育的扛鼎人物，他的一生为我国法治建设和法学教育事业作出了不可磨灭的贡献。曾宪义教授生前一直支持和关心全国各地法学院的成长和发展，苏州大学法学院在发展的历程中多次得到先生的无私帮助，至今感念不忘！先生胸襟宽广，为人质朴敦厚，热情诚恳，先生的去世，使我国失去了一位不可多得的法学引路人，是我国法学界的重大损失！

请曾宪义教授的家属节哀！

曾宪义教授安息！

苏州大学王健法学院

东南大学法学院唁电

曾宪义教授治丧委员会：

惊悉曾宪义教授不幸辞世，东南大学法学院全体师生万分哀痛！

曾宪义教授不仅是著名的法律史学家，更是著名的法学教育家，曾宪义教授一生致力于我国法学教育事业，开创了我国法学教育走向世界的新局面。曾宪义教授一生光明磊落，治学严谨，著述丰硕，桃李天下，成就卓著，为人、为学皆为后辈楷模。

曾宪义教授的辞世不仅是中国人民大学的损失，更是我国法学界的重大损失。

东南大学法学院
2011 年 1 月 16 日

东南大学法律硕士教育中心唁电

曾宪义教授治丧委员会：

惊闻曾宪义先生仙逝，深感悲痛！

先生是我国著名法学教育家和法律活动家，在我国法律硕士教育改革进程中作出了不可磨灭的贡献。

先生遽然长逝，是我国法学界、法律界的巨大损失。在此谨向贵校及先生家属表示慰问，并请节哀！

东南大学法律硕士教育中心
2011 年 1 月 16 日

南京航空航天大学人文学院法律系唁电

中国人民大学法学院并转曾宪义教授亲属：

惊悉曾宪义教授仙逝，我系师生深感悲痛！

曾宪义教授长期从事法律史的教学工作，培养了一大批优秀法律人才，为我国法治建设作出了巨大贡献，他毕生在法学研究园地辛勤耕耘，为我国法律史学科的发展作出了重要贡献。曾宪义教授积极推动我国法学教育事业发展，关心各地的法学教育和人才培养，我系的发展从中也得到较大启发和帮助，我系师生将永远铭记！

曾宪义教授的离世，是我国法学界的重大损失！我们对曾宪义教授的仙逝表示沉痛哀悼，并向曾宪义教授的亲属表示慰问！

曾宪义教授千古！

南京航空航天大学人文学院法律系
2011 年 1 月

江南大学法政学院唁电

曾宪义教授治丧委员会并其家属：

惊悉尊敬的曾宪义教授仙逝，我们学院全体师生万分悲痛！惠山惟余莽莽，太湖顿失滔滔！

曾宪义教授一生始终致力于我国法学教育事业、法学研究以及法治建设事业的发展，鞠躬尽瘁，死而后已，成就卓著，人格伟大，泽被法林，垂范后昆。曾宪义教授生前对我院法学教育事业的支持、关心和贡献永远值得我们全院师生铭记和感恩！

沉痛哀悼敬爱的曾宪义教授！

敬爱的曾宪义教授千古！

江南大学法政学院并院长蔡永民
2011 年 1 月 18 日

宁波大学法学院唁电

曾宪义教授治丧委员会：

惊闻曾宪义教授不幸逝世，我院全体师生深感悲痛！曾宪义教授一生为我国法学教育和法制建设作出了杰出贡献，生前对我院的法学教育和人才培养多有关怀和支持。先生的逝世是我国法学界和教育界的巨大损失，但其精神长存，流芳后世！

我谨代表宁波大学法学院并以个人名义表示沉痛悼念。

曾宪义教授千古！

宁波大学法学院

院长：张炳生

2011 年 1 月 17 日

上海交通大学唁电

曾宪义教授治丧委员会：

惊悉曾宪义教授逝世，不胜悲痛！

曾宪义教授是我国著名的法学家、法学教育家，毕生致力于法律史研究和法学教育事业，潜心治学，为中国法学的发展作出了卓越的贡献！他的道德风范为人敬仰，学术造诣泽被后世，在法学界、教育界享有很高的声望。他的去世，是我国法学界、教育界的重大损失。

曾宪义教授生前非常关心、支持我校凯原法学院的建设与发展。他的不幸逝世，是我们共同的悲痛。在此，谨通过你们转达上海交通大学及郑成良副校长对曾宪义教授亲属的诚挚慰问。

曾宪义教授千古！

上海交通大学

郑成良

2011 年 1 月 17 日

复旦大学法学院唁电

中国人民大学曾宪义同志治丧委员会：

曾宪义教授因病逝世，我院师生不胜悲痛。

曾宪义教授是我国杰出的法学家、法学教育家，毕生致力于法律史研究和中国法学教育事业，潜心治学，锐意改革，开拓出了中国法学教育的前进方向，为新时期中国法学事业快速发展奠定了坚实的基础。他的逝世，是中国人民大学的重大损失，更是中国法学界的损失。

曾宪义教授生前始终关心支持复旦大学法学院的发展，对他的离世，我院师生深感悲痛。谨致唁电，以表哀悼！

曾宪义教授千古！

复旦大学法学院

2011 年 1 月 18 日

华东政法大学唁电

曾宪义教授治丧委员会：

悉曾宪义教授仙逝，不胜悲悼。

半个多世纪以来，曾宪义教授始终坚韧不拔地致力于法学研究和法学教育事业，著作等身、成绩斐然。他在法律史学研究方面，在推进中国法学教育事业进步方面，在推动中外法律文化交流方面均作出了杰出的贡献，更荣获了法国名誉博士称号和日本国名誉博士学位，受到了国际社会特别是世界法学界的瞩目，无愧为我国的学坛泰斗、教苑世擎。

曾宪义教授的逝世是我国学术界、教育界的巨大损失，但其著述精神必将嘉惠后学，史册流芳。我们代表华东政法大学并以个人名义，谨致唁电，以申沉痛悼念之忱。

曾宪义教授千古！

华东政法大学

书记：杜志淳

校长：何勤华

2011 年 1 月 16 日

华东师范大学唁电

曾宪义同志治丧委员会：

惊悉中国共产党优秀党员，著名法学家、杰出法学教育家曾宪义教授因病医治无效，不幸逝世，我们深感悲痛！

曾宪义同志以党的事业为终生事业，忠诚于党，忠诚于人民，为党的事业着想，不懈追求，奋斗终生。曾宪义同志一生致力于法学研究，追求真理，崇尚正义，为我国法学事业和法学教育事业的发展作出了卓越贡献。曾宪义同志以博大的人文精神、崇高的道德情怀，卓越的学术追求，激励后学，培育人才，为我国的法治建设作出了重大贡献。曾宪义同志的逝世，是中国法学界和教育界的巨大损失。

华东师范大学全体师生对曾宪义同志的逝世表示深切哀悼，谨请向曾宪义同志的家属转达最诚挚的慰问。

华东师范大学

2011 年 1 月 18 日

上海大学法学院唁电

中国人民大学法学院：

惊悉我国著名的法学家、杰出的法学教育家，中国人民大学法学院名誉院长，教育部人文社会科学委员会副主任，中国法学会法学教育研究会会长曾宪义一级教授因病逝世，我们感到无比的痛惜，特向贵院并通过你们向曾老师的亲属转达我们的哀思和慰问。

曾宪义教授毕生致力于中国的法制建设与法学教育，积极探索法学教育发展的中国模式，推动了中国法学教育与法学研究的繁荣；作为一代法学大家，他为中国法律史学科的发展作出了重要贡献，在国内外有着广泛的学术影响。在曾教授五十多年的执教生涯中，他为中国的法治建设培养了一大批优秀法律人才，促进了法学教育的发展，繁荣了法律文化的研究。同时，曾宪义教授推动中国法学教育的国际交流与合作，加强了中国法学教育界与世界各国法学教育界的交流，扩大了中国法学教育的国际影响。在扩大海峡两岸法学教育合作与交流方面，曾教授也作出了开拓性的贡献。

曾宪义教授一生为中国的法学研究事业和法学教育事业的发展呕心沥血，倾注了全部精力，作出了杰出贡献。他的逝世，是中国法学界、法学教育界难以弥补的重大损失！

我们将永记曾宪义教授对中国法治事业、教育事业的发展所作出的杰出贡献和无私奉献的精神。

曾宪义教授永垂不朽！

上海大学法学院

2011 年 1 月 18 日

上海对外贸易学院法学院唁电

中国人民大学曾宪义教授治丧委员会：

曾老逝世，曷胜怆然！曾老在中国人民大学传道授业几近甲子，为中国人民大学法学院的建设和发展呕心沥血；毕生致力于中国的法制建设与法学教育，为中国法学事业和法学教育事业的发展作出了重大贡献；积极推动中国法学教育的国际交流与合作，扩大了中国法学教育的国际影响。本校法学院众多教师多有在中国人民大学法学院求学或培训之经历，受益于曾老良多，本校法学院的法律专业硕士学位点建设，亦得曾老亲自指点。曾老之去世，不但是贵我两院难以弥补的损失，也是中国法学界和法学教育界的重大损失。我院全体同仁沉痛悼念曾老，并请贵院领导向曾老的亲属转达我们的诚挚慰问！

尚此奉唁！

上海对外贸易学院法学院

2011 年 1 月 19 日

河南大学法学院唁电

中国人民大学法学院：

惊悉曾宪义教授不幸逝世，不胜哀痛。曾宪义教授是我国著名法学家、法学教育家，一生辛勤工作，奋勇开拓，为中国法学教育、中国法学法律人才的培养事业作出了巨大的贡献，对于世界法学教育走进中国、中国法学教育走向世界功不可没，全体法学同仁将永远铭记曾宪义教授的丰功伟绩。

曾宪义教授的去世，使我国法学界和我国法律史学界痛失领衔人物，也是我国法学界和法律史学界的重大损失。我院全体师生沉痛悼念曾宪义教授，并请向其亲属转达诚挚的慰问！

河南大学法学院

2011 年 1 月 16 日

四川大学法学院唁电

中国人民大学法学院：

曾宪义先生治丧委员会：

惊悉我国著名的法学家、杰出的教育家曾宪义先生不幸辞世，四川大学法学院全体师生不胜悲痛，特致唁电向贵院及曾宪义先生的亲属表达沉痛的哀悼和最诚挚的慰问！

曾宪义先生是新中国法律史学的开创者之一，他在中国法制史、中外法文化、台湾法律文化等方面有着精深的研究，对中国法学界影响深远。曾宪义先生一生致力于中国的法学教育事业，他在促进我国法学教育的规范化、国际化方面居功至伟，在国内外法学界都享有盛誉。先生特别关注中西部地区的法学教育发展，对四川大学法学院的发展助益良多。曾宪义先生的逝世，不仅是中国人民大学法学院的损失，更是中国法学界的重大损失！

哲人已逝，风范长存。曾宪义先生的学术与人品必将惠泽后学、流芳史册！

曾宪义先生千古！

四川大学法学院

2011 年 1 月 17 日

重庆大学唁电

曾宪义同志治丧委员会：

惊悉曾宪义先生不幸逝世，深感悲痛，在此，对先生的逝世表示深切哀悼，并谨向先生的亲属表示亲切的慰问！

曾先生是我国著名法学家、杰出法学教育家，一生致力于中国法学教育事业的发展，学术成就斐然，特别是在中国法制史、比较法律文化等研究领域引领着学术前沿，在国内外法学界享有崇高声誉，先生一生治学严谨，德高望重，受人爱戴，堪称学界楷模。先生曾亲临我校法学院指导工作，对我校法学学科的建设和发展给予了热情关心和大力支持，令人难以忘怀！

先生的逝世，是我国法学界的重大损失，我们将化悲痛为力量，弘扬先生的治学精神，研究学术，造就人才，推动我国法学教育事业科学发展！

曾先生，您安息吧！

重庆大学党委常务副书记

教授、博士生导师

陈德敏

2011 年 1 月 17 日

西南政法大学唁电

曾宪义同志治丧委员会：

惊悉著名法学巨擘曾宪义教授昨日仙逝，万分沉痛！

曾老师是新中国法制史研究的开创者之一，为我国的法制史研究、法学教育发展奠定了坚实的基础。曾老师学识渊博，在中国法制史、比较法律文化、台湾法等领域进行了开拓性研究，作出了卓越贡献，对中国法学界影响深远，也受到了海外学界的广泛赞誉。

曾老师执鞭法学教育逾半世纪，著述等身，学识、品格为我国法学界之风范，后学之表率，今曾老师溘然长逝，不仅使我们痛失一位尊敬的长辈、一位好老师，更是中国法学界的重大损失！谨向贵校及曾宪义老师的家属表示亲切的慰问！

悼曾宪义老师：

"太山坏乎！梁柱催乎！哲人萎乎！法学教育航舵，法律院校楷模。"

西南政法大学

校长：付子堂

2011 年 1 月 16 日

西南科技大学法学院唁电

中国人民大学法学院：

惊悉曾宪义教授仙逝，我们法学同仁无不为之悲痛！曾先生是我国杰出的法学家和成绩卓越的法学教育家，他为改革开放后的中国法学教育事业的发展呕心沥血，在先生的努力下，中国高等法学教育在政府和社会公众中产生了极高的影响力。先生对我们西部地区高校法学本科教育和法律专业硕士教育更是给予多方的扶持和亲切指导。西南科技大学法学院的法学本科教育和法律硕士专业教育、师资队伍建设正是在曾先生的关怀和指导下不断发展壮大的，尤其是在我校遭受四川汶川 5.12 特大地震灾难重创后，曾先生更是为我校法学学科的灾后重建工作四处奔走呼吁，并推荐优秀教师来我院支援讲学，让我们全体师生感动至今。我本人对先生曾经赐予的教诲和帮助更是非常感戴。现在痛失大师我们泪流沾襟，我们会永远铭记先生的高尚品德和睿智的法学教育思想，继承先生未竟之事业，为西部高等法学教育事业作出更大的贡献。

特发唁电，向曾宪义教授表示哀悼，向家属及亲人表示慰问！祈愿人民大学法学院继承曾先生的遗志，继续推动中国的高等法学教育事业有更大的发展！

曾宪义先生永垂不朽！

西南科技大学法学院院长廖斌携全体教职工敬挽

2011 年 1 月 17 日

湖南大学法学院唁电

曾宪义同志治丧委员会：

惊悉我国著名的法学家、杰出的法学教育家曾宪义教授不幸仙逝，我院师生深感悲痛和惋惜。

先生长期从事法律史的教学与研究工作，为中国法学事业和法学教育事业贡献了毕生精力，为中国法治建设作出了卓越贡献。先生生前对湖南大学法学院的发展十分关心，给予了大力支持与指导，先生的情谊，我们一直铭记在心。先生的逝世，既是中国法学界、法学教育界的重大损失，也让我们痛失了一位德高望重的师长。谨向先生的逝世致以沉痛的哀思，并请先生家属节哀！

曾宪义教授永垂不朽！

湖南大学法学院

院长：杜钢建

书记：屈茂辉

2011 年 1 月 17 日

湖南工业大学法学院唁电

中国人民大学法学院：

惊悉我国法学泰斗曾公宪义老先生千古，我院师生深感悲痛！

缅怀先生为我国法学理论的奠基者，法学实践的拓荒者，是法学教育的一代宗师。

先生一生呕心沥血，披荆赤胆，为追求真理，追求民主，追求自由，追求公平正义，奋斗不止，无怨无悔。

先生为人谨慎，学而不倦，识而渊博，为我国法治建设奉献了毕生心血。

我院师生一定秉承先生遗志，为祖国法学事业的繁荣而努力奋斗。先生，安息吧！

湖南工业大学法学院全体师生

2011 年 1 月 17 日

中南大学法学院唁电

中国人民大学曾宪义教授治丧委员会：

惊闻曾宪义教授与世长辞，哀凄难抑，无比悲痛。谨通过你们转达中南大学法学院全体师生对曾先生的沉痛哀悼，并向曾先生的家属致以亲切的慰问！

曾先生是我国著名的法学家，他长期致力于中国法律史的研究，推动了中国传统法律文化研究的体系化；他立学为民，治学报国，对中国法治建设的发展作出了杰出贡献。

曾先生是我国杰出的法学教育家，他倡导并实践了法学教育的中国模式，推动了中国法学教育的繁荣和发展。他致力于中外法学教育的交流与合作，使中国法学教育走向世界，塑造并维护了中国法学教育的国际形象。

曾先生非常关心我院的法学教育和学科建设，曾两度亲临我院指导工作和讲学，为我院法律硕士点的建设指引航向。先生的教诲犹在心间，先生的笑貌宛若眼前！我们将永远铭记先生的恩德与关爱！

先生的去世，使法学界失去了一位杰出的大师，也使我们失去了一位德高望重的引路人。先生的著述精神必将激励后学，流芳百世！

曾宪义教授千古！

中南大学法学院

2011 年 1 月 18 日

湖南师范大学法学院唁电

曾宪义同志治丧委员会：

惊悉中国当代著名法学家、杰出法学教育家曾宪义先生仙逝，悲痛之至。谨向先生家属表示慰问并传达我们的哀思。

先生作为学界泰斗，不仅为人民大学法学教育的发展殚精竭虑，奠定了人大法学在全国法学教育界的领头羊地位，而且引领了"世界法学教育走进中国，中国法学教育走向世界"的进程，对推动中国法学教育的振兴居功至伟。

先生身为中国法学教育的引领者，对包括我院在内的其他法学院的发展和学界后辈的培养，倾注了满腔热情和全部精力，令我们感激之至。

先生把毕生精力奉献给中国法学教育与研究事业，桃李遍天下，无愧为"桃园""太古"，道德文章堪称楷模。他的离去，对于中国的法学教育与民主法制建设事业，都是重大损失。

曾宪义先生千古！

湖南师范大学法学院

肖北庚院长、陈红桂书记率全院师生叩拜

2011 年 1 月 18 日

湘潭大学法学院唁电

曾宪义教授治丧委员会暨曾宪义教授家属：

惊悉曾宪义教授不幸病逝，我们十分悲伤！曾宪义教授是我国著名的法学家、法学教育家，他一生为新中国的法学教育事业作出了重要贡献。他在学术上造诣之深世所公认，其治学严谨，堪为学术界的楷模。长期以来，我院的发展一直得到曾宪义教授的关注和支持，他的不幸逝世是中国法学界难以弥补的巨大损失！

谨此表达沉痛哀悼，并向曾宪义教授家属致以亲切慰问。

曾宪义教授千古！

湘潭大学法学院

院长：胡肖华

湘潭大学非洲法律与社会研究中心唁电

中国人民大学曾宪义教授治丧委员会并请转曾宪义先生家属：

惊闻我国著名法学家、杰出法学教育家曾宪义教授不幸逝世，万分悲痛。

曾宪义先生终身致力于法学教学与研究，不断推动中外法律史研究向前发展，尤其为支持和推动中国非洲法的研究作出了不可磨灭的贡献，如 2006 年在曾先生的积极倡导下，中国法学会法学教育研究会、中国人民大学法律文化研究中心、曾宪义法学教育与法律文化基金会和湘潭大学非洲法律与社会研究中心联合举办了首届"中国—非洲法学教育与法律文化论坛"。如今先生虽然仙逝，但先生的精神和功绩令世人永远铭记于心！

曾先生千古！

湘潭大学非洲法律与社会研究中心主任洪永红携全体同仁　泣祈

2011 年 1 月 16 日

湖南警察学院唁电

曾宪义同志治丧委员会：

惊闻著名法学家曾宪义教授不幸逝世，我院师生深感悲痛。

曾宪义教授是中国共产党的优秀党员、著名的法学家和杰出的法学教育家，为中国法学事业和法学教育事业的发展倾注了毕生精力，作出了突出贡献。他的逝世，是中国法学界的巨大损失。在此，谨代表湖南警察学院全体师生，对曾宪义教授的逝世表示深切哀悼，并通过你们转达曾教授家属诚挚的慰问。

湖南警察学院

2011 年 1 月 17 日

华中科技大学法学院唁电

中国人民大学法学院：

　　惊悉曾宪义先生逝世，不胜悲痛！

　　先生是用马克思主义立场、观点、方法研究中国法学的杰出代表，是中国法学界和法学教育界的开创者和奠基人之一，先生的著作为中国法律史研究作出了重要贡献，先生在法律教育上倾注心血，桃李遍及天下，培养了新中国一代代法学家与法治人才，为繁荣和发展我国法学研究发挥了积极作用。

　　先生是我国法学家的杰出代表，先生的一生是追求真理、追求中华民族法治文明伟大复兴的一生，先生追求真理的坚忍不拔和对祖国、人民的忠诚，为我们树立了学习的典范。先生的去世，是我国法学界的重大损失，是我国法治建设事业的重大损失。

　　先生的学识和品格使我们深受教育和感染。谨向先生的辞世表示深切的哀悼，向先生的家人和亲属表示慰问。我们将永记先生的教诲，为中国法学研究、为中国法治事业奋斗不懈。

华中科技大学法学院

2011 年 1 月 19 日

武汉大学环境法研究所唁电

中国人民大学法学院：

　　惊悉著名法学家、杰出法学教育家、中国人民大学法学院名誉院长曾宪义教授仙逝，我并代表武汉大学环境法研究所全体教师谨致沉痛哀悼，并对曾宪义教授的亲属表示诚挚慰问。

　　曾宪义教授为中国法治建设和法学教育事业的发展作出了杰出贡献，他长期关心、支持我所的工作，对教育部人文社会科学重点研究基地中法学基地的建设投入了大量的心血，作出了巨大的贡献。他的逝世，不仅是中国人民大学的重大损失，也是中国法学界、法学教育界的一大损失。

　　沉痛悼念曾宪义教授！

　　曾宪义教授千古！

教育部人文社会科学重点研究基地

武汉大学环境法研究所

所长：王树义

中南财经政法大学唁电

曾宪义教授治丧委员会：

　　惊悉曾宪义教授逝世的噩耗，我校师生感到万分悲痛，特致唁电表示最沉痛的哀悼，并向先生的亲属致以最亲切的慰问。

曾宪义教授是我国著名法学家，杰出法学教育家，为中国法学教育事业作出了巨大的贡献。先生为中国法学教育事业穷尽毕生精力，学术文章享誉海内外，先生的逝世实为中国法学界之巨大损失。

多年来，曾宪义教授一直热心支持和鼓励我校教学和科研工作，与我校有着密切的合作与交流关系，他的不幸离去使我校师生少了一位不可多得的校外导师，令人痛感惋惜。

曾宪义教授千古！

中南财经政法大学

校长：吴汉东

副书记：齐文远

副校长：陈小君

2011 年 1 月 19 日

中南财经政法大学法学院唁电

曾宪义教授治丧委员会并转亲属：

惊悉曾宪义教授于 1 月 15 日在京不幸病逝，甚感悲痛！

曾宪义教授治学严谨，学术造诣精深，是我国著名的法学家、杰出颂扬的法学教育家，其在法学研究和法学教育领域的成就广为学界称道。

在此，我谨代表中南财经政法大学法学院近三百名教师和五千余名学生，表达对曾宪义教授的哀思！望亲属节哀！

肃此电达！

中南财经政法大学法学院

院长：刘仁山

2011 年 1 月 20 日

中南财经政法大学法律文化研究院、法律史学科点唁电

曾宪义教授治丧委员会：

惊闻著名法学家、法学教育家曾宪义先生逝世，我们不胜悲痛！

曾宪义先生多年来一贯支持我校法律史学科和法律文化研究院的建设，我们受曾先生惠泽良多。2001 年，先生为本学科创办的《中西法律传统》年刊撰写发刊词；2003 年和 2005 年曾先生两次莅临指导。2006 年 12 月法律文化研究院成立时，曾先生亲自为本院题写院名，亲率人民大学法学院法史教研室多位同仁莅临祝贺并发表勉励讲话，与吴汉东校长为研究院共同揭牌，并作专题学术报告。曾先生对我们研究院和法律史学科的殷切期望和支持，一直是我们前进的动力！

愿曾先生在天国安息！曾先生英名永在！

中南财经政法大学法律文化研究院、法律史学科点

2011 年 1 月 16 日

华中师范大学法律系唁电

中国人民大学法学院并转曾宪义先生家属：

惊闻我国著名法学家、杰出的法学教育家曾宪义先生不幸辞世，华中师范大学法律系全体师生万分哀痛！曾宪义先生的去世，是中国人民大学法学院的巨大损失，也是我国法学界的巨大损失！我们对曾宪义先生的逝世表示哀悼，对曾宪义先生的家眷表示慰问！

曾宪义先生一生奉献给中国的法学教育事业和法治建设事业，对中国的法学教育发展与法治建设的推进作出了不可磨灭的贡献，我们将永远铭记曾宪义先生的丰功伟绩！

曾宪义先生千古！

华中师范大学法律系

2011 年 1 月 17 日

武汉理工大学文法学院唁电

曾宪义同志治丧委员会办公室：

惊闻曾宪义先生因病不幸逝世，深为悲痛，特致电表示沉痛哀悼，并向曾宪义先生家属表示亲切慰问。

武汉理工大学文法学院

魏纪林、申来津

2010 年 1 月 17 日

中南民族大学法学院唁电

中国人民大学法学院：

惊悉曾宪义先生仙逝，让人十分痛心和悲伤！曾先生是当今杰出的法学理论家和教育家，为中国法学理体系的构建和法学教育的繁荣作出了突出的贡献。我们作为从事法学教育和研究的同行，对先生的成就和贡献表示崇高的敬意！现在痛失大师，是我法学界和教育界的重大损失。特此致电表示沉痛哀悼之情，愿先生安息！

中南民族大学法学院

2011 年 1 月 17 日

中山大学法学院唁电

中国人民大学法学院并转曾宪义教授家属：

惊闻我国著名法学家、法学教育家曾宪义教授不幸逝世，我院师生深感悲痛。在此我们对曾宪义教授的离世表示沉痛哀悼，并对曾宪义教授的家属表示最诚挚的慰问。

曾宪义教授将其一生都投入到法学教学改革和法律文化研究中，为我国的法学教育事业、法学研究和法治建设事业作出了卓越的贡献。他的辞世，是我国法学界的重大损失！

曾宪义教授永垂不朽！

并深望曾宪义教授的家属节哀保重！

中山大学法学院

2011 年 1 月 16 日

华南理工大学法学院唁电

中国人民大学曾宪义同志治丧委员会：

惊闻曾宪义先生不幸辞世，我院全体师生深表悲痛和哀悼！

曾先生作为我国著名的法学家、法学教育家，为我国的法学教育事业作出了突出贡献，在国内外享有盛誉，曾先生为人师表，德高望重，展现了一代法学大家的崇高风范。先生高尚的人格品质、严谨的治学风范、卓越的学术成就将永远激励我们不断前进。

曾宪义教授千古！

华南理工大学法学院

2011 年 1 月 16 日

暨南大学法学院唁电

中国人民大学曾宪义同志治丧委员会：

惊悉我国一代法学大家、贵校一级教授、中国人民大学法学院名誉院长、博士研究生导师曾宪义教授因病医治无效，于二零一一年一月十五日上午逝世，噩耗传来，不胜悲痛。

曾宪义教授是杰出的法学教育家、国际知名的教育家、著名的法律史学家，在海内外法学界享有崇高的声誉。曾宪义教授积极探索法学教育发展的中国模式，促进了中国法学教育与法学研究的繁荣，开创了中国法学教育走向世界的崭新局面，推动了中国传统法律文化研究的体系化。曾宪义教授为中国法学事业和法学教育事业的发展倾注了毕生精力，为推动中国法学教育的国际化作出了卓越贡献，为中国法律史学科的发展作出了突出贡献。曾宪义教授以对国家和社会的高度责任感，走过了光辉的一生，赢得世人的尊敬和爱戴，曾宪义教授是法学人的典范。

曾宪义教授的逝世，不仅是中国人民大学的重大损失，也是中国法学界、法学教育界的重大损失。在此，谨向贵校，并通过贵校向曾宪义教授的家属，表达暨南大学法学院师生最沉痛的哀悼！

曾宪义教授永垂不朽！

暨南大学法学院

2011 年 1 月 17 日

广州大学法学院、广州大学律师学院唁电

曾宪义教授治丧委员会并转家属：

惊悉我国著名法学家、杰出法学教育家曾宪义教授不幸辞世，深感悲痛！谨通过你们转达广州大学法学院（律师学院）全体师生对曾宪义教授最深切的哀悼！并请向曾宪义教授的亲属表达最深切的慰问！

曾宪义教授毕生致力于中国的法制建设与法学教育，在担任中国法学会副会长、教育部高等学校法学学科教育指导委员会主任、名誉主任和中国法学会法学教育研究会会长期间，积极探索法学教育发展的中国模式，推动了中国法学教育与法学研究的繁荣；作为我国著名法学家，曾宪义教授一生勤学不辍，奋斗不息，取得了卓越的学术成就，为中国法

学教育事业作出了不朽的功勋。曾宪义教授的逝世是我国法学界无可弥补的重大损失！

曾宪义教授虽已去世，但其高尚之人格、卓著之贡献、严谨之态度将永远留在我们心中！他毕生对公平正义的追求和对法学事业的无限热爱将永远激励着我们不断向前进！

广州大学法学院
广州大学律师学院
2011 年 1 月 18 日

深圳大学法学院唁电

中国人民大学曾宪义同志治丧委员会：

惊悉我国一代法学大家曾宪义先生不幸逝世，不胜悲悼！谨通过你们转达深圳大学法学院全体师生对曾先生的沉痛哀悼，并向曾先生的亲属表示深切慰问！

曾宪义先生是我国当代著名的法学家和杰出的法学教育家，毕生致力于我国法律史学科的建设和发展，对中国法学教育的改革发展发挥了领军作用。在他的带领下，开创了中国法学教育的新局面，大大提升了中国法律人才培养和法学理论研究的质量和水平，他的逝世是我国法学学术界和教育界的重大损失。

曾宪义先生千古！

深圳大学法学院
2011 年 1 月 17 日

广东商学院法学院唁电

尊敬的韩大元院长：

惊闻贵院名誉院长、我国著名法学家、杰出的法学教育家曾宪义教授不幸逝世，我院师生不胜悲痛！曾宪义教授的去世，是法学界的巨大损失，是法学教育界的巨星陨落！

曾宪义教授一生致力于中国法学教育的发展，为我国法学教育水平的发展和提高，以及我国法学界在世界范围内声誉的提升，作出卓越贡献，曾宪义教授居功甚伟！

曾宪义教授永垂不朽！

广东商学院法学院
2011 年 1 月 18 日

广东外贸外语大学法学院唁电

曾宪义同志治丧委员会：

惊悉中国共产党优秀党员、著名法学家、杰出法学教育家，中国人民大学一级教授、中国人民大学法学院名誉院长曾宪义教授仙逝，我们不胜悲恸！

曾宪义先生为我国法制建设和法学研究事业作出了重大贡献，尤其是在我国律师制度建设进程中发挥了重要作用，是法学界的中流砥柱，曾先生的去世，是我国法学界和法学教育界的重大损失！

曾先生一直支持和关心广东外贸外语大学法学院的建设和发展，我们心存感激。广东外贸外语大学法学院全体教职员工对曾先生的逝世表示沉痛哀悼，并向家属表示亲切的慰问!

　　泣致!

广东外贸外语大学法学院

全体教职员工

2011 年 1 月 17 日

辽宁大学法学院唁电

中国人民大学法学院：

曾宪义教授治丧委员会：

　　惊悉中国人民大学法学院教授、博士生导师，我国著名的法学家、法学教育家曾宪义教授不幸逝世，我感到无比震惊和悲痛。

　　作为中国法学教育的领军人物，曾宪义教授为中国法学事业和法学教育事业的发展呕心沥血、栉风沐雨，倾注了毕生精力，作出了突出贡献。他在法律史学研究方面，在推动中外法律文化交流方面均作出了杰出的贡献，受到了国际社会特别是世界法学界的瞩目，无愧为我国的学坛泰斗、教苑世擎。他的逝世，是我国法学界的重大损失，是我国法学事业的重大损失。今特致电对曾宪义教授的逝世表示深切悼念，并请转达对曾宪义教授亲属的亲切慰问。

　　曾宪义教授对中国法学及法学教育事业的贡献惠及辽宁大学法学院，我们的许多工作长期得到了曾宪义教授和中国人民大学法学院的支持与帮助。曾宪义教授的逝世，使我国法学界特别是法律史学界和我国法学教育界失去了极为重要的领军人物，同为法学工作者的我们感到万分痛惜。

　　在此，我代表辽宁大学法学院并以我个人的名义专函致哀，并慰哀衷。

　　祈望亲属节哀珍重!

辽宁大学法学院

杨　松

2011 年 1 月 17 日

大连海事大学法学院唁电

中国人民大学曾宪义同志治丧委员会：

　　惊悉我国一代法学大家曾宪义教授溘然长逝，不胜悲悼!谨通过你们转达大连海事大学法学院全体师生对曾先生的沉痛哀悼，并向曾先生的亲属致以亲切的慰问!

　　曾宪义教授是我国当代著名的法学家和杰出的法学教育家。他毕生致力于我国法制的建设和发展，潜心治学，栉风沐雨，殚精竭虑，学道卓越，为了推动"世界法学教育走进中国，中国法学教育走向世界"的进程作出了卓越贡献。

　　曾宪义教授辞世，是我国法学学术界和教育界的重大损失，更让我们失去了一位德高望重的引路人。

　　曾宪义教授千古!

大连海事大学法学院

2011 年 1 月 17 日

辽宁师范大学法学院唁电

中国人民大学曾宪义教授治丧委员会：

惊闻曾宪义先生辞世，学府痛失栋梁去，师生悲极，不胜哀悼。曾宪义先生的逝世是我国法学界和法学教育界的重大损失。我们为法学界和法学教育界失去这样一位德高望重的教育英才而深感惋惜，我们将永远缅怀他对我国高等法学教育事业作出的卓越贡献。曾宪义先生走了，但他作为一个法学家的理论遗产和为人师表的崇高风范，将永远铭刻在我们心中。

请向其家属表示亲切的慰问！

辽宁师范大学法学院

2011 年 1 月 17 日

沈阳师范大学法学院唁电

曾宪义同志治丧委员会：

惊悉著名法学家曾宪义教授因病辞世，沈阳师范大学法学院全体师生深表悲痛。在此向曾宪义教授寄以深切的哀思和悼念，并向曾宪义教授的亲属致以诚挚的慰问。

曾宪义教授师风垂范，贡献卓著；治学严谨，成果丰硕，对我国法学教育事业和我国法治建设作出了突出的贡献，曾教授的离世是我国法学界难以想象的损失。

沉痛悼念曾宪义教授！

曾宪义教授千古！

沈阳师范大学法学院

2011 年 1 月 17 日

吉林大学法学院唁电

曾先生的逝世是中国法学界的重大损失，让我们化悲痛为力量，继续努力推进先生孜孜以求的中国法学教育和法学研究事业，以实际行动告慰曾先生的英灵。

曾宪义教授千古！

吉林大学法学院

吉林大学理论法学研究中心

东北师范大学政法学院唁电

曾宪义先生治丧委员会：

惊悉我国著名法学家、法学教育家曾宪义先生不幸辞世，我院全体师生深感万分悲痛和深切哀悼！

曾宪义先生作为新中国法律史学研究的开创者和新中国法学教育事业的积极领导者之一，为我国法律史学研究和法学教育事业倾注了毕生精力，建树卓著。曾先生一生治学严谨，学术造诣精深，在国内外法学界享有盛誉。

先生为人师表，德劭风高，为新中国的法治建设培养了大批的法学人才，先生在世期间一直关心东北地区的法学教育和人才培养，关怀和支持我院的发展和进步。先生的逝世，东北师范大学政法学院全院师生无比沉痛。

曾先生的逝世，不仅是我国法律史学事业难以估量的损失，也是全国法学教育事业的一大不幸。然则哲人其萎，精深永存，醇风承绍，后继有人。曾先生所开创的神圣事业，将薪火燎然，繁盛可期！

曾宪义先生千古！

东北师范大学政法学院
2011 年 1 月 21 日

黑龙江大学唁电

曾宪义教授治丧委员会：

惊闻我国著名法学家、法学教育家曾宪义教授不幸辞世，我们深感痛惜！

先生生前为我国法制建设的发展、法学教育事业的繁荣和中国法制文化的研究呕心沥血，作出了不可磨灭的巨大贡献。先生的辞世，是中国法学界无法弥补的损失！

值此万分悲痛之际，特对先生的不幸辞世深表哀悼，对先生的亲属致以亲切慰问。

曾宪义教授千古！

黑龙江大学
2011 年 1 月 17 日

黑龙江大学法学院唁电

中国人民大学曾宪义教授治丧委员会：

惊闻我们的恩师曾先生辞世，甚觉悲痛。我们曾在不同的时期、以不同的方式成为曾先生的学生，受教于先生门下，接受先生的教诲和帮助，感受着先生的博学知识和人格魅力。今先生猝然离我们而去，令我们失去了一位敬爱的师长、一位宽厚的慈父。在此表达我们的深切哀悼和思念，并转达我们对师母的诚挚问候！

我们愿先生精神永存！我们愿先生万古流芳！

黑龙江大学法学院
刘春萍　史广全　丁玉翠　哈书菊　尤晓红

哈尔滨工程大学法学系唁电

呜呼哀哉！曾公宪义，一生尽瘁，精魄犹存。逝者已矣，存者追思。法之为器，度量公义；心中所持，唯有求是；历中国变革数十载，播法治精神万千人；两袖清风兮高歌大道，润物细雨兮排难凡尘。白发苍苍兮授业解惑，桃李漫漫兮恩泽八方。今溘然长逝，欲仰之而不待，欲亲之而成空，脉脉深情，恸何如哉？唯音容犹在，警训铭心，当效皓首，死而后已。云山苍苍，江水泱泱，曾公之风，山高水长。

哈尔滨工程大学法学系

厦门大学法学院唁电

中国人民大学曾宪义同志治丧委员会：

惊悉我国一代法学大家曾宪义教授溘然长逝，哀凄难抑！不胜悲悼！谨通过你们转达厦门大学法学院全体师生对曾先生的沉痛哀悼，并向曾先生的亲属致以亲切的慰问！

曾宪义教授是我国当代著名的法学家和杰出的法学教育家。他毕生致力于我国法律史学科的建设和发展，潜心治学，学道卓越，在海内外法学界享有崇高的学誉；为了推动"世界法学教育走进中国，中国法学教育走向世界"的进程，栉风沐雨，殚精竭虑，其高风亮节堪为当代中国学人之典范。

曾宪义教授一生襟怀坦白，平易近人，生前曾亲莅我院热情指导，谆谆教诲犹在耳畔，音容笑貌宛若眼前。如今哲人其萎，泰山其颓，曾先生的驾鹤西去，不啻为我国法学学术界和教育界的重大损失，更让我们失去了一位德高望重的引路人。

曾宪义教授千古！

厦门大学法学院

2011 年 1 月 17 日

福建师范大学法学院唁电

中国人民大学法学院暨曾宪义教授亲属：

惊悉曾宪义教授因病不幸逝世，我福建师范大学法学院全体师生深为悲痛，特致电表示深切哀悼，并向曾宪义教授家人及亲属表示亲切的慰问，望忍痛节哀，保重身体。曾宪义教授的逝世，使我国法学界失去了一位德高望重的学术大师。曾宪义教授为我国法学界和法学教育事业所做的贡献，将永远铭记在我们心中。

肃此电达！

福建师范大学法学院全体师生

2011 年 1 月 17 日

甘肃政法学院唁电

中国人民大学曾宪义同志治丧委员会：

甘肃政法学院向贵校致意！

谨对曾宪义教授的逝世表示深痛哀悼，向其家眷致以亲切慰问！

曾宪义教授多年来一直关怀和支持者我校的发展，尤其是 1998 年以来，曾先生对我校法学学科、专业、科研、学位等方面的发展，多次提供无私的指导与帮助，先生的教导犹在眼前。惊悉先生仙逝，我校全体师生员工痛感失去了一位可敬的法学导师，是中国法学界、教育界的巨大损失！先生的高尚品格、卓越风范是我们永远学习的榜样，先生严谨治学，毕生致力于中国法学发展的精神必将继续引导我们前进！

曾宪义教授千古！

甘肃政法学院

2011 年 1 月 17 日

甘肃政法学院法学院唁电

中国人民大学法学院：

惊闻我国著名法学家、法学教育家曾宪义先生不幸辞世，我们十分悲痛！

曾宪义教授为中国法学事业和法学教育事业的发展倾注了毕生精力，作出了突出贡献。为我院的发展和学科建设倾力指导和无私帮助。先生逝世，我们失去了一位好导师，法学界也失去了一位杰出的领军人物。

我院全体师生沉痛悼念曾宪义教授，并通过你们向先生亲属转达诚挚的慰问！

甘肃政法学院法学院
2011 年 1 月 17 日

甘肃政法学院学位管理与研究生工作处、法律硕士教育中心唁电

中国人民大学法学院暨曾宪义先生亲属：

惊悉曾先生仙逝，悲痛万分！

曾先生是今世杰出的法学家、成绩卓越的法学教育家，先生一生著作等身、桃李天下，为中国的法治建设、法学教育作出了卓越的贡献。我们作为地处西部的政法院校，非常感戴曾先生长期的关心、支持。痛失良师，令晚辈泪流沾襟。先生的逝世乃中国法治之损失！

谨此表达哀思，并向曾宪义先生的亲属致以慰问。

曾宪义先生千古！

甘肃政法学院学位管理与研究生工作处·法律硕士教育中心
2011 年 1 月 17 日

广西师范大学法学院唁电

中国人民大学法学院、曾宪义教授家属：

惊闻我国著名法学家、杰出法学教育家曾宪义教授不幸病逝，深感悲痛！作为著名法学家、杰出法学教育家，曾宪义教授为推动我国法学教育事业贡献了毕生精力和全部智慧，他的辞世是我国法学教育界的重大损失。

曾宪义教授对广西师范大学法学院的学科建设和人才培养一直予以热忱的关怀与无私的帮助，我们一直铭记在心，并将永远遵循先生教导，不断努力，为国家培养人才作出应有的贡献。

曾宪义教授千古！请曾宪义教授家属节哀！

广西师范大学法学院
2011 年 1 月 17 日

贵州省社会科学院唁电

曾宪义同志治丧委员会：

惊悉尊敬的著名法学家曾宪义教授仙逝，十分悲痛！曾老师对我国法学教育事业贡献卓著，对后学不吝赐教，大力提携，对贵州法学教育事业也非常关心支持，先生渊博的学识、高尚的品格、无私奉献的精神永远值得我们学习。

曾宪义教授永垂不朽！

贵州省社会科学院
院长：吴大华　敬挽
2011 年 1 月 17 日

贵州财经学院法学院唁电

中国人民大学法学院韩大元院长并转曾宪义先生至亲好友：

惊悉著名法学家、法学教育学家曾宪义教授仙逝，不胜悲痛惋惜。

先生为人宽厚、学识博大精深、品德高尚，堪称一代大师。先生仙逝是中国法学教育事业、法学界的重大损失。

贵州财经学院法学院师生沉痛悼念曾宪义先生，谨致唁电，并向先生的家属转达真挚的问候。

曾宪义先生千古！

贵州财经学院法学院

2011 年 1 月 18 日

西安交通大学法学院唁电

中国人民大学曾宪义同志治丧委员会：

惊闻曾宪义教授不幸辞世，万分哀恸！曾先生对我国法学教育事业之卓越贡献为举国学人所景仰。曾先生对我院法学建设所给予的鼎力扶持，更为我院师生永远铭记！

巨星陨落，天地同悲！曾先生的逝世是我国法学界的重大损失，也是我院的重大损失！

谨致以最深切的哀悼！并向曾宪义先生家属致以殷切慰问！

曾宪义教授千古！

西安交通大学法学院及全体师生

2011 年 1 月 18 日

西北民族大学法学院唁电

中国人民大学法学院并曾宪义教授亲属：

惊悉曾宪义教授不幸逝世，我院全体师生万分悲痛！

曾宪义教授是我国著名法学家、法学教育家。他竭尽毕生奉献于我国法学教育事业和国家法制建设。他治学严谨，提携后学，培养了很多法学优秀人才。他关注西部民族地区法制建设和少数民族法学人才的培养，特别关心和支持我院法学教育的发展。他的逝世，是我国法学界和法学教育界的巨大损失！

谨此表达沉痛悼念，并向曾宪义教授亲属表示诚挚慰问！

曾宪义教授千古！

西北民族大学法学院

2011 年 1 月 17 日

西北政法大学唁电

曾宪义教授治丧委员会：

曾宪义教授不幸病逝，噩耗传来，不胜悲痛！

曾宪义教授长期始终致力于法学研究和法学教育事业，为弘扬中国传统法律文化，推进中国法学教育改革，组织和带领中国法学走向世界作出了卓越贡献，作为当代中国法学界的领袖式人物，曾宪义教授非常关心西部地区法学教育事业的发展，特别是对我校人才的培养、学术研究和学科建设都给予了宝贵的支持、指导和帮助，使我们受益无穷，曾宪义教授的逝世不仅是中国人民大学的损失，也是我国学术界和教育界的一大损失。我们永远怀念他！

我谨代表我校全体师生员工，向曾宪义教授的逝世表示深切的哀悼，向中国人民大学和曾宪义教授的亲属表示诚挚的慰问！

西北政法大学

校长：贾宇

2011 年 1 月 17 日

西北政法大学法律史学科点唁电

曾宪义教授治丧委员会：

惊闻曾宪义教授病逝，西北政法大学法律史学科的同仁不胜悲痛。

曾宪义教授长期致力于法学研究和法学教育，为弘扬中国传统法律文化，推进中国法学教育改革，作出了重要的贡献。对我校法律史学科的人才培养、学科建设、学术研究，给予了宝贵的支持、指导和帮助。曾宪义教授的病逝，是我国法学教育事业的一大损失。

我们西北政法大学法律史学科的全体同仁，向曾宪义教授的逝世表示深切的哀悼，向中国人民大学和曾宪义教授的亲属表示诚挚的慰问！

西北政法大学法律史学科点

杨永华、方克勤、汪世荣、王健、陈涛、张飞舟、蒙振祥、闫晓君

2011 年 1 月 18 日

陕西师范大学政治经济学院法学系唁电

曾宪义同志治丧委员会办公室：

惊悉著名法学家、杰出法学教育家曾宪义教授溘然长逝，十分悲痛！

回想 2009 年 3 月、4 月间，我与我系几位老师前去人民大学法学院拜望曾老，受到他的亲切接待和热情指导，一切恍如昨日，历历在目。而今先生骤然谢世，从此痛失一位可以求教拜谒的良师前辈，中国法学界也失去了一位令人敬仰的楷模先贤，怎不令人哀痛！

在此，谨以陕西师范大学政治经济学院法学系全体同仁及法学系系主任王蓓的个人名义，向曾宪义先生致哀！望先生的家属、亲朋节哀保重！

顺致

敬礼！

陕西师范大学政治经济学院法学系：王蓓及全体同仁

2011 年 1 月 17 日

浙江大学光华法学院唁电

曾宪义同志治丧委员会：

痛悉曾宪义教授溘然长逝，我院全体师生不胜哀悼扼腕。

先生之去，我国法学界又失一巨擘，国人无不余悲。先生毕生致力于我国的法制建设与法学教育，积极推动"世界法学教育走进中国，中国法学教育走向世界"进程，长期从事法律史的教学与研究工作，成绩斐然，世人无不肃然敬仰。

今先生托体同山阿，学术星空顿时黯然。先生终其一生心力为我国法学事业特别是教育事业的发展鞠躬尽瘁，我院师生痛惜之余，必当承继先生为人为学之严谨求索精神，勉励而前行。先生之风，必将山高水长。

万望亲属及朋友节哀。

浙江大学光华法学院

2011 年 1 月 17 日

杭州师范大学法学院唁电

曾宪义教授治丧委员会：

并转曾先生家人：

惊悉著名法学家、法律教育家曾宪义先生逝世，我们不胜悲痛！谨专函表达对曾先生的深切哀悼，并向曾先生的亲属和同事表示亲切慰问。

曾先生是新中国法律史学术大家，也是新中国法学教育的重要运筹者之一。在过去半个世纪的学术和教育生涯中，曾先生为法律史学术研究进步和法学教育的改良作出了重要的贡献。我们永远铭记先生的贡献！

杭州师范大学法学院

院长：罗思荣

2011 年 1 月 17 日

浙江理工大学法政学院唁电

中国人民大学曾宪义同志治丧委员会：

惊闻曾宪义教授逝世噩耗，悲悼不已，专电致唁，并慰哀衷。

曾宪义教授毕生致力于中国的法学教育事业，其高尚的人格，严谨求实的治学态度，孜孜以求、诲人不倦的教育理念，堪称学术界之楷模，中国法学界之泰斗，中国法学教育事业之领航人。

曾宪义教授的逝世不啻为是国家和法学界的一大损失。浙江理工大学法政学院全体师生对曾教授的逝世表示沉痛哀悼，并向曾教授之亲属致以诚挚的慰问，愿忍痛节哀、保重身体。

曾宪义教授千古！

浙江理工大学法政学院

2011 年 1 月 18 日

南昌大学法学院唁电

中国人民大学法学院：

惊闻曾宪义先生于 2011 年 1 月 15 日过世，我院同仁深感哀痛。曾宪义先生系我国著名法学家、杰出法学教育家，曾宪义先生的一生献身于中国法学教育事业，献身于中国法治建设，他政治坚定，实事求是；他为人师表，德高望重；他学力坚深，笔耕不辍。且长期以来关注江西法制的建设，关心南昌大学法学院的发展，我们为失去这样一位良师益友而扼腕，在此请转达对先生家属及其朋友的慰问，请其节哀！

南昌大学法学院

2011 年 1 月 18 日

江西师范大学政法学院唁电

中国人民大学曾宪义教授治丧委员会：

曾宪义教授是我国著名法学家、杰出法学教育家、法学界的卓越领导人，为法学学科建设及法学教育事业鞠躬尽瘁，付出了毕生的心血，作出了巨大的贡献，是德高望重的法学泰斗。

长期以来，曾宪义教授对我校学科建设特别是法学学科建设以及人才培养工作一直给予热情指导和积极支持。曾宪义教授的逝世，是我国法学界的重大损失。

曾宪义教授安息吧！

江西师范大学政法学院

2011 年 1 月 17 日

内蒙古大学法学院唁电

曾宪义同志治丧委员会：

惊悉曾宪义先生仙逝，不胜悲悼。

曾宪义先生以其毕生精力致力于我国法学研究和法学教育事业，成绩卓著。先生不仅在法律史学研究方面成果丰厚，而且在推进中国法学教育事业方面，作出了杰出的贡献，同时受到了国际社会特别是世界法学界的尊重。

曾宪义先生的逝世是我国学术界、教育界无可估量的损失，其精神长存，流芳后世。

内蒙古大学法学院师生沉痛悼念曾宪义先生，谨致唁电，并向先生的家属转达真挚的问候。

曾宪义先生千古！

内蒙古大学法学院

2011 年 1 月 18 日

新疆大学法学院唁电

中国人民大学曾宪义治丧委员会：

惊悉我国著名法学家、杰出的法学教育家曾宪义先生因病医治无效逝世，我院全体师生深感悲痛。

曾宪义先生学识渊博、德高望重，在国内外法学界享有盛誉；先生治学严谨，守志善道，为我国法治建设和法学教育事业的发展作出了卓越的贡献。

曾宪义先生的逝世是我国法学界的重大损失，也是新疆大学各族法学人失去了一位杰出的良师。

　　曾宪义先生千古！

新疆大学法学院

2011 年 1 月 18 日

新疆财经大学法学院唁电

中国人民大学法学院：

　　惊闻我国著名法学家、杰出法学教育家曾宪义教授不幸逝世，新疆财经大学法学院全体教师深感无比悲痛。曾宪义教授一生为中国法学事业和法学教育事业的发展呕心沥血，浸入了全部精力，作出了重大贡献，他的辞世是我国法学界、法学教育界的巨大损失。在此我们致以沉痛的哀悼，并向曾宪义教授的家属表示诚挚的慰问。

　　中国人民大学法学院是教育部指定对口支援新疆财经大学法学院的学院，我们之间有着深厚的友谊和密切的合作关系。曾宪义教授领导中国人民大学法学院为支持和帮助新疆财经大学法学院的发展作出了重要的贡献。我们要继续学习他的敬业精神、崇高品德和优良作风，为建设中国特色社会主义法学教育事业，为巩固中国人民大学法学院和新疆财经大学法学院的良好合作关系而不断奋斗！

　　沉痛悼念曾宪义教授！

　　曾宪义教授千古！

新疆财经大学法学院

2011 年 1 月 17 日

云南大学法学院唁电

曾宪义教授治丧委员会：

　　惊悉曾宪义先生遽归道山，不胜悲恸。先生学贯古今，道通史法，道德文章，沾溉学林。殚精竭虑，奔走不暇，力促中国法学教育之复兴。先生为人则谨严平易，处事则坚毅公允，律己以严，待人以宽，堪为中国法学之中流砥柱。

　　曾宪义先生千古！

云南大学法学院

院长：陈云东

2011 年 1 月 19 日

昆明理工大学法学院唁电

曾宪义同志治丧委员会：

　　惊闻我国著名法学家、法学教育家曾宪义教授仙逝，昆明理工大学法学院师生不胜哀悼！我院成立以来，一直得到曾老的关心和支持，我院师生感激不尽并将铭记不忘。曾老曾经允诺到我院讲学、考察，岂料竟成永憾！

　　曾老在领导人大法学院跻身世界著名法学院行列的同时，改变了中国法学教育的面貌，成就了中国法学教育大家之伟业，此等精神，堪为法学同仁之楷模。我们深信，新中国法治发达史上将深深铭刻着曾老的杰出贡献。

曾老现驾鹤西去，我院师生衷心祝愿曾老精神不朽，祝愿曾老家人安康！

昆明理工大学法学院

2011 年 1 月 19 日

西藏民族学院法学院唁电

中国人民大学法学院并转曾宪义先生家属：

我国著名法学家、法学教育家曾宪义先生不幸逝世，我院师生无比悲痛，向曾宪义先生致以无限哀思，并对曾宪义先生的家属表示深切慰问！

曾宪义先生是我国法学界和法律史学界的领军人物，为中国的法学研究和法治建设事业作出了不可磨灭的贡献！曾宪义先生的逝世，是我国法学界和法学教育界的巨大损失！

曾宪义先生千古！

西藏民族学院法学院

2011 年 1 月 19 日

香港城市大学法学院唁电

中国人民大学法学院：

惊悉一代宗师、法界巨擘、教育学家、曾宪义教授仙逝，九日无光，香江两侧、大洋内外、涛声哀恸、雨泣风咽。香港城市大学法学院同仁痛失挚友，地动山摇。

宪义先生高瞻远瞩、目光深邃，为中国法学教育、人民大学渐次攀上法学教育之巅峰，作出了卓越及无可替代的贡献。二十世纪，九十年代，城大人大，结成盟友。人大法学，跨越香江，首授学位，港人同胞。几二十载，有教无类，辛勤耕耘，广结善缘，学子布遍。两院同仁，手足情谊、相互扶持、共创辉煌。得以如此，宪义院长。

伸张正义，隐恶扬善，视友如亲，大师本色。音容笑貌，举手投足，皆有学问。能与共事，苍天所赐。得此挚友，城大荣幸。得于二十年间，时聆大师教诲，乃城大法学院同仁之大幸。

人生苦短，难得付出良多。宪义院长为法学教育鞠躬尽瘁、不遗余力，堪称楷模。先生的精神将与我们永远相伴。

曾宪义教授千古！

香港城市大学法学院

王贵国率同仁

2011 年 1 月 17 日

国外各高校及学者唁电

日本明治大学法学部木间正道教授唁电

中国人民大学法学院院长韩大元教授：

此刻，接到中国的著名的法学者，中国人民大学法学院原院长，曾宪义教授的讣告，这里谨慎表示哀悼意，祈愿冥福。

此致敬礼。

日本明治大学法学部教授

木间正道

2011 年 1 月 18 日

早稻田大学原校长西原春夫教授唁电

中国人民大学法学院　御中

早稲田大学元総長

西原春夫

　　曾憲義先生ご逝去の報に接し、深い哀悼の念に包まれております。1990 年代から私をたびたび中国人民大学に招待し、講演の機会を与えて下さったり、名誉教授の称号を頂戴したりするのに先生は法学院長としてご尽力下さいました。私の長年にわたる中国刑法学界との交流の基礎を築いて下さった大切な方だったと申せましょう。人民大学を訪問するたびに食事にお招き下さり、楽しく歓談した在りし日をなつかしく想起しております。先生のご冥福を心よりお祈りいたします。

2011 年 1 月 18 日

中国人民大学法学院：

　　接到曾宪义先生不幸仙逝的消息，深感哀痛。20 世纪 90 年代以来，我经常受到中国人民大学的招待，得以进行讲演，并接受曾宪义院长授予的名誉教授称号。我长期以来与中国刑法学界进行交流，曾宪义先生可以说是构筑其基础的关键性人物。现在我还时常想起在访问人民大学时与先生一起吃饭，把酒言欢的情景。

　　谨此向曾先生祈福。

早稲田大学原校长

西原春夫

2011 年 1 月 18 日

日本早稻田大学原校长奥岛孝康教授唁电

中国人民大学法学院　御中

早稲田大学元総長
奥島孝康

　　曽憲義先生のご逝去の知らせを受け、ただただ、驚いております。ご生前のお姿を偲び、心よりご冥福をお祈りいたします。先生が法学院長の頃、総長であった私を何回かご招待いただきました。このことが中国人民大学と早稲田大学が深く交流を重ねるようになったことは間違いありません。両校のますますの交流を祈念しつつ、先生のご冥福を心よりお祈りいたします。

2011 年 1 月 19 日

中国人民大学法学院：

　　闻曾宪义先生去世，深感震惊。先生的身影不断浮现眼前，从心底为先生祈福。曾先生担任法学院院长期间，作为早稻田大学校长的我曾经数次接受先生的款待，这加深了中国人民大学与早稻田大学之间的友好交流。

　　衷心祝愿两校之间的交流进一步发展，并衷心祈祷先生冥福。

早稻田大学原校长
奥岛孝康
2011 年 1 月 19 日

日本国成文堂出版社编辑部长本乡三好唁电

中国人民大学法学院　御中

日本国・成文堂編集部長
本郷三好

　　曽憲義先生ご逝去の報に接し、謹んでお悔やみを申し上げます。

　　西原春夫先生とたびたび中国人民大学を訪問した際、法学院長として楽しく歓談した在りし日をなつかしく、また数年前、武漢大学での式典の折、ホテルの廊下で偶然お会いしたのが最後となりました。先生のご冥福を心よりお祈りいたします。

2011 年 1 月 19 日

中国人民大学法学院：

　　惊闻曾宪义先生不幸仙逝，谨此表示哀悼。

　　曾经数次随同西原春夫先生时，曾经与作为法学院院长的曾先生言欢。在几年前，出席武汉大学举办的典礼中，我还曾经在走廊里与先生偶然相会。未曾想这竟然成为与先生的最后会面。

　　谨此向曾先生祈福。

日本国成文堂出版社编辑部长
本乡三好
2011 年 1 月 19 日

日本早稲田大学法学部小口彦太教授唁电

曽憲義先生のご逝去を悼む

　尊敬する曽憲義先生のご逝去の報に接し、大変悲しい思いをしています。心よりご冥福をお祈りします。

　曽憲義先生は中国の法律学会において要職を歴任され、顕著な役割を果たしてこられただけでなく、日中法律学の交流にも力を注いで来られました。これから、ますます曽憲義先生のお力をお借りしなければならないと思っていた矢先のご逝去の報、まことに残念な思いで一杯であります。多くの日本の法学者とともに先生のご逝去を悼みたいと思います。

　曽憲義先生とのおつきあいは20数年に及びますが、いつも親切にしていただきました。ごいっしょにお茶を飲んだり、お食事をしたりしながら、いろいろお話をしたことなど、曽先生とお会いした数々の思い出がいまよみがえってまいります。いつもやさしくしていただいた曽先生に対して、感謝の念で一杯であります。

　曽憲義先生の遺志をついで、今後よりいっそう日中法律学の交流の発展に努めてまいりたいと思います。どうぞこれからも私たちの活動を見守ってください。

2011 年 1 月 20 日

早稲田大学法学部教授

早稲田大学アジア研究機構長

元早稲田大学副総長

小口彦太

悼念曽宪义先生

　收到尊敬的曽宪义先生去世的消息，深感悲痛。从心底里为先生祈祷冥福。

　曽宪义先生长期担任中国法律学界的要职，不仅在中国法律学界发挥了重要的作用，而且为日中法学的交流倾注了心血和努力。在希望先生在日中法律交流方面发挥更大的作用的时候，突然接到先生去世的噩耗，感到非常遗憾和悲伤。我想，很多日本学者也对先生的离世表示衷心的哀悼。

　我与曽宪义先生的交往已经有二十多年了，每次总是受到先生的亲切对待。现在还是经常想起与先生一起喝茶、吃饭、把酒言谈的情形。我对和气可亲的曽先生充满了感激之情。

　今后，我们将继承曽先生的遗志，为进一步发展日中法律交流而不断努力，也请先生保佑。

早稲田大学法学部教授

早稲田大学亚洲研究机构长

原早稲田大学副校长

小口彦太

2011 年 1 月 20 日

日本立命館大学法学部出口雅久教授唁电

法学部長に曽憲義先生のご逝去の件はお伝えしました。私からもご遺族にお悔やみを申し上げたいと思います。五月に北京に参ります時に曽憲義先生と陳桂明先生のお墓参りをしたいと思います。

立命馆大学法学部教授

出口雅久

德国洪堡大学前任法学院院长莱赛尔教授唁电

Frau Zhang，die zur Zeit in Berlin ist und unter meiner Betreuung an ihrer Doktordissertation arbeitet，hat mir von dem Tod von Professor Zeng berichtet，der ihre Arbeit an Ihrer Fakultaet betreut und sie mir auch empfohlen hat und mit dem ich bei meinen frueheren Besuchen mehrmals zusammengetroffen bin，als er Dekan war. So druecke ich auch Ihnen gegenueber mein Mitgefuehl aus.

从我目前在柏林指导的曾宪义教授门下的博士生处得知，曾教授不幸去世。曾教授生前向我推荐他的学生前往柏林深造，此前，在曾教授担任中国人民大学法学院院长之际，我和曾先生就洪堡大学法学院与中国人民大学法学院的合作也多次会晤。我向你们深切表达我的哀悼！

法国艾克斯-马赛大学名誉校长路易特教授唁电

我非常悲痛地得知曾宪义名誉院长的去世，他是我的老朋友。请向他的家人和法学院转达我对他的沉痛哀悼。曾宪义教授对中国人民大学的发展作出了很多贡献。

路易特

美国哈佛大学法学院副院长、东亚法律研究主任 William P. Alford 教授唁电

I knew Professor Zeng for more than 20 years and it was a privilege to work with him. He was a legal historian of note and a very accomplished dean who worked tirelessly in the tradition of his predecessors and successors to make Renmin University Law School such an excellent institution. He was proud of China's legal traditions and eager to engage with foreign ideas. He was a gracious host to myself and many other foreign scholars. My wife（Dr. Shen Yuanyuan who was a student and colleague of Professor Zeng's）joins me in sending our condolences.

William P. Alford

Henry L. Stimson Professor of Law

Vice Dean for the Graduate Program and International Legal Studies

Director of East Asian Legal Studies

我结识曾教授逾二十年，与他一起工作倍感荣幸。他是一位著名的法律史学家、卓有成就的院长，他继承了先辈的优良传统，不遗余力地将人民大学法学院建设为卓著的机构。

他深为中国的法律传统而自豪，并积极与国外的思想交流。于我以及许多其他国外学者而言，他都是一位慷慨的主人。我的夫人（沈远远博士，是曾教授的学生以及同事）与我一起致以哀悼。

Henry L. Stimson 法学教授

哈佛大学法学院副院长、东亚法律研究主任

安守廉

美国 Stetson 大学法学院唁电

Oh, Prof. Ding, I am so saddened by this news. It makes me cry to hear about our dear friend. Jeff will send a condolence letter from us, but I also want to send my condolences to you as I know you were very close to Dean Zeng and he meant a great deal to you. I'm so sorry.

Warm regards,

Claire

Claire J. Grove

Assistant Dean for Administration

Stetson University College of Law

丁教授，得悉此消息，我深感悲痛。听闻我们亲密朋友的事情，我不禁悲泣。Jeff 将代表我们发送一封正式唁函，但是我也想向你致以我的哀悼，我深知您同曾教授关系密切，他于您而言非常重要。深感遗憾。

致意！

Stetson 大学法学院

行政副院长：Claire J. Grove

美国印第安纳·波利斯大学法学院唁电

Memorial Service Committee

Renmin University of China Law School

Message of Condolence

On behalf of the entire community at the Indiana University School of Law—Indianapolis, we want to express our condolences to all who mourn the passing of Professor Zeng Xianyi. The loss felt at his passing will surely be widespread.

At the same time, we wish to honor this famous jurist, distinguished legal scholar, and dedicated public servant. Professor Zeng's achievements are many and notable. He leaves an indelible mark on his university and his country.

Professor Zeng will also be long remembered in Indianapolis for the important role he Gary R. Roberts

Dean and Gerald L. Bepko Professor of Law

Indiana University School of Law-Indianapolis

Indianapolis, IN 46202

Lloyd T. Wilson，Jr.

Professor of Law and Director，Chinese Law Summer Program

Indiana University School of Law-Indianapolis

Indianapolis，IN 46202

Gary R. Roberts

Dean and Gerald L. Bepko Professor of Law

Indiana University School of Law-Indianapolis

Indianapolis，IN 46202

中国人民大学法学院：

谨代表印第安纳-波利斯大学法学院全体同仁，对所有哀悼曾宪义教授逝世的人们表示慰问。失去曾教授的哀恸定然绵绵不绝。

同时，我们亦希望向这位知名的法学家、尊敬的法律学者以及勤勉的公众人物致以敬意，曾教授成就众多、成绩斐然。他为自己的学校以及祖国打下了不可磨灭的印记。曾教授为印第安纳大学法学院在人民大学法学院开设中国法暑期项目扮演了重要角色，深为印第安纳大学法学院铭记。他出色的领导力是构筑两所法学院紧密纽带的基础。

法学院院长、Gerald L. Bepko 法学教授

Lloyd T. Wilson，Jr.

法学院教授、中国法项目主任

Gary R. Roberts

各地报社杂志社出版社唁电

光明日报社唁电

中国人民大学曾宪义教授治丧委员会办公室：

惊悉我国著名法学家、法律史学家、法学教育家曾宪义教授不幸逝世，我社员工深感悲痛。

曾宪义教授为我国的法治建设和法学教育作出了巨大贡献，是新中国知识分子的楷模。他的去世，不仅是中国人民大学的损失，也是我国法学界、法学教育界和知识界的一大损失。

我社全体编采人员对曾宪义教授的逝世表示沉痛哀悼，并向他的亲属表示慰问，敬请曾教授家属节哀顺变、珍摄身心。我们并祈望中国人民大学各位老师高度重视自身健康，与我国知识界一道，继续为国家的民主法治建设作出全社会寄予厚望的贡献。

曾宪义教授千古！

光明日报社
2011 年 1 月 19 日

《中国法学》杂志社唁电

中国人民大学法学院：

惊悉曾宪义教授逝世，《中国法学》杂志全体同志谨向贵院表示沉痛哀悼，并请向曾宪义教授的家人转达我们的悼念，敬请节哀。

曾宪义教授是我国著名的法学家、杰出的法学教育家，为中国的法学研究和法学教育作出了卓越的贡献。同时，曾宪义教授长期担任《中国法学》杂志编委，非常关心《中国法学》的发展，并给予了很多宝贵的指导和帮助。

曾宪义教授千古。

《中国法学》杂志社
2011 年 1 月 19 日

《现代法学》编辑部唁电

曾宪义教授治丧委员会：

惊闻曾宪义教授不幸逝世，不胜悲痛。谨致沉痛悼念。

曾宪义教授一生为中国法学事业和法学教育事业的发展呕心沥血，鞠躬尽瘁，作出了重大贡献，他的逝世是中国法学界的重大损失。

值此悲痛之际，向曾先生的亲属表示慰问，望节哀顺变。

曾宪义教授千古！

《现代法学》编辑部
2011 年 1 月 15 日

《法学论坛》编辑部唁电

曾宪义教授治丧委员会：

惊悉著名法学家、法学教育家，《法学家》杂志主编曾宪义教授溘然长逝，遽归道山，《法学论坛》编辑部全体人员致以沉痛的哀悼，并向曾教授的亲属致以亲切的慰问！

多年来，曾宪义教授潜心治学，学道卓越，他主编的《法学家》杂志更是以深厚的理论水平、前沿的学术热点在法学期刊界独树一帜、影响广泛。曾教授是在齐风儒韵熏染下成长起来的一代法学名家，生前重视关心《法学论坛》的建设和发展，并奉献了不少垂范学林、加惠学界的精品力作，为《法学论坛》的整体质量和学术品位的不断提升作出了重要贡献！

曾宪义教授的逝世是我国法学期刊界的重大损失！为表达我们对曾教授的深切哀悼之情，烦请治丧委员会以《法学论坛》编辑部名义代为敬献花圈一个，我们不胜感谢！

曾宪义教授千古！

《法学论坛》编辑部
2011 年 1 月 20 日

《北方法学》编辑部唁电

曾宪义教授治丧委员会：

惊悉我国著名法学家、法学教育家曾宪义教授不幸去世，我们深感震惊与悲痛！

先生生前不但为我国法制建设的发展、法学研究和法学教育事业的繁荣作出了杰出贡献，同时也为中国法学期刊的发展倾注了大量心血。先生的辞世，是中国法学界和法学期刊界不可估量的损失！

值此万分悲痛的时刻，作为法学期刊界的一员，我们对先生的不幸去世深表哀悼，对先生的亲属致以真切的慰问。

曾宪义先生千古！

黑龙江大学《北方法学》编辑部
2011 年 1 月 17 日

《昆明理工大学学报》编辑部唁电

曾宪义同志治丧委员会：

今日惊闻曾宪义教授不幸逝世，我们深感悲痛！

曾宪义教授系《昆明理工大学学报（社会科学版）》顾问委员。曾宪义教授对我校学报社科版的建设与发展给予过无私关怀和大力支持，我们至今难以忘怀！

曾宪义教授的逝世既是中国法学界的一大损失，也是我校学报社科版的巨大损失。我们唯有继承和发扬他的学术精神，更加努力地做好工作，方能告慰他的在天之灵。谨以此对曾宪义教授致以沉痛哀悼，并向其家属表示深切慰问！

曾宪义教授永垂不朽！

《昆明理工大学学报》编辑部

中国人民大学出版社唁电

中国人民大学曾宪义教授治丧委员会：

惊闻著名的法律史学家曾宪义教授于 2011 年 1 月 15 日不幸逝世，我社全体员工深感悲痛，曾宪义教授的逝世是法学教育界的重大损失，也是法律出版界的重大损失。

曾宪义教授作为著名的法学家、杰出的法学教育家，为我国法学教育的发展和法律史学研究作出了重大贡献。曾宪义教授生前一直关怀与支持人大出版社的发展，为我国的法学教育和学术研究出版了大量的精品教材和专著，曾宪义教授在生命的最后一刻，依然关注"十一五"国家重点出版规划《中国传统法律文化研究》的出版工作。哲人虽逝，精神永存，我们将化悲痛为力量，不断探索，以优异的成绩告慰曾宪义教授。

中国人民大学出版社对曾宪义教授的逝世表示沉痛哀悼！请曾宪义教授的家属节哀！

曾宪义先生永垂不朽！

中国人民大学出版社
2011 年 1 月 17 日

高等教育出版社人文社科期刊分社唁电

曾宪义教授治丧委员会：

惊闻曾宪义教授逝世，大家悲痛万分！

自 2006 年起，曾宪义教授一直担任由高等教育出版社和中国人民大学法学院合办的英文版期刊 Frontiers of Law in China（《中国法学前沿》）的编委会主任，在该刊的创建、运作及发展上精心谋划，奠定了期刊长足发展的根基！今先生乘鹤西去，我们不胜哀痛。为完成先生的遗志，我们决心将该刊办成国内一流、国际公认的"让中国法学走出去"的学术期刊！

曾宪义教授的不幸逝世，不仅是我国法学界的重大损失，也是我国出版界的重大损失。他的高尚品德、豪爽情怀及敬业精神永远值得我们缅怀！

曾宪义教授名垂千古！

高等教育出版社人文社科期刊分社全体同仁
2011 年 1 月 21 日

法律出版社唁电

曾宪义教授治丧委员会并曾宪义教授亲属：

惊悉曾宪义教授于 2011 年 1 月 15 日上午 10 时 45 分在北京不幸病逝，我社员工深感悲痛。

曾宪义教授是我国著名的法学家、法学教育家，在长达半个世纪的时间里一直从事法学教学与研究工作，为了我国的法律教育和法治建设作出了杰出贡献。我社有幸蒙曾宪义教授垂青，得到他的支持和帮助。他治学态度、人格风范永为后世楷模。

曾宪义教授的逝世，是我国法学界的巨大损失。

对曾宪义教授的逝世谨向你们表示沉痛哀悼，并向他的亲属表示慰问。

曾宪义教授千古！

法律出版社

社长：黄闽

2011 年 1 月 15 日

各地中国人民大学校友会唁电

中国人民大学山东校友会唁电

中国人民大学法学院并转曾宪义教授家属：

惊闻曾宪义教授不幸逝世，中国人民大学山东校友，特别是中国人民大学法学院山东全体校友陷入极度悲痛和伤心之中。在此我们对曾宪义教授的逝世表示沉痛哀悼，对曾宪义教授的家眷表示最真挚的慰问。

曾宪义教授是齐鲁大地的骄傲，是法学界山东精英中的杰出领袖。他是我国杰出的法学家和教育家，是我国法学研究和教育的领军人物。他的一生为我国法治建设和法学教育事业作出了不可磨灭的贡献。

先生宽厚朴实，严谨细致，先生的为人、治学、处事，均表现出现代儒学的大家风范。先生的去世，使我们永远失去了一位仁厚的长者，治学的导师，是我国法学界的重大损失，更是齐鲁大地的重大损失！

请曾宪义教授的家属节哀！

曾宪义教授安息！

中国人民大学山东校友会
中国人民大学法学院全体山东校友
2011 年 1 月 16 日

中国人民大学法学院全体江西校友唁电

中国人民大学法学院韩大元院长并转曾宪义先生至亲好友：

惊闻曾宪义先生不幸仙逝，巨星陨落，在赣全体中国人民大学法学院校友陷入极度悲痛之中。在此我们对先生的逝世表示沉痛哀悼，对先生的家眷表示最真挚的慰问。

先生宽厚朴实，严谨务实，先生的为人、治学、处事，均表现出大家风范。先生的仙逝，使我们永远失去了一位仁厚的长者，治学的导师，是我国法学界、教育界的重大损失！

请曾宪义先生的家属节哀！

曾宪义先生千古！

中国人民大学法学院全体江西校友
2011 年 1 月 17 日

中国人民大学法学院山西校友会唁电

曾宪义教授治丧委员会：

惊悉曾宪义教授不幸去世，我们万分悲痛。

曾宪义教授作为中国杰出的法学家、法学教育家，毕生致力于我国的法学研究和法学教育事业，我们绝大多数校友都接受过曾老师的教诲，音容笑貌，历历在目。恩师的离去是中国法学界的重大损失，是人大法学院的重大损失，是我们众多校友的重大损失，我们甚为怀念。

曾宪义教授千古！

中国人民大学法学院山西校友会

2011 年 1 月 17 日

中国人民大学法学院校友会香港分会

曾宪义教授治丧委员会：

惊悉著名的中国法学家、杰出的法学教育家、我们的恩师曾宪义教授因病逝世，中国人民大学法学院香港校友们沉入万分悲痛中。我们对恩师的离世表示最沉痛哀悼，对曾教授的家眷表示最真挚的慰问。

曾教授毕生热爱于中国法律史学及法学的研究，对法学教育事业贡献无量，培养了无数的海内海外学子，桃李天下。曾教授是中国法学界的英杰，是人大人的骄傲，是海内外学子的恩师，是法学后人的榜样。香港学子追思与恩师一起的时光，缅怀恩师的音容笑貌，遵循恩师的谆谆教导，继承恩师的毕生事业，为人大法学院在香港的教育事业及增进内地及香港的法学研究事业作出努力。

曾教授的敬业精神长存香港学子心中。我们的恩师曾宪义教授安息吧！

中国人民大学法学院校友会香港分会

2011 年 1 月 18 日

中国人民大学广州地区校友会唁电

中国人民大学：

痛悉曾宪义教授不幸逝世，我会并代表广州的全体校友对曾宪义教授的辞世表示深切哀悼！并对曾宪义教授的家属表示诚挚慰问！

曾宪义教授是我国杰出的教育家，他为母校法学院的建设、中国法学教育事业、中国法治建设贡献一生。他硕果累累，桃李天下；他为人师表，德高望重。曾宪义教授的逝世，不仅是母校的重大损失，也是中国法学界、法学教育界的重大损失。

曾宪义教授永垂不朽！

中国人民大学广州地区校友会

2011 年 1 月 19 日

中国人民大学法学院海南校友会唁电

中国人民大学法学院：

惊悉我院曾宪义教授不幸仙逝，中国人民大学法学院海南校友会全体校友陷入极度悲痛之中。在此我们对曾宪义教授的逝世表示沉痛哀悼，对曾宪义教授的家属致以最诚挚的慰问。

曾宪义教授为中国法学事业和法学教育事业的发展作出了突出贡献。曾宪义教授的一生，是献身于母校法学院建设的一生，是献身于中国法学教育事业的一生，是献身于中国法治建设的一生。他的崇高品德和敬业精神永远值得我们学习继承和发扬光大。

曾宪义教授永垂不朽！

请曾宪义教授的家属节哀保重！

中国人民大学法学院海南校友会

2011 年 1 月 19 日

中国人民大学香港校友会：香港法律硕士班悼念曾宪义教授

中国人民大学：

中国人民大学香港法律硕士班 2009 级全体学生惊悉曾宪义先生逝世的消息，十分悲痛。1 月 15 日下午在香港城市大学 P4703 教室中为曾宪义先生的逝世默哀。正在此授课的中国人民大学法学院马小红教授受人民大学香港校友会徐晶常务副会长的委托，向学生介绍了曾宪义先生对中国法学教育和法律文化研究的杰出贡献，介绍了在担任中国人民大学法学院院长、名誉院长期间，曾宪义先生带领全院教职员工积极工作，将人大法学院建成国内一流法学院的功绩。作为曾宪义先生的学生，马小红教授深切地缅怀了导师曾宪义教授对自己的教诲和培养。马小红教授说，自己在香港授课，无法回京送曾老师，但讲好在香港的每一堂课，像曾老师对待自己那样热情地对待学生，努力做好本职工作，一定是曾老师最为希望的。

中国人民大学香港校友会

中国人民大学法学院学生集体唁电

中国人民大学法学院 1996 届全体博士唁电

沉痛悼念曾宪义教授：

坚毅创业伟绩非常人大法学名扬四海

为下为民师德载道曾门桃李遍布天下

法学院 1996 届全体博士

2011 年 1 月 16 日

中国人民大学法学院法律史专业 2001 级法学硕士班唁电

中国人民大学曾宪义教授治丧委员会：

惊悉我们敬爱的曾宪义先生病逝，不胜哀痛。先生为中国的法学教育事业贡献了毕生的精力，育人无数，桃李天下。先生的逝世是中国法学界的巨大损失。

先生的教诲将永远铭记在我们心中！

愿先生一路走好！

中国人民大学法学院法律史专业

2001 级法学硕士班全体

2011 年 1 月 15 日

中国人民大学法学院 2002 级本科唁电

院领导、曾院长治丧委员会暨曾院长家属：

惊闻曾院长病逝，莫于川教授、谢望原教授及 2002 级法学院全体本科生万分沉痛！

求学岁月，恍如昨日，院长之音容笑貌仍历历在目，院长之教诲言犹在耳！

院长带领人大法学院重新赢回了昔日的荣耀，培养了中国法治道路上一大批精英栋梁！

院长为中国法学教育事业作出了卓越的贡献，也使中国法学教育事业走向了世界！

拓荒之功，历史铭记！

曾院长千古！

中国人民大学法学院 2002 级本科

中国人民大学法学院 2004 级法律史博士班唁电

中国人民大学曾宪义教授治丧委员会：

惊闻曾宪义老师不幸病逝，悲恸万分！作为我国杰出的法学家，曾老师在我国法学事业的发展上，贡献卓著；作为授业恩师，曾老师传道解惑，化育桃李，提携后辈，不遗余力。曾老师的病逝是我国法学界的巨大损失，亦使我等痛失良师，不胜痛哉！

曾老师千古！

中国人民大学法学院 2004 级法律史博士班

2011 年 1 月 17 日

中国人民大学法学院 2007 级全体法律史专业博士唁电

中国人民大学曾宪义教授治丧委员会：

惊悉曾宪义先生驾鹤西去，悲愤万分。

曾先生一生殚精竭虑，鞠躬尽瘁，为中国的法学研究和法学教育耗尽了所有的心血。先生对我国法学和法治的发展可谓居功至伟。先生的离去不仅令我们这些学生们痛心异常，而且让整个中国法学界为之扼腕。

先生已经仙逝，但他的教诲将使我们受益终生！

先生千古！

中国人民大学法学院 2007 级法律史专业博士全体

附 录 二

曾宪义教授：师风垂范　弦歌不息

（《法制日报》2011 年 1 月 19 日第 9 版）

　　2011 年的元月刚过一半，我国著名法学家、杰出的法学教育家，中国人民大学一级教授，中国人民大学法学院名誉院长、博士研究生导师，教育部社会科学委员会副主任，中国法学会法学教育研究会会长，《法学家》杂志社社长兼主编曾宪义教授因病于 15 日上午10 时 45 分在北京逝世，享年 75 岁。

为人大法学院的发展殚精竭虑

　　曾宪义，山东济宁人，1936 年 1 月 31 日生，于 1951 年 1 月在山东省济宁市公安局参加革命工作，1954 年加入中国共产党，1956 年 9 月考入中国人民大学法律系学习，1960 年8 月毕业后留校任教，1990 年至 2005 年先后担任中国人民大学法律系主任、法学院院长，2006 年以来任法学院名誉院长。

　　曾宪义教授为人大法学院的发展殚精竭虑，带领全院师生齐心协力、团结奋斗，使法学院实现了跨越式发展，奠定了人大法学院在全国法学教育领域的领先地位，在国际法学教育界拥有较高声誉和影响力，开始跻身于世界一流法学院行列。

说起曾宪义教授对人大法学院所作出的贡献，人大法学院院长韩大元教授给予了高度的评价。他说："曾老师是一位具有敬业精神的法学教育领域的领导者。中国人民大学法学院近十五年来的快速发展，倾注了曾老师极大的心血，他把法学院的发展当做自己的全部事业，带领全院师生，精心谋划，开拓进取，使人大法学院取得了在国内领先、世界知名的地位。他对工作是非常认真的，为事业倾注了全部心血，牺牲了很多工作之外的时间，甚至连去医院检查身体的时间也没有。我们人大法学院的师生永远不会忘记曾宪义老师为人大法学院发展所作出的无私奉献。

"曾宪义教授一生为中国法学教育事业鞠躬尽瘁。他作为一个学者所体现的尊严和爱国情怀，时时激励我们。作为人大法学院院长，我深感责任重大。对我们来说，对曾老师最好的纪念就是把人大法学院办得更好。"

人大法学院党委书记兼副院长林嘉教授表示，曾宪义老师的一生，是光辉的一生，与人大法学院、与中国的法学教育紧紧地连在一起。他将自己奉献给了人大法学院、奉献给了中国的法学教育。从1956年到人民大学求学，1960年留校工作，五十多年来，曾老师一心扑在法学院事业上，对人大法学院的发展、对中国法学教育事业作出了巨大贡献。

人大法学院原党委书记叶秋华教授深情地回忆："作为1978年就来到人大法学院的教师，作为曾经和曾老师一起共同工作十余年的法学院领导班子成员，我见证了曾老师为人大法学院的振兴发展呕心沥血和开拓进取的勇气与胆识；见证了他视法学院为家的真情的热爱、奉献和无比的辛劳；也见证了他带领全院师生克服种种困难，自强自立，团结奋斗，让默默无闻、狭小不堪的法学院发生了物质和精神上的沧桑巨变！他把刻骨铭心的爱，把他几乎全部的情感、精力和心血都放在了人大法学院这个大家庭里。"

中国法学教育绕不过的人

曾宪义教授从事法学教育工作多年，对中国的法学教育有一种特殊的发言权，在法学界曾有人说，"要了解中国的法学教育，曾宪义先生是一个绕不过的人"。

作为杰出的法学教育家，曾宪义教授为中国法学事业和法学教育事业的发展呕心沥血、栉风沐雨，倾注了毕生精力，作出了突出贡献。曾宪义教授在担任中国法学会副会长、教育部高等学校法学学科教育指导委员会主任、名誉主任和中国法学会法学教育研究会会长期间，积极探索法学教育发展的中国模式，推动了中国法学教育与法学研究的繁荣。

作为国际知名的教育家，曾宪义教授为推动中国的法学教育走向世界作出了卓越贡献，开创了中国法学教育走向世界的崭新局面，引领了"世界法学教育走进中国，中国法学教育走向世界"的进程。曾宪义教授致力于中国法学教育的国际交流与合作，在他的带领下，人大法学院成功举办了首届"中美著名法学院院长联席会议"、"中国—欧洲著名法学院院长论坛"、"中国—亚洲法学教育论坛"、"中国—非洲法学教育与法律文化论坛"等具有国际影响力的学术会议。2000年12月，在人民大会堂举行了"21世纪世界百所著名大学法学院院长论坛"暨"中国人民大学法学院成立50周年庆祝大会"，李鹏委员长等国家领导人莅会。这些会议和论坛的举办，加强了中国法学教育界与世界各国法学教育界的交流，扩大了中国法学教育的国际影响，向世界展示了改革开放以来中国法学教育取得的重大成就。

对此，韩大元院长谈道：曾老师是中外法学教育交流与合作的开拓者。他致力于让中国法学教育走向世界，维护中国法学教育的国际形象，他以非凡的学术勇气与智慧，与国外著名大学法学院院长进行交流，特别是从 1998 年举办"中美著名法学院院长联席会议"开始，以大手笔将人大法学院以及中国法学教育真正推向了世界，改变了西方世界对中国法治和法学教育的无知、傲慢，充分体现了他作为一名教育家的远见和爱国情怀。

为中国法律史发展用心良多

曾宪义教授是著名的法律史学家，长期从事法律史的教学与研究工作，为中国法律史学科的发展作出了重要贡献。他曾担任中国法律史学会第四届理事会会长和中国人民大学法律文化研究中心主任，在国内外重要学术刊物发表和出版了"中国传统法的结构与基本概念辨正——兼论古代礼与法的关系"和《中国法制史》等一批具有重要学术价值的论文和著作；主持了"教育部哲学社会科学重大课题攻关项目——中国传统法律文化研究（十卷）"等重大研究课题，深入挖掘了中国传统法律文化的现代价值，推动了中国传统法律文化研究的体系化。

对于如何深入挖掘了中国传统法律文化的现代价值，曾教授曾指出：历史地看，我们可以发现中国传统法律文化中凝聚着人类共同的精神追求，凝聚着有利于人类发展的巨大智慧。因此，在现实中不难寻找到传统法律文化与现代法治文明的契合点，也不难发现传统法律文化对我们的积极影响。

对于曾宪义教授在研究中国传统法律文化方面的贡献，人大法学院法制史研究室赵晓耕教授谈道：几十年来，曾老师为法律史学科的发展用心良多，尤其关注对中国传统法律文化的研究。在他生前的最后五年，念兹在兹的是他主编的《中国传统法律文化研究》（十卷本）的完成与出版。他将毕生的精力都贡献给了中国当代法学教育与法律史学科的发展。

中国人民大学教授马小红深情地回忆了参与 2005 年教育部启动的重大攻关项目——中国传统法律文化研究的情形，她谈道：曾老师作为首席专家深感责任重大，他多次说这个项目一定要反映出当代的最高研究水平。为了保证项目的研究进度、及时解决研究中出现的问题，协调研究内容和研究重点，曾老师在 2006—2009 年间召开了 7 次项目实施研讨会。同时，为解决课题研究中的重点与难点学术问题，还组织召开了"和谐社会的法律史考察"、"中国传统法律文化的现代价值"、"中国传统法律文化的基本精神"、"礼与法——中国传统法律文化总论"等十余次专题学术研讨会。除课题组成员外，曾老师广邀学界同仁与会，进行学术探讨。

"2010 年上半年，曾老师已经是重病在身，他还召集我们在医院开会，说项目还有两件事要做，一是不管花多少钱，一定要检测一次，不要出现不规范的学术问题；二是要写一个序言，把这个项目的特色写出来。看着病中的曾老师依然一丝不苟地审查着这个项目，学生们的心情无以言表。"马小红教授说起这些，心里十分难受。

德高望重誉满学林

曾宪义教授的逝世是法学界的巨大损失，如雪片纷飞的唁电表达了人们对这位著名教授的哀思。

与曾宪义教授私交甚笃并且工作上多有接触的吉林省高级人民法院院长张文显接受记者电话采访时心情非常沉痛，他说："曾宪义教授为中国法学教育的恢复重建和改革发展作出了重要贡献，他担任中国教育部高校法学教学指导委员会主任十年，担任名誉主任五年时间，一直投身于法学教育的改革发展，对于扩大法学教育规模，提升我国法学教育质量有着重要贡献。

"曾宪义教授为中国法学的国际化作出了重要贡献，他一直致力于中美、中欧、中日、中澳等法学国际交流合作，使中国法学的发展为更多西方国家所了解和认可。同时，他也推动了外国法学中国化，吸收借鉴外国法学中的有益经验，与我国国情相结合。

"曾教授在学术领域作出了巨大贡献，他领导人大法学院以及国内法学界，为我国法学理论研究和法治建设实践的有机互动作出了重大贡献。作为司法部国家司法考试协调委员会委员，他还参与了司法考试改革的重要工作。"

张文显院长评价说："曾宪义教授不仅仅是一名优秀的法学家，同时在社会科学领域的权威机构教育部人文社会科学委员会担任副主任，对于推动我国哲学社会科学的快速发展作出了重要贡献，在哲学社会科学发展方向、前沿问题和自身科学发展方面都有建树。曾宪义教授作为法律人的风范和对于我国法学的卓越贡献值得我们永远缅怀。曾宪义教授虽然去世了，但是他的贡献永远留在中国法学和教育历史的画卷中，留在当代以及后代人的心目中。"

《法制日报》社社长贾京平惊闻曾宪义教授仙逝，心中十分悲痛。他回忆说："自从1979年考入中国人民大学法律系，就与曾宪义教授有了近距离的接触，后来大学毕业参加工作直至曾老师离世，无论是从私人情谊还是工作关系，都与曾宪义教授保持着亲密的联系。曾宪义教授在为人、为师方面堪称典范。他的离去不仅是人大法学院的损失，也是中国法学教育界的巨大损失。"

清华大学法学院院长王振民、党委书记车丕照在唁电中说，"曾宪义先生是我国杰出的法学家，也是著名的教育家。他不仅为中国人民大学法学院的发展作出了无可替代的特殊贡献，而且对近三十年中国法学教育的改革发展发挥了领军作用。在他的带领下，开创了中国法学教育的新局面，大大提升了中国法律人才培养和法学理论研究的质量和水平。他的逝世不仅是中国人民大学的损失，也是中国法学教育和整个高等教育界的一大损失"。

曾宪义教授的身前好友、北京大学法学院教授蒲坚说："宪义为法制史学科的建设和发展奔走呼唤以及关心青年教师的成绩等，作出了重大贡献。宪义走了，使我失去了一位好朋友，法制史学界失去了一位出色的学科带头人。"

司法部司法鉴定管理局局长霍宪丹深情地说："忆往昔音容笑貌历历在目，曾几何团结带领法学教育界共同向前谋改革图发展。曾老师不仅属于人大法学院，更属于中国法学教育；不仅是法学家、法学教育家和社会活动家，更是中国法学教育的旗手和领军人物，创下了具有里程碑意义的成就，他为中外法学教育的交流发展、为高层次法律人才培养和建设法治国家作出了卓越贡献！"

西南政法大学校长付子堂说："曾老师是新中国法制史研究的开创者之一，为我国的法制史研究、法学教育发展奠定了坚实的基础。曾老师学识渊博，在中国法制史、比较法律文化、台湾法等领域进行了开拓性研究，作出了卓越贡献，对中国法学界影响深远，也受到了海外学界的广泛赞誉。曾老师执鞭法学教育逾半世纪，著述等身，学识、品格为我国法学界之风范、后学之表率。曾老师溘然长逝，不仅使我们痛失一位尊敬的长辈、一位好老师，更是中国法学界的重大损失！"

南京师范大学江苏法治发展研究院院长龚廷泰在唁电中说，"曾先生是中国法学教育的领军人物。他不仅带领中国人民大学法学院发展成为中国领先、世界一流的法学教育和科学研究的重镇，而且为中国法学教育的复兴和发展作出了杰出的贡献。曾先生是中国法学研究的开拓者。他在法学理论和法律实务研究领域作出了骄人的研究成果，特别对中国法制史学科的发展贡献非凡。曾先生是推动中外法学交流与合作的先行者。他为中国法学走向世界，让中国法学影响世界，让世界了解中国的法学研究、法学教育和法治发展建立了功勋。曾先生是中国法学界德高望重的大师。他为人以仁，提携后生，道德文章，完美统一，因此深受中国法学界、法律界和社会各界的广泛尊重和敬仰"。

道德文章完美统一

山东大学法学院院长齐延平谈道：曾宪义教授是我国著名的法学家、杰出的法学教育家，毕生致力于中国的法制建设和法学教育，为中国法律史学科的发展、中国法学教育与法学研究的繁荣作出了重大贡献。他德高望重，学养深厚，誉满学林；他一生从教不辍，著述等身，桃李满天下，对中国现代法学教育惠泽恩深。

作为曾宪义教授的弟子，杭州师范大学法学院教授范忠信谈道：曾老师是一个工作狂、事业狂。过去数十年的事业成就，也许数万字长文也难以述说。但作为弟子，大家最清楚的是曾老师 2005 年辞去院长职务以后，短短四年多时间里的事业开拓和成就——创设了"曾宪义法学教育与法律文化基金会"，创设了"中国法律文化研究成果奖"和"中国法学教育研究成果奖"，主编了《法律文化研究》年刊，主编了《百年回眸：法律史研究在中国》法史研究名作选集，主持了国家重大攻关项目"中国传统法律文化研究"，还主持了"中国—非洲法学教育与法律文化论坛"，创办了"中华法律文化网"……这一切，不用说对一个七旬老人而言，就是对一个三四十岁的青壮年来说，都近乎奇迹！由此我们不能不感叹曾老师人格的伟大和对于学术事业的痴狂！

"在 75 岁高龄，他还在教育部社会科学委员会担任重要职位。曾宪义教授的离去，对中国法学界造成了难以想象的损失。"西北政法大学研究生教育院院长王健教授说道："曾先生宽容、博大的理想情怀和人格魅力，与时俱进的思想信念，科学严谨的治学态度和学术品质，奖掖后进的高尚风范，凝聚各方面力量向世界展示中国法学良好形象的责任感和使命感，必将成为法学界宝贵的精神财富！作为晚辈末学，我们将努力学习和继承曾先生优秀的精神品质，赓续推进他未竟的法学教育事业和法治事业，为曾先生毕业致力追求的美好理想贡献绵薄之力"。

"星城闻噩耗，涕泪湿三湘。跪泣遥北望，历历缅师颜。国折法界擘，我失慈严般。向使身可代，岂豫易尊安。"人大法学院 1992 级博士生弟子朱大旗以这首诗表达了对恩师的无限哀思。

曾宪义遗体告别仪式在京举行

周永康向家属表示慰问并送花圈

（《法制日报》2011 年 1 月 22 日第 1 版）

今天上午，中国共产党优秀党员，著名法学家、杰出法学教育家，中国人民大学一级教授、中国人民大学法学院名誉院长、博士研究生导师，教育部人文社会科学委员会副主任、教育部高等学校法学学科教学指导委员会名誉主任，原中国法学会副会长、中国法学会法学教育研究会会长曾宪义教授遗体告别仪式在北京举行。中共中央政治局常委、中央政法委书记周永康向家属表示慰问并送花圈。

曾宪义教授因病医治无效，于 2011 年 1 月 15 日上午 10 时 45 分在北京逝世，享年75 岁。

曾宪义教授逝世后，原中共中央政治局常委、全国人大常委会委员长李鹏，中共中央政治局委员、国务委员刘延东，国务委员、中央政法委副书记、公安部部长孟建柱、最高人民法院院长王胜俊，最高人民检察院检察长曹建明，原最高人民法院院长肖扬，中国法学会会长、原最高人民检察院检察长韩杼滨，原最高人民检察院检察长刘复之，十届全国政协副主席罗豪才，教育部部长袁贵仁，司法部部长吴爱英，全国人大法律委员会主任胡康生，全国人大法工委主任李适时，中央党史研究室主任欧阳淞，最高人民法院常务副院长沈德咏，最高人民检察院常务副检察长胡泽君，公安部常务副部长杨焕宁等分别致电曾宪义教授治丧委员会，对曾宪义教授逝世表示深切哀悼，向家属表示慰问并送花圈。

通过各种方式对曾宪义教授逝世表示哀悼，向亲属表示慰问并送花圈的还有国务院法制办副主任袁曙宏，最高人民法院副院长张军、万鄂湘、江必新、苏泽林、奚晓明、熊选国、南英、景汉朝，中纪委驻最高人民法院纪检组组长张建南，最高人民检察院副检察长孙谦、姜建初、朱孝清及与原常务副检察长梁国庆，公安部副部长黄明，司法部副部长赵大程，公安部原副部长罗锋、朱恩涛，最高人民法院政治部主任周泽民与审判委员会专职委员黄尔梅、刘学文，最高人民检察院专职委员童建明，教育部党组成员顾海良，全国人大内务司法委员会委员戴玉忠，吉林省高级人民法院院长张文显，江苏省高级人民法院院长公丕祥，黑龙江省人民检察院检察长姜伟，江苏省委常委、组织部部长石泰峰，南京市市长季建业，山东大学校长徐显明等。

原最高人民法院院长肖扬，原最高人民法院常务副院长祝铭山，中央党史研究室主任欧阳淞，中国法学会党组书记兼常务副会长刘飏，最高人民法院副院长南英，最高人民检察院专职委员童建明，教育部党组成员顾海良，中国人民大学党委书记程天权，中国人民大学原校长黄达、李文海，中国法学会副会长周成奎，空军指挥学院副院长李勇，中国人民大学党委常务副书记牛维麟，副校长林岗、冯惠玲、陈一兵，副校长兼党委副书记王利明，原副校长杜厚文，中国人民大学法学院院长韩大元、院党委书记兼副院长林嘉等各界人士近一千人参加了曾宪义教授的遗体告别仪式。

他推动法学教育走向世界——各界人士送别曾宪义教授

（《光明日报》2011年1月22日第5版）

灵堂里，各大学术机构、众多著名学者及社会各界敬献的花圈满满当当；灵堂外，吊唁的人士络绎不绝。今天上午，近千名各界人士来到八宝山革命公墓东礼堂，辞别著名法学家、法学教育家、中国人民大学法学院名誉院长曾宪义教授。2011年1月15日上午，曾教授因病在京逝世，享年75岁。

上午9时30分，记者看到，虽然距告别仪式还有一个小时，已有数百人冒着严寒，在礼堂外等待向先生作最后的道别。

巨幅挽幛"学界泰斗明堂匡政领袖神州士林，法治园丁杏坛设教沾溉四海子弟"，概括了曾宪义教授一生的教学育人成就，也写满了他的朋友、同事、学生的哀思。

先生已逝，精神长存

"他的去世是人民大学的一大损失，也是中国法学教育的一大损失。"中国人民大学校长纪宝成和曾宪义教授一起共事了10年半时间，曾教授忠诚、坚定、执著、勤奋、踏实的精神和作风，给纪宝成留下了极其深刻的印象："他对中国人民大学的贡献，对中国人民大学法学院的贡献，对中国法学教育的贡献，乃至于对我们国家法制建设的贡献，都是杰出的、持之以恒的。我认为他不仅仅是一个著名的法学家，一个杰出的法学教育家，也是我们中国人民大学的一个杰出的代表。"

北京大学法学院院长张守文很少接受媒体采访，但是今天当他步出灵堂后，却主动地和记者谈起自己痛失长者的复杂心情："曾教授作为我国著名的法学家，不仅在法律史学的研究方面成就卓著，而且为我国法学教育事业的发展倾注了毕生精力、作出了卓越贡献。他的崇高品格、学术成就和杰出的领导能力为学界所深深景仰。"

先生已逝，事业永留

中国人民大学党委副书记兼副校长王利明教授作为曾先生的学生，与曾先生朝夕相处30年，先生的离去让这位中年法学家深感悲恸。在曾宪义教授追思会上，王利明高度评价这位曾经的师长在法学事业上的成就："曾老师是新中国法学教育事业走向世界的积极倡导者和推动者。他积极整合全国法学教育资源，创办了21世纪世界百所著名大学法学院院长论坛等系列高端国际法学教育交流平台，将新中国法学教育的成果向世界同行予以充分展示，使新中国的法学教育在世界范围内受到广泛关注和尊重。"

为了最后见老师一面，南京师范大学法学院院长李力专程从南京连夜赶来："曾老师不仅把中国人民大学法学院带到了一个令人瞩目的高度，而且成为中国法学教育的旗帜，引领着一个时代的进步。追思先生之际，唯有奋力实现先生对我们的期望，以慰先生之灵！"

先生已逝，德音犹存

"曾老师有恩于中国法学教育事业，有恩于中国人民大学，有恩于人大法学院，有恩于我们所有的弟子，更有恩于我。"最高人民法院研究室江继海是曾先生的博士后，他深情地说：曾老师已经离我们而去，但他并没有走远。曾老师以身作则，为我们树立了一位德行高尚的法学家形象。

不久前，记者曾就一则新闻请中国人民大学中国行政法研究所所长莫于川发表评论，当时却被一向待人诚恳、热情的莫教授罕见地婉拒了，原因就是"恩师辞世，近日心中无它"。今天在送别现场，记者看到他在敬献的花圈上写了如下饱含深情的挽联："大智大德大爱的法学教育家——曾宪义老师永远活在我们心中。"

中国人民大学法学院的网站，一位位政法界教育界领导、法学专家，或发唁电，或撰专文，写下了对于曾教授的追思和感念。怀念这位法学家的人们表达的一个共同心声是：先生虽已远行，但他留下的宝贵财富，将哺育一代代法学界学子刻苦治学，将激励一代代法学工作者为中国的社会主义法治建设而不懈奋斗。

千人哀别法学教育家曾宪义

（《新京报》2011 年 1 月 22 日第 A10 版）

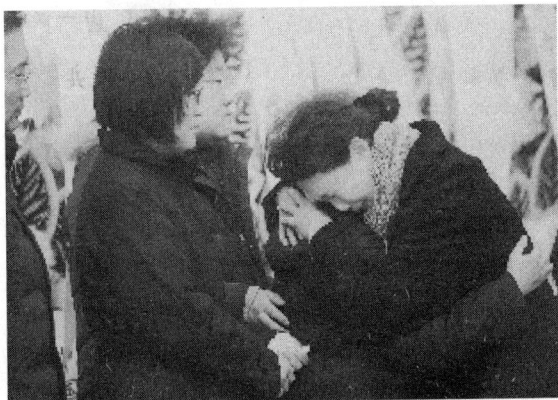

昨日，八宝山革命公墓东礼堂，著名法学教育家、中国人民大学法学院原院长曾宪义教授遗体告别仪式举行，近千人送别曾老最后一程。1 月 15 日上午 10 时 45 分，曾宪义因病逝世，享年 75 岁。

昨日 10 时，前来送别的人们手捧白菊，神情肃穆。告别人群中，有最高人民法院原院长肖扬，有共事几十载的同事，有老邻居，有数十年培养的学生，他们已是法官、检察官、律师、教师，从各地赶来，只为看恩师最后一眼。

10 时 30 分，遗体告别仪式开始，人们缓缓进入告别厅，覆盖着中国共产党党旗的曾老，静卧在百合花丛中，面容安详。但不少人难忍悲痛，走出告别厅后失声痛哭。

中国人民大学副校长王利明说："曾老是新中国法律史学科的开拓者之一，赢得千万名法律学子的尊敬和爱戴。"

简介

曾宪义，我国著名法学家，新中国法律史学科的开拓者之一。山东济宁人，1936 年 1 月 31 日生，1990 年至 2005 年先后担任中国人民大学法律系主任、法学院院长，2006 年以来任法学院名誉院长。

重情义

视学生如子女

告别厅外，香港特别行政区立法会议员梁美芬扶墙痛哭，梁是曾教授首名香港博士生，"他待我有如女儿般疼爱，每次遇到困难，都尽力帮我排除，我永记于心"。

在读曾教授博士期间，梁美芬两次怀孕，都是曾教授主动找到学校，帮助梁美芬推迟博士毕业论文递交时间。

中国人民大学校长纪宝成在曾宪义教授的追思会上回忆：2000 年他回到中国人民大学工作以后，和曾宪义一起共事了 10 年半。这 10 年半的时间，他的忠诚、坚定、执著、踏实，都是一种情义。

勤事业

凌晨仍谈工作

人大法学院原党委书记叶秋华教授与曾宪义同事三十余年，她说，曾老为了法学教育，可以不吃不喝不睡，他常常忘了时间，半夜三更打电话谈工作是常事。

在曾老的学生、杭州师范大学法学院教授范忠信眼中，老师是一个工作狂、事业狂。2005 年他辞去院长职务以后，四年多时间里，创设了"曾宪义法学教育与法律文化基金会"、"中国法律文化研究成果奖"和"中国法学教育研究成果奖"，主编了多本书刊。这一切，不要说对一个七旬老者，就是对一个青壮年来说，都近乎奇迹。

微博寄哀思

@哈尔滨留墨：呜呼哀哉！曾宪义公，一生尽瘁，精魄犹存。逝者已矣，存者追思。法之为器，度量公义；心中所持，唯有求是；历中国变革数十载，播法治精神万千人；两袖清风兮高歌大道，润物细雨兮排难凡尘。白发苍苍兮授业解惑，桃李漫漫兮恩泽八方。今溘然长逝，欲仰之而不待，欲亲之而成空，脉脉深情，怆何如哉？

@丹小妞 de 围脖：一个人，一生顶着那么多的头衔走过来，累吗？幸福吗？也许，走，是一种洒脱，留下来的，是值得我们纪念的人情。尊敬的曾宪义老师，一路走好！

@北京邦盛罗文志律师：曾宪义教授：师风垂范弦歌不息。是他那瘦弱的身躯，支撑起法治的一片天空，我不禁潸然泪下。

传道释宪声　授业解法义

（《新京报》2011 年 1 月 30 日第 A09 版）

　　1 月 21 日，八宝山革命公墓东礼堂，告别厅外，中国人民大学法学院党委书记林嘉失声痛哭："太痛了。"

　　在林嘉的眼里，曾宪义老师是一个不断创造奇迹的人，是一个对自己的身体很自信的人，死神靠得再近，也会和曾老师擦肩而过。而奇迹没有发生，在林嘉看望他的第二天，1 月 15 日 10 时 45 分，75 岁的曾宪义闭上了眼睛，永远。在中国人民大学，全校上上下下所有人都称曾宪义为"老师"，从来不以职务称呼他，虽然林林总总有很多重要的行政职务，但曾宪义就喜欢别人称他"曾老师"。在他看来，什么也没有"老师"这个称谓分量重。

巧授课

请来案件原型课堂现场说法

　　1956 年，20 岁的曾宪义被推荐到中国人民大学法律系学习，家境贫寒的他非常珍惜来之不易的机会。83 岁的人大法学院教授张希坡回忆，那时的曾宪义非常刻苦，对中国法制史尤为偏爱。

　　1960 年，曾宪义毕业留校，从事中国法制史的教学研究，同时也参加法制史教材的创编工作，参与编纂 1965 年出版的第一代教材《中国国家与法权历史讲义》。

　　1978 年中国人民大学复校后，曾宪义为新生讲授中国法制史，张希坡教授介绍，曾宪义非常善于理论联系实际，用典型案例加深学生的印象。

　　张希坡清楚地记得，在讲授中国近代审判制度时，曾宪义请来《杨三姐告状》的原型人物杨老太太，与学生们一起座谈案情始末。后来曾宪义又积极支持聘请《刘巧儿》的原型人物封芝琴来京给学生讲课，但因对方年高体弱未能成行。

对中国法制史学的执著、坚持，让曾宪义受到了同行的尊重和好评。北京大学法学院教授蒲坚说，在经济大潮的影响下，有些人急功近利，在法学教育中对法学基础知识重视不够，忽视法制史在法学学科中的应有地位。经过曾宪义的不懈努力，中国法制史最终被教育部列为法学学科的主干课程之一。

重情义

系主任上任首倡尊老敬老

曾宪义是个重情重义的人。20 世纪 90 年代，作为中国人民大学法学院系领导的他，给80 岁的老教师过生日，不但送蛋糕、寿袍，还送去彩电，这在中国人民大学是开天辟地的事情。

曾宪义生前好友、北京大学法学院教授蒲坚回忆，曾宪义被推举为法律系主任后说："这是给我为大家办事的好机会！我要把大家的积极性调动起来。首先就是要关心离退休老教师的生活，还要为青年教师创造成才的条件。"

后来，曾宪义对蒲坚讲，在给老教师生活补贴这件事上，有些青年教师想不通。

曾宪义对年轻教师讲："现在法学院的各种条件都得到很大改善，这都是老教师为我们打下的基础，这里有他们的血汗。你们不知道，在那个年代，他们的教学和生活条件都是非常艰苦的。有的老教师，教一辈子书，最后连高级职称都未得到就退休了。他们的退休金都很少。现在你们的教学生活各方面的条件都很好，不能忘了他们的功劳。再说，人总是要老的，你们将来也会老。"

曾宪义对老教师的尊敬、对情义的看重，青年教师们非常感动，蒲坚说，这种敬老尊老风气，首先在中国人民大学法学院树立，对其他大学法学院也产生了良好的影响。

诚待人

一碗鸡汤暖热患病学生心

曾宪义不是一个只埋头坐在书桌前研究学术的人，他不仅是一位大学者，更是一位慈爱的长辈。多年前的一碗鸡汤，让浙江大学法学院教授方立新毕生难忘，至今铭记。

20 年前，到中国人民大学进修的方立新，由于水土不服，得了感冒，随后转为肺炎。得知消息后，曾宪义到方立新的宿舍看望，随身带来的是一大碗热气腾腾的鸡汤，说："你们南方人没有经历过寒冬，不要紧，喝了这汤就好了！"

曾宪义的细心常常让人"瞠目结舌"，曾宪义的弟子、现在的中国人民大学法学院教授马小红就被曾宪义的细心"吓"到过。

2008 年春节，马小红与曾宪义搭档去香港城市大学讲课，曾宪义讲前半段，马小红讲后半段。

马小红到香港时，曾宪义已经回北京了。马小红刚进宿舍，曾宪义就打电话说冰箱里有吃的，叫她不用跑到外头买了。

马小红打开冰箱一看，水果、蔬菜、面包、鸡蛋、香肠等一应俱全，这让刚到香港、对一切很陌生的她感到非常温暖。

马小红后来与跟曾宪义搭档讲课的其他老师一交流，才知道这是曾宪义一贯的作风。

勤传教

为青年教师逐字修改教案

中国人民大学法制史教研室赵晓耕教授觉得自己很幸运，因为与其他师兄弟相比，他是与曾宪义相处时间最长的一个学生，从 1980 年入校，至今已三十多年："回忆起来，我真觉得很幸运，得遇曾先生这样的导师"。

赵晓耕记得刚留校备课时，每一章的讲稿，曾宪义都会逐段看过并加以批改，直到赵晓耕自己也成了指导学生的老师，才更深切地体会到这其中的不易。

1986 年春，硕士生胡旭晟面临例行的教学实习，当时，曾宪义担任教研室主任。胡旭晟说，曾宪义不仅为他们师兄弟三人每人安排一名老师，指导教学大纲和教案的撰写，还规定他们在给本科生正式讲课前，首先在教研室全体老师面前试讲并接受讲评。

胡旭晟说，这本来已是相当严格的要求，更没想到的是，在给教研室试讲之前，"曾宪义竟然将我们师兄弟三人召集到家里，让我们每人轮流给他试讲二十分钟，每讲一个，他就详加点评和指导"。

当时的情景，胡旭晟至今依然历历在目："那是我第一次真正懂得何为教学艺术以及应当怎样去教学。我后来之所以能在大学讲坛站稳脚跟，正是得益于恩师当年的严格要求和技艺传授。"

善治学

将中国法学教育推向世界

虽然是一位生长于本土的学者，但曾宪义眼界开阔，思路敏捷，被称为引领中国法学界与海外、国外交流和合作的第一人。

作为中外法学教育交流与合作的开拓者，1998 年，曾宪义牵头举办了"中美著名法学院院长联席会议"，时任美国总统的克林顿还向大会写来了亲笔贺信。

这在当时的条件下，是非常难的一件事情，曾宪义以非凡的学术勇气、自信与智慧，与国外著名大学法学院院长进行交流，将人大法学院以及中国法学教育推向了世界，改变了西方世界对中国法治和法学教育的无知。

此后，根据中美两国政府间的协议，中国教育部又组织了以曾宪义为团长的中国法学教育代表团，于 1998 年 11 月访问美国。这是新中国成立后由政府派出的第一个中国法学教育代表团。

接下来，在曾宪义的带领下，接连创办了"21 世纪世界百所著名大学法学院院长论坛"等一系列高端国际法学教育交流平台，使中国的法学教育在世界范围内受到广泛关注和尊重。为此，曾宪义也受到了国际上的广泛认可，先后被多个国家授予名誉法学博士。

"21 世纪世界百所著名大学法学院院长论坛"是目前世界范围内唯一的全球性的著名

大学法学院院长论坛，2000 年 12 月 3 日，首届论坛举办时，时任全国人大常委会委员长的李鹏出席论坛并发表了讲话。

中国人民大学副校长王利明说："现在我们法学教育界所分享的中国法学教育改革与发展成就、法学教育对外交流成果中，无不凝聚着他的心血。"

曾宪义的学生、山西大学法学院教授周子良在悼文中写道：先生走了，在熙熙攘攘的人群中，在人大的校园里，学生再看不到先生那慈祥的面容，在电话的那端再听不到先生那亲切的嘱托，先生也再不能用那慈父般的爱心指点学生，再不能用那颤抖的手为学生修改论文了。阴阳分隔，两不能见。每念于此，不禁会潸然泪下。

古人言"兢兢业业，如履薄冰"。在与法学界同仁共振新中国法学教育和法学研究的历程中，我们是怀着一颗敬畏的心而认真工作的。

在学术的探讨和振兴中，在生命的每一个岗位上中国古代贤哲"居之无倦，行之以忠"的训诫永远是我们的座右铭。

我希望青年一代的学者也能如此，在自己的岗位上"敬业乐群"，继往开来。

——曾宪义

逝者生平

曾宪义，生于 1936 年 1 月 31 日，著名的法学家、法学教育家，中国人民大学一级教授。

1956 年 8 月考入中国人民大学法律系学习，1960 年 8 月毕业后留校任教。

1990 年至 2005 年先后担任中国人民大学法律系主任、法学院院长，2006 年以来任法学院名誉院长。

担任中国法学会副会长、中国法学会法学教育研究会会长期间，曾宪义积极探索法学教育发展的中国模式，推动中国法学教育与法学研究的繁荣。

作为法律史学家，曾宪义长期从事法律史的教学与研究工作，曾担任中国法律史学会第四届理事会会长和中国人民大学法律文化研究中心主任，发表《中国法制史》等具有重要学术价值的论文和著作。

亲友寄语

宪义为法制史学科的建设和发展奔走呼唤，作出了重大贡献。

宪义走了，使我失去了一位好朋友，法制史学界失去了一位出色的学科带头人。

宪义，你走了，我很想你。

——北京大学法学院教授蒲坚

曾老师是我们中青年教师的良师益友。

我从 1993 年开始在曾老师领导下工作，有幸参与了法学院十几年来的发展进程，切身感受曾老师对法学院的爱心，目睹了他为法学院发展付出的艰辛努力。

他工作太辛苦、太投入，太爱法学院，太爱法学教育。

——中国人民大学法学院院长韩大元

著名法学家曾宪义教授在京逝世　享年 75 岁

（正义网 2011 年 1 月 17 日）

中国共产党优秀党员，著名法学家、杰出法学教育家，中国人民大学一级教授、中国人民大学法学院名誉院长、博士研究生导师，教育部人文社会科学委员会副主任、教育部高等学校法学学科教学指导委员会名誉主任，中国法学会法学教育研究会会长，全国法律硕士专业学位教育指导委员会第一副主任，中国海峡两岸法学促进会副理事长，最高人民法院特邀咨询专家，最高人民检察院专家咨询委员会委员，司法部国家司法考试协调委员会委员，中国人民大学学位评定委员会副主席、中国人民大学学术委员会副主席，《法学家》杂志社社长兼主编曾宪义教授，因病医治无效，于 2011 年 1 月 15 日上午 10 时 45 分在北京逝世，享年 75 岁。

曾宪义教授生平

曾宪义教授，山东济宁人，1936 年 1 月 31 日生，中国共产党优秀党员，著名的法学家、杰出的法学教育家，日本国名誉博士、法国名誉博士；中国人民大学一级教授、中国人民大学法学院名誉院长、博士研究生导师；教育部社会科学委员会副主任，教育部高等学校法学学科教学指导委员会名誉主任，全国法律硕士专业学位教育指导委员会第一副主任，国家博士后管理委员会专家召集人；中国法学会法学教育研究会会长，中国海峡两岸法学交流促进会副理事长；最高人民法院特邀咨询专家，最高人民检察院专家咨询委员会委员，司法部国家司法考试协调委员会委员；中国人民大学学位评定委员会副主席，中国人民大学学术委员会副主席，《法学家》杂志社社长兼主编。曾宪义教授因病于 2011 年 1

月 15 日上午 10 时 45 分在北京逝世，享年 75 岁。

曾宪义教授于 1950 年 12 月在山东省济宁市公安局参加革命工作。1954 年加入中国共产党。1956 年 9 月考入中国人民大学法律系学习，1960 年 7 月毕业后留校任教。1990 年至 2005 年先后担任中国人民大学法律系主任、法学院院长，2006 年以来任法学院名誉院长。曾宪义教授为人大法学院的发展殚精竭虑，带领全院师生齐心协力、团结奋斗，使法学院实现了跨越式发展，奠定了人大法学院在全国法学教育领域的领先地位，在国际法学教育界拥有较高声誉和影响力，开始跻身于世界一流法学院行列。

作为杰出的法学教育家，曾宪义教授为中国法学事业和法学教育事业的发展呕心沥血、栉风沐雨，倾注了毕生精力，作出了突出贡献。曾宪义教授在担任中国法学会副会长、教育部高等学校法学学科教育指导委员会主任、名誉主任和中国法学会法学教育研究会会长期间，积极探索法学教育发展的中国模式，推动了中国法学教育与法学研究的繁荣。曾荣获"国家级优秀教学成果一等奖"、"全国普通高等学校优秀教材一等奖"等众多教学、科研奖项。主编的《中国审判案例要览》（中英文版），获得了国家新闻出版署全国法律图书一等奖、北京市第三届哲学社会科学成果特等奖，为国际社会了解当代中国法治发展发挥了重要作用。

作为国际知名的教育家，曾宪义教授为推动中国的法学教育走向世界作出了卓越贡献，开创了中国法学教育走向世界的崭新局面，引领了"世界法学教育走进中国，中国法学教育走向世界"的进程。曾宪义教授致力于中国法学教育的国际交流与合作，在他的带领下，人大法学院成功举办了首届"中美著名法学院院长联席会议"、"中国—欧洲著名法学院院长论坛"、"中国—亚洲法学教育论坛"、"中国—非洲法学教育与法律文化论坛"等具有国际影响力的学术会议。2000 年 12 月，在人民大会堂举行了"21 世纪世界百所著名大学法学院院长论坛"暨中国人民大学法学院成立 50 周年庆祝大会，李鹏委员长等国家领导人莅会。这些会议和论坛的举办，加强了中国法学教育界与世界各国法学教育界的交流，扩大了中国法学教育的国际影响，向世界展示了改革开放以来中国法学教育取得的重大成就。

曾宪义教授是著名的法律史学家，长期从事法律史的教学与研究工作，为中国法律史学科的发展作出了重要贡献。他曾担任中国法律史学会第四届理事会会长和中国人民大学法律文化研究中心主任，在国内外重要学术刊物发表和出版了《中国传统法的结构与基本概念辨正——兼论古代礼与法的关系》和《中国法制史》等一批具有重要学术价值的论文和著作，主持了"教育部哲学社会科学重大课题攻关项目——中国传统法律文化研究（十卷）"等重大研究课题，深入挖掘了中国传统法律文化的现代价值，推动了中国传统法律文化研究的体系化。

曾宪义教授师风垂范，桃李天下，五十余年始终亲临教学第一线，教书育人，弦歌不息，培养了一大批优秀的法律人才。在其任教期间，曾宪义教授曾荣获全国优秀博士学位论文指导教师奖、宝钢教育基金优秀教师特等奖、北京优秀共产党员、北京市劳动模范、北京市先进工作者等众多荣誉称号。2005 年成立的"曾宪义法学教育与法律文化基金会"，以促进中国法学教育与法律文化的发展为宗旨，设立了"中国法学教育研究成果奖"、"中国法律文化研究成果奖"，促进了法学教育的发展，繁荣了法律文化的研究。

曾宪义教授的一生，是献身于人大法学院建设的一生，是献身于中国法学教育事业的一生，是献身于中国法治建设的一生。他政治坚定，实事求是；他为人师表，德高望重；他学力坚深，笔耕不辍。曾宪义教授的逝世，不仅是中国人民大学的重大损失，也是中国法学界、法学教育界的重大损失。我们要学习他的敬业精神、崇高品德和优良作风，为建设中国特色社会主义法学教育事业而努力奋斗！

沉痛悼念曾宪义教授！

曾宪义教授千古！

曾宪义教授遗体告别仪式在八宝山革命公墓举行

（2011 年 1 月 22 日中国人民大学法学院新闻网）

2011 年 1 月 21 日上午，中国共产党优秀党员，著名法学家、杰出法学教育家，中国人民大学一级教授、中国人民大学法学院名誉院长、博士研究生导师，教育部人文社会科学委员会副主任、教育部高等学校法学学科教学指导委员会名誉主任，原中国法学会副会长、中国法学会法学教育研究会会长、全国法律硕士专业学位教育指导委员会第一副主任、中国海峡两岸法学促进会副理事长，最高人民法院特邀咨询专家，最高人民检察院专家咨询委员会委员，司法部国家司法考试协调委员会委员，中国人民大学学位评定委员会副主席、中国人民大学学术委员会副主席，《法学家》杂志社社长兼主编曾宪义教授遗体告别仪式在北京市八宝山革命公墓举行。

曾宪义教授因病医治无效，于 2011 年 1 月 15 日上午 10 时 45 分在北京逝世，享年75 岁。

曾宪义教授逝世后，中共中央政治局常委、中央政法委书记周永康，原中共中央政治局常委、全国人大常委会委员长李鹏，中共中央政治局委员、国务委员刘延东，国务委员、中央政法委副书记、公安部部长孟建柱，最高人民法院院长王胜俊，最高人民检察院检察长曹建明，原最高人民法院院长肖扬，中国法学会会长、原最高人民检察院检察长韩杼滨，原最高人民检察院检察长刘复之，十届全国政协副主席罗豪才，教育部部长袁贵仁，司法部部长吴爱英，全国人大法律委员会主任胡康生，全国人大常委会法工委主任李适时，中央党史研究室主任欧阳淞，最高人民法院常务副院长沈德咏，最高人民检察院常务副检察长胡泽君，公安部常务副部长杨焕宁，中国法学会党组书记兼常务副会长刘飏等致电曾宪义教授治丧委员会，对曾宪义教授逝世表示深切哀悼，向家属表示慰问并送花圈。

通过各种方式对曾宪义教授逝世表示哀悼，向亲属表示慰问并送花圈的还有国务院法制办副主任袁曙宏，最高人民法院副院长张军、万鄂湘、江必新、苏泽林、奚晓明、熊选国、南英、景汉朝，最高人民检察院副检察长孙谦、姜建初、朱孝清与原常务副检察长梁国庆，公安部副部长黄明，司法部副部长赵大程，公安部原副部长罗锋、朱恩涛，最高人民法院纪检组长张建南、政治部主任周泽民、审判委员会专职委员黄尔梅、刘学文，最高人民检察院专职委员童建明，教育部党组成员顾海良，全国人大内务司法委员会委员戴玉忠，中国法学会副会长周成奎，吉林省高级人民法院院长张文显，江苏省高级人民法院院长公丕祥，黑龙江省人民检察院检察长姜伟，南京市市长季建业，江苏省省委常委、组织部部长石泰峰，山东大学校长徐显明，北京大学常务副校长吴志攀，中国政法大学校长黄进、党委书记石亚军，中南财经政法大学校长吴汉东，西南政法大学校长付子堂，华东政法大学校长何勤华，黑龙江大学党委书记杨震等。有关国家机关、国内外法学院校、法学研究机构、社会团体和个人纷纷致电曾宪义教授治丧委员会表示沉痛哀悼。

曾宪义教授逝世后，中国人民大学校长纪宝成、党委书记程天权、常务副书记牛维麟、副校长林岗、副校长兼副书记王利明等校领导前往曾宪义教授家中看望慰问家属，并对曾宪义教授逝世表示沉痛悼念。中国人民大学校长纪宝成、党委书记程天权，原校长黄达、李文海，原党委书记马绍孟，常务副校长袁卫，常务副书记牛维麟，副校长林岗、冯惠玲，副书记马俊杰，副校长陈一兵，副校长兼党委副书记王利明，副校长杨慧林、薛浣白，原副校长杜厚文、杨德福、力康泰，原副书记沈云锁等向曾宪义教授送花圈。

参加曾宪义教授遗体告别仪式的有原最高人民法院院长肖扬，原最高人民法院常务副院长祝铭山，中央党史研究室主任欧阳淞，中国法学会党组书记兼常务副会长刘飏，最高人民法院副院长南英，最高人民检察院专职委员童建明，教育部党组成员顾海良，中国人民大学党委书记程天权，中国人民大学原校长黄达、李文海，中国法学会副会长周成奎，空军指挥学院副院长李勇，教育部社科司司长杨光、副司长张东刚、高教司副司长刘贵芹，司法部司法鉴定管理局局长霍宪丹，司法部司法考试司副司长姜晶，北京市石景山区委书记荣华，海淀区副区长高祥阳，中国法学会研究部主任方向，香港特别行政区立法会议员梁美芬，海南省高级人民法院纪检组组长张甲天，国务院学位办处长黄宝印等。

中国人民大学常务副书记牛维麟，副校长林岗、冯惠玲、陈一兵，副校长兼副书记王利明，原副校长杜厚文，中国人民大学法学院院长韩大元，院党委书记兼副院长林嘉，副院长龙翼飞、刘明祥、胡锦光、王轶，党委副书记肖中华、郑小敏等院领导以及各教研室、办公室、图书馆师生员工，中国政法大学党委书记石亚军、副校长张保生，中南财经政法大学校长吴汉东，国家检察官学院院长石少侠，国家法官学院副院长郝银钟，南京师范大学副校长夏锦文，中华女子学院副院长李明舜，北京大学法学院院长张守文等兄弟院校法学院代表，曾宪义教授生前好友陈光中、刘海年、孙国华、林榕年、张希坡、谷春德、高铭暄、王作富、陈德洪、鲁风、刘素萍、周惠博等，以及各界人士近一千人参加了曾宪义教授遗体告别仪式。

上午10时，曾宪义教授的亲友、同事、学生和各界人士冒着严寒，在八宝山殡仪馆东礼堂门前排起了长队。大家怀着极其沉痛的心情，默默追忆曾宪义教授的生平点滴。

10时30分，曾宪义教授遗体告别仪式开始。人们佩戴白花、手持白菊慢慢走入东礼堂，送敬爱的曾宪义教授最后一程。告别室内摆满了花圈和挽联，寄托了人们对曾宪义教

授的无尽哀思。在低缓的哀乐声中，人们缓缓走到曾宪义教授遗体前，献花、三鞠躬，与曾宪义教授做最后的告别，并一一和家属握手，请他们节哀。

　　曾宪义教授逝世后，中国人民大学法学院于1月17日下午在明德法学楼601报告厅举行深切怀念曾宪义教授追思会。法学院师生代表、中国人民大学校部机关代表、曾宪义教授生前亲友学生以及来自法学界、各兄弟院校的学者近二百人，怀着无比悲痛的心情，共同缅怀曾宪义教授光辉的一生，追思他对法学院发展、对中国法治发展和法学教育事业的杰出贡献。中国人民大学校长纪宝成教授、校党委副书记兼副校长王利明教授、法学院院长韩大元教授等出席追思会并讲话。法学院党委书记兼副院长林嘉教授主持追思会。

　　作为杰出的法学教育家，曾宪义教授为中国法学事业和法学教育事业的发展呕心沥血、栉风沐雨，倾注了毕生精力，作出了突出贡献。曾宪义教授在担任中国法学会副会长、教育部高等学校法学学科教育指导委员会主任、名誉主任和中国法学会法学教育研究会会长期间，积极探索法学教育发展的中国模式，推动了中国法学教育与法学研究的繁荣。曾荣获"国家级优秀教学成果一等奖"、"全国普通高等学校优秀教材一等奖"等众多教学、科研奖项。主编的《中国审判案例要览》（中英文版），获得了国家新闻出版署全国法律图书一等奖、北京市第三届哲学社会科学成果特等奖，为国际社会了解当代中国法治发展发挥了重要作用。

　　作为国际知名的法学教育家，曾宪义教授为推动中国的法学教育走向世界作出了卓越贡献，开创了中国法学教育走向世界的崭新局面，引领了"世界法学教育走进中国，中国法学教育走向世界"的进程。曾宪义教授致力于中国法学教育的国际交流与合作，在他的带领下，人大法学院成功举办了首届"中美著名法学院院长联席会议"、"中国—欧洲著名法学院院长论坛"、"中国—亚洲法学教育论坛"、"中国—非洲法学教育与法律文化论坛"

等具有国际影响力的学术会议。2000 年 12 月，在人民大会堂举行了"21 世纪世界百所著名大学法学院院长论坛"，这些会议和论坛的举办，加强了中国法学教育界与世界各国法学教育界的交流，扩大了中国法学教育的国际影响，向世界展示了改革开放以来中国法学教育取得的重大成就。

曾宪义教授是著名的法律史学家，长期从事法律史的教学与研究工作，为中国法律史学科的发展作出了重要贡献。他曾担任中国法律史学会第四届理事会会长和中国人民大学法律文化研究中心主任，在国内外重要学术刊物发表和出版了《中国传统法的结构与基本概念辨正——兼论古代礼与法的关系》和《中国法制史》等一批具有重要学术价值的论文和著作。主持了"教育部哲学社会科学重大课题攻关项目——中国传统法律文化研究（十卷）"等重大研究课题，深入挖掘了中国传统法律文化的现代价值，推动了中国传统法律文化研究的体系化。

曾宪义教授师风垂范，桃李天下，五十余年始终亲临教学第一线，教书育人，弦歌不息，培养了一大批优秀的法律人才。在其任教期间，曾宪义教授曾荣获全国优秀博士学位论文指导教师奖、宝钢教育基金优秀教师特等奖、北京优秀共产党员、北京市劳动模范、北京市先进工作者等众多荣誉称号。2005 年成立的"曾宪义法学教育与法律文化基金会"，以促进中国法学教育与法律文化的发展为宗旨，设立了"中国法学教育研究成果奖"、"中国法律文化研究成果奖"，促进了法学教育的发展，繁荣了法律文化的研究。

曾宪义教授的一生，是献身于人大法学院建设的一生，是献身于中国法学教育事业的一生，是献身于中国法治建设的一生。他政治坚定，实事求是；他为人师表，德高望重；他学力坚深，笔耕不辍。曾宪义教授的逝世，不仅是中国人民大学的重大损失，也是中国法学界、法学教育界的重大损失。我们要学习他的敬业精神、崇高品德和优良作风，为建设中国特色社会主义法学教育事业而努力奋斗！

沉痛悼念曾宪义教授！

曾宪义教授追思会举行

（2011 年 1 月 18 日中国人民大学法学院新闻网）

　　1 月 17 日下午，曾宪义教授追思会在明德法学楼 601 报告厅举行。法学院部分师生代表、校部机关代表、曾宪义教授生前亲友学生以及来自法学界、各兄弟院校的学者近两百人，怀着无比悲痛的心情，共同缅怀曾宪义教授光辉的一生，追思他对法学院发展、对中国法治发展和法学教育事业的杰出贡献。中国人民大学校长纪宝成教授、校党委副书记兼副校长王利明教授、法学院院长韩大元教授等出席追思会并讲话。法学院党委书记兼副院长林嘉教授主持追思会。

　　在追思会上，纪宝成校长指出，曾宪义教授不仅仅是一位著名的法学家、一位杰出的法学教育家，也是中国人民大学的一个杰出代表。曾宪义教授忠诚、坚定、执著、勤奋、踏实，他对中国人民大学、人大法学院、中国法学教育乃至中国法治建设的贡献，都是杰出的、持之以恒的。曾宪义教授使中国的法学教育走向了世界，推动中国的法学教育与中国改革开放的进程保持与时俱进的态势；与此同时，他也受到了广大师生员工的爱戴，受到了党和国家领导人、政法战线领导人的高度评价。曾宪义教授的贡献是多方面的，他的去世是中国人民大学的一大损失，也是中国法学教育的一大损失。

　　纪宝成校长强调：我们首先应该学习曾宪义教授忠于党、忠于国家、忠于人民的精神，他实践着并弘扬着中国人民大学立学为民、治学报国的传统、精神和办学宗旨，带领了法学院广大教师共同走过中国法学教育的曲折历程，对整个国家的法学教育作出了自己特殊的贡献；我们要学习曾宪义教授坚定执著、追求卓越、勇于创新的精神，他不甘平庸，敢

为天下先，不断开拓工作新局面和法学教育新局面；我们还应该学习曾宪义教授勤奋好学、追求真理、崇尚学术、孜孜以求、实事求是的学术品格，学习他用广博的胸怀求同存异，学习他尊重知识、尊重人才，团结几代人以建设和谐社会的理念来建设人大法学院。我们要继承曾宪义教授办好法学教育的遗志，将中国人民大学法学教育办得更好，将中国人民大学办得更好。

王利明副书记兼副校长在讲话中指出：曾宪义教授是全国法治同仁们的榜样和楷模，他对党和国家，对中国法治教育事业作出了巨大的贡献。我们深切缅怀曾宪义教授，就是要学习他高尚的品格和追求法治的精神。曾宪义教授对法治事业和教育事业不懈追求和奋斗，引领人大法学院乃至整个中国法学教育走向世界；他立学为民、治学报国，教书育人，提携学生，用高尚的品格教导学生；他对学术孜孜以求，生病期间仍念念不忘法律文化研究和著作的出版，把学术视为生命；他追求卓越，不断创新，把法学院的事业当成生命的全部，一心一意谋求法学院的发展，为人大法学院取得法学教育领先地位作出了巨大的贡献。我们要在今后的工作中完成曾老师的遗愿，把人大法学院建设得更好，推进中国的法学教育事业，为国家法治建设作出更大的贡献。

　　韩大元院长在讲话中提道：曾宪义教授是一位学术造诣深厚、极具社会责任感的著名法学家，他坚持学者良知，追求学术理念，具有强烈的社会责任感和爱国情怀、人文情怀；他是一名有学术尊严、有责任感的杰出法学教育家，系统地探索和构建法学教育的中国模式；他是中外法学教育交流与合作的开拓者，致力于让中国法学教育走向世界，维护中国法学教育的尊严与国际形象；他是一位具有敬业精神的法学教育领域的领导者，把法学院的发展当作自己的全部事业，带领全院师生精心谋划，开拓进取，使人大法学院取得了在国内领先、世界知名的地位；他也是一位大度、宽容、具有和谐精神的院长，是中青年教师的良师益友。我们对曾老师的最好的纪念就是继续办好人大法学院，与法学界同仁共同推动中国法学教育事业的发展。

　　法学院叶秋华教授在发言中说道：敬爱的曾宪义教授永远地离开了我们，离开了他心爱的人大法学院，离开了他热爱的中国法学教育事业，使我们感到深深的惋惜和无限的悲痛。曾宪义教授从 20 岁进入人大法学院起，就把自己的一生献给了人大法学院，在担任院长的15 年期间，他以这种真诚无私、刻骨铭心的爱带领全院师生团结一致、艰苦创业、开拓创新，为人大法学院的兴旺发达、为中国法学教育事业走向世界呕心沥血，作出了卓越的贡献。我们要像曾老师一样热爱人大法学院，让人大法学院和谐温暖、蓬勃发展、永远美好。

　　清华大学法学院院长王振民教授从自己在人大法学院求学的经历谈起，追忆了曾宪义教授教导、提携、爱护青年学生的点点滴滴，感谢了曾宪义教授对清华大学法学院乃至全国其他兄弟院校法学院给予的无私的帮助，感谢曾宪义教授对中国法学教育事业的卓越贡献，表示要将曾宪义教授的精神予以发扬光大。

　　中南财经政法大学校长吴汉东教授在讲话中回忆了从事法学教育工作几十年来和曾宪义教授之间的感情，他表示，曾宪义教授在人才培养、学术科研、社会服务和国际交流方面取得的成就是卓越的，曾宪义教授奠定了人大法学院在中国法学教育中的标杆地位，无愧为中国法学家的旗手。

　　法学院法制史教研室主任赵晓耕教授结合自己在人大法学院求学、工作、追随曾宪义教授三十年的经历，回顾了曾宪义教授对学生的恩情、对法律史学科发展作出的努力、为

人大法学院振兴作出的杰出贡献。

清华大学法学院教授、中国法学会商法学研究会会长王保树，黑龙江大学法学院孙光妍教授，曾宪义教授学生代表、李晓斌律师事务所主任李晓斌，昌平区人民政府周玲，澳麦尔公司董事长、曾宪义法学教育与法律文化基金会理事金政策，法学院刘春田教授、朱景文教授、龙翼飞教授、史际春教授、冯军教授、张新宝教授、郭禾教授、莫于川教授以及法学院部分师生代表也一一发言表达了追思。

会上播放了缅怀曾宪义教授的专题视频。

"缅怀恩师曾宪义先生——弟子忆思会"举行

（2011 年 1 月 26 日中国人民大学法学院新闻网）

1 月 21 日下午 1 点 30 分，曾宪义教授生前直接或间接指导过的博士研究生、硕士研究生及进修生等八十余人，在上午于八宝山革命公墓参加完曾宪义教授遗体告别仪式之后，又齐集中国人民大学明德法学楼 601 会议室，怀着无比沉痛的心情举行"缅怀恩师曾宪义先生——弟子忆思会"。追思会共分三个部分。

第一部分由中国人民大学法学院赵晓耕教授主持。在主持人宣布会议正式开始之后，大家首先面向曾宪义教授的遗像，在哀乐伴奏声中举行集体默哀，向恩师致敬。主办方随后播放了曾宪义先生生平工作生活的剪影短片。赵晓耕教授在本部分议程结束之前发出两项倡议：其一是编辑曾宪义先生纪念文集，争取在先生逝世一周年纪念日之前正式出版；其二是设立以曾宪义先生命名的基金，专门奖励法律史专业的硕、博士生，以使先生生前钟爱的学术事业香火不断，后继有人。

第二部分由中山大学法学院马作武教授和湖南省社会主义学院院长胡旭晟教授共同主持。从全国各地赶来的夏锦文、梁美芬、王立、崔永东、韩秀桃、吴永明、金政策、李晓斌、霍学文等人以及法学院教师叶秋华、王云霞、郭禾、朱大旗、丁相顺、高仰光等人深情地回忆曾先生生前的事迹以及本人与曾先生的宿缘，一一表达了对曾先生的无尽哀思，很多人在动情之处甚至泣不成声。大家在发言之中还纷纷表示对编辑纪念文集和设立基金的倡议的支持。

中国人民大学法学院院长韩大元教授、院党委书记兼副院长林嘉教授做了发言。林嘉教授在发言中指出，曾宪义教授有着宽阔的胸怀和爱国的情操，极富人格魅力，是一位有大爱之人，他生前将全身心奉献给了人大法学院乃至中国的法学教育事业，其逝世是无比沉重的损失。韩大元院长在发言中表示，人大法学院一定会继承曾先生的遗志，将曾先生的思想发扬光大，并把曾先生生前珍爱的法律史学科建设好，请各位校友放心。

第三部分由杭州师范大学法学院范忠信教授主持。范忠信教授向大家介绍了《宪章文武，义聚法林：法律史学家、法学教育家曾宪义先生缅怀集》（暂定名）的编写计划与约稿要求，并征询大家的意见。

追思会持续了约四个半小时，一直到 5 点半左右方才结束。结束之时，许多人还沉浸在哀伤和思念之中，在先生的遗像之前一再流连。

后　记

敬爱的曾师宪义先生离开我们整整一年了。

回想 2010 年冬天在协和医院与先生泣别的情形，回嚼先生的深情叮嘱，恍如昨日，黯然伤感。一年来，我们常不由自主地"回放"先生与我们在一起的许多场景，每每手抚先生的告别工程巨作——《中国传统法律文化研究》感叹唏嘘。苍天不仁，过早夺走了先生，使先生中止了他最割舍不下的崇高事业。作为弟子，我们只好倍加努力，告慰先生在天之灵。

为了纪念我们的先生，为了纪念这位杰出的法学家和法学教育家，我们受中国人民大学法学院委托，编辑了这本纪念文集。文集以"追求卓越，义宪法林"为题，旨在彰显先生为中国人民大学法学院的跨越式发展及近二十年中国法学教育的快速发展所作的卓越贡献。"义宪"二字乃曲用先生名讳：义者，道义或大义也；宪者，彰显或示范也。先生献身法学教育，终生奋斗，追求卓越，其大义足为天下表率，足以垂范于法界、絜矩于后昆。

本文集的编辑工作，主要由赵晓耕全盘统筹。赵晓耕组织完成了文集中所有电子文稿、纸质文稿的收集和整理工作，并组织了所有图片、史料的收集整理工作，又依据收集的资料作出了关于先生生平、任职、荣誉、著述、指导学生等多方面信息的一系列统计列表。这一工作前后持续了大半年。此间，中国人民大学法学院博士研究生蒋家棣、吕小艳、张洁、田传峰、刘文静、范依畴、王祎茗、张锋、陈和平、武瑞、杨梅，硕士研究生逯子新等同学参加了这些工作，付出了很多劳动。中南财经政法大学法律史专业教师和博士研究生范晓东、罗鑫、易江波、胡聪、晏锋、罗鑫和硕士研究生吴欢、乔惠全、郭丽香、刚继斌、刘瑞、徐聪聪、郑妍、贺慧梅、符才娜、周建鹏等，杭州师范大学法学院教师胡荣明、黄晓平等，以及杭州师范大学民商法学研究生梁天一、刘文文、丁宗杰、张志远、薛楠、韩旭、陈欢、闫桦、金玮、周啸等同学也参与了文稿校对和资料搜集、整理工作。

书稿初步编辑完成后，范忠信就全书编排格局、目录及全部标题措辞、部分资料信息补充完善等做了一些工作。此后，范依畴同学根据曾师档案资料及各类文献和网上资源，撰写了曾师年谱初编草稿，范忠信进一步查阅各类资料后对草稿进行较大幅度的修改、补充，赵晓耕进行了补充完善，送师母赵淑慧老师审查，并请叶秋华老师、曹爱莲老师等审查、补充，同时也发给胡旭晟、夏锦文等师兄弟们审阅订正。

全部书稿最后经赵晓耕审订定稿。书稿交给出版社后，出版社组织编辑进行了艰辛、细致的审读校正。根据出版社提出的校订意见，赵晓耕进行了最后订正。

　　要编写一本旨在对先生七十五年辉煌人生的历程和业绩进行全面总结、盘点的书，显然不是区区不足一年时间里能够完成的艰巨任务。因为时间仓促，我们只能退而求其次，先编辑这样一本纪念文集，大致展现先生的部分论文和讲词，展列亲朋好友与弟子们的感念文辞，以及所有机关、团体和个人的吊唁函文，以在先生逝世一周年之际表达我们对先生的深切怀念。至于对先生毕生事业和贡献的总结研究，以及关于先生一生行止的更详细的年谱长编，只有等待来日会同所有曾门弟子共同完成了。

　　本文集得以编成并按期出版，端赖中国人民大学法学院韩大元院长及法学院所有同仁的支持帮助，端赖中国人民大学出版社的大力支持帮助，端赖中国人民大学法学院、中南财经政法大学法学院、杭州师范大学法学院许多研究生同学的参与和帮助。对于其中尚存的仓促或不完善之处，我们两人负完全责任，并先致深深歉意。虽不完善，但仍可以作为未来加工、修订的起点。我们敬候批评指正，并感谢所有批评帮助者！

赵晓耕、范忠信

2011 年 12 月 1 日星期四

图书在版编目（CIP）数据

追求卓越，义宪法林：缅怀著名法学家、教育家曾宪义先生/中国人民大学法学院编写组.
—北京：中国人民大学出版社，2012.1
ISBN 978-7-300-15122-9

Ⅰ.①追… Ⅱ.①中… Ⅲ.①曾宪义（1936—2011）-纪念文集 Ⅳ.①K825.19-49

中国版本图书馆 CIP 数据核字（2011）第 282237 号

追求卓越，义宪法林
　　——缅怀著名法学家、教育家曾宪义先生
中国人民大学法学院编写组
Zhuiqiu Zhuoyue，Yixian Falin

出版发行	中国人民大学出版社	
社　　址	北京中关村大街 31 号	**邮政编码**　100080
电　　话	010 - 62511242（总编室）	010 - 62511398（质管部）
	010 - 82501766（邮购部）	010 - 62514148（门市部）
	010 - 62515195（发行公司）	010 - 62515275（盗版举报）
网　　址	http://www.crup.com.cn	
	http://www.ttrnet.com（人大教研网）	
经　　销	新华书店	
印　　刷	北京东君印刷有限公司	
规　　格	185 mm×240 mm　16 开本	**版　　次**　2012 年 1 月第 1 版
印　　张	25 插页 11	**印　　次**　2012 年 1 月第 1 次印刷
字　　数	579 000	**定　　价**　68.00 元